Heidi Neugebauer

¡BIENVENIDO!

Spanisch-Kurs für Einsteiger und Fortgeschrittene A1-B1

disserta Verlag

Neugebauer, Heidi: ¡BIENVENIDO! Spanisch-Kurs für Einsteiger und Fortgeschrittene A1-B1, 3. aktualisierte Auflage, Hamburg, disserta Verlag, 2019

Buch-ISBN: 978-3-95935-374-8
PDF-eBook-ISBN: 978-3-95935-375-5
Druck/Herstellung: disserta Verlag, Hamburg, 2019
Covermotiv: © 123.rf.com

Bibliografische Information der Deutschen Nationalbibliothek:
Die Deutsche Nationalbibliothek verzeichnet diese Publikation in der Deutschen Nationalbibliografie; detaillierte bibliografische Daten sind im Internet über http://dnb.d-nb.de abrufbar.

© disserta Verlag, Imprint der Bedey Media GmbH
Hermannstal 119k, 22119 Hamburg
http://www.disserta-verlag.de, Hamburg 2019
Printed in Germany

Wie ist dieser Spanisch-Kurs aufgebaut?

Dieser Spanisch-Kurs ist eine Hilfe, um die spanische Sprache ausführlich und vor allem dem realen Sprachgebrauch nahe zu erlernen.

In vielen *Lecciones* werden Themen aus dem Alltag behandelt, die einen sehr nützlichen Wortschatz beinhalten. In den Fällen, in denen dieser Wortschatz sehr umfassend ist, ist ein Teil dessen in den Grammatikteil der *Lección* integriert und der Rest der Vokabeln separat behandelt. Zudem sind viele deutsche Übersetzungen enthalten, die dem besseren Verständnis dienen.

Den Unterscheidungen von *ser* und *estar, por* und *para* sind jeweils eigene Kapitel gewidmet, um deren Anwendungen klar und verständlich anhand von Übungen zu verdeutlichen.

Die vier Vergangenheitsformen werden ebenfalls genauestens anhand vieler Übungen erklärt, um aufzuzeigen, wann diese jeweils Anwendung finden.

Es sind drei große Tests enthalten. Diese Tests haben den Schwierigkeitsgrad der großen Prüfungen A1 und B1. Mit Hilfe dieser können Sie feststellen, wo bei Ihnen eventuell noch Schwächen liegen.

Im Anhang gibt es einen Wortschatz, in dem alle spanischen Wörter dieses Buches enthalten sind. Als kleinen Bonus darüber hinaus sind in diesem noch viele andere wichtige spanische Redewendungen und Wörter zusätzlich mit enthalten.

LECCIÓN 1
VAMOS A INICIAR
WIR BEGINNEN

Aller Anfang ist schwer. Doch wer nicht wagt, der nicht gewinnt. Es ist wahr, die spanische Sprache kann schwierig sein, besonders wenn man in die Grammatik einsteigt. Wenn man allerdings entschlossen ist und nicht aufgibt, merkt man bald, dass sich diese Probleme wie von selbst auflösen und man wird damit belohnt eine wunderbare Sprache zu kennen.

In dieser Lección lernen Sie, die übliche spanische Art, jemanden zu begrüßen und sich zu verabschieden. Sie lernen auch das Alphabet, die Aussprache, die Zahlen, Berufe und Nationalitäten.

Es gib einige spanische Texte in diesem Buch. Machen Sie sich keine Sorgen, wenn Sie diese nicht sofort verstehen; es gibt natürlich eine deutsche Übersetzung wo immer es nötig ist.

<table>
<tr><td>Grammatik</td><td>Wortschatz</td></tr>
<tr><td>*   Kommaregeln</td><td>Begrüßung und Verabschiedung</td></tr>
<tr><td>*   Das spanische Alphabet</td><td>Zahlen</td></tr>
<tr><td>*   Geschlecht der Berufsbezeichnungen</td><td>Berufe</td></tr>
<tr><td>*   Geschlecht der Nationalitäten</td><td>Nationalitäten</td></tr>
<tr><td>*   Verben *ser*, *tener* und *llamarse*</td><td></td></tr>
</table>

DIE FORM DER ANREDE IN SPANIEN — VERABSCHIEDUNG — BEDANKEN

Normalerweise heißt man auf Spanisch jemanden mit **¡Hola!** *(Hallo!)* willkommen, was mit **¿Qué tal?** *(Wie geht's?)* kombiniert werden kann oder förmlicher mit **¡Buenos días!** *(Guten Morgen!; Guten Tag!)*.

¡Buenos días! wird in Spanien bis zur Mittagszeit (ca. 15:00 Uhr) gesagt.

Nach dem Mittagessen grüßen sich die Leute mit **¡Buenas tardes!** *(Guten Tag!; Guten Abend!)* bis es dunkel wird.

Ab Dunkelheit sagt man **¡Buenas noches!** *(Guten Abend!; Gute Nacht!)*.

Wenn man jemanden trifft, wird Freude und Überraschung manchmal mit dem Wort **¡Hombre!** *(wörtl. Mann)* ausgedrückt, das sogar zu einer Frau oder einem Kind gesagt werden kann.

Verabschiedung auf Spanisch

¡Adiós!	*Auf Wiedersehen!; Tschüss!*
¡Adiós!, ¡buenos días!	*Auf Wiedersehen! Einen schönen Tag noch!*
¡Adiós!, ¡buenas tardes!	*Auf Wiedersehen! Einen schönen Abend noch!*
¡Hasta luego!	*Bis später!*
¡Hasta mañana!	*Bis morgen!*
¡Hasta pronto!	*Bis bald!*
¡Hasta el lunes, el martes …!	*Bis Montag, Dienstag …!*

Lateinamerikanischer Sprachgebrauch
In lateinamerikanischen Ländern verabschiedet man sich nur mit **¡Adiós!**.
¡Adiós!, ¡buenos días! sowie **¡Adiós!, ¡buenas tardes!** wird dort nicht verwendet.

Bedanken auf Spanisch
Man bedankt sich mit: **¡Gracias!** *(Danke!)*. Die Reaktion darauf ist **¡De nada!** *(Keine Ursache!)* oder **¡No hay de que!** *(Gern geschehen!)*.

In Spanien wird meistens die informelle Du-Form ***Tú*** verwendet. Ausnahmen bestehen zwischen alten Menschen untereinander, wenn ein junger Mensch eine weitaus ältere Person anredet, bei Bewerbungen oder wenn jemand bei der Arbeit mit seinem Vorgesetzten spricht.

Ansonsten werden die Formen *usted* und *ustedes* kaum benutzt. Es gibt auch eine Besonderheit in der Form der Anrede *Estimados señores*. Im Spanischen wird ein Doppelpunkt gesetzt (kein Komma oder Punkt), und der folgende Text beginnt mit einem Großbuchstaben.

Im Spanischen wird grundsätzlich alles klein geschrieben. Es gibt allerdings auch einige Fälle, in denen dies nicht zutrifft. Diese Ausnahmen sind:

* Das erste Wort im Satz
* Feste
* Eigennamen (Städte, Berge, Planeten, Personen, Länder)
* Studienfächer
* Abkürzungen
* Wissenschaften
* Institutionen und Behörden.

KOMMAREGELN

Die Verwendung des Kommas ist im Spanischen um einiges freier als im Deutschen. Das Komma wird vor allem zur Verdeutlichung von Pausen verwendet, welche inhaltlich wichtig sind im Satz. Man muss in der Verneinung in einem Satz das Komma richtig setzen um Missverständnisse zu vermeiden.

Wird man gefragt:	¿Eres bombero?	*(Bist du Feuerwehrmann?)*
Die richtige Antwort ist:	No, soy cartero.	*(Nein, ich bin Briefträger.)*
Die Antwort ohne Komma:	No soy cartero.	*(Ich bin nicht Briefträger.)*
		In diesem Fall ist diese Antwort falsch, obwohl der Satz einem anderen Kontext richtig ist.

Nach **Hola** kommt ein Komma, zum Beispiel bei der Begrüßung im Brief.

Die Bezeichnung der verschiedenen Altersgruppen in Spanien

1) Niños (0 - 13 Jahre)   - *Kinder*
2) Adolescentes (14 - 18 Jahre) - *Jugendliche*
3) Jóvenes   - *junge Erwachsene*
4) Mayores de edad   - *Erwachsene*

DAS ALPHABET (= EL ABECEDARIO) UND DIE AUSSPRACHE

a = a, b = be, c = ce, ch = che, d = de, e = e, f = efe, g = ge, h = hache, i = i, j = jota, k = ka, l = ele, ll = elle, m = eme, n = ene, ñ = eñe, o = o, p = pe, q = cu, r = erre, s = ese, t = te, u = u, v = uve, w = uve doble, x = equis, y = i griega, z = zeta

Die Aussprache der Vokale: a = kurz und hell wie bei *aber;* **e** = kurz und offen wie *ärgern;* **i** = kurz wie bei *Mitte,* **o** = kurz und offen wie bei *Knolle;* **u** = kurz und geschlossen wie bei *rund*.

b = **v**   Beides wird gleich ausgesprochen wie ein **b**; la bola *(der Ball)*, la ventana *(das Fenster)*.

c =   1) Aussprache wie **k** vor **a**, **o**, **u**;
          ca — la calle *(die Straße)*, co — el corazón *(das Herz)*, cu — la cuenta *(die Rechnung)*.
       2) Aussprache wie das englische **th** vor **e** und **i**;
          ce — la cesta *(der Korb)*, ci — el cielo *(der Himmel)*.
       3) In Südspanien, auf den Kanarischen Inseln und in Lateinamerika wird das **c** vor **e** und **i** wie ein **s** ausgesprochen.

ch =   wie *tsch* in *tschüs* ausgesprochen; el chocolate *(die Schokolade)*.

d =   Wird weicher ausgesprochen, am Ende des Wortes ist es kaum hörbar.

f =   Wird wie im Deutschen ausgesprochen.

g =   1) Aussprache wie **g** vor **a**, **o**, **u**;
          ga — el gato *(die Katze)*, go — el gol *(das Tor)*, gu — el guante *(der Handschuh)*.
       2) Vor **e** und **i** wird es wie **ch** ausgesprochen;
          ge — la gente *(die Leute)* und gi — el gigante *(der Riese)*.
       3) Aber: **G(ue)** — la guerra *(der Krieg)* und **G(ui)** — la guitarra *(die Gitarre)* wird wie **g** ohne **u** ausgesprochen.
          Ausnahmen: El pingüino *(Der Pinguin)*, la vergüenza *(das Schamgefühl)*, hier wird das **u** mit ausgesprochen, da dies ein Trema erhält.

h =   Wird nicht ausgesprochen.

j =   Aussprache mit **ch** bei **ja** — el jamón *(der Schinken),* **jo** — la jofaina *(die Waschschüssel);*
         ju — jugar *(spielen);* **je** — el jerez *(Cherez);*
         ji — la jirafa *(Chirafa) (die Giraffe).*

k =   Aussprache wie im Deutschen, ist selten im Spanischen; nur in Fremdwörtern.

l =   Wie im Deutschen ausgesprochen.

ll =   Ist ein einziger Laut und wird wie das deutsche **j** in *ja* ausgesprochen.
       In einigen Gebieten wird es wie **lj** in *Billard* ausgesprochen.
       Allerdings wird es in Argentinien und manchen anderen Ländern wie *tsch* ausgesprochen;
       la llave = la tschave *(der Schlüssel),* llover = tschober *(regnen).*

m =   Wie im Deutschen ausgesprochen.

n =   Wie im Deutschen ausgesprochen.

ñ =   Wird wie **gn** in *Cognac* ausgesprochen.

p =   Wie im Deutschen ausgesprochen.

q =   Existiert nur mit **ue**, **ui** geschrieben. Das **u** wird nicht ausgesprochen.
       Que, qui werden **ke**, **ki** ausgesprochen.
       q(u)e = ke — el queso *(der Käse);* **Q(u)i = ki** — yo quiero *(ich möchte).*

r =   Aussprache am Anfang des Wortes und bei Verdoppelung immer stark gerollt;
       un perro *(ein Hund),* la reja *(das Gitter)* = starke Betonung.
       Die Verdoppelung **rr** ist nur zwischen zwei Vokalen möglich.
       Am Ende des Wortes oder zwischen zwei Vokalen ist es weniger stark;
       la arena *(der Sand),* el tasador *(der Schätzer)* — hier wird es weich ausgesprochen.

s =   Stimmlos wie das doppelte **s** in *Wasser mit einer Tendenz zum sch-Laut wie in dt. Tasche.*
       Vor stimmhaften Konsonanten (b, d, g, l, m, n) wird das **s** wie in dt. *Rose* ausgesprochen.

t =   Wird weich ausgesprochen, vor allem zwischen Vokalen.
       Am Wortanfang wird es wie im Deutschen ausgesprochen, also etwas härter.

v =   Siehe b.

w =   Kommt nur in Fremdwörtern vor.

x =   Wird wie *gs, ks* ausgesprochen. In **Mexico, mexicana** wird es wie *ch* ausgesprochen.

y =   Aussprache wie das deutsche *j* in *ja.* Steht **y** am Ende eines Wortes oder alleine, wird es
       wie *i* ausgesprochen.

z =   Wird wie das englische *th* ausgesprochen, **z** steht überwiegend vor **a, o, u;**
       za — el zapato *(der Schuh),* **zo** — el zoo *(der Zoo),* **zu** — azul *(blau).*
       In Lateinamerika, auf den Kanarischen Inseln und in Südspanien wird es wie ein
       s ausgesprochen.

¿CÓMO SE DICE?

WIE BETONT MAN DIE EINZELNEN BUCHSTABEN, Z. B.: AM TELEFON?

a	ah	**A**lberto
b	beh	**B**uenos Aires
c	seh	**C**uba
d	de	**D**iego
e	eh	**E**lena
f	efe	**F**rederico
g	heh	**G**arcía
h	ah-chay	**H**onduras
i	ee	**I**gnacio
j	hota	**J**avier
k	ka	**K**enia
l	ele	**L**uis
m	eme	**M**aría
n	ene	**N**atalia
ñ	enye	Espa**ñ**a
o	oh	**Ó**scar
p	peh	**P**érez
q	koo	**Q**uito
r	erre	**R**amón
s	ese	**S**ara
t	teh	**T**eresa
u	oo	**U**ruguay
v	oove	**V**enezuela
w	doble oove	**W**alter
x	ekis	Ale**x**
y	i gree-ehga	**Y**alta
z	ceta	**Z**aragoza

Números *(Zahlen)*

0 = cero	17 = **diecisiete**	34 = treinta **y** cuatro
1 = uno	18 = **dieciocho**	35 = treinta **y** cinco
2 = dos	19 = **diecinueve**	36 = treinta **y** seis
3 = tres	20 = **veinte**	37 = treinta **y** siete
4 = cuatro	21 = veintiuno	38 = treinta **y** ocho
5 = cinco	22 = veintidós	39 = treinta **y** nueve
6 = seís	23 = veintitrés	40 = **cuarenta**
7 = siete	24 = veinticuatro	50 = **cincuenta**
8 = ocho	25 = veinticinco	60 = **sesenta**
9 = nueve	26 = veintiséis	70 = **setenta**
10 = diez	27 = veintisiete	80 = **ochenta**
11 = once	28 = veintiocho	90 = **noventa**
12 = doce	29 = veintinueve	99 = noventa **y** nueve
13 = trece	30 = **treinta**	100 = **cien**
14 = catorce	31 = treinta **y** uno	101 = **ciento** uno/una
15 = quince	32 = treinta **y** dos	102 = ciento dos
16 = dieciséis	33 = treinta **y** tres	110 = ciento diez

200 = doscientos/-as	500 = **quinientos**/-as	800 = ochocientos/-as
300 = trescientos/-as	600 = seiscientos/-as	900 = **nove**cientos/-as
400 = cuatrocientos/-as	700 = **sete**cientos/-as	1.000 = mil

2.000 = dos mil	10.000 = diez mil	100.000 = cien mil
20.000 = veinte mil	200.000 = doscientos/-as mil	200.000 = dos millones
1.000.000 = un millón	1.000.000.000 = mil millones	1980 = mil novecientos ochenta

Ordnungszahlen

primero, primera	*erste(r, -s)*
segundo, segunda	*zweite(r, -s)*
tercero, tercera	*dritte(r, -s)*
cuarto, cuarta	*vierte(r, -s)*
quinto, quinta	*fünfte (r, -s)*
sexto, sexta	*sechste(r, -s)*
sé(p)timo, sé(p)tima	*sieb(en)te(r, -s)*
octavo, octava	*achte(r, -s)*
noveno, novena	*neunte(r, -s)*
décimo, décima	*zehnte(r, -s)*
undécimo, undécima	*elfte(r, -s)*
duodécimo, duodécima	*zwölfte(r, -s)*

ESPECIFICACIONES DE CANTIDAD *(MENGENANGABEN)*

1/4 = un cuarto   1/2 = medio
3/4 = tres cuartos   1/3 = un tercio

Übung 1
Escribe estas cantidades en letras.
Schreiben Sie diese Mengenangaben in Wörtern aus.

1. 1/4 kg ....
2. 1/2 l ....
3. 28 cl ....
4. 420 g ....
5. 5 l ....
6. 900 g ....
7. 125 ml...............................
8. 52 kg ....

Übersetzung Nr. 1

¡Hola, amigos!
Me llamo Frida, soy española y tengo veintiuno años. Soy de Sevilla, una ciudad muy agradable. Soy estudiante en la universidad. Estudio para ser abogada porque yo creo que es una profesión muy exigente. También estudio inglés y francés para poder hablar con mis amigos. Tengo dos amigos franceses: Jerome y Philippe. Ellos son de Paris. También tengo una buena amiga inglesa llamada Nancy. Es del sur de Inglaterra. Mis tres amigos tienen veinte años y estudian derecho y español.

LAS PROFESIONES *(DIE BERUFE)*

Spanisch	Deutsch	Spanisch	Deutsch
La profesión	**Der Beruf**	**El lugar**	**Der Ort**
Cartero/-a	*Briefträger(in)*	la oficina de correos	*das Postamt*
Panadero/-a	*Bäcker(in)*	la panadería	*die Bäckerei*
Peluquero/-a	*Friseur(in)*	la peluquería	*der Friseursalon*
Músico/-a	*Musiker(in)*	la orquesta	*das Orchester*
Veterinario/-a	*Tierarzt/Tierärztin*	la clínica	*die Klinik*
El/La dentista	*Zahnarzt/Zahnärztin*	la consulta del dentista	*die Zahnarztpraxis*
Jefe/Jefa	*Chef/Chefin*	la empresa	*die Firma*
Bombero/-a	*Feuerwehrmann(-frau)*	la estación de bomberos	*das Feuerwehrhaus*
Vendedor/a	*Verkäufer(in)*	la boutique	*die Boutique*
Médico/-a	*Arzt/Ärztin*	el consultorio médico	*die Arztpraxis*
Enfermero/-a	*Krankenschwester*	el hospital	*das Krankenhaus*
Abogado/-a	*Rechtsanwalt(in)*	el bufete	*die Anwaltskanzlei*
Camarero/-a	*Kellner(in)*	el restaurante	*das Restaurant*
Mecánico/-a	*Mechaniker(in)*	el taller	*die Werkstatt*
Dependiente/-a	*Verkäufer(in)*	la tienda	*das Geschäft*
Docente	*Dozent(in)*	la universidad	*die Universität*
Doctor(a)	*Doktor(in)*	el consultorio	*die Praxis*
Estudiante	*Student(in)*	la universidad	*die Universität*
Periodista	*Journalist(in)*	la cadena de televisión	*die Fernsehanstalt*
Cantante	*Sänger(in)*	el coro	*der Chor*
Futbolista	*Fußballer(in)*	el club de fútbol	*der Fußballverein*

LA NACIONALIDAD (DIE NATIONALITÄT)

El país (Das Land)	Los habitantes (Die Bewohner)	La lengua (Die Sprache)
La Alemania (Deutschland)	alemán, alemana	el alemán
La Argentina (Argentinien)	argentino/-a	el español
La Austria (Österreich)	austriaco/-a	el alemán
La Bélgica (Belgien)	el/la belga	el francés, el flamenco (Flämisch)
El Brasil (Brasilien)	brasileño/-a	el portugués
El Canadá (Kanada)	el/la canadiense	el inglés
La China (China)	chino/-a	el chino
La España (Spanien)	español/española	el español
Los Estados Unidos (EEUU) = USA	el/la estadounidense	el inglés
La Finlandia (Finnland)	finlandés/finlandesa	el finlandés
La Francia (Frankreich)	francés/francesa	el francés
La Grecia (Griechenland)	griego/-a	el griego
La Hungría (Ungarn)	húngaro/-a	el húngaro
La India (Indien)	indio/-a	el indio o el hindú
La Inglaterra (England)	inglés/inglesa	el inglés
El Israel (Israel)	el/la israelita	el hebreo
La Italia (Italien)	italiano/-a	el italiano
El Japón (Japan)	japonés/japonesa	el japonés
El Marruecos (Marokko)	el/la marroquí	el árabe
El México (Mexiko)	mexicano/-a	el español
La Portugal (Portugal)	portugués/portuguesa	el portugués
La Rusia (Russland)	ruso/-a	el ruso
La Suecia (Schweden)	sueco/-a	el sueco
La Suiza (Schweitz)	suizo/-a	el italiano, el francés, el alemán
La Venezuela (Venezuela)	venezolano/-a	el español

In einem Satz steht vor Ländern kein Artikel — mit Ausnahme von Ländern oder Inseln im Plural.

Beispiel: Viajo a México.   (Ich reise nach Mexiko.)

Aber   Viajo a los Estados Unidos.   (Ich reise nach Amerika.)

Oder   Viajo a las islas griegas.   (Ich reise zu den griechischen Inseln.)

Übung 2

**Fíjate en estas palabras. ¿Son nacionalidades o profesiones, masculino o femenino?
Clasifícalas como en los ejemplos.
Entscheiden Sie bei diesen Wörtern, sind diese Nationalitäten oder Berufe,
maskulin oder feminin?**

mecánico	mecánica	doctor	doctora	italiano	italiana
ruso	rusa	estudiante	chino	china	finlandés
finlandesa	argentino	argentina	griego	griega	cartero
cartera	peluquero	peluquera	periodista	panadero	panadera
belga	japonés	japonesa	estadounidense	futbolista	dependiente
dependienta	docente	dentista	cantante	israelita	

PROFESIONES *(BERUFE)*

Masculino	Femenino	Masculino y Femenino
panadero	panadera	estudiante

NACIONALIDADES *(NATIONALITÄTEN)*

Masculino	Femenino	Masculino y Femenino
finlandés	finlandesa	estadounidense

Übung 3
¿De dónde proceden/vienen estas cosas?
Woher kommt was?

Brasil	**Italia**	**Hungría**	**Rusia**
	Argentina	**Francia**	**Suiza**
la India		**España**	**Estados Unidos**

1. El bistec: Argentina
2. La Torre Eiffel: ……..……
3. La pizza: …………..
4. El curry: ……………
5. El vodka: ……………
6. La hamburguesa: …………
7. El carnaval: ……………
8. El gulasch: …………..
9. La fondue de queso: ……………..
10. Ir de tapas: ……………..

Übung 4
Completa las frases.
Vervollständigen Sie die Sätze.

isla *(Insel)*	**montaña** *(Berg)*	**río** *(Fluß)*	**bebida** *(Getränk)*
ciudad *(Stadt)*	**capital** *(Hauptstadt)*		**cordillera** *(Gebirgskette)*

1. El Nilo es el …………… más largo de África.
2. Menorca es una …………….. de España.
3. El Teide es la …………….. más alta de España.
4. Santander es una …………………. del norte de España.
5. La ………………..…. de los Andes está en Sudamérica.
6. Madrid es la ………………..…. de España.
7. El tinto verano es una …………………. típica de Andalucía.

más largo/-a *(längste)*; **más alto/-a** *(höchste)*; **el norte** *(der Norden)*; **los Andes** *(die Anden)*; **Sudamérica** *(Südamerika)*; **típico/-a** *(typisch)*

ENDUNGEN BEI DEN NATIONALITÄTEN

Die maskulinen enden mit -**o**, oder nur mit einem Konsonanten, die femininen enden mit -**a**. Aber es gibt Ausnahmen, diese haben die gleiche Endung — egal ob maskulin oder feminin.

Das Nationalitätsadjektiv, das im Maskulinum auf -**és**, -**án** endet, verliert im Femininum den Akzent durch das Hinzufügen von -**a**.

Beispiel: alemán - alemana
               inglés - inglesa

Masculino -o		Femenino -a		Masculino y Femenino	
suizo	*(Schweizer)*	suiza	*(Schweizerin)*	belga	*(Belgier(in))*
griego	*(Grieche)*	griega	*(Griechin)*	marroquí	*(Marrokaner(in))*
-**consonante**		-**consonante + a**		estadounid**ense**	*(Amerikaner(in))*
francés	*(Franzose)*	francesa	*(Französin)*	canadi**ense**	*(Kanadier(in))*
finlandés	*(Finne)*	finlandesa	*(Finnin)*	árabe	*(Araber()in)*

DAS GESCHLECHT BEI DEN BERUFSBEZEICHNUNGEN:

Viele Berufsbezeichnungen haben eine männliche *(-o)* oder eine weibliche *(-a)* Form.

Berufsbezeichnungen, die mit -**ista**, -**ente** oder -**ante** enden, haben in der Regel nur eine Form für beide Geschlechter. Bei diesen ist das Geschlecht nur am Artikel zu erkennen.

Beispiele:
        * el futbolista   - la futbolista *(Fußballer(in))*
        * el agente   - la agente *(Agent(in))*
        * el estudiante - la estudiante *(Student(in))*
        * el paciente   - la paciente *(Patient(in))*

Nur Masculino		Nur Femenino		Masculino y Femenino	
panader**o**	*(Bäcker)*	panader**a**	*(Bäckerin*	period**ista**	*(Journalist(in))*
carnicer**o**	*(Metzger)*	carnicer**a**	*(Metzgerin)*	doc**ente**	*(Dozent(in))*
pescad**or**	*(Fischer)*	pescad**ora**	*(Fisherin)*	cant**ante**	*(Sänger(in))*

LOS PRONOMBRES PERSONALES *(DIE PERSONALPRONOMEN)*

Sie beziehen sich auf Personen, zum Beispiel, *(yo* — **ich**; *tú* — **du**; *él* — **er**; *ella* — **sie**; *usted* — **Sie - Singular**, *nosotros/-as* — **wir**; *vosotros/-as* — **ihr**; *ellos* — **sie**; *ellas* — **sie**; *ustedes* — **Sie - Plural**). Das konjugierte Verb steht normalerweise für sich, es sei denn, es ist nicht klar, wer in einem Gespräch angesprochen wird.

ser *(sein)*

(yo)	**soy**	*ich bin*
(tú)	**eres**	*du bist*
(él/ella)	**es**	*er/sie ist*
(usted)	**es**	*Sie sind (Singular)*
(nosotros/-as)	**somos**	*wir sind*
(vosotros/-as)	**sois**	*ihr seid*
(ellos/ellas)	**son**	*sie sind*
(ustedes)	**son**	*Sie sind (Plural)*

Wichtig: ***Ellos* = sie** (Männer und Frauen)
Auch wenn es nur einen Mann in einer Gruppe von Menschen gibt, egal wie viele andere Frauen — ***ellos*** wird verwendet.
***Ellas* = sie** (nur Frauen)

In Spanien gibt man seinen Namen mit dem reflexiven, das heißt rückbezüglichen, Verb ***llamarse*** *(heißen)* an. Das Reflexivpronomen steht immer (außer im Infinitiv) hinter dem Subjekt und vor dem reflexiven Verb — **me, te, se, nos, os, se** —. Mehr dazu in Lección 5.

Es wird wie folgt konjugiert:

llamarse *(heißen)*

(yo)	me llam**o**	*ich heiße*
(tú)	te llam**as**	*du heißt*
(él/ella)	se llam**a**	*er/sie heißt*
(usted)	se llam**a**	*Sie heißen (Singular)*
(nosotros/-as)	nos llam**amos**	*wir heißen*
(vosotros/-as)	os llam**áis**	*ihr heißt*
(ellos/ellas)	se llam**an**	*sie heißen*
(ustedes)	se llam**an**	*Sie heißen (Plural)*

Das Verb ***tener*** *(haben)* wird auch bei der Angabe des Alters verwendet.

tener *(haben)*

(yo)	teng**o**	*ich habe*
(tú)	tie**nes**	*du hast*
(él/ella)	tie**ne**	*er/sie hat*
(usted)	tie**ne**	*Sie haben (Singular)*
(nosotros/-as)	ten**emos**	*wir haben*
(vosotros/-as)	ten**éis**	*ihr habt*
(ellos/ellas)	tie**nen**	*sie haben*
(ustedes)	tie**nen**	*Sie haben (Plural)*

LECCIÓN 2
¿DE DÓNDE ERES TÚ?
WOHER KOMMST DU?

In dieser Lección lernt man seine Kollegen besser kennen.

* Wie heißen Sie?
* Von woher kommen Sie?
* Was machen Sie beruflich?
* Was sind Ihre Hobbys?

Dann kennen Sie die Menschen in Ihrer Umgebung besser und können mit der Kommunikation auf Spanisch beginnen. Welche Art von Fragen werden hier gestellt und wie werden sie beantwortet?

Grammatik
*   Der bestimmte Artikel
*   Der unbestimmte Artikel
*   Das Geschlecht der Substantive und die Pluralbildung
*   Die Infinitivendungen -AR/-ER/-IR
*   Verben **estudiar**, **trabajar**, **hablar**

Wortschatz
 Fragewörter
 Fragen und Antworten

DIE FRAGEWÖRTER

Wie
¿**Cómo** te llamas?
Wie heißt du?

Welche(r); Was für ein(e, r)
¿**Cuál** es tu casa?
Welches ist dein Haus?

Was
¿**Qué** son los …?
Was sind die …?

Spanisch	Deutsch
¿De qué?; ¿Con qué?	*(Aus was?; Mit was?)*
¿A qué hora?	*(Um wie viel Uhr?)*
¿Quién?; ¿Quiénes?	*(Wer?)*
¿A quién?; ¿De quién?; ¿Con quién?	*(Wen?; Wem?; Von wem?; Mit wem?)*
¿Cuánto, -a, -os, -as?	*(Wie viel?; Wie viele?)*
¿Dónde?	*(Wo?)*
¿De dónde?	*(Woher?)*
¿Adónde?	*(Wohin?)*
¿Cuándo?	*(Wann?)*
¿Cómo?	*(Wie?)*
¿Por qué?	*(Warum?)*
¿Para qué?	*(Wozu?)*

PREGUNTAS PARA LA CLASE *(FRAGEN FÜR DIE KLASSE)*

<u>Spanisch</u>	<u>Deutsch</u>
¿Cómo se escribe <u>*mesa*</u>?	*Wie schreibt man <u>mesa</u>?*
¿Qué significa <u>*mesa*</u>?	*Was bedeutet <u>mesa</u>?*
¿Cómo se dice <u>*Tisch*</u> en español? - Mesa.	*Wie sagt man <u>Tisch</u> auf Spanisch? - Mesa.*
¿Puedes repetirlo?	*Kannst du das wiederholen?*
No comprendo.	*Ich verstehe nicht.*
¿Puedes hablar más lento (despacio)?	*Kannst du langsamer sprechen?*
¿Puedes hablar más rápido *(schnell)*?	*Kannst du schneller sprechen?*
¿Puedes hablar más alto *(laut)*?	*Kannst du lauter sprechen?*
¿Puedes hablar más bajo *(leise)*?	*Kannst du leiser sprechen?*
¿Qué tal?	*Wie geht es dir?*
¿Cómo te llamas?	*Wie heißt du?*
¿Cuál es tu nombre?	*Wie ist dein Name?*
¿En qué trabajas?	*Was machst du beruflich?*
¿De dónde eres?	*Woher kommst du?*
¿A qué te dedicas?; ¿Qué eres?; ¿Qué haces?	*Was arbeitest du?/Was tust du?*
¿Cómo se llama él/ella?	*Wie heißt er/sie?*
¿De dónde es él/ella?	*Woher kommt er/sie?*
¿Dónde vive él/ella?	*Wo wohnt/lebt er/sie?*
¿Cuál es tu profesión?	*Was ist dein Beruf?*
¿En qué trabaja?	*Womit verdienen Sie Ihren Lebensunterhalt?*
¿Cuántas lenguas habla él/ella?	*Wie viele Sprachen spricht er/sie?*
¿Cuántos años tiene él/ella?	*Wie alt ist er/sie?*
¿Qué hace usted en su tiempo libre?	*Was machen Sie in Ihrer Freizeit?*

Tirando = Antwort auf die Frage—Wie geht es dir? - Es bedeutet: <u>normal</u>. *(Umgangssprache)*

Preguntas *(Fragen)*	Respuestas *(Antworten)*
¿Cómo (tú) te llamas? *(Wie heißt du?)* Das **tú** kann auch am Ende platziert werden. **(Mit einem Akzent bedeutet es immer *du*.)** Im normalen Sprachgebrauch wird es weggelassen.	Me llamo Carlos. *(Ich heiße Carlos.)* Soy Carlos. *(Ich bin Carlos.)*
¿Cuál es tu nombre? *(Wie ist dein Name?)* **Hier heißt das *tu*** (ohne Akzent) - ***dein***.	Mi nombre es … *(Mein Name ist …)*
¿Cuál es tu apellido? *(Wie ist dein Nachname?)*	Mi apellido es… *(Mein Nachname ist …)*
¿De dónde (tú) eres? *(Woher kommst du?)* Das **tú** kann am Ende platziert werden. Im normalen Sprachgebrauch wird es weggelassen.	(Yo) soy de España. *(Ich bin aus Spanien.)*
¿Dónde (tú) vives? *(Wo lebst du?)* Das **tú** kann auch am Ende platziert werden. Im normalen Sprachgebrauch wird es weggelassen.	(Yo) vivo en Sevilla. *(Ich lebe in Sevilla.)*
¿Cuál es tu profesión? *(Was ist dein Beruf?)*	(Yo) soy músico. *(Ich bin Musiker.)*
¿Qué eres?; ¿Qué haces? ¿A qué te dedicas? *(Was arbeitest du?)*	(Yo) soy bombero. *(Ich bin Feuerwehrmann.)*
¿Cuántos años tienes? *(Wie alt bist du?)*	(Yo) tengo 48 años. *(Ich bin 48 Jahre alt.)*

¿Qué lenguas (idiomas) hablas?
        (Was für Sprachen sprichst du?)
	(Yo) hablo español, inglés y francés.
	        *(Ich spreche Spanisch, Englisch und
	Französisch.)*

¿Cuántas lenguas hablas?
¿Cuántos idiomas hablas?
        (Wie viele Sprachen sprichst du?)
	(Yo) hablo tres idiomas.
	        (Ich spreche drei Sprachen.)

¿Qué haces en tu tiempo libre?
        (Was machst du in deiner Freizeit?)
	Me gusta ver películas.
	        (Ich sehe mir gerne Filme an.)

¿Cuáles son tus aficiones?
        (Was sind deine Hobbys?)
	Me gusta hacer deporte.
	        (Ich mache gerne Sport.)

¿Cómo es tu familia? *(Wie ist deine Familie?)*	Yo tengo dos hijos. *(Ich habe zwei Söhne.)*

¿Cuál es tu correo electrónico?
        (Was ist deine E-Mail?)
	Es juarez@hotmail.com.
	        (Es ist juarez@hotmail.com.)

¿Cuál es tu número de teléfono?
        (Was ist deine Telefonnummer?)
	Es el 60548032653.
	        (Sie ist 60548032653.)

¿Cómo estás? oder ¿Qué tal?   Estoy — bien (gut), regular (mir geht es nicht so gut),
(Wie geht es dir?)   mal (schlecht), enfermo/-a (krank).

Man sagt nicht „*Estoy bueno*", da sich **bueno/-a** auf ein Substantiv (maskulin oder feminin) bezieht, zum Beispiel: La paella (feminin) — buen**a**; el arroz (maskulin) — buen**o**.

Die Verwendung des Verbs **ser**
Angabe des Namens.   Soy Stefan.   *(Ich bin Stefan.)*
Angabe der Nationalität.   Soy alemán.   *(Ich bin Deutscher.)*
Angabe des Berufes.   Soy médico.   *(Ich bin Arzt.)*

Persönliche Daten

1) **¿Cómo te llamas?**   *(Wie heißt du?)*   **¿De dónde eres?**   *(Woher kommst du?)*
   Me llamo Kurt.   *(Ich heiße Kurt.)*   Soy austríaco.   *(Ich bin Österreicher.)*
                                                     (Soy) de Viena.   *(Ich bin aus Wien.)*

2) **¿Cuál es tu nombre?** *(Wie ist dein Name?)*   **¿Eres inglés?**   *(Bist du Engländer?)*
   James.   *(James.)*   Sí, (soy) de Londres. *(Ja, ich bin aus London.)*

   ¿Cuál es tu apellido? *(Wie ist dein Nachname?)* **¿En qué trabajas?** *(Was arbeitest du?)*
   Moolten.   *(Moolten.)*   Soy panadero.   *(Ich bin Bäcker.)*

3) **¿Cuántos años tienes?** *(Wie alt bist du?)*   **¿Tienes móvil?** *(Hast du ein Handy?)*
   Tengo 26 años   *(Ich bin 26 Jahre alt.)* Sí.   *(Ja.)*

   ¿A qué te dedicas   *(Was machst du beruflich?)*
   Trabajo en una tienda.   *(Ich arbeite in einem Geschäft.)*
   Trabajo de dependiente.   *(Ich arbeite als Verkäufer.)*

   ¿Tienes correo electrónico? *(Hast du eine E-Mail-Adresse?)*
   Sí.   *(Ja.)*

Übung 5
Completa las preguntas.
Vervollständigen Sie die Fragen.

1. ¿...... te dedicas?   5. ¿........... mexicano?
   Soy panadero.   No, soy español.

2. ¿....... te llamas?   6. ¿.......... significa *gracias*?
   Jerome   Danke.

3. ¿....... años tienes?   7. ¿...... se escribe *banco*? ¿Con *b* o con *v*?
   24.   Con *b*.

4. ¿.......... eres?
   Soy de Madrid.

Übung 6

¿Cuáles son las preguntas? Pregunta primero con tú y luego con usted.
Wie heißen die Fragen? Fragen Sie zuerst mit du und dann mit Sie.

TÚ	USTED
• **¿Cómo te llamas?**	* **¿Cómo se llama?**
• Markus, Markus L. Maurer.	* Markus, Markus L. Maurer.
•	* ....
• Soy austríaco, de Viena.	* Soy austríaco, de Viena.
•	* ....
* 32 años.	* 32 años.
•	* ....
• Soy cartero.	* Soy cartero.
•	* ....
• Es markus123@yahoo.es.	* Es markus123@yahoo.es.
•	* ....
* Es el 727442866.	* Es el 727442866

Der **Infinitiv** ist die Grundform des Verbs. In dieser Form werden die spanischen Verben in alle Wörterbücher eingetragen. Spanische Verben im Infinitiv haben eine dieser drei Endungen:

- AR		- ER		- IR	
habl**ar**	*(sprechen)*	com**er**	*(essen)*	sent**ir**	*(fühlen)*
bus**car**	*(suchen)*	v**er**	*(sehen)*	sal**ir**	*(hinausgehen)*
trabaj**ar**	*(arbeiten)*	aprend**er**	*(lernen)*	prefer**ir**	*(bevorzugen)*

Übung 7

Clasifica estos verbos según sus terminaciones y ponlas en la columna correspondiente.
Klassifizieren Sie diese Verben aufgrund ihrer Endungen und setzen Sie sie in die jeweils zugehörige Spalte der Tabelle.

tirar *(werfen)*
buscar *(suchen)*
preguntar *(fragen)*
leer *(lesen)*
mirar *(betrachten)*
bailar *(tanzen)*
escribir *(schreiben)*
escuchar *(anhören)*
comprender *(verstehen)*

beber *(trinken)*
abrir *(öffnen)*
ir *(gehen)*
vivir *(leben, wohnen)*
tener *(besitzen, haben)*
esquiar *(Ski laufen)*
aprender *(lernen)*
ser *(sein)*
meter en *(hineintun)*

borrar *(auswischen, putzen, löschen)*
completar *(ergänzen)*
responder *(antworten)*
entrar *(eintreten)*
salir *(ausgehen)*
trabajar *(arbeiten)*
estudiar *(studieren)*
preferir *(bevorzugen)*

-AR	-ER	-IR

EL ARTICULO *(DER ARTIKEL)*

EL ARTICULO DETERMINADO *(DER BESTIMMTE ARTIKEL)*

Der bestimmte spanische Artikel, der sich auf bestimmte oder bekannte Dinge bezieht (*die* Hose oder *der* Kuchen), stimmt in Geschlecht (maskulin/feminin) und Zahl (Singular/Plural) mit dem Substantiv überein.

Der bestimmte Artikel mit Pluralbildung.

	maskulin	**feminin**
Singular	el vuelo *(der Flug)*	la bolsa *(die Tasche)*
Plural	los vuelos *(die Flüge)*	las bolsas *(die Taschen)*

	Singular		**Plural**	
	el amigo	*(der Freund)*	**los** amig**os**	*(die Freunde)*
Maskulin	**el** toro	*(der Stier)*	**los** toro**s**	*(die Stiere)*
	el ojo	*(das Auge)*	**los** oj**os**	*(die Augen)*
	la puerta	*(die Tür)*	**las** puerta**s**	*(die Türen)*
Feminin	**la** mesa	*(der Tisch)*	**las** mesa**s**	*(die Tische)*
	la escuela	*(die Schule)*	**las** escuela**s**	*(die Schulen)*

Die Präposition **de** oder **a** verbinden sich mit dem Artikel **el**, um **del** und **al** zu bilden.

Beispiel: Ella saca el libro **del** bolso.   **de** + **el** = **del**   **a** + **el** = **al**
       (Sie nimmt das Buch aus der Tasche.)

Vor welchen femininen Substantiven steht immer das *el?*

Agua ist feminin, der Plural ist *las aguas*, obwohl der Singular *el agua* ist.

Der Grund dafür ist, daß die Ausdrucksform *la agua* im Spanischen nicht existiert. Dies dient dazu den Sprachfluss zu erleichtern. Das Geschlecht ändert sich dadurch nicht.

Das gilt für alle **Substantive**, die mit **betontem a** oder **ha** beginnen und der Artikel unmittelbar vor dem Substantiv steht.

Im Singular haben diese Substantive normalerweise das männliche **el**.

Beispiel: El aula es pequeña**.**   *(Das Klassenzimmer ist klein.)*

       Con todo el alma mi hija quiere ser médica.   *(Vom ganzen Herzen möchte meine Tochter
                               Ärztin werden.)*

Diese Substantive sind feminin, obwohl sie mit dem Artikel **el** verwendet werden.

Diese Regel gilt nicht für:

> * Frauennamen (Vor- oder Nachnamen).
> * Buchstaben des Alphabets (la hache (h)).
> * Substantive, die Personen oder Tiere bezeichnen.
> * Wenn das Geschlecht zum Ausdruck gebracht wird.
> * Sollte das mit betontem *a* beginnende Wort **kein Substantiv** sein.
> Beispiel: La <u>agria</u> crítica.   *(Die <u>scharfe</u> Kritik.)*

Diese Regel wird auch nicht angewendet, wenn das Substantiv auf der **zweiten Silbe betont** wird.
<u>Beispiel</u>: La alm<u>e</u>ja no sabe a nada.   *(Die Herzmuschel schmeckt nach nichts.)*

Gut zu wissen:

Spanien war jahrhundertelang von den Arabern besetzt (711 — 1492). Somit git es knapp 1200 Wörter im Spanischen, deren Etymologie arabisch ist. Viele dieser arabischen Wörter beginnen mit *a-* oder *al-*, weil der arabische Artikel *al* mit in die Wörter integriert wurde. Es sind mehr Substantive als Verben auf arabischen Ursprung zurückzuführen. Einige dieser agglutinierten Wörter, die mit *al-* beginnen haben den femininen spanischen Artikel *la*.

<u>Beispiel</u>: La almohada   *= das Kissen*
La alfombra   *= der Teppich*
La Alhambra   *= die Alhambra (Sehenswürdigkeit in Granada.)*

EL ARTICULO INDETERMINADO *(DER UNBESTIMMTE ARTIKEL)*

Unbestimmte Artikel *(ein, eine, etc.)* beziehen sich auf ein nicht spezifisches, ein unbestimmtes Objekt *(eine Flasche oder ein Buch).*

<u>Der</u> <u>unbestimmte</u> <u>Artikel</u> <u>mit</u> <u>Pluralbildung</u>.

	maskulin		**feminin**	
Singular	<u>un</u> vecino	*(ein Nachbar)*	<u>una</u> foto	*(ein Foto)*
Plural	<u>unos</u> vecinos	*(einige Nachbarn)*	<u>una</u>s fotos	*(einige Fotos)*

		Singular		Plural	
		un nervio	*(ein Nerv)*	**unos** nervios	*(einige Nerven)*
Maskulin		**un** juego	*(ein Spiel)*	**unos** juegos	*(ein paar Spiele)*
		un mono	*(ein Affe)*	**unos** monos	*(einige Affen)*
		una pregunta	*(eine Frage)*	**unas** preguntas	*(einige Fragen)*
Feminin		**una** ballena	*(ein Wal)*	**unas** ballenas	*(einige Wale)*
		una mentira	*(eine Lüge)*	**unas** mentiras	*(einige Lügen)*

Vor weiblichen Substantiven im Singular, welche mit einem betonten *a-* oder *ha-* beginnen, verwendet man im Spanischen *un* anstelle von *una*:
<u>Beispiel</u>: un arma   *(eine Waffe)*

Unos/unas steht vor konkreten Objekten, die hauptsächlich im Plural verwendet werden.
Unos/unas verwendet vor Zahlen bedeutet <u>ungefähr</u>.

SUBSTANTIVE   MASKULIN/FEMININ — SINGULAR/PLURAL

El género *(Das Geschlecht)*   **El número** *(Die Anzahl)*

Masc. -o -a -e	Fem. -a -o -e	Singular	Plural

el amigo
(der Freund)
el idioma
(die Sprache)
el expediente
(die Akte)
	la boda
	(die Hochzeit)
	la mano
	(die Hand)
	la parte
	(das Teil)
		Bei Endung des
		Wortes auf
		Vokal *(a, e, i, o, u)*
		la boda
		la mano
		la parte
			Endung -**s**
			la boda – las bodas
			    (die Hochzeiten)
			la mano – las manos
			    (die Hände)
			la parte – las partes
			    (die Teile)

		Endung auf -**y** el rey *(der König)*	Endung -**es** los reyes *(die Könige)*
		Endung auf -**z** el pez *(der Fisch)*	Endung -**ces** los peces *(die Fische)*
	Bei Substantiven, die auf Konsonant enden und auf der letzten Silbe einen Akzent tragen, entfällt der Akzent im Plural.	Mit **Konsonant** un doctor *(ein Arzt)* el alemán *(der Deutsche)* una canción *(ein Lied)*	Endung -**es** unos doctores *(einige Ärzte)* los alemanes *(die Deutschen)* unas canciones *(ein paar Lieder)*

Neutrale Substantive gibt es im Spanischen nicht. Sie sind entweder maskulin oder feminin.

- Substantive, die mit -**o** oder einem **Konsonanten** enden, sind in der Regel maskulin.
  El lago *(Der See)*; el país *(das Land)*.

- Zahlen, Farben, viele Bäume und Flüsse sind maskulin.
  El dos *(Zwei)*; el amarillo *(das Gelbe)*; el olivo *(der Olivenbaum)*; el Amazonas *(der Amazonas)*.

- Alle Substantive, die mit -**a**, -**dad**, -**sión** oder -**ción** enden, sind feminin.
  La pera *(Die Birne)*; la verdad *(die Wahrheit)*; la tensión *(die Spannung)*;
  la detonación *(die Detonation)*.

- Substantive mit der Endung -**e** sind entweder maskulin oder feminin.
  El coche *(Das Auto)*; la noche *(die Nacht)*.

Es gibt Ausnahmen:

*   Maskuline Substantive: El día *(Der Tag)*; el mapa *(die Landkarte)*.

*   Viele Substantive aus dem Griechischen, die auf -**ma**, -**ta** enden sind maskulin.
    El problema *(Das Problem)*; el planeta *(der Planet)*; el sistema *(das System)*.

*   Feminine Substantive: La mano *(Die Hand)*; la foto *(das Foto)*; la moto *(das Motorrad)*.

Das weibliche Substantiv leitet sich vom männlichen Substantiv ab, indem die Endung -**o** oder -**e** durch -**a** ersetzt wird, oder indem dem Endkonsonanten ein -**a** hinzugefügt wird.

El fotógrafo (maskulin)	La fotógrafa (feminin)	El alemán (maskulin)	La alemana (feminin)
El presidente (maskulin)	La presidenta *aber* (feminin)	El estudiante (maskulin)	La estudiante (feminin)

Es gibt auch Substantive, bei denen sich die weibliche Form stärker von der männlichen unterscheidet. In diesem Fall wird -**ina**, -**isa**, -**esa** an das Substantiv hinzugefügt oder -**tor** und -**dor** werden durch -**triz** ersetzt.

Beispiel: el héro**e** — la hero**ína**; el cond**e** — la cond**esa**; el r**ey** — la r**eina**;
el poet**a** — la poet**isa**; el ac**tor** — la ac**triz**; el empera**dor** — la empera**triz**.

a) Mehrere Substantive sind immer Plural, auch wenn sie nur ein einziges Objekt bezeichnen.
Beispiel: Las gafas *(Die Brille)*; las vacaciones *(der Urlaub)*.

Sind diese Substantive das Subjekt eines Satzes, ist das Verb auch Plural.
Beispiel: Tus gafas <u>son</u> modernas.　　　　　　　　*(Deine Brille ist modern.)*

Der Begleiter (Artikel, Possessivpronomen, usw.) sowie die Ergänzungen des Substantives (zum Beispiel, Adjektiv) werden auch pluralisiert.
Beispiel: ¿Son <u>estas</u> <u>tus</u> gafas?　　　　　　　　*(Ist das deine Brille?)*

b) Andere Substantive sind die <u>meiste</u> <u>Zeit</u> Plural, kommen aber auch im Singular vor.
Beispiel: Los pantalones, el pantalón *(die Hose)*; las tijeras, la tijera *(die Schere)*.

c) Zusammengesetzte Wörter, bei denen die zweite Komponente ein Substantiv im Plural ist, bleiben gleich, wenn pluralisiert.
Beispiel: El sacacorchos — los sacacorchos *(der Korkenzieher — die Korkenzieher)*.

d) Einige Wörter können im Plural eine andere Bedeutung haben als im Singular.
Beispiel: El padre *(Der Vater)* — Los padres *(Die Eltern)*
La letra *(Der Buchstabe)* — Las letras *(Die Literatur)*

Übung 8
Clasifica las palabras en la tabla con el artículo.
Ordnen Sie jedes Wort in der Tabelle richtig zu, mit dem Artikel.

casa *(Haus)*　**plátano** *(Banane)*　　**página** *(Seite)*　**pizarra** *((Wand)tafel)*　　**premio** *(Preis)*
puerta *(Tür)*　**hincha** *(Fan)*　　　**cuadro** *(Bild)*　**fresco** *(Fresko)*　　　　**arte** *(Kunst)*
entrada *(Eingang)*　　　　　　　**ventana** *(Fenster)*　　　　　　　　　　**sello** *(Stempel)*
exposición *(Ausstellung)*　　　　**saco** *(Sack, Sakko)*

Masculino		Femenino	
SINGULAR	PLURAL	SINGULAR	PLURAL
el plátano	los plátanos	la casa	las casas

Übung 9
¿Qué artículos acompañan a las siguientes palabras?
Welcher Artikel begleitet die folgenden Wörter?

	el	la	los	las

1. .... documentación *(Dokumentation)*   10. .... bicicletas *(Fahrräder)*

2. .... pasaportes *((Reise)pässe)*   11. .... tienda *(Geschäft, Laden)*

3. .... verdura *(Gemüse)*   12. .... curva *(Kurve)*

4. .... oeste *(Westen)*   13. .... crisis *(Krise)*

5. .... luna *(Mond)*   14. .... cifra *(Ziffer, Kode)*

6. .... escala *(Skala)*   15. .... mesa *(Tisch)*

7. .... experimento *(Experiment)*   16. .... muebles *(Möbel)*

8. .... tierra *(Land, Erde)*   17. .... coche *(Auto)*

9. .... gente *(Leute)*   18. .... ópera *(Oper)*

Das Verb **trabajar** *(arbeiten)* wird wie folgt konjugiert:

(yo)	trabaj**o**	*ich arbeite*
(tú)	trabaj**as**	*du arbeitest*
(él/ella)	trabaj**a**	*er/sie arbeitet*
(usted)	trabaj**a**	*Sie arbeiten - Singular*
(nosotros/-as)	trabaj**amos**	*wir arbeiten*
(vosotros/-as)	trabaj**áis**	*ihr arbeitet*
(ellos/ellas/ustedes)	trabaj**an**	*sie arbeiten/Sie arbeiten - Plural*

Das Verb **estudiar** *(studieren, lernen)* wird wie folgt konjugiert:

(yo)	estudi**o**	*ich studiere*
(tú)	estudi**as**	*du studierst*
(él/ella)	estudi**a**	*er/sie studiert*
(usted)	estudi**a**	*Sie studieren - Singular*
(nosotros/-as)	estudi**amos**	*wir studieren*
(vosotros/-as)	estudi**áis**	*ihr studiert*
(ellos/ellas/ustedes)	estudi**an**	*sie studieren/Sie studieren - Plural*

Das Verb **hablar** *(sprechen)* wird wie folgt konjugiert:

(yo)	habl**o**	*ich spreche*
(tú)	habl**as**	*du sprichst*
(él/ella)	habl**a**	*er/sie spricht*
(usted)	habl**a**	*Sie sprechen - Singular*
(nosotros/-as)	habl**amos**	*wir sprechen*
(vosotros/-as)	habl**áis**	*ihr sprecht*
(ellos/ellas/ustedes)	habl**an**	*sie sprechen/Sie sprechen - Plural*

LECCIÓN 3
EXPRESIONES DE TIEMPO EN ESPAÑOL
ZEITANGABEN AUF SPANISCH

In dieser Lección lernen Sie, wie Sie nach der Uhrzeit fragen—wie Sie die Antwort mitteilen, sowie die Angabe des Datums. Darüber hinaus werden die Wochentage, die Monate des Jahres, der Jahresverlauf und die Geburtstage besprochen.

Welche Verbform wird verwendet, um auszudrücken:

Wenn man etwas in der Zukunft tun möchte.

Sie lernen auch zu erklären,

warum Sie etwas getan haben.

Diese Lección beginnt mit einem spanischen Text über die Gewohnheiten der Spanier, für den es auch eine deutsche Übersetzung gibt.

Anhand der Angaben zu den Tageszeiten werden Sie schnell feststellen, dass sich der Tagesablauf in Spanien von dem in Deutschland unterscheidet.

Grammatik
Absichten ausdrücken
Über Motive sprechen
Verben und ihre Präpositionen
Verb **querer**

Wortschatz
Tageszeiten
Uhrzeit
Wochentage
Monate
Jahresablauf

ZEITANGABEN AUF SPANISCH

Comidas

En España, se desayuna muy poco antes de ir al trabajo. Normalmente se toma, por ejemplo, un café o un vaso de leche con galletas. Pero pasando las once del mediodía, se suele hacer una pausa para comer un bocadillo y tomar un café. Para muchos españoles el almuerzo se toma entre la una y las tres de la tarde. Cenan a partir de las nueve, y en verano también más tarde.

Comercios y oficinas

En España, la mayoría de las tiendas cierran entre la una y media y las cuatro y media (13:30 – 16:30 h), excepto los supermercados.

Ocio

Después del trabajo, muchos españoles toman una caña de cerveza o una copa de vino y una tapa. En general, los españoles se acuestan muy tarde, particularmente los fines de semana. En la tele hay programas nocturnas que empiezan a las doce de la noche.

Trabajo

La mayoría de españoles tienen horario de trabajo con un descanso para el almuerzo de dos o tres horas. Sin embargo, muchos prefieren el horario intensivo de las ocho a las tres.

Niños y escuelas

Los niños van a la escuela a las 9. Muchos alumnos comen en la escuela y tienen algunas actividades extraescolares. Como la cena es muy tarde y después se suele ver un poco la tele, muchos escolares están cansados por la mañana.

LAS PARTES DEL DÍA EN ESPAÑA *(DIE ZEITEN DES TAGES IN SPANIEN)*

Desde las – hasta las

06:00 – 12:59	La mañana (de la mañana); **desayunar** *(frühstücken)*; ¡Buenos días!
13:00 – 14:59	La tarde (de la tarde); **almorzar** *(zu Mittag essen)*; ¡Buenas tardes!
16:00 – 18:00	La tarde (de la tarde); **merendar** *(einen kleinen Imbiss haben)*; la merienda.
21:00 – 00:59	La noche (de la noche); **cenar** *(zu Abend essen)*; ¡Buenas noches!
	Nach dem Abendessen gibt es später oft noch *Tapas*.
01:00 – 05:59	La noche; la madrugada; la mañana *(all dies kann gesagt werden)*.
13:00 – 16:59	El/del mediodía *(Mittag)*.

Das Verb *almorzar (zu Mittag essen)* wird wie folgt konjugiert, almorzar ist ein unregelmäßiges Verb; *o* wechselt zu *ue*.

(yo)	almuerzo	*Ich esse zu Mittag*
(tú)	almuerzas	*du isst zu Mittag*
(él/ella)	almuerza	*er/sie isst zu Mittag*
(usted)	almuerza	*Sie essen zu Mittag - Singular*
(nosotros/-as)	almorzamos	*wir essen zu Mittag*
(vosotros/-as)	almorzáis	*ihr esst zu Mittag*
(ellos/ellas)	almuerzan	*sie essen zu Mittag*
(ustedes)	almuerzan	*Sie essen zu Mittag - Plural*

LA HORA *(DIE ZEIT)*

Im Spanischen werden Zeiten innerhalb der **ersten 30 Minuten der Stunde hinzugefügt (y)**.

y cuarto = ... *und 15 Minuten/Viertel nach* ...   **y media** = *und 30 Minuten/halb* ...

Beispiel:
- Son las dos **y** cuarto.   *(Es ist Viertel nach zwei (Uhr).)*

- Son las tres **y** media.   *(Es ist halb vier.)*

- Son las cinco **y** diez.   *(Es ist zehn (Minuten) nach fünf (Uhr).)*

- Son las cuatro **y** media.   *(Es ist halb fünf.)*

In der zweiten Hälfte, zum Beispiel von 16:30 - 17:00 Uhr, **wird jede Minute** von der nächsten vollen Stunde (in diesem Fall, 17:00 Uhr *menos*) **abgezogen**.

Beispiel:
- Son las cinco **menos** diez.   *(Es ist zehn (Minuten) vor fünf (Uhr).)*

- Son las once **menos** siete.   *(Es ist sieben (Minuten) vor elf (Uhr).)*

- Son las cuatro **menos** cuarto.   *(Es ist viertel vor vier (Uhr).)*

Wenn jemand mit **¿Qué hora es? *(Wie viel Uhr ist es?)*** nach der Uhrzeit in Spanien fragt, lautet die Antwort *La* ... oder *Es la* ...
Beispiel: **La una** *oder* **Es la una.**   *(Es ist ein Uhr.)*

Andernfalls lautet die Antwort **Las** + *die Uhrzeit* oder **Son las** + *die Uhrzeit*.
Beispiel: **Las tres** *oder* **Son las tres.**   *(Es ist drei Uhr.)*

Der Plural gilt für alle Stunden außer 13:00 Uhr oder 1:00 Uhr.

a) ¿Qué hora es?   *(Wie viel Uhr ist es?)*

Es la una.   *(Es ist ein Uhr.)*
Son las dos.   *(Es ist zwei Uhr.)*
Son las tres (en punto).   *(Es ist (Punkt) drei Uhr.)*

b) ¿Tienes/Tiene la hora?   *(Hast du/Haben Sie die Zeit?)*

La una en punto.   *(Es ist Punkt ein Uhr.)*
Las tres **y** diez.   *(Es ist 10 Minuten nach drei Uhr.)*
Las dos **y** cuarto.   *(Es ist viertel nach zwei Uhr.)*
Las ocho **y** media   *(Es ist halb neun.)*
Las siete **menos** veinte.   *(Es ist 6:40 Uhr.)*
Las seis **menos cuarto.**   *(Es ist 5:45 Uhr.)*
Las dos y diez   *(Es ist 14:10 Uhr.)*
Las cuatro y cuarto.   *(Es ist 16:15 Uhr.)*
Las seis y media.   *(Es ist 6:30 Uhr.)*
Las ocho menos veinte.   *(Es ist 7:40 Uhr.)*
Las diez menos cuarto.   *(Es ist 21:45 Uhr.)*

Aber wenn die Frage ist: **¿A qué hora ...?** *(Um wie viel Uhr?)* dann lautet die Antwort: **A la una ...** *(wenn es ein Uhr ist)*, ansonsten **A las ...**

a) **¿A qué** hora te despiertas?   *(Um wie viel Uhr wachst du auf?)*

   Yo me despierto **a las** siete (en punto).   *(Ich wache um (Punkt) sieben Uhr auf.)*

b) **¿A qué** hora llega el avión?   *(Um wie viel Uhr landet das Flugzeug?)*

   - **A las** cinco de la mañana.   *(Um 5:00 Uhr früh.)*
   - **A las** doce del mediodía.   *(Um 12:00 Uhr mittags.)*
   - **A las** siete y media de la tarde.   *(Um 19:30 Uhr abends.)*
   - **A las** diez de la noche.   *(Um 22:00 Uhr nachts.)*

c) La mayoría de españoles ...   *(Die meisten Spanier ...*

          ... **antes** de + <u>ir</u> al trabajo ...   ... **bevor** sie zur Arbeit gehen ...)*
          ... antes de + <u>Infinitiv</u>

... <u>los</u> <u>españoles</u> desayunan: *... die Spanier frühstücken:*
   - <u>entre</u> las ocho y las diez.   *- zwischen 8:00 Uhr und 10:00 Uhr.*
   - <u>de</u> ocho <u>a</u> diez.   *- von 8:00 Uhr bis 10:00 Uhr.*
   - <u>desde</u> las ocho <u>hasta</u> las diez.   *- von 8:00 Uhr bis 10:00 Uhr.*

LA FECHA *(DAS DATUM)*

¿Qué día es hoy?   *(Welcher Tag ist heute?)*
Hoy es martes, 5 de abril de 2016.   *(Heute ist Dienstag, der 5. April 2016.)*
Ayer <u>fue</u> lunes.   *(Gestern war Montag.)*
                                                     (fue = Vergangenheit von ser (sein); bedeutet: es war)

Antes de ayer fue domingo.   *(Vorgestern war Sonntag.)*
Mañana es miércoles.   *(Morgen ist Mittwoch.)*
Pasado mañana.   *(Übermorgen.)*

LOS DÍAS DE LA SEMANA *(WOCHENTAGE)*

- El/los lunes   *Am Montag, montags, jeden Montag*
- El/los martes   *Am Dienstag, dienstags, jeden Dienstag*
- El/los miércoles   *Am Mittwoch, mittwochs, jeden Mittwoch*
- El/los jueves   *Am Donnerstag, donnerstags, jeden Donnerstag*
- El/los viernes   *Am Freitag, freitags, jeden Freitag*
- El sábado/los sábados   *Am Samstag, samstags, jeden Samstag*
- El domingo/los domingos   *Am Sonntag, sonntags, Sonntage, jeden Sonntag*
- El fin de semana   *Das Wochenende*

*	¿Sabes qué día es hoy?	*(Weißt du was heute für ein Tag ist?)*	
*	¿Hoy? – Lunes.	*(Heute? – Montag.)*	
*	¿Cuándo llegas?	*(Wann kommst du an?)*	
*	El viernes a las siete de la tarde.	*(Am Freitag um sieben Uhr abends.)*	
*	¿Qué haces los domingos?	*(Was machst du sonntags?)*	
*	Normalmente como con mi familia.	*(Normalerweise esse ich mit meiner Familie.)*	

¿Sabes? *(Weißt du?)*; **¿Cuándo?** *(Wann?)*; **¿Qué haces?** *(Was machst du?)*

LOS MESES DEL AÑO *(DIE MONATE DES JAHRES)*

el enero	*Januar*	el julio	*Juli*
el febrero	*Februar*	el agosto	*August*
el marzo	*März*	el septiembre	*September*
el abril	*April*	el octubre	*Oktober*
el mayo	*Mai*	el noviembre	*November*
el junio	*Juni*	el diciembre	*Dezember*

TODO EL AÑO *(DER JAHRESVERLAUF)*

<u>Spanisch</u>	<u>Deutsch</u>
el año	*das Jahr*
las estaciones (del año)	*die Jahreszeiten*
la primavera	*der Frühling*
el verano	*der Sommer*
el otoño	*der Herbst*
el invierno	*der Winter*
el mes	*der Monat*
la semana	*die Woche*
el día laborable	*der Werktag*
el día festivo	*der Feiertag*
mensual	*monatlich, Monats-*
anual	*jährlich, Jahres-*
el semestre	*das Halbjahr*
el trimestre	*das Quartal*

LOS CUMPLEAÑOS *(GEBURTSTAGE)*

¡Feliz cumpleaños!	*Alles Gute zum Geburtstag!*
La fecha de nacimiento	*Das Geburtsdatum*
Celebrar el cumpleaños	*Geburtstag feiern*
Cumplir años, estar de cumpleaños	*Geburtstag haben*
¿Cuándo es tu cumpleaños?	*Wann hast du Geburtstag?*
nacer	*(geboren werden)*
(Yo) nací el …	*(Ich bin geboren am …)*
Él nació …	*(Er ist geboren …)*
¿Qué día naciste (tú)?	*(An welchem Tag bist du geboren?)*
¿Qué día nació tu marido?	*(An welchem Tag ist dein Mann geboren?)*

QUIERO, QUIERES, QUIERE

Es gibt verschiedene Dinge, die man in der Zukunft gerne tun würde.

Absichten können wie folgt ausgedrückt werden

	Querer *(mögen)*	+ Verb in infinitive
(yo)	quiero *(ich möchte)*	
(tú)	quieres *(du möchtest)*	
(él/ella/ usted)	quiere *(er/sie möchte/ Sie möchten - Singular)*	nadar. *(schwimmen.)*
(nosotros/ nosotras)	queremos *(wir möchten)*	estudiar español. *(Spanisch lernen.)*
(vosotros/ vosotras)	queréis *(ihr möchtet)*	trabajar en España. *(in Spanien arbeiten.)*
(ellos/ellas/ ustedes)	quieren *(sie möchten/ Sie möchten - Plural)*	

Quiero hablar español.   *(Ich möchte Spanisch sprechen.)*
José quiere vivir en España.   *(Josef möchte in Spanien wohnen.)*
Diana y yo queremos nadar en el mar.   *(Diana und ich möchten im Meer schwimmen.)*
María y José quieren hacer deporte.   *(Maria und Josef möchten Sport machen.)*

aprender algo *(etwas lernen)*

¿Quieres aprender otros idiomas?   *(Du möchtest andere Sprachen lernen?)*
Yo quiero aprender árabe.   *(Ich möchte Arabisch lernen.)*
Yo aprendo español.   *(Ich lerne Spanisch.)*

ÜBER GRÜNDE SPRECHEN MIT:

Para *(Um, für)*; **Por** *(Wegen, für)*; **Porque** *(Weil)*

¿Por qué estudiar español?   ***(Warum Spanisch lernen?)***

Wenn Leute gefragt werden, warum sie Spanisch lernen, könnten die folgenden Antworten gegeben werden.

Tom   Para leer en español.   *(Um auf Spanisch lesen zu können.)*
Kurt   Porque mi novia es colombiana.   *(Weil meine Freundin Kolumbianerin ist.)*
Karl   Para mi vida.   *(Für mein Leben.)*
Maria   Para entender español.   *(Um Spanisch zu verstehen.)*

¿Por qué él/ella quiere aprender español?   *(Warum möchte er/sie Spanisch lernen?)*

-   Para   **leer**   en español.   *(Um auf Spanisch zu lesen.)*
               + Verb im Infinitiv

Wenn man Spanisch lernt *para leer en español*, dann ist das Lesen auf Spanisch das zukünftige Endziel, das chronologisch nach dem Studium der spanischen Sprache liegt.

- Porque él/ella   **quiere**   leer en español.   *(Weil er/sie auf Spanisch lesen möchte.)*
         + konjugiertes Verb   +   Satz

- Por   <u>**su**</u>   trabajo.   *(Für seine Arbeit.)* Hier muss vor dem
                            + Substantiv   Substantiv *trabajo* das Pronomen *mi,*
                                                    su, etc. oder der Artikel stehen;
                                                    por **el** trabajo.

Hier ist *por* ursächlich (kausal), das bedeutet er lernt Spanisch <u>aufgrund</u> seiner Arbeit. Die Arbeit, die ihn veranlasst Spanisch zu lernen, liegt in der Vergangenheit/Gegenwart – dies liegt chronologisch vor dem Spanisch lernen.

Über Beweggründe sprechen

	Para + Verb im Infinitiv
Por qué + konjugiertes Verb	**Para** vivir en España. *(Um in Spanien zu leben.)*
¿**Por qué** estudias español?	
(Warum lernst du Spanisch?)	**Por** + **Substantiv**
	Por mi ego. *(Wegen meinem Ego.)*
	Porque + konjugiertes Verb
	Porque quiero trabajar en España. *(Weil ich in Spanien arbeiten möchte.)*

Übung 10
Relaciona los elementos de la izquierda con los de la derecha para construir frases lógicas con *para* o *porque*.
Verbinden Sie die Elemente der linken und rechten Seite, um logische Sätze mit *para* oder *porque* zu konstruieren.

Quiero estudiar español		hablar con mis amigos españoles.
Quiero vivir en España		quiero nadar en el Atlántico.
Quiero viajar a Fuerteventura	porque	trabajar en una empresa española.
Quiero ir de tapas	para	creo que esta comida es muy rica.
Quiero ir a Sevilla		comprender español.
Quiero ir a una fiesta de paella		visitar mi familia.

AL TELÉFONO (*AM TELEFON*)

In Spanien wird das eigene Telefon (nicht bei der Arbeit) nie mit einen Namen beantwortet, sondern mit: **Diga**, **Dígame** oder **Sí**, in Lateinamerika auch mit: **Aló** oder **Hola**.

VERBEN UND IHRE PRÄPOSITIONEN

1. Zeitliche Beziehungen

en

en marzo	*(im März)*
en verano	*(im Sommer)*
en el 2001	*(im Jahr 2001)*

a

una semana al mes	*(eine Woche im Monat)*
cerrado de 1 a 2	*(geschlossen von 13:00 Uhr bis 14:00 Uhr)*

de

El tren sale a las 6 de la tarde.	*(Der Zug fährt um 18:00 Uhr ab.)*
Estudio de 8 a 11.	*(Ich studiere von 8:00 Uhr bis 11:00 Uhr.)*

hasta

¡Hasta luego!	*(Bis dann!; Bis später!)*
¡Hasta pronto!	*(Bis bald!)*

2. Örtliche Beziehungen

a

Llego al cine a las 8 de la tarde.	*(Ich komme um 20:00 Uhr ins Kino.)*
a la izquierda	*(links, nach links)*
al final de la calle	*(am Ende der Straße)*

de

Soy de España.	*(Ich komme aus Spanien.)*
Salgo de la mezquita a las 6 de la tarde.	*(Ich verlasse die Moschee um 18:00 Uhr.)*

hasta

hasta la calle Picasso.	*(bis zur Picasso-Straße.)*

en

Vivo en Madrid.	*(Ich wohne in Madrid.)*
Trabajo en un museo.	*(Ich arbeite in einem Museum.)*
en la playa	*(am Strand)*
en la plaza Mayor	*(auf dem Rathausplatz)*
en la silla	*(auf dem Stuhl)*

SONSTIGE FUNKTIONEN DER PRÄPOSITIONEN

Quiero *(Ich möchte*

	autorizar a alguien *jemanden ermächtigen*	**para** vender mi casa. *mein Haus zu verkaufen.)*
	conocer *kennenlernen*	**a** mi familia. *meine Familie.)*
	luchar *kämpfen*	**por** los derechos de las mujeres. *für die Rechte der Frauen.)*
	dejar *aufhören*	**de** entrenar. *zu trainieren.)*
	consider que no **basta** *berücksichtigen, daß es nicht genug ist*	**con** un debate. *mit einer Debatte.)*
	empezar *anfangen*	**a** trabajar. *zu arbeiten.)*
	ir *gehen*	**a** tomar algo/**al** teatro/**a** caballo. *etwas trinken/ins Theater/reiten.)* **de** viaje. *verreisen.)*
	pensar *denken*	**en** mi madre. *an meine Mutter.)*
	salir *weggehen*	**a** comer. *(essen zu gehen.)* **con** mi familia. *(mit meiner Familie.)* **de** tarde. *(nachmittags weggehen.)*

Zu beachten ist, dass sich 1. und 2. Person Singular ändern, wenn sie vor der Präposition **con** stehen.

Die Änderung ist *mi – conmigo* und *ti – contigo*.

* Vas conmigo.   *(Du gehst mit **mir**.)*

* Voy contigo.   *(Ich gehe mit **dir**.)*

LECCIÓN 4
DESCRIPCIÓN DETALLADA DEL PRESENTE DE INDICATIVO
EINE AUSFÜHRLICHE BESCHREIBUNG DES PRÄSENS INDIKATIV

Diese Lección befasst sich ausschließlich mit der Präsensform im Detail.

Sie lernen die Präsensformen von regelmäßigen Verben, unregelmäßigen Verben und stark unregelmäßigen Verben.

Die zusätzlichen Übungen sollen Ihnen helfen, die Änderungen in den Verbformen zu verinnerlichen.

Grammatik
* El presente de indicativo — Präsens Indikativ

EL INDICATIVO (*DER INDIKATIV*)

Mit dem Begriff Indikativ umfasst man eine Reihe von Zeiten, zu denen auch das Präsens gehört, die dazu dienen Tatsachen auszudrücken und objektive Aussagen zu machen.

Die Zeiten im Indikativ:

* Präsens – el presente
* Estar + gerundio
* Perfekt – pretérito perfecto
* Präteritum (Vergangenheit) – pretérito indefinido
* Plusquamperfekt/Vorvergangenheit – pretérito pluscuamperfecto
* Zukunft – futuro próximo – ir + a + infinitivo
* Futur I – futuro simple
* Futur II – futuro perfecto/futuro compuesto
* Konditional I – condicional simple
* Konditional II – condicional compuesto.

EL PRESENTE DE INDICATIVO (*PRÄSENS INDIKATIV*)

Wenn etwas beschrieben wird, das gerade passiert, oder wenn jemand über eine Handlung spricht, die gerade passiert, wird *estar* + *gerundio* (siehe Lección 13) verwendet, nicht *el presente de indicativo*.

El presente de indicativo wird normalerweise verwendet, um auszudrücken, was in einem allgemeinen gegenwärtigen Zeitrahmen geschieht.

Beispiel:
1. **Aprendo** español.   (Ich lerne Spanisch.)
2. **Creo en** ángeles.   (Ich glaube an Engel.)

Aber diese Zeitform hat jedoch auch andere Bedeutungen. Sie weist hin auf:

A. Fakten oder eine allgemeine Wahrheit; etwas, das dauerhaft wahr ist.
   Beispiel:
1. El pastor **es** verde.   (Das Gras ist grün.)
2. El universo **es** infinito.   (Das Universum ist unendlich.)
3. Ocho menos dos **es** igual de seis.   (Acht minus zwei ist gleich sechs.)

B. Gewohnheitsmäßige Handlungen.
   Beispiel:
1. **Voy** a la iglesia todos los domingos.   (Ich gehe jeden Sonntag in die Kirche.)
2. Siempre **desayuno** miel.   (Ich habe immer Honig zum Frühstück.)

* Mit dem Hilfsverb **soler** (*gewohnt sein, etwas zu tun*) gefolgt vom Infinitiv, können ebenfalls gewohnheitsmäßige Handlungen ausgedrückt werden.

   Beispiel:
   1. **Suelo** levantarme a las seis de la mañana.
                          (Ich stehe normalerweise um 6:00 Uhr morgens auf.)

   2. No **suele** comer almejas.   (Er/Sie isst normalerweise keine Venusmuscheln.)

* Die gleiche Bedeutung wird mit dem Verb **acostumbrar** *(a)* *(gewöhnlich etwas tun)* ausgedrückt; nach diesem folgt der Infinitiv.

Beispiel:
Los domingos **acostumbran** *(a)* ir a la iglesia.

(Sonntags gehen sie normalerweise in die Kirche.)

C. Zeitlose Fakten oder Situationen.
Beispiel:
Mi perro **es** siempre mi mejor amigo.   *(Mein Hund ist immer mein bester Freund.)*

D. Fähigkeiten auszudrücken.
Beispiel:
Toca la guitarra.   *(Er/Sie spielt Gitarre.)*

E. Sich auf eine Handlung oder einen Zustand beziehen, der in der Vergangenheit begonnen hat und in der Gegenwart noch andauert.
Beispiel:
Desde el principio, nos **llevamos** bien con tus padres.

(Von Anfang an verstehen wir uns gut mit deinen Eltern.)

F. Dinge, die in der Zukunft sicher passieren werden.
Beispiel:
1. Mañana **hace** viento seguro.   *(Morgen ist es sicher windig.)*
2. Mi madre **llega** mañana.   *(Meine Mutter kommt morgen an.)*

G. Um vergangene Ereignisse beim Sprechen oder Schreiben lebendiger zu machen.
Beispiel:
1. Colón **llega** a América en 1492.   *(Kolumbus erreicht 1492 Amerika.)*
2. La guerra **termina** en 1945.   *(Der Krieg endet 1945.)*

Im Spanischen verändert (konjugiert) sich die Infinitivform des Verbs. So entstehen die verschiedenen Zeiten. Im Folgenden wird beispielsweise gezeigt, wie die Infinitivform des Verbs **amar** (lieben) durch ändern des Endes des Infinitivs **-ar** in ein **-o** konjugiert wird = **amo** (ich liebe).

Verbos regulares		- ar	- er	- ir
(Regelmäßige Verben)		amar	comer	viv**ir**
		(lieben)	*(essen)*	*(wohnen)*
Personas				
Yo	*(ich)*	**-o**	**-o**	**-o**
Tú	*(du)*	**-as**	**-es**	**-es**
Él/ella/	*(er/sie)*	**-a**	**-e**	**-e**
usted	*(Sie—Singular)*	**-a**	**-e**	**-e**
Nosotros/-as	*(wir)*	**-amos**	**-emos**	**-imos**
Vosotros/-as	*(ihr)*	**-áis**	**-éis**	**-ís**
Ellos/ellas/	*(sie)*	**-an**	**-en**	**-en**
ustedes	*(Sie—Plural)*	**-an**	**-en**	**-en**

Übung 11
Completa con las formas que faltan.
Vervollständigen Sie mit den fehlenden Formen.

	HABLAR (sprechen)	TRABAJAR (arbeiten)	ESTUDIAR (studieren)
(yo)	hablo		estudio
(tú)		trabajas	
(él/ella/usted)	habla		estudia
(nosotros/nosotras)		trabajamos	
(vosotros/vosotras)	habláis		estudiáis
(ellos/ellas/ustedes)		trabajan	

Übung 12
Completa con las formas de los verbos *comer* *(essen)* y *comprender* *(verstehen)*.
Vervollständigen Sie mit den richtigen Verbformen von *comer* *(essen)* und *comprender* *(verstehen)*.

	BEBER (trinken)	COMER (essen)	COMPRENDER (verstehen)
(yo)	bebo *(Ich trinke)*		
(tú)	bebes *(du trinkst)*		
(él/ella/ usted)	bebe *(er/sie trinkt/ Sie trinken - Singular)*		
(nosotros/nosotras)	bebemos *(wir trinken)*		
(vosotros/vosotras)	bebéis *(ihr trinkt)*		
(ellos/ellas/ ustedes)	beben *(sie trinken/ Sie trinken - Plural)*		

Übung 13
Coloca las formas verbales de *vivir* *(leben)* en los huecos correspondientes.
Setzen Sie die jeweiligen Verbformen von *vivir* *(leben)* in die entsprechenden Lücken.

vivís	vive	vivimos	vive
viven	**vivo**	**vives**	**viven**

Yo ....
Tú ....
Carmen ....
Pedro ....
José y yo ....
Pablo y tú ....
Philippe y Xavier ....
María y Mónica ....

- 45 -

Übung 14

Reformula las opiniones del maorí y de jefe blanco (= nombre del hombre blanco) transformando el verbo en infinitivo en una forma conjugada del presente.

Umformulieren Sie die Meinungen der Maori und von Jefe blanco (= Name von weißem Mann), indem Sie die Verben im Infinitiv in eine konjugierte Form der Gegenwart umwandeln.

Erklärung: Die ersten beiden Zeilen in jedem Text sind immer grammatisch falsch, da die Maori keine Verben konjugieren. Die korrekt konjugierten Verbformen müssen in die verbleibenden zwei Zeilen eingefügt werden. Es sind einige Vokabeln vorgegeben, um die Übung ein wenig zu vereinfachen.

comer *(essen)*; **tatuar** *(tätowieren)*; **conservar** *(behalten)*; **andar** *(gehen)*; **mirar** *(schauen)*; **hacer** *(machen)*; **llevar** *(tragen, anhaben)*; **necesitar** *(brauchen)*; **hacer la vista gorda** *(über etwas hinwegsehen)*; **mirar a alguien por encima del hombro** *(auf jemanden herabblicken)*

Beispiel:

Jefe blanco no **comer** humanos.
Nosotros comer humanos muchas veces.
Jefe blanco no **come** humanos.
Nosotros **comemos** humanos muchas veces.

1. Jefe blanco no tatuar el cuerpo.
   Nosotros tatuar el cuerpo. Nosotros orgullosos.
   Jefe blanco no .... el cuerpo.
   Nosotros .... el cuerpo.

2. Jefe blanco no conservar las tradiciones.
   Nosotros conservar nuestras costumbres.
   Jefe blanco no .... las tradiciones.
   Nosotros .... nuestras costumbres.

3. Los jefes blancos no andar mucho.
   Nosotros andar en la naturaleza. Nosotros persistentes y hábiles.
   Los jefes blancos no .... mucho.
   Nosotros .... mucho.

4. Jefe blanco nos mirar por encima del hombro.
   Nosotros no mirar a jefe blanco por encima del hombro. Nosotros amables y divertidos.
   Jefe blanco nos .... por encima del hombro.
   Nosotros no .... a jefe blanco por encima del hombro.

5. Los jefes blancos no hacer la vista gorda con pequeños errores.
   Nosotros hacer la vista gorda con pequeños errores. Nosotros sensibles y delicados.
   Los jefes blancos no .... la vista gorda con pequeños errores.
   Nosotros .... la vista gorda con pequeños errores.

6. Jefe blanco llevar mucha ropa.
   Nosotros llevar solo taparrabos. Nosotros desnudos.
   Jefe blanco .... mucha ropa.
   Nosotros .... taparrabos.

7. Los jefes blancos necesitar muchas cosas superfluas.
   Nosotros necesitar solo unas pocas cosas. Nosotros simples.
   Los jefes blancos .... muchas cosas superfluas.
   Nosotros .... solo unas pocas cosas.

UNREGELMÄßIGE VERBEN

Es gibt zwei verschiedene Arten von Unregelmäßigkeiten.

1. Verbos con alteraciones vocálicas *(Verben mit Vokalveränderung)*

Viele Verben ändern ihren Stamm. Zum Beispiel, der Infinitiv von **dormir** *(schlafen)*. Der Stamm ist **dorm-**, von dem das **o** zu **ue** *(= duer m-)* wechselt, in allen außer der 1. und 2. Person Plural – aber die Endungen sind die der regulären Verben.

Achtung! Der Vokal ändert sich nicht bei **nosotros/-as** und **vosotros/-as**.

	e > ie **cerrar** *(abschließen)*	o > ue **dormir** *(schlafen)*	u > ue **jugar** *(spielen)*	e > i **medir** *(messen)*
(yo)	cierro *(ich schließe ab)*	duermo *(ich schlafe)*	juego *(ich spiele)*	mido *(ich messe)*
(tú)	cierras *(du schließt ab)*	duermes *(du schläfst)*	juegas *(du spielst)*	mides *(du misst)*
(él/ella/ usted)	cierra *(er/sie schließt ab/ Sie schließen ab)*	duerme *(er/sie schläft/ Sie schlafen)*	juega *(er/sie spielt/ Sie spielen)*	mide *(er/sie misst/ Sie messen)*
(nosotros/ nosotras)	cerramos *(wir schließen ab)*	dormimos *(wir schlafen)*	jugamos *(wir spielen)*	medimos *(wir messen)*
(vosotros/ vosotras)	cerráis *(ihr schließt ab)*	dormís *(ihr schläft)*	jugáis *(ihr spielt)*	medís *(ihr misst)*
(ellos/ellas/ ustedes)	cierran *(sie/Sie schließen ab)*	duermen *(sie/Sie schlafen)*	juegan *(sie/Sie spielen)*	miden *(sie/Sie messen)*

	i > y **construir** *(bauen)*	e > i **reir** *(lachen)*	o > ue **poder** *(können)*	e > ie **entender** *(verstehen)*
(yo)	construyo *(ich baue)*	río *(ich lache)*	puedo *(ich kann)*	entiendo *(ich verstehe)*
(tú)	construyes *(du baust)*	ríes *(du lachst)*	puedes *(du kannst)*	entiendes *(du verstehst)*
(él/ella/ usted)	construye *(er/sie baut/ Sie bauen)*	ríe *(er/sie lacht/ Sie lachen)*	puede *(er/sie kann/ Sie können)*	entiende *(er/sie versteht/ Sie verstehen)*
(nosotros/ nosotras)	construimos *(wir bauen)*	reímos *(wir lachen)*	podemos *(wir können)*	entendemos *(wir verstehen)*
(vosotros/ vosotras)	construís *(ihr baut)*	reís *(ihr lacht)*	podéis *(ihr könnt)*	entendéis *(ihr versteht)*
(ellos/ellas/ ustedes)	construyen *(sie/Sie bauen)*	ríen *(sie/ Sie lachen)*	pueden *(sie/Sie können)*	entienden *(sie/Sie verstehen)*

Weitere Verben, bei denen der Vokal von **e** zu **i** wechselt, sind:
impedir *(verhindern)*; **seguir** *(folgen)*; **perseguir** *(verfolgen)*; **repetir** *(wiederholen)*; **competir** *(konkurrieren)*; **sonreír** *(lächeln)*.

Verben, bei denen der Vokal von **e** zu **ie** wechselt (wie bei cerrar):
sentar(se) *((sich) setzen)*; **pensar** *(denken)*; **empezar** *(anfangen)*; **comenzar** *(beginnen)*; **perder** *(verlieren)*; **sentir(se)** *((sich) fühlen)*; **preferir** *(bevorzugen)*; **mentir** *(lügen)*; **negar** *(leugnen)*; **fregar** *(spülen)*; **gobernar** *(regieren)*.

Verben, bei denen der Vokal von **o** zu **ue** wechselt (wie bei dormir):
doler *(wehtun, schmerzen)*; **morir** *(sterben)*; **volar** *(fliegen)*; **recordar** *(erinnern)*; **encontrar** *(finden)*; **costar** *(kosten)*; **volver** *(zurückkommen)*; **mover(se)** *(sich bewegen)*;

contar ((er)zählen); **sonar** (klingen); **morder** (beißen); **llover** (regnen); **probar** (probieren); **soñar** (träumen); **acostarse** (sich legen).

Übung 15
¿Cambia la vocal? Rellena los siguientes huecos.
Wechselt der Vokal oder nicht? Füllen Sie folgende Lücken aus.

<u>Von -*e* zu -*ie*</u>
¿Qu...res el cuadro?
C...rramos la ventana.
Qu...ro comer una paella.
Mi amigo ent...nde belga.
Hoy emp...zamos a buscar.
¿Qué p...nsas tú?
S...nten la arena.
R....petimos los verbos irregulares.

<u>Von -*o* und -*u* zu -*ue*</u>
Me d...le la espalda.
¿P...déis reflexionar?
No enc...ntro mi gato.
C...sta un montón.
Sin alimento las vacas se m...ren.
¿V...lvéis a España?
¿Rec...rdas mi nombre?
V...lamos a África.

el cuadro (das Gemälde, die Tabelle); **la ventana** (das Fenster); **buscar** (suchen); **la arena** (der Sand); **la espalda** (der Rücken); **reflexionar** (nachdenken); **el gato** (die Katze); **un montón** (eine ganze Menge); **el alimento** (die Nahrung); **las vacas** (die Kühe); **el nombre** (der Name)

Übung 16
Escribe el pronombre personal que corresponde a cada forma verbal dada.
Schreiben Sie das Personalpronomen zu dem vorgegebenen Verb entsprechend der Verbform.
<u>Beispiel:</u> quiero: yo

ríes: ....
entienden: ....
queremos: ....
construyo: ....
jugáis: ....
cierras: ....
duermes: ....

duelo: ....
miden: ....
vuelan: ....
hablamos: ....
pueden: ....
vivo: ....
vives: ....
queréis: ....

Übung 17
Une los verbos con el texto de la derecha. Hay más de una posibilidad.
Verknüpfen Sie die Verben mit dem Text auf der rechten Seite. Es kann mehr als jeweils eine Möglichkeit geben.

hacer	1	A	24 años
ver	2	B	un libro
tener	3	C	español
vivir	4	D	todo el mundo
leer	5	E	una carta
hablar	6	F	una película
escribir	7	G	estudiar idiomas
conocer	8	H	en España
querer	9	I	deporte

hacer (machen); **ver** (sehen); **vivir** (wohnen); **leer** (lesen); **hablar** (sprechen); **escribir** (schreiben); **conocer** (kennen); **querer** (möchten); **estudiar** (lernen, studieren); **un libro** (ein Buch); **todo el mundo** (die gesamte Welt); **una carta** (ein Brief); **una película** (ein Film); **el idioma** (die Sprache); **el deporte** (der Sport)

2. Verbos con forma irregular en la 1ª persona singular.
(Nur die 1. Person Singular ist unregelmäßig.)

Viele Verben sind unregelmäßig in der 1. Person Singular (**yo**), Präsens.

	Asir		**Conocer**	
	(fassen, (er)greifen)		*(jemanden treffen, kennen)*	
(yo)	**asgo**	*(Ich greife)*	**conozco**	*(Ich kenne)*
tú	ases	*(du greifst)*	conoces	*(du kennst)*
él/ella/usted	ase	*(er/sie greift/Sie greifen)*	conoce	*(er/sie kennt/Sie kennen)*
nosotros/-as	asimos	*(wir greifen)*	conocemos	*(wir kennen)*
vosotros/-as	asís	*(ihr greift)*	conocéis	*(ihr kennt)*
ellas/ellos/ustedes	asen	*(sie/Sie greifen)*	conocen	*(sie/Sie kennen)*

Weitere Beispiele dafür:

	hacer *(machen)*	**dar** *(geben)*	**coger** *(nehmen)*	**caer** *(fallen)*	**ver** *(sehen)*
(yo)	**hago** *(ich mache)*	**doy** *(ich gebe)*	**cojo** *(ich nehme)*	**caigo** *(ich falle)*	**veo** *(ich sehe)*
(tú)	haces *(du machst)*	das *(du gibst)*	coges *(du nimmst)*	caes *(du fällst)*	ves *(du siehst)*
(él/ella/ usted)	hace *(er/sie macht/ Sie machen)*	da *(er/sie gibt/ Sie geben)*	coge *(er/sie nimmt/ Sie nehmen)*	cae *(er/sie fällt/ Sie fallen)*	ve *(er/sie sieht/ Sie sehen)*
(nosotros/ nosotras)	hacemos *(wir machen)*	damos *(wir geben)*	cogemos *(wir nehmen)*	caemos *(wir fallen)*	vemos *(wir sehen)*
(vosotros/ vosotras)	hacéis *(ihr macht)*	dais *(ihr gebt)*	cogéis *(ihr nehmt)*	caéis *(ihr fällt)*	veis *(ihr seht)*
(ellos/ellas/ ustedes)	hacen *(sie/Sie machen)*	dan *(sie/Sie geben)*	cogen *(sie/Sie nehmen)*	caen *(sie/Sie fallen)*	ven *(sie/Sie sehen)*

	saber *(wissen)*	**caber** *(hineinpassen)*	**parecer** *(den Anschein haben, aussehen wie)*	**agradecer** *(danken)*	**conducir** *(Auto fahren)*
(yo)	**sé** *(ich weiß)*	**quepo** *(ich passe hinein)*	**parezco** *(ich sehe aus wie)*	**agradezco** *(ich danke)*	**conduzco** *(ich fahre)*
(tú)	sabes *(du weißt)*	cabes *(du passt hinein)*	pareces *(du siehst aus wie)*	agradeces *(du dankst)*	conduces *(du fährst)*
(él/ella/ usted)	sabe *(er/sie weiß/ Sie wissen)*	cabe *(er/sie passt hinein/ Sie passen hinein)*	parece *(er/sie sieht aus wie/ Sie sehen aus wie)*	agradece *(er/sie dankt/ Sie danken)*	conduce *(er/sie fährt/ Sie fahren)*
(nosotros/ nosotras)	sabemos *(wir wissen)*	cabemos *(wir passen hinein)*	parecemos *(wir sehen aus wie)*	agradecemos *(wir danken)*	conducimos *(wir fahren)*
(vosotros/ vosotras)	sabéis *(ihr wisst)*	cabéis *(ihr passt hinein)*	parecéis *(ihr seht aus wie)*	agradecéis *(ihr dankt)*	conducís *(ihr fahrt)*
(ellos/ ellas/ ustedes)	saben *(sie wissen/ Sie wissen)*	caben *(sie passen hinein/ Sie passen hinein)*	parecen *(sie sehen aus wie/ Sie sehen aus wie)*	agradecen *(sie danken/ Sie danken)*	conducen *(sie fahren/ Sie fahren)*

	introducir (einführen)	traducir (übersetzen)	producir (produzieren)
(yo)	**introduzco** (Ich führe ein)	**traduzco** (ich übersetze)	**produzco** (ich produziere)
(tú)	introduces (du führst ein)	traduces (du übersetzt)	produces (du produzierst)
(él/ella/ usted)	introduce (er/sie führt ein/ Sie führen ein)	traduce (er/sie übersetzt/ Sie übersetzen)	produce (er/sie produziert/ Sie produzieren)
(nosotros/ nosotras)	introducimos (wir führen ein)	traducimos (wir übersetzen)	producimos (wir produzieren)
(vosotros/-as)	introducís (ihr führt ein)	traducís (ihr übersetzt)	producís (ihr produziert)
(ellos/ellas/ ustedes)	introducen (sie/Sie führen ein)	traducen (sie/Sie übersetzen)	producen (sie/Sie produzieren)

Die folgenden Verben sind auch in der 1. Person Singular unregelmäßig, aber sie können leicht abgeleitet werden;

z. B.: des**hacer**—des**hago**　　　(rückgängig machen, auseinandernehmen, aufmachen)
　　　re**hacer**—re**hago**　　　　(wiederherstellen, noch einmal machen)
　　　su**poner**—su**pongo**　　　　(voraussetzen, annehmen, bedeuten)
　　　com**poner**—com**pongo**　　(zusammenstellen, verfassen, reparieren)
　　　a**traer**—a**traigo**　　　　　(anziehen, anlocken, für sich einnehmen)
　　　a**parecer**—a**parezco**　　　(erscheinen, auftauchen, auftreten)
　　　des**aparecer**—des**aparezco**　(verschwinden)

Übung 18
Identifica y corrige los errores.
Identifizieren und verbessern Sie die Fehler.

Beispiel: Yo quero ...**quiero**... hablar español bastante bien.

1. ¿Tú podes .... ir a casa de Juan?
2. Yo sé mucho, pero no hablas .... mucho.
3. María traduzco .... mis cartas.
4. Nosotros conducimos .... a Madrid y tengo .... un bueno tiempo.

Übung 19
Completa las oraciones con la forma correcta del verbo.
Vervollständigen Sie die Sätze mit der richtigen Verbform.

Beispiel: Tú **te pareces** a Julia Roberts. Yo **me parezco** a mi abuela.

1. ¿Tú **ves** el gato aquel? Yo .... muchos gatos en la calle.
2. ¿Tú **das** una conferencia sobre los daños ecológicos? Yo siempre .... a entender lo importante que es la protección del medio ambiente.
3. Tú siempre **desapareces** después de la hora de la comida. Yo no .... No me fío de tí.
4. Tú siempre le **agradeces** a la persona que te presta ayuda. Igual que yo. Yo se le .... también.
5. Tú **conduces** demasiado rápido constantemente. Yo .... siempre de forma prudente.
6. ¿Tú no **conoces** a mis padres? Pues yo .... a los tuyos.
7. ¿Carmen está muerta? ¿Cómo lo **sabes**? Yo no .... nada.

una conferencia *(die Konferenz)*; **los daños ecológicos** *(die Umweltschäden)*; **siempre** *(immer)*; **después** *(dann)*; **la protección del medio ambiente** *(der Umweltschutz)*; **la persona** *(die Person)*; **presta ayuda** *(Hilfe leistet)*; **igual que yo** *(genau wie ich)*; **demasiado/-a** *(zu viel)*; **forma prudente** *(umsichtig)*; **constantemente rápido/-a** *(permanent schnell)*; **está muerta** *(sie ist tot)*

3. **Verbos irregulares**
*(**Unregelmäßige Verben, 1. und 2. Verbveränderung sind kombiniert zusammen**)*
Diese Verben sind unregelmäßig in der 1. Person Singular (**yo**) und der Stamm ändert sich auch.

	Venir *(kommen)*		**Elegir** *((aus)wählen)*	
yo	vengo	*(ich komme)*	elijo	*(ich wähle)*
tú	vienes	*(du kommst)*	eliges	*(du wählst)*
él/ella/	viene	*(er/sie kommt/*	elige	*(er/sie wählt/*
usted	viene	*Sie kommen)*	elige	*Sie wählen)*
nosotros/-as	venimos	*(wir kommen)*	elegimos	*(wir wählen)*
vosotros/-as	venís	*(ihr kommt)*	elegís	*(ihr wählt)*
ellos/ellas/ustedes	vienen	*(sie/Sie kommen)*	eligen	*(sie/Sie wählen)*

	Decir *(sagen)*		**Oír** *(hören)*	
yo	digo	*(ich sage)*	oigo	*(ich höre)*
tú	dices	*(du sagst)*	oyes	*(du hörst)*
él/ella/	dice	*(er/sie sagt/*	oye	*(er/sie hört/*
usted	dice	*Sie sagen)*	oye	*Sie hören)*
nosotros/-as	decimos	*(wir sagen)*	oímos	*(wir hören)*
vosotros/-as	decís	*(ihr sagt)*	oís	*(ihr hört)*
ellos/ellas/ustedes	dicen	*(sie/Sie sagen)*	oyen	*(sie/Sie hören)*

4. **Verbos completamente irregulares** *(Stark unregelmäßige Verben)*

	haber *(haben)* Hilfsverb für zusammen- gesetzte Zeitformen		**Ir** *(gehen)*	
yo	he	*(ich habe)*	voy	*(ich gehe)*
tú	has	*(du hast)*	vas	*(du gehst)*
él/ella/	ha	*(er/sie hat/*	va	*(er/sie geht/*
usted	ha	*Sie haben)*	va	*Sie gehen)*
nosotros/-as	hemos	*(wir haben)*	vamos	*(wir gehen)*
vosotros/-as	habéis	*(ihr habt)*	vais	*(ihr geht)*
ellos/ellas/ustedes	han	*(sie/Sie haben)*	van	*(sie/Sie gehen)*

	Errar *(verfehlen, irren)*		**Oler** *(riechen)*	
yo	yerro	*(ich irre)*	huelo	*(ich rieche)*
tú	yerras	*(du irrst)*	hueles	*(du riechst)*
él/ella/	yerra	*(er/sie irrt/*	huele	*(er/sie riecht/*
usted	yerra	*Sie irren)*	huele	*Sie riechen)*
nosotros/-as	erramos	*(wir irren)*	olemos	*(wir riechen)*
vosotros/-as	erráis	*(ihr irrt)*	oléis	*(ihr riecht)*
ellos/ellas/ustedes	yerran	*(sie/Sie irren)*	huelen	*(sie/Sie riechen)*

Übung 20

Completa este anuncio de una página web de intercambios con la forma correcta del verbo.

Vervollständigen Sie die unten angeführte Internetanzeige für Sprachaustausch mit den Verben in ihrer jeweils korrekten Form.

tener	conversar	ver	ser	estudiar
hablar	llamarse	querer		comprender

Hola, ... Nikos y .... de Grecia. En mi país hay muchos problemas y, por ello, ... derecho en España.

Yo .... español y .... trabajar en un bufete. .... 19 años y .... español muy bien, porque .... muchas películas en español y .... todo el tiempo con los españoles.

conversar *(sich unterhalten)*; **estudiar** *(studieren)*; **hablar** *(sprechen)*; **querer** *(wollen)*; **comprender** *(verstehen)*; **el problema** *(das Problem)*; **el bufete** *(die Anwaltskanzlei, die Firma)*; **derecho** *(Jura)*; **muy bien** *(sehr gut)*; **todo el tiempo** *(die ganze Zeit)*

Übung 21

Completa las oraciones con los siguientes verbos y ponlos en la forma correcta.

Vervollständigen Sie die Sätze mit folgenden Verben in ihrer richtigen Form.

viajar *(reisen)*	desayunar *(frühstücken)*	tomar *(trinken gehen/etwas zu sich nehmen)*
poder *(können)*	ir *(gehen)*	ser *(sein)*	visitar *(besuchen)*
trabajar *(arbeiten)*	acostar(se) *(schlafen gehen)*	salir *(weggehen)*	tener *(haben)*

Übersetzung Nr. 3

Mis amigos españoles .... ligero. Normalmente se .... té negro con limón y un pequeño bocadillo. Mis compañeros de clase .... por todo el mundo y .... de excursión. Los profesores de la escuela de idiomas .... una buena educación, por eso mismo .... en la escuela. Todos .... muy educados, amables y serviciales. Todas las tardes hay una pregunta en el tablón de anuncios de la escuela: ¿Qué programa tenemos para hoy? Por ejemplo, los estudiantes .... conocer la ciudad, ... un museo o unas catacumbas, y también .... por la noche. En Andalucía hace sol hasta muy tarde; en consecuencia, la gente se .... muy tarde.

Lateinamerikanischer Sprachgebrauch

In den Ländern Lateinamerikas, in denen Spanisch gesprochen wird, wird das **vosotros/-as** Subjektpronomen und die entsprechende Verbform nicht verwendet, dort wird **ustedes** verwendet.

Im Bereich Río de la Plata (Argentinien und Uruguay) wird **vos** anstelle von **tú** verwendet. Normale Präsensformen für **vos** unterscheiden sich von denen von **tú**: **vos comés, vos tomás, vos vivís**.

Stammänderungen, welche die **tú** Form des Verbs betreffen (zum Beispiel, **tú tienes**) gelten in diesem Gebiet nicht für die **vos** Formen (zum Beispiel, **vos tenés**).

Die unregelmäßige Form **eres** (Infinitiv = **ser**) wird **sos**: **vos sos**.

LECCIÓN 5
TODO EL SANTO DÍA
DEN LIEBEN LANGEN TAG

In dieser Lección lernen Sie den Wortschatz für die alltäglichen Dinge des Lebens, sowie die Art und Weise wie man nach bestimmten Sachen fragen kann. Sie lernen wie man über das Wetter spricht, sowie die unterschiedlichen Verwendungen von *muy* und *mucho*. Farben werden kurz vorgestellt. Demonstrativpronomen und -begleiter werden erklärt, und Sie lernen wie die folgende Frage zu beantworten ist:

Wie oft machst du etwas?

Schließlich gibt es eine Zusammenfassung einiger Besonderheiten der spanischen Sprache.

Grammatik
* Verben *vestirse*, *volver*, *empezar*
* Reflexive Verben
* Fragen mit *qué*, *cuál*, *dónde*
* Die Bildung des Femininums
  und Plurals in Adjektiven
* *Muy* und *mucho*
* Farbadjektive: Geschlecht und Zahl
* Demonstrativpronomen und -begleiter (eine Entscheidung treffen)
* Wichtige Eigenheiten der spanischen Sprache
* Adverbien

Wortschatz
Tagesablauf
Klima

EL TRA(N)SCURSO DEL DÍA *(DER TAGESABLAUF)*

Die meisten Verben, die bei der Beschreibung des Tagesablaufs einer Person verwendet werden, sind reflexiv. Sie können am *-se* erkannt werden, das am Ende des Verbs im Infinitiv hinzugefügt ist, zum Beispiel, levantar(se), duchar(se), usw. Diese Verben sind reflexiv, das heißt, sie beziehen sich mit dem Reflexivpronomen auf die handelnde Person. Es zeigt somit an, dass das Subjekt die Handlung, die durch das Verb beschrieben wird, auf sich selber anwendet. Daher werden die reflexiven Verben mit einem Reflexivpronomen konjugiert, das außer im Infinitiv, immer nach dem Subjekt und vor dem Verb steht. Weiter wird es im Spanischen verwendet zur Bildung des deutschen *man* (Man schmatzt nicht beim Essen.). Im Spanischen sind die Reflexivpronomen:

me = mich; **te** = dich; **se** = sich; **nos** = uns; **os** = euch; **se** = sich.

Beispiel: **yo me ducho** *(wörtlich, ich dusche* mich*)*; **él se peina** *(er kämmt* sich*)*.

- Carlos se despierta a las ocho y siete.	*(Carlos wacht um 8:07 Uhr auf.)*
- Se levanta a las ocho y diez.	*(Er steht um 8:10 Uhr auf.)*
- Carlos se ducha a las ocho y cuarto.	*(Carlos duscht sich um 8:15 Uhr.)*
- Se lava los dientes a las ocho y media.	*(Er putzt sich die Zähne um 8:30 Uhr.)*
- Se viste a las nueve menos veinte.	*(Er zieht sich an um 8:40 Uhr.)*
- Carlos se peina a las nueve menos diez.	*(Carlos kämmt sich die Haare um 8:50 Uhr.)*
- Desayuna a las diez menos cuarto.	*(Er frühstückt um 9:45 Uhr.)*
- Carlos sale de su casa a las diez y media.	*(Carlos verläßt sein Haus um 10:30 Uhr.)*
- Carlos entra a la empresa a las once.	*(Carlos betritt die Firma um 11:00 Uhr.)*
- Después de eso empieza el trabajo regular.	*(Dann beginnt die reguläre Arbeit.)*
- Carlos merienda a las cinco.	*(Carlos hat einen Snack um 17:00 Uhr.)*
- Vuelve a casa a las siete.	*(Er kommt nach Hause zurück um 19:00 Uhr.)*
- Se lava a las siete y media.	*(Er wäscht sich um 19:30 Uhr.)*
- Se acuesta a las diez.	*(Er legt sich zum Schlafen hin um 22:00 Uhr.)*

Unregelmäßige Verben im Präsens

	e > i **vestirse** *(sich anziehen)*	o > ue **volver** *(zurückkommen)*	e > ie **empezar** *(anfangen)*
(yo)	me visto *(ich ziehe mich an)*	vuelvo *(ich komme zurück)*	empiezo *(ich fange an)*
(tú)	te vistes *(du ziehst dich an)*	vuelves *(du kommst zurück)*	empiezas *(du fängst an)*
(él/ella/ usted)	se viste *(er/sie zieht sich an/ Sie ziehen sich an)*	vuelve *(er/sie kommt zurück/ Sie kommen zurück)*	empieza *(er/sie fängt an/ Sie fangen an)*
(nosotros/ nosotras)	nos vestimos *(wir ziehen uns an)*	volvemos *(wir kommen zurück)*	empezamos *(wir fangen an)*
(vosotros/ vosotras)	os vestís *(ihr zieht euch an)*	volvéis *(ihr kommt zurück)*	empezáis *(ihr fängt an)*
(ellos/ellas/ ustedes)	se visten *(sie ziehen sich an/ Sie ziehen sich an)*	vuelven *(sie kommen zurück/ Sie kommen zurück)*	empiezan *(sie fangen an/ Sie fangen an)*

REFLEXIVE VERBEN

	Spanisch	Deutsch
	despertarse	**aufwachen**

(yo)	**me** despiert<u>o</u>	*ich wache auf*
(tú)	**te** despiert<u>as</u>	*du wachst auf*
(él/ella/	**se** despiert<u>a</u>	*er/sie wacht auf/*
usted)	**se** despiert<u>a</u>	*Sie wachen auf (Singular)*
(nosotros/-as**)**	**nos** despert<u>amos</u>	*wir wachen auf*
(vosotros/-as)	**os** despert<u>áis</u>	*ihr wacht auf*
(ellos/ellas/	**se** despiert<u>an</u>	*sie wachen auf/*
ustedes)	**se** despiert<u>an</u>	*Sie wachen auf (Plural)*

	levantarse	**aufstehen**

(yo)	**me** levanto	*ich stehe auf*
(tú)	**te** levantas	*du stehst auf*
(él/ella/	**se** levanta	*er/sie steht auf/*
usted)	**se** levanta	*Sie stehen auf (Singular)*
(nosotros/-as**)**	**nos** levantamos	*wir stehen auf*
(vosotros/-as)	**os** levantáis	*ihr steht auf*
(ellos/ellas/	**se** levantan	*sie stehen auf/*
ustedes)	**se** levantan	*Sie stehen auf (Plural)*

Spanisch	Deutsch	
echar(se)	*schlafen (umgangssprachlich)*	
ac**o**star(se) = unregelmäßig	*sich zum Schlafen hinlegen*	**o** wechselt zu **ue**
s**e**ntar(se) = unregelmäßig	*sich (hin)setzen*	**e** wechselt zu **ie**
desnudar(se) = regelmäßig	*sich ausziehen*	(yo) me desnudo
quitar(se)	*entfernen, ausziehen, ablegen*	(yo) me quito
duchar(se)	*sich duschen*	
lavar(se) los dientes	*sich die Zähne putzen*	
peinar(se)	*sich kämmen*	
desayunar	*frühstücken*	
emborrachar(se)	*sich betrinken*	
el abrazo	*die Umarmung*	
dar(**se**) la mano	*sich die Hand geben*	
casar(**se**)	*heiraten*	
abrazar(**se**)	*sich umarmen*	

Darse la mano, **casarse** und **abrazarse** sind Aktionen, an denen zwei Personen beteiligt sind.

Wenn die Aktion einseitig ist und nur von einem Akteur ausgeht, wird das Verb nicht-reflexiv verwendet. Wenn <u>ich</u> zum Beispiel <u>nur</u> <u>jemanden</u> <u>umarme</u>, wird das Verb nicht-reflexiv verwendet; abrazar *(umarmen)* ist ein regelmäßiges Verb.

Ein erfundener Tag

Por la mañana, me levanto a las ocho. Desayuno a las ocho y media y luego navego a vela en el Mediterráneo. Por la tarde, ceno en un restaurante en un puerto pequeño. Por la noche, bebo un coctel, escucho música, y después me acuesto muy tarde.

¿QUÉ (Was, welche), CUÁL (Welche(r, s)) O DÓNDE (Wo)?

Lee estas frases y fíjate en cuándo se usa *qué*, *cuál/cuáles* y *dónde*.
Lesen Sie diese Sätze und achten Sie darauf, wann *qué*, *cuál/cuáles* und *dónde* verwendet wird.

¿**Cuál** es la bebida más conocida de España? (**Welches** *ist das bekannteste Getränk von Spanien?*)

La sangría. (*Sangria.*)

¿**Qué** es la Alhambra? (**Was** *ist die Alhambra?*)
Es el monumento emblemático de Granada. (*Es ist das Wahrzeichen von Granada.*)

¿**Cuáles** son los idiomas oficiales de Bélgica? (**Welche** *sind die offiziellen Sprachen von Belgien?*)

El francés y el flamenco. (*Französisch und Flämisch.*)

¿**Dónde** está Sevilla? (**Wo** *liegt Sevilla?*)
En Andalucía. (*In Andalusien.*)

¿Cómo es la vida en España? (*Wie ist das Leben in Spanien?*)
Maravillosa. (*Wunderbar.*)

¿**Dónde** está Timbuktu? (*Wo ist Timbuktu?*)
En África. (*In Afrika.*)

¿Cuántos hijos tienes? (*Wie viele Kinder hast du?*)
Tres. (*Drei.*)

¿Cuántas mascotas hay en tu casa? (*Wie viele Haustiere gibt es in deinem Haus?*)
Dos gatos. (*Zwei Katzen.*)

Zur Definition

¿**Qué** es el tinto verano? (*Was ist der Tinto verano?*)
Una bebida típica de Andalucía. (*Ein typisches andalusisches Getränk.*)

¿**Qué** son las tapas? (*Was sind die Tapas?*)
Un pequeño plato típico de España. (*Ein typisches kleines spanisches Gericht.*)

Zur Identifikation

¿**Qué** montaña es la más alta de España? (*Welches ist der höchste Berg von Spanien?*)
El Teide. (*Der Teide.*)

¿**Cuál** es la capital de España? (*Wie heißt die Hauptstadt von Spanien?*)
Madrid. (*Madrid.*)

¿**Cuáles** son las montañas más altas en el interior de Europa?
Los Alpes.

(Welches ist das höchste Gebirge im Inneren Europas?)
(Die Alpen.)

Übung 22
Pregunta le a tu compañero por sus costumbres.
Fragen Sie Ihren Freund nach seinen Angewohnheiten.

A) ¿A qué hora …?	1) el fin de semana	8) ir a casa
B) ¿Cómo …?	2) deportes que practicas	9) lunes por la tarde
C) ¿Cuándo …?	3) lugar de la cena	
D) ¿Con quién …?	4) hora de salida	
E) ¿Qué haces …?	5) hora de despertarse	
F) ¿Qué …?	6) de máxima audiencia	
G) ¿Dónde …?	7) celebrar la Nochevieja	

¿**A qué hora** ...? *(Um wie viel Uhr?)*; ¿**Cómo** ...? *(Wie …?)*; ¿**Con quién** ...? *(Mit wem …?)*; **deportes que practicas** *(Sportarten betreiben)*; **lugar de la cena** *(Ort des Abendessens)*; **hora de salida** *(Abfahrtszeit)*; **hora de despertarse** *(Zeit zum Aufstehen)*; **hora de máxima audiencia** *(Hauptsendezeit)*; **celebrar la Nochevieja** *(Silvester feiern)*; **ir a casa** *(nach Hause gehen)*

EL CLIMA *(DAS KLIMA)*

¿Qué tiempo hace hoy en Madrid?

(Was ist heute für ein Wetter in Madrid?)

Hoy en Madrid … *llueve (mucho, un poco)*	*(es regnet (viel, ein wenig))*
hace *(un poco de) frío*	*(es ist (ein wenig) kalt)*
fresco	*(frisch)*
hace *sol*	*(es ist sonnig)*
hace *calor*	*(es ist warm (heiß))*
hace *viento*	*(es ist windig)*
hace *frío y nieva*	*(es ist kalt und schneit)*
hay *muchas nubes*	*(es gibt viele Wolken)*
está *nublado*	*(es ist bewölkt)*
tenemos - 3 °C (3 grados bajo cero)	*(wir haben - 3 Grad (3 Grad under null))*
el clima es templado/tropical	*(das Klima ist gemäßigt/tropisch)*

El levante *(Der Ostwind)*   **El poniente *(Der Westwind)***

El norte *(der Norden)*, el este *(der Osten)*, el sur *(der Süden)*, el oeste *(der Westen)*.

Beispiel:

En Fuerteventura hace mucho viento.	*(In Fuerteventura ist es sehr windig.)*
En Santander está nublado.	*(In Santander ist es bewölkt.)*
En Alicante hace calor.	*(In Alicante ist es heiß.)*
En Gran Canaria hace sol.	*(In Gran Canaria ist es sonnig.)*
En Pamplona hace frío y nieva.	*(In Pamplona ist es kalt und schneit.)*
En Gijón llueve.	*(In Gijon regnet es.)*

DIE BILDUNG DES FEMININUMS UND PLURALS BEI ADJEKTIVEN

Endungen im Singular

maskulin		feminin	
-o	blanco	-a	blanca
-e	verde	unveränderlich	verde
-a	rosa	unveränderlich	rosa
- Konsonant	azul	unveränderlich	azul

Diese Regeln zur Bildung der femininen Form gelten nicht für Adjektive der Nationalität.

Der Plural der Adjektive

Singular		Plural	
- Vokal	blanco/blanca	+ s	blancos/blancas
	verde		verdes
	rosa		rosas
- Konsonant	azul	+ es	azules

Adjektive, die mit Konsonanten enden, mit Ausnahme von Adjektiven, die sich auf Nationalität oder Herkunft beziehen, ändern sich nicht im Femininum.

Beispiel: Ein Adjektiv, welches im <u>maskulin</u> = **gris** *(grau)* heißt, ist im <u>feminin</u> ebenfalls = **gris**.
Es gibt hier keine Veränderung.

Ausnahmen: Bei Adjektiven, die auf *-án*, *-ín*, *-ón* oder *-or* enden werden zur Bildung der weiblichen Form ein *-a* angehängt.

Beispiel: trabajador — trabajadora *(fleißig)*; cabezón — cabezona *(dickköpfig)*.

Einige Adjektive haben dieselbe Endung sowohl für die männliche als auch für die weibliche Form. Adjektive mit folgenden Endungen sind immer neutral: *-ista, -a, -e*

Beispiel: *maskulin* el partido social**ista**; *feminin* la candidata social**ista**
maskulin un pueblo indígen**a**; *feminin* la población indígen**a**
maskulin un país pobr**e**; *feminin* una región pobr**e**

Ausnahmen: Bei Adjektiven mit den Endungen *-ete* oder *-ote* wird zur Bildung der weiblichen Form der letzte Vokal durch ein *-a* ersetzt.

Beispiel: *mask.* regordete, *fem.* regordeta (mollig)/*mask.* grandote, *fem.* grandota (riesengroß).

Die meisten Adjektive stimmen in Bezug auf Geschlecht (männlich und weiblich) und Zahl (Singular und Plural) mit dem Substantiv überein, das sie begleiten.

Beispiel: <u>La</u> cara simpátic**a**.   *(Das freundliche Gesicht.)*

Wenn sich das Adjektiv auf mehr als ein Substantiv bezieht und eines davon männlich ist, dann ist die männliche Pluralform des Adjektivs zu verwenden. Haben alle Substantive das gleiche Geschlecht, dann hat das Adjektiv dasselbe Geschlecht.

Genau wie bei den Substantiven enden die spanischen Adjektive, die mit einem unbetonten Vokal enden, beim Plural mit -s, zum Beispiel, una torre alta—Plural las torres altas. Nach einem Konsonanten oder i wird ein -es hinzugefügt, zum Beispiel, un paquete fácil—Plural los paquetes fáciles, un niño israelí—Plural dos niños israelíes.

Adjektive stimmen mit dem Subjekt nach dem Verb ESTAR überein

Mi amigo está malo.   (Mein Freund ist krank.)
Mi amiga está mala.   (Meine Freundin ist krank.)

Mis amigos están malos.   (Meine Freunde sind krank.)
Mis amigas están malas.   (Meine Freundinnen sind krank.)

Nationalitäten

Adjektive, die mit -e, -a, -í, -ú enden, ändern sich im Femininum nicht. Im Singular und Plural sind sie in der maskulinen und femininen Form gleich. Bei Adjektiven, die mit einem Konsonanten enden, wird zur Bildung der femininen Form ein -a hinzugefügt.

Übung 23
¿Qué adjetivos se pueden combinar con estas palabras?
Welche Adjektive kann man mit diesen Wörtern verbinden?

hermoso/-a (schön); **caluroso/-a** (heiß); **soleado/-a** (sonnig); **excepcional** (einzigartig); **rico/-a** (lecker); **apetitoso/-a** (appetitlich); **sabroso/-a** (wohlschmeckend); **ventoso/-a** (windig); **importante** (bedeutend); **gigantesco/-a** (riesig); **famoso/-a** (berühmt); **desierto/-a** (wüst, öde); **nublado/-a** (bewölkt); **peligroso/-a** (gefährlich); **impresionante** (beeindruckend)

Clima (Klima)	Montaña (Gebirge)	País (Land)	Comida (Essen)
caluroso/-a			

Übersetzung Nr. 4

Lee el siguiente texto sobre los españoles.
Lesen Sie folgenden Text über die Spanier.

Los españoles son amables y comunicativos. Los españoles comen fuera de casa y salen por la noche. Los españoles que viven en España son felices. En España el clima es perfecto, pues es un país mediterráneo y el sol hace a la gente sentirse más satisfecha y sociable. Las playas son especialmente importantes para los españoles. En España cada región es diferente.

Übung 24
¿Verdadero (V) o falso (F)? Wahr (W) oder Falsch (F)? Was steht in dem Text?

(W)   (F)

1. Los españoles son reservados.
2. Los españoles salen mucho.
3. Los españoles aman el clima de España.
4. Las playas y el sol son importantes para los españoles.
5. Los españoles son simpáticos.

Übung 25
Une estas frases según la información del texto anterior.
Verbinden Sie, was zusammengehört aufgrund der Information des vorstehenden Textes.

1. El clima influye
2. En España
3. Los españoles
4. Cada región en España

a) es distinta a las otras.
b) quieren vivir en España.
c) hay muchas playas.
d) en el humor de las personas.

es distinta a las otras (unterscheidet sich von den anderen); **quieren vivir en España** (sie wollen in Spanien leben); **el humor de las personas** (der Humor der Menschen)

MUY + MUCHO

Übersetzung Nr. 5

Mallorca
Estoy <u>muy</u> feliz aquí. Hoy estoy en la playa, tomo el sol, nado y buceo. Las playas son maravillosas, pero hay <u>muchos</u> turistas por aquí, y por eso las playas están <u>muy</u> llenas. <u>Muchos</u> países viven del turismo y en Mallorca todo está pensado para los turistas. Hace <u>mucho</u> calor y el clima es <u>muy</u> seco. Tengo que tomar <u>mucha</u> agua, entonces me encuentro <u>muy</u> bien. Te aconsejo hacer un viaje a Mallorca; es una isla preciosa. La isla es <u>muy</u> bonita. Me gusta <u>mucho</u>.
¡Que la pases bien!

MUY + ADJETIVO	**VERBO** + MUCHO
muy bonito/-a/-os/-as	Llueve mucho
	Nieva mucho

1) **Muy** steht vor **Adjektiven**
   muy **bonito/-a/-os/-as**; muy **pequeño/-a/-os/-as**
   oder **Adverbien** (muy + **adverbio**).
   Mi padre va muy **despacio**.

   Sehr
   (<u>sehr</u> schön; <u>sehr</u> klein)

   (Mein Vater geht <u>sehr</u> langsam.)

2) **Mucho** steht nach Verben oder kann <u>allein</u> sein.
   Verbo + mucho
   Te **quiero** mucho.
   Ella **come** mucho.
   ¿Te gusta? — Sí, <u>mucho</u>.

   Sehr, viel
   (Ich mag dich <u>sehr</u>.)
   (Sie isst <u>viel</u>.)
   (Gefällt es dir? — Ja, <u>sehr</u>.)

3) **Mucho/-a/-os/-as** steht vor Substantiven.
   Mucho/-a/-os/-as + ***Sustantivo***
   En Madrid hay much**os** <u>bares</u>.
   En Madrid hay much**as** <u>discotecas</u>.

   (In Madrid gibt es <u>viele</u> Kneipen.)
   (In Madrid gibt es <u>viele</u> Diskotheken.)

Übung 26
Completa el siguiente texto sobre el clima con *muy*, *mucho*, *muchos*, *muchas*.
Ergänzen Sie den folgenden Text über das Klima mit *muy*, *mucho*, *muchos*, *muchas*.

Los Estados Unidos son un país con .... climas distintos. En Arizona los veranos son .... secos; no llueve .... y no hace frío. En el norte llueve .... y casi siempre hace un poco de frío. Las temperaturas son extremas en el interior: los veranos son .... calurosos y los inviernos .... fríos. En .... zonas del sur llueve .... poco y en verano hace .... calor.

LOS COLORES (*DIE FARBEN*)

Spanisch	Deutsch
blanco/-a/-os/-as	*weiß*
amarillo/-a/-os/-as	*gelb*
rojo/-a/-os/-as	*rot*
negro/-a/-os/-as	*schwarz*
naranja/s	*orange*
rosa/s	*rosa*
lila/s	*lila, violett*
verde/s	*grün*
azul/azules	*blau*
gris/es	*grau*
marrón/-ones	*braun*
beis	*beige*

La nieve es blanca.
(Der Schnee ist weiß.)
Los pepinos son verdes.
(Die Gurken sind grün.)
La mariposa es rosa.
(Der Schmetterling ist rosa.)

La noche es negra.
(Die Nacht ist schwarz.)
La castaña es marrón.
(Die Kastanie ist braun.)
Los burros son grises.
(Die Esel sind grau.)

El girasol es amarillo.
(Die Sonnenblume ist gelb.)
La manzana es roja.
(Der Apfel ist rot.)
El cielo es azul.
(Der Himmel ist blau.)

Marrón verliert den Akzent auf dem **o**, wenn die Pluralendung **-es** hinzugefügt wird;

marrón – marrones.

Aufgepaßt:
Es ist zu unterscheiden ob Farbadjektive einzig die Farben eines dazugehörigen Objektes bezeichnen **oder sind diese eine Bezeichnung, die diese Farbe primär den Objekten gibt**. In dem Fall, in dem ein Objekt, wie zum Beispiel eine Blume, eine Frucht oder eine Substanz **diese Farbe als Charakteristikum trägt** wird das Farbadjektiv dann unveränderlich im Plural des Substantivs benutzt.

Beispiel: **paredes naranja** (*orangefarbene Wände*)

Übung 27
Elige la opción correcta.
Wählen Sie die richtige Option.

1. Mónica y Diana tienen el pelo ....
    a. rubio   b. rubia   c. rubios d. rubias
2. Mónica y Diana son ....
    a. rubio   b. rubia   c. rubios d. rubias
3. Sabine tiene los ojos muy ....
    a. negro   b. negra   c. negros d. negras
4. Silvia tiene el pelo ....
    a. negro   b. negra   c. negros d. negras
5. Pablo tiene la piel muy ....
    a. blanco   b. blanca   c. blancos   d. blancas
6. Pablo es muy ...., ¿no?
    a. blanco   b. blanca   c. blancos   d. blancas

el pelo (*das Haar*); **rubio/-a** (*blond*); **los ojos** (*die Augen*); **la piel** (*die Haut, das Fell, das Leder*)

DEMONSTRATIVPRONOMEN UND -BEGLEITER

¿Ésta? ¿O ésta?
Diese? Oder diese?

Wenn eine Entscheidung zwischen zwei Dingen nicht getroffen werden kann, verwendet man folgende fragend gebrauchte Hinweiswörter (die alle auf etwas hinweisen): **ésta, éstas, éste, éstos** und **esto**.

Tragen die Formen **-e, -a, -os, -as** einen Akzent, dann ersetzen die Wörter das Substantiv anstatt es zu begleiten. In diesem Fall fungieren sie als Demonstrativpronomen. Das bedeutet, dass in einem Satz diese Wörter allein ohne das Substantiv verwendet werden. Sie beziehen sich (auch wenn sie als Adjektive mit einem begleitenden Substantiv fungieren) immer auf das Subjekt und ändern ihre Form, je nachdem, ob das Substantiv feminin oder maskulin, Singular oder Plural ist.

Wenn es sich, zum Beispiel, um folgendes Kleidungsstück handelt: _el jersey (der Pullover)_, dann wird danach mit **¿éste?** gefragt, da _el jersey_ Singular und maskulin ist. Das Pronomen **éstos** wird zum Beispiel verwendet, um zu fragen welche Schuhe _los zapatos_ (diese sind maskulin, Plural) man kaufen soll. Die weibliche Singularform **ésta** wird für _la camiseta (das T-Shirt)_ verwendet und die weibliche Pluralform **éstas** für _las sandalias (die Sandalen)_. Wenn es jedoch zwei verschiedene Dinge gibt und nur eines davon maskulin ist, wird die männliche Pluralform **éstos** verwendet.

Die Form **esto** wird nur verwendet, wenn man von einer Sache im Allgemeinen spricht. Dies ist eine neutrale Form in der spanischen Sprache. Es wird für beides — maskulin und feminin — verwendet, auch wenn es nicht klar ist ob das Subjekt, von dem man spricht männlich oder weiblich ist. Auf **esto** folgt immer ein Verb—nie ein Substantiv, da es sich um ein Demonstrativpronomen handelt. Die Form, die mit **-o** endet, trägt nie einen Akzent — **esto**.

Beispiel: Esto es un libro.   (Das ist ein Buch.)
      Dieser Satz ist eher allgemeiner Natur. Er bezieht sich auf eine unspezifische Sache.

Aber   Éste [libro] está sobre la mesa.   (Dieses [Buch] ist auf dem Tisch.)
      Hier ist es ein bestimmter Begriff für eine bestimmte Sache (maskulin).

Das neutrale Demonstrativpronomen wird auch verwendet, wenn es sich auf einen vorhergehenden Satz bezieht.
Beispiel: ¡Esto es imposible!   (Das ist nicht möglich!)

* ¿Cuál de los abrigos es más caro?	¿Éste o éste?
(Welcher der Mäntel ist teurer?)	_(Dieser oder dieser?)_
° El azul.	_(Der blaue.)_
* ¿Cuáles de los vaqueros prefieres?	¿Éstos o éstos?
(Welche Jeans bevorzugst du?)	_(Diese oder diese?)_
° Los amarillos.	_(Die gelbe.)_
* ¿Cuál de las chaquetas compro?	¿Ésta o ésta?
(Welche der Jacken kaufe ich?)	_(Diese oder diese?)_
* ¿Cuáles de las sandalias son más bonitas?	¿Éstas o éstas?
(Welche der Sandalen sind schöner?)	_(Diese oder diese?)_
* Busco una camisa de flores.	Esto es difícil.
(Ich suche ein Hemd mit Blumen.)	_(Das ist schwer.)_

Sich auf Dinge beziehen mit Demonstrativbegleiter und -pronomen

este traje	*(dieser Anzug)*	**éste**	*(dieser)*		
esta blusa	*(diese Bluse)*	**ésta**	*(diese)*	**esto** *(das)*	
estos vaqueros	*(diese Jeans)*	**éstos**	*(diese)*	(Neutrum)	
estas sandalias	*(diese Sandalen)*	**éstas**	*(diese)*		

Es ist erwähnenswert, dass im Spanischen der erforderliche Gebrauch eines Akzentes auf den Demonstrativpronomen diese von den Demonstrativbegleitern unterscheidet. Aber die Rechtschreibreform von 2010 besagt, dass der Akzent auf den Demonstrativpronomen nicht mehr benötigt wird. Jeder Text, der dieser Reform vorangeht, wird Akzente haben und viele Publikationen und Leute benutzen diese weiterhin.

WICHTIGE EIGENHEITEN DER SPANISCHEN SPRACHE

Yo hablo español y portugués.
Yo hablo español **e** ingles.

Vor einem **Vokal** wird **y** zu **e**.

En invierno o verano.
En invierno **u** otoño.

Da das 2. Wort mit **o**- anfängt, wird **o** zu **u**.   **Die Bedeutung bleibt jeweils gleich.**

Wenn jemand von einem abgeschlossenen Zeitraum spricht, wird das Wort **durante** *(während)* verwendet. *(Wenn es eine Dauer anzeigt = während, gibt es einen Zeitraum an.)*

Beispiel: Estoy en Madrid durante 3 semanas.   *(Ich bin 3 Wochen in Madrid.)*

Wo ist das Adjektiv? Vor oder nach dem Substantiv? Es macht einen großen Unterschied.

un amigo grande	*(ein groß gewachsener Freund)*
un gran amigo	*(ein enger Freund)*
una casa grande	*(ein sehr großes Haus)*
una gran casa	*(ein kleineres Haus, aber ein sehr schönes — spektakuläres)*
un pobre hombre	*(ein Pechvogel)*
un hombre pobre	*(ein armer Mensch)*
un queso grande	*(ein großer Käse)*
un gran queso	*(ein schmackhafter Käse mit viel Qualität)*

Aufpassen!

Das Verb **aplicar** wird nicht wie das Verb **solicitar** verwendet. Im Spanischen wird **aplicar** nicht verwendet, wenn man sich auf eine Stelle bewirbt, wie das englische Wort *apply*. Das Wort **solicitar** wird verwendet, wenn man sich auf eine Stelle bewirbt oder um etwas bittet.

Das spanische **aplicar** hat jedoch die Bedeutung, beispielsweise im Zusammenhang mit dem Auftragen von Creme *(aplicar la crema)* oder sein Wissen auf jemanden anwenden *(aplicar tus conocimientos a alguien)*.

Bitte beachten!

La gente (Ausnahme) ist *Singular feminin*. Aus diesem Grund wird **es**, anstelle von <u>son</u> verwendet.

Beispiel: *La gente* **es** *muy amable*   (*Die Leute* <u>sind</u> *sehr liebenswert.*)

Im Spanischen dient der Aktzen auch dazu, gleich lautende überwiegend einsilbige Wörter mit verschiedenen Bedeutungen voneinander zu unterscheiden.

Beispiel:	el	(der)	él	(er)
	mi	(mein	mí	(mich, mir)
	tu	(dein)	tú	(du)
	si	(wenn, ob)	sí	(ja; sich)
	aun	(sogar)	aún	(immer noch, noch)
	mas	(aber)	más	(mehr)
	te	(dich, dir)	té	(Tee)
	se	(sich; man)	sé	(ich weiß; sei)
	de	(von)	dé	(geben Sie)

ADVERBIEN

Adverbien sind Wörter, die Informationen zu Adjektiven, Verben oder anderen Adverbien hinzufügen. Diese Informationen können über Ort, Zeit, Art und Weise, Grad, Verneinung/Vermutung sein. Adverbien können Fragen beantworten wie: **wo, wann oder wie etwas getan wird**. Spanische Adverbien sind unveränderlich, was bedeutet, dass sie sich nicht je nach Geschlecht oder Zahl ändern. Das liegt daran, dass Adverbien Adjektive, Verben und Adverbien modifizieren—keine Substantive.

Bedeutung der Adverbien

Ort	**aquí** (hier); **allí** (dort); **cerca** (nahe); **dentro** (innen); **arriba** (oben); **lejos** (weit)
Zeit	**ayer** (gestern); **mañana** (morgen); **ya** (schon); **hoy** (heute)
Art und Weise	**así** (so); **bien** (gut); **mal** (schlecht); **peor** (schlimmer); **mejor** (besser)
Grad	**bastante** (genügend); **demasiado** (zu viel); **mucho** (viel); **poco** (wenig)
Verneinung/	
Vermutung	**no** (nein); **acaso** (vielleicht); **quizá(s)** (vielleicht); **tampoco** (auch nicht); **jamás** (nie)

Adverbien auf *-mente*

Adverbien können gebildet werden, indem das Suffix -**mente** zur weiblichen Singularform des Adjektivs hinzugefügt wird.

Beispiel: **tranquilo** (maskulin, Singular Adjektiv), **tranquila** (feminin, Singular Adjektiv), **tranquilamente** (Adverb) — *in Ruhe, ruhig, friedlich.*

Bei Adjektiven ohne besondere feminine Form, wird einfach -**mente** an die Singular Form angehängt.

Beispiel: **actual** (Adjektiv), **actualmente** (Adverb) — *augenblicklich.*

Adverbien, die auf -mente enden, behalten den schriftlichen Akzent des Adjektivs.

Beispiel: **fácil** (Adjektiv), **fácilmente** (Adverb) — *mühelos.*

LECCIÓN 6
MI FAMILIA
MEINE FAMILIE

In dieser Lección werden Sie lernen:

* den Wortschatz der Familie,
* die Possessivpronomen
* die Possessivbegleiter.

Am Ende wissen Sie, wie Sie sich ausdrücken können, wenn Sie über Ihre eigene Familie, Freunde oder Dinge sprechen.

Grammatik
*   Possessivpronomen und Possessivbegleiter

Wortschatz
 Familie und Verwandte

EL GRUPO FAMILIAR (*DIE FAMILIE*)

Spanisch	Deutsch	Spanisch	Deutsch
el abuelo	*der Großvater*	la abuela	*die Großmutter*
el bisabuelo	*der Urgroßvater*	la bisabuela	*die Urgroßmutter*
el padre	*der Vater*	la madre	*die Mutter*
los suegros	*die Schwiegereltern*	los padres	*die Eltern*
el suegro	*der Schwiegervater*	la suegra	*die Schwiegermutter*
el hijo	*der Sohn*	la hija	*die Tochter*
el yerno	*der Schwiegersohn*	la nuera	*die Schwiegertochter*
un niño	*ein Junge*	una niña	*ein Mädchen*
el hermano	*der Bruder*	la hermana	*die Schwester*
el cuñado	*der Schwager*	la cuñada	*die Schwägerin*
el tío	*der Onkel*	la tía	*die Tante*
el sobrino	*der Neffe*	la sobrina	*die Nichte*
el primo	*der Vetter, Cousin*	la prima	*die Cousine*
el nieto	*der Enkel*	la nieta	*die Enkelin*
el compañero	*der Begleiter*	la compañera	*die Begleiterin*
mi mejor amigo/-a	*mein/e beste/r Freund/in*	la pareja	*der Lebensgefährte*
el ex-marido	*der Ex-Mann*	la ex-mujer	*die Ex-Frau*
dos niños/hijos	*2 Kinder*		
el novio	*der Bräutigam oder feste Freund*		
la novia	*die Braut oder feste Freundin*		

Wenn man Geschwister hat, und nur ein Bruder mit dabei ist, sagt man
> mis herman**os** = *meine Geschwister;* **mis hermanos** *heißt aber auch meine Brüder.*

mis hermanas	*(meine Schwestern)*		
el gato	*(der Kater)*	la gata	*(die Katze)*
el perro	*(der Hund)*	la perra	*(die Hündin)*
las mascotas	*(die Haustiere)*		
Estoy casado/-a con …	*(Ich bin verheiratet mit …)*		

Yo tengo … *(Ich habe …)*
> … un marido - *oder* un esposo *(einen Ehemann)*/una mujer - *oder* una esposa *(eine Ehefrau).*

LOS POSESIVOS (*DIE POSSESSIVPRONOMEN UND -BEGLEITER*)

Im Spanischen werden Possessive verwendet, um die Zugehörigkeit zu jemandem oder etwas auszudrücken. Die Possessive können unterteilt werden in

die unbetonten und die betonten Formen.

Possessivbegleiter werden im Spanischen wie Adjektive verwendet.

A. Die unbetonten Possessivbegleiter

Sie können nur als Adjektive fungieren und werden immer vor dem Substantiv oder der Nominalphrase gesetzt, die sie modifizieren und werden **nicht** mit einem bestimmten oder unbestimmten Artikel verwendet. Sie stimmen immer in Zahl (Singular oder Plural) mit dem Substantiv überein, auf das sie sich beziehen.

Singular	mi *(mein)*			tu *(dein)*		su *(sein, ihr, Ihr, seine, ihre, Ihre)*
Plural	mis *(meine)*			tus *(deine)*		sus *(seine, ihre, Ihre)*
Singular	nuestro, -a *(unser)*			vuestro, -a *(euer)*		su *(ihr, Ihr, ihre, Ihre)*
Plural	nuestros, -as *(unsere)*			vuestros, -as *(eure)*		sus *(ihre, Ihre)*

Da es bei den Begleitern *su* und *sus* keine maskuline und feminine Form gibt, haben sie mehrere Bedeutungen. Mit *su* kann man sich auf **él, ella, usted**; und mit *sus* auf **ellos, ellas** und **ustedes** beziehen. Deshalb gibt es für *su* mehrere deutsche Entsprechungen.

Man muß den Zusammenhang kennen, aus diesem dürfte meist klar werden, welcher Begriff der richtige ist.

Deshalb ist es manchmal besser stattdessen eine präpositionale Redewendung mit Personalpronomen oder Namen zu verwenden.

Beispiel: **Madrid es la capital de España**. *(Madrid ist die Hauptstadt von Spanien.)*

     ist deutlicher als:

Madrid es su capital.   Wessen Hauptstadt? - Von ihr? Von ihm? Von ihnen? Von Ihnen?

Persona	Singular				Plural		
(yo)	mi	hijo	*(mein Sohn)*	mis	sobrinos	*(meine Neffen)*
	mi	hija	*(meine Tochter)*	mis	sobrinas	*(meine Nichten)*
(tú)	tu	hijo	*(dein Sohn)*	tus	sobrinos	*(deine Neffen)*
	tu	hija	*(deine Tochter)*	tus	sobrinas	*(deine Nichten)*
(él/ella/ usted)	su	hijo	*(sein/ihr/Ihr Sohn)*	sus	sobrinos	*(seine/ihre/Ihre Neffen)*
	su	hija	*(seine/ihre/ Ihre Tochter)*	sus	sobrinas	*(seine/ihre/Ihre Nichten)*
(nosotros/ nosotras)	nuestro	hijo	*(unser Sohn)*	nuestros	sobrinos	*(unsere Neffen)*
	nuestra	hija	*(unsere Tochter)*	nuestras	sobrinas	*(unsere Nichten)*
(vosotros/ vosotras)	vuestro	hijo	*(euer Sohn)*	vuestros	sobrinos	*(eure Neffen)*
	vuestra	hija	*(eure Tochter)*	vuestras	sobrinas	*(eure Nichten)*
(ellos/ellas/ ustedes)	su	hijo	*(ihr/Ihr Sohn)*	sus	sobrinos	*(ihre/Ihre Neffen)*
	su	hija	*(ihre/Ihre Tochter)*	sus	sobrinas	*(ihre/Ihre Nichten)*

Die Possessivadjektive stehen vor den männlichen und weiblichen Substantiven.

- Su hijo se llama Miguel.   *(Sein Sohn heißt Miguel.)*
- Mi sobrino y su novia estudian alemán.   *(Mein Neffe und seine Freundin lernen Deutsch.)*

Die 1. Person Plural (nosotros/-as) und die 2. Person Plural (vosotros/-as) werden ebenfalls im Geschlecht angeglichen.

* nuestra amiga, nuestro amigo   *(unsere Freundin, unser Freund)*
  vuestra amiga, vuestro amigo   *(eure Freundin, eurer Freund)*

* El hijo de Paco y María, nuestro ....   *(Der Sohn von Paco und Maria, unser ...)*

Übung 28
Completa las frases con los nombres de las relaciones de parentesco correctos.
Vervollständigen Sie die Sätze mit den richtigen Verwandtschaftsbezeichnungen.

1.	El hijo de mi hermana es mi ....
2.	El marido de mi hermana es mi ....
3.	La madre de mi marido es mi ....
4.	El marido de mi hija es mi ....
5.	El padre de mi abuela es mi ....
6.	El hermano de mi madre es mi ....

<u>Anna</u> <u>chattet</u> <u>mit</u> <u>einer</u> <u>Freundin</u>. <u>Über</u> <u>wen</u> <u>wird</u> <u>gesprochen</u>?　　　　**Übersetzung Nr. 6**

María ¡Qué tengas una buenas vacaciones! ¿Adónde vas?

Anna A Mallorca, con **mis** sobrinos.

　　　　¿Y tú? ¿De vacaciones con **tu** novio y **tus** padres?

María Este verano voy a Tarife, pero solo con **mi** pareja y **mi** madre. **Mi** padre está en
　　　　Barcelona con **sus** compañeros. ¿Diana viajará con vosotros a Mallorca, no?

Anna Sí, es la niña de **mis** vecinos. **Sus** padres están gravemente enfermos y **su** hermano
　　　　tiene serios problemas físicos.

María ¡Madre mía!

Anna ¡Así es! Pásalo bien con **tu** familia.

María Lo mismo. ¡Hasta luego!

Anna ¡Adiós

Vorsicht!
In der spanischen Sprache werden Possessivadjektive normalerweise nicht verwendet, wenn gesprochen wird über:
　　　　　　　　* Körperteile
　　　　　　　　* abstrakte Konzepte
　　　　　　　　* über etwas, von dem es offensichtlich ist, daß es dem Sprecher gehört.

Für diese wird ein bestimmter Artikel im Spanischen verwendet.
<u>Beispiel:</u>
Me duele **la** pierna.　　　　　*(**Mein** Bein tut weh).*
Me voy a **la** casa.　　　　　*(Ich fahre zum (**meinem**) Haus.)*
Se me cae **la** peluca.　　　　　*(**Meine** Perücke fällt runter.)*

Übung 29
Completa las siguientes frases con *mi/mis/tu/tus/su/sus*.
Vervollständigen Sie folgenden Sätze mit *mi/mis/tu/tus/su/sus*.

1. Le presento a Diana, ... mujer.
　 Hola, ¿cómo estás?
2. ¿Cuándo es .... cumpleaños?
　 El 9 de abril.
3. ¿Qué planes tienes para esta noche?
　 Una fiesta de cumpleaños con ...... amigos.
4. ¿José no quiere salir esta noche?
　 No, es que .... novia tiene una crisis nerviosa.
5. ¿Cuáles son ...... tres libros favoritos?
　 Uf, *Don Quijote, El Principito, El Chico Que Nunca Existió.*
6. Me tienes que contar lo que pasó el otro día con ...... padres.

Le presento a … *(Ich stelle dir … vor)*; **fiesta** *(Feier)*; **crisis nerviosa** *(Nervenzusammenbruch)*; **me tienes que contar** *(du mußt mir erzählen)*; **lo que pasó** *(was passiert ist)*

Übung 30

Lee el diálogo y complétalo con los posesivos adecuados.
Lesen Sie den Dialog und vervollständigen Sie mit den richtigen Possessivbegleitern.

Tea	¡Hola Pablo! Quiero recoger …….. libros, ……… cuadros y …….. películas.
Pablo	Qué bien que hayas venido. Tengo ……. libros, ……. cuadros y ……. películas. ¿Quieres …….. paraguas?
Tea	Sí, he olvidado …….. paraguas.
Pablo	Pero un cuadro es mío, y una película también.
Tea	Exactamente. …….. cuadro y …….. película están aquí.
Pablo	Aquí está una película de suspenso de ….. prima Sofía y un valioso cuadro de …… madre.

recoger *(abholen)*; **que hayas venido** *(dass du gekommen bist)*; **paraguas** *(Regenschirm)*; **he olvidado** *(ich habe vergessen)*; **también** *(auch, ebenfalls)*; **exactamente** *(genau)*; **aquí** *(hier)*

B. **Die betonten Possessivbegleiter**

Sie fungieren als **Adjektive** *(adjetivos posesivos)*, welche immer hinter dem Substantiv stehen. Sie richten sich immer in Geschlecht und Zahl nach dem dazugehörigen Substantiv.

Man nennt sie auch besitzanzeigende Begleiter. Im Deutschen wird dies durch Betonung ausge-drückt: *„Gib her, es ist **mein** Stift.“* Oft ist ebenso eine Übersetzung mit **von mir**, **von dir**, usw. möglich. Sie stehen oft nach unbestimmten Begleitern und Zahlen. Diese haben keinen Artikel.

Beispiel:

a) Es un sueño **tuyo**.

*(Es ist **dein** Traum./Es ist ein Traum **von dir**.)*

b) Es un un amigo **mío**.

*(Er ist **mein** Freund./Er ist ein Freund **von mir**.)*

c) He traído <u>muchos</u> <u>discos</u> **míos**.

*(Ich habe <u>viele</u> <u>CDs</u> **von mir** mitgebracht./ Ich habe viele **meiner** CDs mitgebracht.)*

d) En mi mesa hay <u>varios</u> <u>libros</u> **vuestros**.

*(Auf meinem Tisch liegen <u>einige</u> <u>Bücher</u> **von euch**./ Auf meinem Tisch liegen einige **eurer** Bücher.)*

Yo	= mío, mía, míos, mías	*(mein/meine/meiner)*
Tú	= tuyo, tuya, tuyos, tuyas	*(dein/deine/deiner)*
Él/ella/usted	= suyo, suya, suyos, suyas	*(ihr/Ihre)*
Nosotros/-as	= nuestro, nuestra, nuestros, nuestras	*(unsere/unserer)*
Vosotros/-as	= vuestro, vuestra, vuestros, vuestras	*(eure/eurer)*
Ellos/ellas/ustedes	= suyo, suya, suyos, suyas	*(ihren/Ihren)*

	SINGULAR MASCULINO	SINGULAR FEMININO
(yo)	un compañero de clase **mío** *(ein Mitschüler von mir)*	una compañera de clase **mía** *(eine Mitschülerin von mir)*
(tú)	ese bolígrafo **tuyo** *(dieser Kugelschreiber von dir)*	aquella pluma **tuya** *(jener Füller von dir)*
(él/ella/usted)	otro calendario **suyo** *(ein anderer Kalender von ihm/ihr/ Ihnen, sein/ihr anderer Kalender)*	otra pluma **suya** *(ein anderer Füller von ihm/ihr/Ihnen, sein/ihr anderer Füller)*
(nosotros/-as)	otro gato **nuestro** *(ein anderer Kater von uns)*	otra gata **nuestra** *(eine andere Katze von uns)*
(vosotros/-as)	ese sobrino **vuestro** *(dieser Neffe von euch)*	esa sobrina **vuestra** *(diese Nichte von euch)*
(ellos/ellas/ ustedes)	un sello **suyo** *(ein Stempel von ihnen/Ihnen)*	una calculadora **suya** *(ein Taschenrechner von ihnen/Ihnen)*

	PLURAL MASCULINO	PLURAL FEMENINO
(yo)	unos compañeros de clase **míos** *(einige Mitschüler von mir)*	unas compañeras de clase **mías** *(einige Mitschülerinnen von mir)*
(tú)	esos bolígrafos **tuyos** *(diese Kugelschreiber von dir)*	aquellas plumas **tuyas** *(jene Füller von dir)*
(él/ella/usted)	otros cochos **suyos** *(andere Autos von ihm/ihr/Ihnen, seine/ihre anderen Autos)*	otras películas **suyas** *(andere Filme von ihm/ihr/Ihnen, seine/ihre anderen Filme)*
(nosotros/-as)	otros gatos **nuestros** *(andere Kater von uns)*	otras vacas **nuestras** *(andere Kühe von uns)*
(vosotros/-as)	esos sobrinos **vuestros** *(diese Neffen von euch)*	esas primas **vuestras** *(diese Cousinen von euch)*
(ellos/ellas/ ustedes)	unos sellos **suyos** *(einige Stempel von ihnen/Ihnen)*	unas calculadoras **suyas** *(einige Taschenrechner von ihnen/Ihnen)*

C. Die betonten Possessivpronomen

Sie bestehen aus den Formen der betonten Possessivbegleiter. Sie richten sich immer in Geschlecht und Zahl nach dem Substantiv auf das sie sich beziehen. Sie ersetzen das Substantiv anstatt es zu begleiten und ihnen geht gewöhnlich der bestimmte Artikel voraus (**el mío**).

Beispiel: Mi colega trabaja en su sección y yo trabajo en **la mía**.
*(Mein Kollege arbeitet in seiner Abteilung und ich arbeite in **meiner**.)*
La sección ist ein weibliches Substantiv, daher die Verwendung von **la mía**.

Pronomen ohne Artikel, denen das Verb **ser** *(sein)* vorangestellt ist, bedeuten <u>zu etwas gehören</u>.

Beispiel: ¿**Es** <u>suya</u> esta mochila?   (**Gehört** <u>Ihnen</u> dieser Rucksack?)

Die Formen mit einem Artikel ersetzen ein zuvor genanntes Substantiv und dienen der Unterscheidung.

Beispiel:
Ahí está tu maleta. Y esa de ahí es **la mía**. *(Das ist dein Koffer. Und das da drüben ist **meiner**.)*

	von mir	von dir	von ihm, von ihr, von Ihnen
Singular	(el) mío; (la) mía	(el) tuyo; (la) tuya	(el) suyo; (la) suya
Plural	(los) míos; (las) mías	(los) tuyos; (las) tuyas	(los) suyos; (las) suyas

	von uns	von euch	von ihnen
Singular	(el) nuestro; (la) nuestra	(el) vuestro; (la) vuestra	(el) suyo; (la) suya
Plural	(los) nuestros; (las) nuestras	(los) vuestros; (las) vuestras)	(los) suyos; (las) suyas

Übung 31

Corrige el texto siguiente con el adjetivo posesivo correcto en vez de la construcción con de + …

Berichtigen Sie den folgenden Text mit dem richtigen Possessivadjektiv anstelle der Konstruktion mit de + …

Beispiel: ¡Qué feliz estoy! He vendido un coche de nosotros **nuestro**.

1. ¿Ése es un caballo de vosotros? Maravilloso.

2. He olvidado una camiseta de ti en mi casa.

3. Quiero tomar el perro de ti.

4. El gato de mí es muy amable.

un caballo *(ein Pferd)*; **maravilloso/-a** *(wunderbar)*; **una camiseta** *(ein T-Shirt)*; **tomar** *(abbiegen, nehmen, zu sich nehmen, trinken, auffassen, erwerben, empfinden, übernehmen, einstellen, mieten, wegnehmen, aufnehmen, mitnehmen, messen)*; **muy amable** *(sehr liebenswürdig, sehr freundlich)*

Lateinamerikanischer Sprachgebrauch

Die Form **vuestro** wird in Lateinamerika nicht verwendet, da die unbetonte Form **su** und die betonte Form **suyo** verwendet werden. Der Gebrauch der betonten Formen nach präpositionalen Phrasen, wie **detrás** *(hinten, dahinter)*, **delante** *(vorne, davor)*, **enfrente** *(gegenüber)*, ist im gesprochenen lateinamerikanischen Spanisch üblich, zum Beispiel, **detrás mío** *(hinter mir)*, anstelle von **detrás de mí**, **delante nuestro** *(vor uns)* anstelle von **delante de nosotros**.

De + Subjektpronomen wird verwendet um die dritte Person eindeutig zu identifizieren

¿La bicicleta es **de él** o **de ella**?   *(Ist das Fahrrad **von ihm** oder **von ihr**?)*

Una bicicleta **de él**.   *(Ein Fahrrad **von ihm**.)*

Dies ist eher eine eindeutige Identifizierung, als die folgende:

Una bicicleta **suya**.   *(Ein Fahrrad **von ihm/ihr/ihnen/Ihnen**.)*

LECCIÓN 7
DE COMPRAS Y RESTAURANTES
SHOPPEN UND RESTAURANTS

In dieser Lección lernen Sie, wie man sich

beim Einkaufen in einem Geschäft ausdrückt.

Sie lernen auch die üblichen Ausdrücke, die erforderlich sind, wenn

Sie etwas von einem Kellner in einem Restaurant bestellen.

Um diese Situation genauer zu veranschaulichen, gibt es auch einen Dialog zwischen einem Kellner und einem Gast.

Anschließend gibt es einige Übungen, die Ihnen helfen, das Gelernte zu verinnerlichen.

Grammatik
* Fragen und Antworten in einem Bekleidungsgeschäft
* Die Verben *pedir*, *salir*, *valer*, *traer*, *poner*

Wortschatz
Kleidung
Dialog in einem Restaurant
Beilagen

LA ROPA (*DIE KLEIDUNG*)

Spanisch	Deutsch	Spanisch	Deutsch
los pantalones	*die Hosen*	la chaqueta	*die Jacke*
los vaqueros	*die Jeans*	una rebeca	*eine Strickjacke*
la camisa	*das Hemd*	el suéter/el jersey	*der Pullover*
la camiseta	*das T-Shirt*	el abrigo	*der Mantel*
la blusa	*die Bluse*	el impermeable	*der Regenmantel*
la traje	*der Anzug*	el chaleco	*die Weste*
la corbata	*die Krawatte*	la gorra	*die Mütze*
el vestido	*das Kleid*	la bufanda	*der Schal*
la falda	*der Rock*	el sombrero	*der Hut*
la minifalda	*der Minirock*		
el calzado	*das Schuhwerk*	la pijama	*der Schlafanzug*
los zapatos	*die Schuhe*	la ropa interior	*die Unterwäsche*
las botas	*die Stiefel*	los calzoncillos	*die Unterhose*
las zapatillas	*die Hausschuhe*	las bragas	*der Slip*
las chanclas	*die Flipflops*	la bata/el albornoz	*der Bademantel*
las sandalias	*die Sandalen*	el sujetador	*der Büstenhalter*
los calcetines	*die Socken*	el bikini	*der Bikini*
las medias	*die Strümpfe*	el bañador	*der Badeanzug*
los accesorios	*das Zubehör*	los pendientes	*die Ohrringe*
el cinturón	*der Gürtel*	el reloj	*die Armbanduhr*
el collar	*die Halskette*	los gemelos	*die Manschettenknöpfe*
el anillo	*der Ring*	la pulsera/el brazalete	*das Armband*
las joyas	*der Schmuck*	unas gafas de sol	*eine Sonnenbrille*

UNA TIENDA DE ROPA (*EIN BEKLEIDUNGSGESCHÄFT*)

El/la dependiente/-a	Der/die Verkäufer/in	El/la cliente/-a	Der/die Kunde/-in
¿Qué desea? (usted)	*(Was wünschen Sie?)*	Yo deseo ... *(Ich wünsche ...)*	Yo quiero ... *(Ich möchte ...)* Dies ist eine sehr höfliche Ausdrucksform.
¿Qué quiere? (usted)	*(Was möchten Sie?)*		
¿Qué deseas? (tú)	*(Was wünscht du?)*	¿Cuánto cuesta/n el bolígrafo/los bolígrafos? *(Wie viel kostet der Kugelschreiber/ Wie viel kosten die Kugelschreiber?)*	
¿Qué quieres? (tú)	*(Was möchtest du?)*		
		Vale, me llevo esto. Vale, compro ...	*(Ok, ich nehme das hier.)* *(Ok, ich kaufe ...)*

¿Cuánto cuesta est**a** camis**a**? (*Wie viel kostet dieses Hemd?*)
¿Cuánto cuestan est**as** camis**as**? (*Wie viel kosten diese Hemden?*)
¿Cuánto vale est**a** pulser**a**? (*Wie wertvoll ist dieses Armband?*)
¿Cuánto valen est**as** pulser**as**? (*Wie wertvoll sind diese Armbänder?*)

Las sandalias, **estas** verdes ... (*Die Sandalen, diese grünen ...*)
Los zapatos, **estos** negros ... (*Die Schuhe, diese schwarzen ...*)
El jersey, **este** ... (*Der Pullover, dieser ...*)
Esta camiseta azul ... (*Dieses blaue T-Shirt ...*)

In einer Bar oder einem Restaurant kann man sagen

¡La cuenta, por favor! *(Die Rechnung, bitte!)* oder ¿Qué _te_/_le_ debo? *(Was schulde ich dir/Ihnen?)*. **Te** ist persönlich (man duzt), **Le** ist höflicher (man siezt).

IN EINEM RESTAURANT ESSEN GEHEN

Dialog zwischen einem Kellner (camarero) und einem Gast (cliente).

Übersetzung Nr. 7

Camarero	¿Qué desea?
Cliente	Perdone, ¿tienen lentejas?
Camarero	No, lo siento. Hoy tenemos ensalada griega, macarrones gratinados, y sopa.
Cliente	¿Macarrones gratinados con carne picada o solo con salsa de tomate?
Camarero	Con carne picada.
Cliente	Vale, de primero quiero macarrones gratinados.
Camarero	Y de segundo, ¿qué desea?
Cliente	De segundo, bistec con patatas, por favor.
Camarero	¿Algo para beber?
Cliente	Una limonada.
Camarero	Enseguida le traigo la limonada.
Cliente	Gracias. Y, perdone, ¿me puede traer un poco de sal también?
Camarero	Sí, inmediatamente.
Cliente	Gracias.
Cliente	¡La cuenta, por favor!
Camarero	Sí, enseguida.

las lentejas *(die Linsen)*; **los macarrones gratinados** *(die überbackenen Makkaroni)*; **la sopa** *(die Suppe)*; **la carne picada** *(das Hackfleisch)*; **bistec con patatas** *(Steak mit Kartoffeln)*; **algo para beber** *(etwas zu trinken)*; **enseguida** *(unverzüglich, sofort)*; **un poco de sal** *(ein wenig Salz, etwas Salz)*; **inmediatamente** *(sofort, augenblicklich)*

el plato de primero = el primer plato	*(die Vorspeise)*
el plato de segundo = el segundo plato	*(die Hauptspeise)*
el postre	*(die Nachspeise)*
la bebida y el pan	*(das Getränk und das Brot)*

¡Perdona! (tú)	*(Entschuldige!)*
¡Perdone! (usted) = Perdón!	*(Entschuldigen Sie! = Entschuldigung!)*

Acompañamiento — Beilage

Con ... espinaca / arvejas / ensalada / verduras / choucroute / puré   / col de Bruselas / frijoles.
Mit ...   Spinat / Erbsen / Salat   / Gemüse / Sauerkraut / Püree / Rosenkohl   / Bohnen.

* ¿El pollo **viene con** acompañamiento? *(Kommt das Huhn mit Beilage?)*

  Sí, viene con ensalada o con puré. *(Ja, es kommt mit Salat oder Püree.)*

FRAGEN UND INFORMATIONEN ZUM ESSEN

* ¿No está muy seca la carne de cordero?   *(Ist das Lammfleisch nicht zu zäh?)*
  No, la carne es tierna y su textura poco fibrosa.   *(Nein, das Fleisch ist zart und feinfaserig.)*

* ¿El Camembert **es** una salchicha **o** un queso?   *(Ist der Camembert Wurst oder Käse?)*
  Queso.   *(Käse.)*

* ¿La ensalada griega **lleva** cebollas?   *(Enthält der griechische Salat Zwiebeln?)*
  Sí, dos.   *(Ja, zwei.)*

EIN PAAR FRAGEN VON EINEM KELLNER *(EL CAMARERO)*

Camarero: Hola, ¿ya saben lo que van a tomar?   *(Guten Tag, wissen Sie schon, was Sie*
          tomar *(essen und trinken)*   *nehmen möchten?)*

Camarero: ¿Qué les traigo?   *(Was darf ich Ihnen bringen?)*

Camarero: Y de segundo, ¿qué <u>van</u> a tomar?   *(Und was nehmen Sie als Hauptspeise?)*
          van (ustedes) = *formell,*
          vais (vosotros) = *informell*

Camarero: Y para beber, ¿qué desean?   *(Und was wünschen Sie zum Trinken?)*
          desear *(wünschen)*

Camarero: ¿Han acabado ya?   *(Sind Sie schon fertig?)*
          acabar *(fertig sein)*

WIE MAN IN EINEM RESTAURANT BESTELLT

1. <u>Allein</u> <u>in</u> <u>einem</u> <u>Restaurant</u>

Der Kellner   ¿Qué <u>desea</u>?   *(Was wünschen Sie?)*
                ¿Qué <u>le</u> traigo?   *(Was darf ich Ihnen bringen?)*

Sie   De primero, (quiero) la sopa, y de segundo, el pollo.

2. <u>Mit</u> <u>mehreren</u> <u>Personen</u>

Der Kellner   ¿Qué <u>desean</u>?   *(Was wünschen Sie?)*
                ¿Qué <u>les</u> traigo?   *(Was darf ich Ihnen bringen?)*

Sie   Yo, de primero …

Ihr/e Begleiter/in   Y yo …

FRAGEN UND ANTWORTEN VON ZWEI GÄSTEN IN EINEM RESTAURANT

La clienta (*Die Kundin*)	El cliente (*Der Kunde*)
¿Qué hay?; ¿Qué tienen?; ¿Qué tenéis? *(Was gibt es?; Was haben Sie?; Was habt ihr?)*	
De primero (quiero) la sopa. *(Als Vorspeise möchte ich die Suppe.)*	Una ensalada para mí. *(Für mich einen Salat.)*
De segundo el bistec a la plancha. *(Als zweites das gegrillte Steak.)*	Yo (quiero) los calamares. *(Ich möchte die Calamares.)*
Para beber una copa de vino tinto. *(Zum Trinken ein Glas Rotwein.)*	Para mí una cerveza, por favor. *(Für mich ein Bier, bitte.)*
Perdone, ¿me trae un poco más de pan? *(Entschuldigen Sie, bringen Sie mir noch etwas Brot?)* me trae *(bringen Sie mir)*	
El postre, ¿Me trae el flan, por favor? *(Als Nachtisch bringen Sie mir bitte den Karamellpudding.)*	Para mí, melón, por favor. *(Für mich Melone, bitte.)*
¿Cuánto es?; ¿Qué le debo?; ¡La cuenta, por favor! *(Wie viel macht es?; Was schulde ich Ihnen?;* *Die Rechnung bitte!)*	

ERFORDERLICHE VERBEN

	pedir *(bestellen)*	salir *(raus-/ausgehen)*	valer *(kosten, wert sein)*	traer *(bringen)*	poner *(stellen, legen)*
(yo)	**pido** *(ich bestelle)*	**salgo** *(ich gehe raus/aus)*	**valgo** *(ich bin wert)*	**traigo** *(ich bringe)*	**pongo** *(ich stelle)*
(tú)	pides *(du bestellst)*	sales *(du gehst raus/aus)*	vales *(du bist wert)*	traes *(du bringst)*	pones *(du stellst)*
(él/ella/ usted)	pide *(er/sie bestellt/ Sie bestellen)*	sale *(er/sie geht raus/aus/ Sie gehen raus/aus)*	vale *(er/sie ist wert/ Sie sind wert)*	trae *(er/sie bringt/ Sie bringen)*	pone *(er/sie stellt/ Sie stellen)*
(nosotros/ nosotras)	pedimos *(wir bestellen)*	salimos *(wir gehen raus/aus)*	valemos *(wir sind wert)*	traemos *(wir bringen)*	ponemos *(wir stellen)*
(vosotros/ vosotras)	pedís *(ihr bestellt)*	salís *(ihr geht raus/aus)*	valéis *(ihr seit wert)*	traéis *(ihr bringt)*	ponéis *(ihr stellt)*
(ellas/ ellos/ ustedes)	piden *(sie bestellen/ Sie bestellen)*	salen *(sie gehen raus/aus/ Sie gehen raus/aus)*	valen *(sie sind wert/ Sie sind wert)*	traen *(sie bringen/ Sie bringen)*	ponen *(sie stellen/ Sie stellen)*

Wenn ich jemandem etwas bringe, dann verwendet man: **llevar**

Wenn mir jemand etwas bringen soll, dann verwendet man: **traer**

Übung 32

Completa las siguientes oraciones con la forma correcta de uno de los verbos mencionados abajo.

Vervollständigen Sie die folgenden Sätze mit den u. g. Verben in der jeweils richtigen Form.

traer	tener	venir	salir	tener	llevar

1. ¡Qué día más bonito tenemos hoy! .... un queso, una barra de pan y una botella de vino. Si quieres, nos vamos a hacer un picnic.
2. ¡Hola, Leticia! ¿Estás completamente sola? ¿No está aquí Pablo? Sí, sí, ... sola. Pablo jamás es puntual.
3. ¿Me .... el vaso, por favor? Sí, enseguida.
4. ¿Vamos de tapas, Juan?
   Yo hoy no ...., no .... dinero. Estoy en paro.
5. Bueno, ¿te .... una limonada?
   Sí, gracias.

un queso (ein Käse); **una barra de pan** (ein Laib Brot, ein Baguette); **una botella de vino** (eine Flasche Wein); **vamos a hacer un picnic** (wir werden picknicken); **¿estás completamente sola?** (du bist ganz alleine?); **jamás es puntual** (ist niemals pünktlich); **el vaso** (das Glas, der Becher); **enseguida** (sofort); **ir de tapas** (von Kneipe zu Kneipe ziehen, um kleine Beilagen zu probieren, die zu den Getränken angeboten werden); **el dinero** (das Geld); **estoy en paro** (ich bin arbeitslos)

Übung 33

Abajo están las respuestas de clientes y camareros en un restaurante. ¿Cuáles pueden ser las preguntas correspondientes? Formula las preguntas en la forma de _tú_ y _usted_.

Unten stehen die Antworten von Kunden und Kellnern in einem Restaurant. Wie könnten die dazugehörigen Fragen lauten? Formulieren Sie die Fragen in der Du-Form und der Sie-Form.

tú ¿................?   **tú** ...., ¿...............?   **tú** ¿................?

usted ¿................?   **usted** ...., ¿...............?   **usted** ¿................?

* Son 25 euros.   * Una limonada, por favor.   * Flan o tiramisú.

Übung 34

¿Quién habla, el camarero o el cliente?

Wer spricht: die Bedienung (camarero) oder der Gast (cliente)?

1. ¿Te traigo una botella de vino?   a) camarero   b) cliente

2. ¿Me puede traer un poco de pan?   a) camarero   b) cliente

3. ¿Me trae la cuenta, por favor?   a) camarero   b) cliente

4. ¿Le traigo postre?   a) camarero   b) cliente

5. ¿Me trae una tortilla de patatas, por favor?   a) camarero   b) cliente

6. ¿Te pongo un arroz con leche?   a) camarero   b) cliente

la cuenta (die Rechnung); **el postre** (das Dessert, der Nachtisch); **una tortilla de patatas** (eine Kartoffel-Tortilla); **un arroz con leche** (ein Milchreis)

Übung 35

Completa el diálogo usando las siguientes palabras y expresiones.
Vervollständigen Sie den Dialog mit folgenden Wörtern und Ausdrücken.

¿Y de segundo?	**sin gas**	**¡La cuenta, por favor!**
de primero	**lleva**	**a la plancha**
una limonada	**les traigo**	**para beber**
un poco de	**helado**	

* ¿Qué van a tomar?

• Yo, ..., quiero arroz con sepia.

• ¿Qué .... el arroz a la cubana?

• Arroz con salsa de tomate, huevo frito, cebolla, plátano frito, y .... perejil.

• Para mí, un arroz a la cubana, por favor.

• Muy bien. ....

• Para mí, sardinas ...., por favor.

• Yo tomaré tortilla de gambas.

• Y, ..., ¿que desean?

• .... para mí.

• Yo quiero agua ....

• Muy bien.

• ¿ .... postre?

• ¿Tienen flan?

• No, lo siento. Hoy tenemos ...., yogur y fruta.

• Yo quiero un yogur.

• Yo fruta.

• ....

• Enseguida.

¿Y de segundo? *(Der zweite Gang?)*; **sin gas** *(ohne Kohlensäure)*; **¡La cuenta, por favor!** *(Die Rechnung, bitte!)*; **de primero** *(der erste Gang)*; **a la plancha** *(gegrillt mit der Grillpfanne, mit wenig Öl gebraten)*; **una limonada** *(eine Limonade)*; **les traigo** *(ich bringe Ihnen)*; **para beber** *(zu trinken)*; **un poco de** *(etwas, ein bißchen)*; **el helado** *(das Eis, die Eiscreme)*; **¿Qué van a tomar?** *(Was darf's sein?)*; **arroz con sepia** *(Reis mit Tintenfisch)*; **arroz a la cubana** *(Kubanischer Reis)*; **tortilla de gambas** *(Krabbenomelett)*; **el flan** *(der Karamellpudding)*; **lo siento** *(das tut mir leid)*; **el yogur** *(der Joghurt)*; **la fruta** *(das Obst)*

Lateinamerikanischer Sprachgebrauch

Camarero wird häufiger in Spanien verwendet. In Mexiko bedeutet das Wort *Dienstmädchen/ Hotelmädchen*. In dem Gebiet von Zentralamerika und dessen Nachbarländern sagt man zum Kellner **MESERO** anstelle von **CAMARERO**.

LECCIÓN 8
LOS BARRIOS
DIE STADTVIERTEL

Diese Lección enthält

> * Beschreibungen einiger verschiedener Stadtviertel von Sevilla
> * eine Liste verschiedener Geschäfte

und Sie erfahren,

wie Sie jemanden fragen können, **wo sich ein Restaurant oder Geschäft befindet**.

Sie können sich in einer Stadt zurechtfinden, weil Sie die verschiedenen Anweisungen auf Spanisch verstehen. Am Ende werden Sie in der Lage sein, in dem Labyrinth einer fremden Stadt zurechtzukommen.

Grammatik
* Negation *nunca*, *nadie*, *ningún/a*, *nada* …
* Quantifizierungen *algún*, *ningún*, *muchos* …
* Präpositionen und Adverbien des Ortes
  a, *en*, *al lado de*, *lejos*, *cerca* …
* Verben *estar, cruzar* und *seguir*

Wortschatz
  Stadtviertel
  Geschäfte
  Einrichtungen
  Richtungsangaben

LOS BARRIOS *(DIE STADTVIERTEL)*

Eine Beschreibung verschiedener Stadtviertel von Sevilla.

Übersetzung Nr. 8

Sevilla es la cuna del flamenco.

Triana está al oeste de la orilla del río Guadalquivir, fuera del casco antiguo. Es un barrio muy histórico. Este antiguo barrio de alfareros, navegantes, y trabajadores es famoso tanto por sus cantantes de flamenco como por sus toreros. También hay espectáculos de flamenco y muchos bares y restaurantes que ofrecen las deliciosas tapas de la ciudad.

Macarena es uno de los barrios más densamente poblados y se encuentra cerca del casco antiguo. Esta zona sirvió como puerta de entrada a la ciudad y la arquitectura evidentemente fue influenciada por el estilo árabe. Algunos monumentos interesantes son, por ejemplo, el Arco de la Macarena; algunas partes de la antigua muralla; la basílica de la Macarena; y la iglesia Omnium Santorum, la cual es una hermosa ilustración del estilo gótico mudejar. También hay muchos bares de tapas y tiendas tradicionales.

Santa Cruz es un barrio muy monumental con muchos lugares de interés. La UNESCO lo ha declarado patrimonio cultural de la humanidad. Algunos de sus monumentos más interesantes son, por ejemplo, la catedral con su Giralda y el Archivo de Indias. Hay muchas callejas, pequeñas plazas, diseños orientales, edificios, patios elegantes, y muchos bares y restaurantes.

Mi barrio *(Stadtteil)* es (ser) muy   + adjetivo

       un poco   ruidoso   *(ein wenig laut)*

       bastante   feo   *(ziemlich hässlich)*

       demasiado   histórico   *(viel zu historisch)*

Es un barrio tranquilo ... / moderno / antiguo / con ambiente   / con poco ambiente.
Es ist ein ruhiges ...   / modernes / altes   / belebtes Stadtviertel / wenig belebtes Stadtviertel.

Übung 36
Completa las dos columnas.
Vervollständigen Sie die beiden Spalten.

SUSTANTIVOS	ADJETIVOS
la fealdad *(die Hässlichkeit)*	feo/-a *(hässlich)*
	moderno/-a *(modern)*
el centro *(das Zentrum)*	
	histórico/-a *(historisch)*
	tranquilo/-a *(ruhig)*
	antiguo/-a *(alt)*

Negation

      Mi barrio no es ...   = einfache Verneinung *(ist nicht)*

oder   Mi barrio no es nada ...   = doppelte Verneinung *(ist überhaupt nicht)*

Palabras (*Wörter*) bei doppelter Verneinung

Nada *(nichts)*	Ningún/a *(keine)*	Tampoco *(auch nicht)*
Nadie *(niemand)*	Nunca *(nie)*	Ni siquiera *(nicht einmal)*

In der deutschen Sprache ist eine doppelte Verneinung gleichbedeutend mit **Ja**. Im Spanischen drückt das Doppelnegativ dennoch eine Verneinung aus.

Beispiel: Aquí **no** hay **nadie**.   (*Hier ist **niemand**.*)

In der doppelt negativen Konstruktion wird das Verb zwischen dem ersten und dem zweiten negativen Wort gesetzt.

Beispiel: En mi barrio **no** <u>hay</u> **ninguna** plaza del mercado. = Doppelte Verneinung.
         (*In meinem Stadtteil <u>gibt</u> es **keinen** Marktplatz.*)

Nach <u>hay</u> (es gibt, da ist) **folgt niemals el, los, la, las** (siehe Lección 10).

Beispiel: En mi barrio hay **una** plaza ... (***RICHTIG***)   En mi barrio hay **la** plaza ... (***FALSCH***)

LAS TIENDAS (*DIE GESCHÄFTE*)

Spanisch	Deutsch	Spanisch	Deutsch
una joyería	*ein Juwelier*	una floristería	*ein Blumenladen*
una librería	*ein Buchladen*	una pollería	*eine Geflügelhandlung*
una papelería	*ein Schreibwarenladen*	una pescadería	*ein Fischladen*
una pastelería	*eine Konditorei*	una bodega	*eine Weinhandlung*
una charcutería	*ein Wurstwarengeschäft*	una carnicería	*eine Metzgerei/Fleischerei*
una farmacia	*eine Apotheke*	una frutería	*ein Obstladen*
una panadería	*eine Bäckerei*	un juguetería	*ein Spielwarenladen*
un supermercado	*ein Lebensmittelladen/Supermarkt*		

Hacer la compra. *(Den Einkauf tätigen.)*
Dies ist eine feststehende Redewendung im Spanischen und wird verwendet bei einem Einkauf von Lebensmitteln und täglichen Bedarfsgütern.
Vorsicht!
Es gibt auch den Ausdruck: ***ir de compras***, was bedeutet zum Shoppen/Einkaufen gehen (keine Lebensmittel). Man kann dies verwenden um auszudrücken, daß man von einem Geschäft zum anderen geht um zu sehen, was einem gefällt.

Beispiel: Me voy de compras.   (*Ich geh shoppen (Kleidung, etc.).*)

LAS INSTALACIONES (*DIE EINRICHTUNGEN*)

Spanisch	Deutsch	Spanisch	Deutsch
una biblioteca	*eine Bibliothek*	un gimnasio	*ein Fitnessstudio*
una oficina de correos	*ein Postamt*	un banco	*eine Bank*
un ayuntamiento	*ein Rathaus*	un cine	*ein Kino*
un museo	*ein Museum*	un mercado	*ein Markt*
un cajero automático	*ein Geldautomat*	un hospital	*ein Krankenhaus*
una iglesia	*eine Kirche*	una mezquita	*eine Moschee*
una sinagoga	*eine Synagoge*	una comisaría	*eine Polizeiwache*
una estación de ferrocarril	*ein Bahnhof*	una escuela	*eine Schule*

Übung 37
El barrio ideal – ¿qué número corresponde a qué letra?
Das perfekte Stadtviertel – Welche Nummer gehört zu welchem Buchstaben?

1. un banco
2. un gimnasio
3. un museo
4. un cine
5. un mercado
6. una biblioteca
7. una oficina de correos
8. una farmacia
9. el ayuntamiento

A. enviar una carta
B. leer un libro
C. obtener un pasaporte
D. hacer deporte
E. transferencia a una cuenta
F. ver antiguos cuadros
G. obtener un medicamento
H. ver una película
I. hacer la compra

enviar *(senden)*; **obtener** *(bekommen)*; **un pasaporte** *(ein Reisepass)*; **la transferencia** *(die Überweisung)*; **una cuenta** *(ein Konto)*; **antiguos cuadros** *(alte Gemälde)*

El tiempo está muy bien.   *(Das Wetter ist sehr schön.)*
En primavera la ciudad es muy bonita.   *(Im Frühling ist die Stadt sehr schön.)*

¿Qué me recomiendas?   *(Was schlägst du mir vor?)*
Tienes muchas cosas **para <u>hacer</u> y ver**.   *(Du hast viel zu tun und zu sehen.)*
            Nach *para* folgt der <u>Infinitiv</u>.

¿Tienes alguna sugerencia?   *(Hast du einen Vorschlag?)*
Sí, claro. Tienes que ir al barrio de Santa Cruz. *(Ja klar. Du musst zum Stadtteil Santa Cruz gehen.)*

¿Y alguna sugerencia más?   *(Noch einen weiteren Vorschlag?)*
Puedes dar un paseo en coche de caballos.   *(Du kannst eine Kutschenfahrt machen.)*

una sugerencia *(eine Anregung)*; **recom<u>e</u>ndar** *(vorschlagen)* = unregelmäßig   **e** wechselt zu *ie*

PREGUNTAR POR LA DIRECCIÓN *(NACH DEM WEG FRAGEN)*

1) Por favor, …   *(Bitte, …)*
2) ¿Sabe/s si hay …?   *(Wissen Sie/Weißt du, ob es … gibt?)*
3) ¿La iglesia está en esta calle?   *(Ist die Kirche in dieser Straße?)*
4) ¿Dónde está …?   *(Wo ist …?)*
5) ¿Muy cerca?   *(Ganz in der Nähe?)*
6) ¿Aquí? *(hier?)*; ¿Cerca? *(in der Nähe?)*; ¿Al lado de? *(Neben dran?)*

* Por favor, ¿el museo griego?
  (Bitte, das griechische Museum?)
* Por favor, ¿la biblioteca está delante de la iglesia?
  (Bitte, ist die Bibliothek vor der Kirche?)
* Por favor, ¿dónde está el ayuntamiento?
  (Bitte, wo ist das Rathaus?)
* Por favor, ¿sabes si hay un hospital (por) aquí cerca?
  (Bitte, weißt du, ob es hier in der Nähe ein Krankenhaus gibt?)
* Por favor, ¿está muy lejos de aquí la iglesia?
  (Bitte, ist die Kirche weit weg von hier?)
* Por favor, ¿sabes si una bodega está (por) aquí cerca?
  (Bitte, weißt du ob eine Weinhandlung hier in der Nähe ist?)

Verben:

	estar *(sein, sich befinden)*	cruzar *(überqueren)*	seguir *(weitergehen)*
(**yo**)	estoy *(ich bin)*	cruzo *(ich überquere)*	sigo *(ich gehe weiter)*
(**tú**)	estás *(du bist)*	cruzas *(du überquerst)*	sigues *(du gehst weiter)*
(**él/ella/ usted**)	está *(er/sie ist/ Sie sind)*	cruza *(er/sie überquert/ Sie überqueren)*	sigue *(er/sie geht weiter/ Sie gehen weiter)*
(**nosotros/-as**)	estamos *(wir sind)*	cruzamos *(wir überqueren)*	seguimos *(wir gehen weiter)*
(**vosotros/-as**)	estáis *(ihr seid)*	cruzáis *(ihr überquert)*	seguís *(ihr geht weiter)*
(**ellos/ellas/ ustedes**)	están *(sie sind/ Sie sind)*	cruzan *(sie überqueren/ Sie überqueren)*	siguen *(sie gehen weiter/ Sie gehen weiter)*

ANTWORTEN AUF DIE FRAGE NACH EINER RICHTUNG

a la izquierda (de …) = *links (von …)*　　en *(in)*　　el parque *(dem Park)*
a la derecha (de …) = *rechts (von …)*　　en *(in)*　　la iglesia *(der Kirche)*
todo recto = *geradeaus*　　en *(in)*　　la calle *(der Straße)*
al lado (de …) = *neben (von …)*　　en *(in)*　　el museo *(dem Museum)*
al final de la calle = *am Ende der Straße*　　en *(in)*　　la avenida *(der Allee)*
sigue … = *gehen Sie weiter …*　　por *(auf)*　　el camino *(dem Weg)*
sigue … = *gehen Sie weiter …*　　hasta *(bis)*　　el ayuntamiento *(zum Rathaus)*
sigue … = *gehen Sie weiter …*　　hacia *(nach)*　　la derecha *(rechts)*

La primera calle = *Die erste Straße*　　a *(nach)*　　la izquierda *(links)*
La segunda calle = *Die zweite Straße*　　a *(nach)*　　das **a** sagt immer aus, dass man
La tercera calle = *Die dritte Straße*　　a *(nach)*　　**zu etwas hingeht oder hinfährt**.
cruza … = *überqueren Sie …*　　　　la plaza *(den Platz)*
sigue todo recto … = *gehen Sie immer geradeaus …*

Aufgepaßt: In Mexiko heißt *siga derecha* geradeaus. *Todo recto* bedeutet: alles ist richtig.

Angabe einer Richtung

todo recto.　　　　*(immer geradeaus.)*
por la Calle Blanca.　　　　*(auf der Blanca-Straße.)*
hasta la Plaza Negro.　　　　*(bis zum Negro-Platz.)*
hasta el final de la calle.　　　　*(bis zum Ende der Straße.)*
hacia la derecha.　　　　*(nach rechts.)*
hacia la izquierda.　　　　*(nach links.)*

Giramos a la izquierda.　　　　*(Wir biegen nach links ab.)*
Giramos a la derecha.　　　　*(Wir biegen nach rechts ab.)*
Cruzamos la plaza hacia la izquierda.　　　　*(Wir überqueren den Platz auf die linke Seite.)*

Wenn man die Aufmerksamkeit auf sich lenken möchte, kann man dies mit: ¡**Por favor**! *(Bitte!)*; ¡**Perdone**! *(höflich, Verzeihen Sie!)*; ¡**Perdona**! *(zwanglos — locker, Entschuldige!)* oder ¡**Perdón**! *(Entschuldigung!)*.

Übung 38
Completa esta conversación con la preposición adecuada: *a(l)*, *hasta*, *de(l)*, *por*, *en*.
Vervollständige diese Konversation mit der richtigen Präposition: *a(l)*, *hasta*, *de(l)*, *por*, *en*.

1. Perdón, ¿sabes si una iglesia está ……. aquí cerca?
    Sí, hay una ……. la derecha, al final ……. la carretera del litoral.

2. Mañana vamos a ver a mis abuelos.
    ¿No viven …….. la avenida?
    Sí, ……….. la derecha de la plaza. Son 10 minutos ……. pie.

3. ¿Dónde hay un cajero automático, por favor?
    Creo que …….. la plaza hay uno.

4. ¿Vamos ………. coche?
    No, vamos ……. bicicleta, está ……. ocho minutos.

5. ¿Está muy lejos ……… aquí la farmacia?
    Sí, hay una …….. la avenida, pero debe seguir …….. el final.

Abhängig davon ob das Substantiv männlich oder weiblich ist, können Fragen mit *alguno/ alguna* ((irgend)eine) vereinfacht beantwortet werden. Vor einem Substantiv (maskulin, Singular) **wird alguno zu algún, wenn es als Adjektiv verwendet wird. Das Substantiv kann weggelassen werden. Alternativ ersetzt man das Substantiv durch *uno/una*.**

¿Sabes **alguna solución**?	*(Kennst du **irgendeine Lösung**?)*
Tal vez voy a tener **alguna** en una semana.	*(Vielleicht habe ich **irgendeine** in einer Woche.)*
Oder Sí, hay **una**.	*(Ja, es gibt **eine**.)*

La solución ist <u>feminin</u>, somit verwendet man ***alguna/una***.

¿Sabe si hay **algún mercado**?	*(Wissen Sie, ob es **irgendeinen Markt** gibt?)*
Sí, hay **alguno**.	*(Ja, es gibt **irgendeinen**.)*
Oder Sí, hay **uno**.	*(Ja, es gibt **einen**.)*

En mi barrio no hay ningún puente, ¿en tu barrio hay **alguno**?
*(In meinem Stadtteil gibt es keine Brücke, gibt es in deinem Stadtteil **irgendeine**?)*

El mercado, el puente sind <u>maskulin</u>, folglich verwendet man ***algún/alguno/uno***.

<u>Gleiches</u> <u>gilt</u>, <u>wenn</u> <u>man</u> <u>antwortet</u> <u>mit</u>: *<u>ningún</u>/<u>ninguno</u>/<u>ninguna</u>* <u>(keine/n)</u>

No, no hay **ningún restaurante**.	*(Nein, es gibt **kein Restaurant**.)*
No, no hay **ninguno**.	*(Nein, es gibt **keines**.)*

En mi barrio no hay **ningún parque**.	*(In meinem Stadtteil gibt es **keinen Park**.)*
Pues, en el mío hay **uno** muy bonito.	*(Also, in meinem gibt es **einen** sehr schönen.)*

El parque, el restaurante sind <u>maskulin</u>, demzufolge verwendet man ***ningún/ninguno/uno***.

Perdona, ¿hay alguna taberna por aquí? *(Entschuldigung, gibt es irgendeine Kneipe in der Nähe?)*
No, no hay **ninguna**. *(Nein, es gibt **keine**.)*

La taberna ist feminin, deshalb ***ninguna***.

Hay ist von dem Verb *haber* abgeleitet. Dieses Verb ist auch ein Hilfsverb.
Hay bedeutet es *es gibt* und wird daher in vielen Gesprächen verwendet.

Übung 39
Completa las oraciones. Elige la respuesta correcta entre las 3 opciones dadas.
Vervollständigen Sie die Sätze. Finden Sie von den jeweils 3 vorgegebenen Optionen die richtige.

¿Perdona, sabes si hay (1) ……… cajero automático por aquí cerca?
Si, hay (2) ……… en la plaza.
(1) a. nichts kommt rein   b. uno   c. un
(2) a. uno   b. ninguna   c. algún

¿Perdone, hay (3) ……… biblioteca por aquí cerca?
Pues no, no hay (4). ……………
(3) a. alguno   b. alguna   c. la
(4) a. ninguna   b. alguna   c. una

¿No hay (5) ………… gimnasio por aquí cerca?
Claro, en esa avenida hay (6) ……
(5) a. ningún   b. uno   c. algún
(6) a. un   b. algún   c. uno

¿Sabes si hay (7) ………….. oficina de correos por aquí cerca?
Sí, hay (8) ………… al final de la calle.
(7) a. alguna   b. ninguna   c. la
(8) a. una   b. muchas   c. ninguna

¿En este barrio no hay (9) ……….. tienda de ropa?
Sí, sí, hay (10) ………. en la esquina, a la izquierda.
(9) a. un   b. alguna   c. ninguna
(10) a. una   b. uno   c. nichts kommt rein

¿Perdone, hay (11) ………. banco por aquí cerca?
Pues me parece que no hay (12) ……………..
(11) a. nichts kommt rein   b. un   c. ninguno
(12) a. ningún   b. alguno   c. ninguno

ORTSANGABEN IM SPANISCHEN

Hierbei ist zu beachten!   **de + el = del** **(del coche)**   **a + el = al**   **(al mercado)**

está delante de ...   = *vor ...*
El perro **está** delante de la puerta.   *(Der Hund ist vor der Tür.)*

está detrás de ...   = *hinter ...*
El perro **está** detrás de la puerta.   *(Der Hund ist hinter der Tür.)*

está encima de ....   = *auf ...*
El gato **está** encima del coche.   *(Die Katze ist auf dem Auto.)*

está debajo de ...   = *unter, unterhalb von...*
El gato **está** debajo del coche.   *(Die Katze ist unter dem Auto.)*

está cerca de ...   = *in der Nähe, nahe ...*
El chico **está** cerca de la iglesia.   *(Der Junge ist in der Nähe der Kirche.)*

está lejos de ...   = *weit weg von ...*
El chico **está** lejos de la iglesia.   *(Der Junge ist weit weg von der Kirche.)*

está dentro de ...   = *in, innerhalb ...*
La chica **está** dentro del coche.   *(Das Mädchen ist im Auto.)*

está al lado de ...   = *neben ...*
La chica **está** al lado del coche.   *(Das Mädchen ist neben dem Auto.)*

está fuera de ...   = *außerhalb von, draußen ...*
La mujer **está** fuera del coche.   *(Die Frau ist außerhalb des Autos.)*

está a la izquierda de ... = *links von ...*
La mujer **está** a la izquierda del coche.   *(Die Frau ist links vom Auto.)*

está a la derecha de ...   = *rechts von...*
La mujer **está** a la derecha del coche.   *(Die Frau ist rechts vom Auto)*

está entre ...   = *zwischen ...*
El hombre **está** entre el coche y el árbol.   *(Der Mann ist zwischen dem Auto und*
                    dem Baum.)

está enfrente de ...   = *gegenüber ...*
El hombre **está** enfrente del cine.   *(Der Mann ist gegenüber dem Kino.)*

NACH EINEM BESTIMMTEN ORT ODER GESCHÄFT FRAGEN UND DIE ANTWORTEN DAZU VERSTEHEN

* ¿Dónde está el museo griego?   *(Wo ist das griechische Museum?)*
* El museo griego está …   *(Das griechische Museum befindet sich …)*

Ortsangabe: … en Madrid.   *(… in Madrid.)*
    … al final de la calle.   *(… am Ende der Straße.)*
    … por aquí cerca.   *(… hier in der Nähe.)*
    … en la calle Blanca.   *(… in der Blanca-Straße.)*
    … lejos de aquí.   *(… weit von hier.)*
    … detrás de la torre.   *(… hinter dem Turm.)*
    … delante de la iglesia.   *(… vor der Kirche.)*
    … enfrente de la torre.   *(… gegenüber des Turmes.)*
    … cerca de aquí.   *(… hier in der Nähe.)*
    … a la derecha de la torre. *(… auf der rechten Seite des Turmes.)*
    … a la izquierda de la torre. *(… auf der linken Seite des Turmes.)*
    … entre la iglesia y la torre. *(… zwischen der Kirche und dem Turm.)*
    … aquí.   *(… hier.)*

INDEFINITBEGLEITER UND -PRONOMEN

Sie beantworten die Frage: **Wie viele**? Wenn Sie Fragen wie diese nicht mit Zahlen beantworten können, müssen Sie wahrscheinlich einen der Indefinitbegleiter oder -pronomen verwenden, da diese die unbestimmte Vorstellung von Qualität oder Quantität ausdrücken. Manche unbestimmten Wörter können nur als Pronomen, manche nur als Begleiter und andere sowohl als auch verwendet werden.

Die Indefinitpronomen wie **nada** *(nichts)* oder **algo** *(etwas)* sind unbestimmte Fürwörter und werden verwendet, wenn man eine allgemeine unbestimmte Aussage über die Verteilung von Personen oder Sachen macht. In diesem Fall spricht man von einer nicht näher bestimmten Menge.

Wenn diese ein Substantiv ersetzen (**Indefinitpronomen**) stehen sie immer alleine. Einige sind veränderlich, das heißt, sie richten sich in Geschlecht und Zahl nach dem Substantiv, das sie ersetzen. Die Endung -*a* wird für weibliche Nomen angehängt und die Endungen -*os* und -*as* für die Pluralformen. Unveränderlich in Geschlecht und Zahl sind zum Beispiel, **algo**, **cualquiera**, **nada**, **nadie** und **alguien**.

Indefinitbegleiter stehen niemals alleine. In der Regel stehen sie vor dem Substantiv, auf das sie sich beziehen, oder nach einem kopulativen Verb. Sie (die veränderlichen, wie zum Beispiel, *demasiado*, *cierto*, *poco*) müssen sich in Geschlecht und Zahl nach dem Substantiv richten, auf das sie sich beziehen. Die Endungen -*a*, -*os* oder -*as* werden angehängt. In Geschlecht und Zahl **unveränderlich** sind unter anderem **cualquier** oder **cada**.

Indefinitpronomen

algo *(etwas)*; **nada** *(nichts)*; **alguien** *(jemand)*; **nadie** *(niemand)*; **uno/una** *(eine(r/s))*; **cualquiera** *(irgendjemand, irgendetwas)*; **cada uno/cada una** *(jede(r/s))*.

Indefinitbegleiter

cada *(jede(r/s))*; **cualquier** *(jede(r/s) beliebige)*; **cierto,-a,-os,-as** *(bestimmte(r/s))*; **tal,-es** *(ein solcher, eine solche, solche)*; **mismo,-a,-os,-as** *(gleiche(r/s))*.

Idefinitbegleiter und Indefinitpronomen

alguno,-a,-os,-as *(irgendeine(r), irgendwelche)*; **unos,-as** *(einige)*; **ninguno,-a,-os,-as** *(keine(r/s))*; **mucho,-a,-os,-as** *(viel(e))*; **poco,-a,-os,-as** *(wenig(e))*; **tanto,-a,-os,-as** *(so viel(e))*; **todo,-a,-os, -as** *(der/die/das Ganze, alle)*; **otro,-a,-os,-as** *(ein anderer(-s))*; **bastante(s)** *(ziemlich viel(e))*; **suficiente(s)** *(genug)*; **demasiado,-a, -os, -as** *(zu viel(e))*.

SINGULAR

MASCULINO	FEMENINO
mucho ruido *(viel Lärm)*	**mucha** niebla *(viel Nebel)*
cualquier aparcamiento *(jeder Parkplatz)*	**cada** zona *(jede Gegend)*
ningún puente *(keine Brücke)*	**ninguna** acera *(kein Gehweg)*
algún barrio *(irgendein Stadtviertel)*	**alguna** calle *(irgendeine Straße)*
poco tráfico *(wenig Verkehr)*	**poca** policía *(wenig Polizei)*
	suficiente gente *(genug Menschen)*

PLURAL

MASCULINO	FEMENINO
muchos jardines *(viele Grünanlagen)*	**muchas** carreteras *(viele Landstraßen)*
pocos trenes *(wenig Züge)*	**pocas** estaciones *(wenig Bahnhöfe)*
tantos parkings *(so viele Parkhäuser)*	**tantas** empresas *(so viele Firmen)*
algunos cruces *(einige Kreuzungen)*	**algunas** afueras *(einige Vororte)*
bastantes parques *(ziemlich viele Parks)*	

LECCIÓN 9
DEPORTES Y OCIO
SPORT UND FREIZEIT

In dieser Lección lernen Sie sich auszudrücken, wenn man etwas gerne macht oder etwas nicht allzu besonders mag.

Es dreht sich alles um Freizeit und Hobbys.

Wie antworten Sie, wenn Ihnen etwas gefällt?

Grammatik
* Verben *gustar*, *encantar*, *interesar*
* Etwas bevorzugen mit dem Verb *preferir*
* Antworten mit *también*, *tampoco*
* Wie kann man sich ausdrücken, wenn man etwas mehr oder weniger mag?
    — Mit *lo que* + *más* oder *menos*

Wortschatz
Freizeitaktivitäten
Adverbien der Häufigkeit

AFICIONES (HOBBYS)

Aquí tiene una lista de aficiones. Hier finden Sie eine Liste von Hobbys.
(Die Spanier sagen ebenfalls **Hobby**)

Spanisch	Deutsch	Spanisch	Deutsch
cocinar	*kochen*	leer	*lesen*
ver la tele(visión)	*fernsehen*	jugar al fútbol	*Fußball spielen*
esquiar	*Ski laufen*	viajar	*reisen*
ir al gimnasio	*ins Fitnessstudio gehen*	escribir	*schreiben*
cantar	*singen*	jugar al tenis	*Tennis spielen*
ir a bailar	*tanzen gehen*	tocar la guitarra	*Gitarre spielen*
ir al cine	*ins Kino gehen*	hacer manualidades	*basteln*
ir al teatro	*ins Theater gehen*	ir a conciertos	*in Konzerte gehen*
ir a museos	*in Museen gehen*	escuchar música	*Musik hören*
andar/pasear	*spazieren gehen*	correr	*laufen*
ir a tomar algo	*etwas trinken gehen*	visitar amigos	*Freunde besuchen*
navegar por internet	*im Internet surfen*	nadar	*schwimmen*
hacer deporte	*Sport treiben*	hacer bricolaje	*heimwerken*
montar en bicicleta	*Fahrrad fahren*	ver películas	*Filme ansehen*
montar a caballo	*reiten*	fotografiar	*fotografieren*
ir a comer fuera	*auswärts essen gehen*	montar en moto	*Motorradfahren*

DAS VERB *GUSTAR (GEFALLEN)*

Bei dieser Satzkonstruktion wird das **indirekte Objektpronomen** (Dativpronomen) **me** *(mir)*; **te** *(dir)*; **le** *(ihm/ihr/Ihnen—Singular)*; **nos** *(uns)*; **os** *(euch)*; **les** *(ihnen/Ihnen—Plural)* verwendet, da es sich auf eine Person (oder Personen) bezieht für die etwas geschieht oder geschehen ist. Hier geht es um die Person, der etwas gefällt. <u>Wem</u> gefällt es? **Dieses steht unmittelbar vor dem Verb.**

Expresar gustos *(Gefallen an etwas ausdrücken)*

GUSTAR			
(a mí) = obligatorisch	**me**	gusta *(mir gefällt)*	esta <u>capilla</u>. *(diese <u>Kapelle</u>.)* (Sustantivos en <u>singular</u> = *Substantive im <u>Singular</u>)*
(a ti)	**te**	gusta *(dir gefällt)*	
(a él/ella/ usted)	**le**	gusta *(er/sie mag/ Sie mögen—Singular)*	<u>leer</u>. *(<u>lesen</u>.)* (Verbos en <u>infinitivo</u> = *Verben im <u>Infinitiv</u>)*
(a nosotros/-as)	**nos**	gustan *(uns gefällt)*	
(a vosotros/-as)	**os**	gustan *(euch gefallen)*	estos <u>pueblos</u>. *(diese <u>Dörfer</u>.)* (Sustantivos en <u>plural</u> = *Substantive im <u>Plural</u>)*
(a ellos/ellas/ ustedes)	**les**	gustan *(sie mögen/ Sie mögen—Plural)*	

Me gusta   ***demasiado*, *mucho*, *bastante*, *un poco*, *nada***   leer.

Weitere Verben, die wie _gustar_ sind und in diesem Zusammenhang verwendet werden:

me interesa/n _(mich interessiert …)_; **me molesta/n** _(mich stört …)_; **me duele/n** _(mir schmerzt …)_;
me encanta/n _(ich liebe …)_; **me queda/n** _(mir bleiben …)_; **me basta/n** _(mir reicht …)_;
me falta/n _(mir fehlt …)_; **me aburre/n** _(mich langweilt …)_; **me fascina/n** _(mich fasziniert …)_; usw.

Mit _encantar_ gibt es keine Steigerung mit _mucho, bastante,_ etc. Es beschreibt bereits das Maximum an Mögen.

VORLIEBEN UND INTERESSEN

me		el concierto. _(das Konzert.)_	- Substantiv im Singular
te	fascina	<u>ir</u> al concierto. _(ins Konzert zu <u>gehen</u>.)_	- Verb im Infinitiv
le			
nos			
os	fascina**n**	las óperas. _(die Opern.)_	- Substantiv im Plural
les			

(a mí)	me encanta	_(ich liebe es)_	
(a mí)	me gusta mucho	_(ich mag es sehr)_	
(a mí)	me gusta bastante	_(ich mag es ziemlich)_	el flamenco.
(a mí)	me interesa	_(mich interessiert)_	
(a mí)	no me gusta mucho	_(ich mag es nicht sehr)_	
(a mí)	no me gusta	_(ich mag es nicht)_	
(a mí)	no me gusta nada	_(ich mag es überhaupt nicht)_	

<u>Weitere Vorlieben</u>:

Me gustan los deportes de riesgo _(Risiko)_.
(Mir gefallen Risikosportarten.)

Me gusta sentir _(spüren)_ el viento en mi cara _(Gesicht)_.
(Es gefällt mir, den Wind im Gesicht zu spüren.)

Me encanta viajar y descubrir _(entdecken)_ nuevos lugares _(neue Orte)_.
(Ich liebe es, zu reisen und neue Orte zu entdecken.)

Me gusta hacer competiciones de windsurf.
(Es gefällt mir, an Wettbewerben im Windsurfen teilzunehmen.)

Me encanta ir a conciertos.
(Ich liebe es, auf Konzerte zu gehen.)

Me interesa mucho Rusia.
(Ich interessiere mich sehr für Russland.)

Me encanta escuchar música en la radio.
(Ich liebe es, Musik aus dem Radio zu hören.)

Jemanden nach seinen Vorlieben fragen

¿**Te gusta** el flamenco?   *(Magst du Flamenco?)*
Sí, me encanta.   *(Ja, ich liebe ihn.)*

¿**Qué** libro **te gusta** más?   *(Was ist dein Lieblingsbuch?)*
París era una fiesta.   *(Paris — Ein Fest fürs Leben.)*

¿**Qué tipo de** película **te gusta**?   *(Welche Art von Film gefällt dir?)*
Las películas de suspenso.   *(Thriller.)*

Man bevorzugt bestimmte Sachen mit dem Verb: *preferir* (bevorzugen)

(yo)	pref**ie**ro	esta opera/estas operas.	*(diese Oper/diese Opern.)*
(tú)	pref**ie**res	este concierto/estos conciertos.	*(dieses Konzert/diese Konzerte.)*
(él/ella/usted)	pref**ie**re	Sustantivos = Substantive	
(nosotros/-as)	preferimos		
(vosotros/-as)	preferís	ir al concierto.	*(ins Konzert zu gehen.)*
(ellos/ellas/ustedes)	pref**ie**ren	Verbos en infinitivo = Verben im Infinitiv	

Wenn jemand eine Aussage darüber macht, wie sehr er etwas mag (mit dem Verb **gustar**), kann der andere wie folgt antworten:

<u>también</u> *(auch)*   oder   <u>tampoco</u> *(auch nicht)*

Miguel   No me gusta nada la ópera.   *(Die Oper gefällt mir überhaupt nicht.)*
María   A mí tampoco.   *(Mir auch nicht.)*
Mónica   Ah, a mí sí, me encanta.   *(Ah, mir schon, ich liebe sie.)*

A Pedro le gusta escuchar música.   **Pedro gefällt es, Musik zu hören.**

-   A mí también.   *(Mir auch.)*
-   A mí no.   *(Mir nicht.)*
-   A mí tampoco.   *(Mir auch nicht.)*

    = Gegenteil von: **A mí también**; bestätigt ein: **A mí no.**

A Pablo <u>no</u> le gusta escuchar música.   **Pablo gefällt es <u>nicht</u>, Musik zu hören.**

-   A mí tampoco.   *(Mir auch nicht.)*
-   A mí sí.   *(Mir schon.)*
-   A mí también.   *(Mir auch.)*

    = Gegenteil von: **A mí tampoco**; bestätigt ein: **A mí sí.**

Mónica, 25 años, Madrid.

¿Qué tipo de película prefieres?
Las películas de terror.

(Welche Art von Film bevorzugst du?)
(Horrorfilme.)

¿Dónde celebras tu aniversario?
En el Palacio de Congresos.

(Wo feierst du deinen Hochzeitstag?)
(In der Kongresshalle.)

¿Cuál es tu música preferida?
La música africana.

(Welches ist deine bevorzugte Musik?)
(Afrikanische Musik.)

<u>Ausdruck</u> <u>im</u> <u>Spanischen</u> <u>dafür</u>, <u>etwas</u> <u>mehr</u> <u>oder</u> <u>weniger</u> <u>zu</u> <u>mögen</u>.

Lo que *((Das) was)*   **más** *(mehr)*   oder   **menos** *(weniger)*

1) <u>Lo que más</u> me gusta/n es .../son ... + sustantivo
    ... la tranquilidad, ... las casas viejas.

   (Das was mir am meisten gefällt, ist .../sind ... + Substantiv
        ... die Ruhe, ... die alten Häuser.)

2) <u>Lo que menos</u> me gusta es que *(+ **Subjekt**)* ... **los coches** van muy rápido.

   *(Das was mir am wenigsten gefällt ist, dass ... **die Autos** sehr schnell fahren.)*

Adverbien und Ausdrücke der Häufigkeit

Wie oft machst du etwas?

¿Cuándo ...?   ¿Con qué frecuencia ...? ¿... haces deporte?
Wann ...?   *Wie oft ...?*   *... machst du Sport?*

positiv		negativ	
siempre	*(immer)*	nunca	*(nie)* - Yo nunca hago deporte. - Yo (no) hago deporte nunca. *(Ich mache nie Sport.)*
casi siempre	*(so gut wie immer)*	casi nunca	*(so gut wie nie)*
todos los días cada día	*(jeden Tag)* *(jeden Tag)*	muy pocas veces	*(sehr selten)*
Frecuentemente/a menudo/muchas veces *(oft, häufig)*		cada dos días, cada dos semanas, cada 3 meses *(alle 2 Tage, alle 2 Wochen, alle 3 Monate)*	
		alguna vez algunas veces	*(irgendwann einmal)* *(manchmal)*
		una vez *(einmal* dos veces *(zweimal*	- por semana/a la semana - *die Woche)* - por mes/al mes; por año/al año - *im Monat; im Jahr)*
		algún día	*(eines Tages)*

LECCIÓN 10
LA DISTINCIÓN ENTRE SER, ESTAR, Y HAY
DIE UNTERSCHEIDUNG ZWISCHEN *SER*, *ESTAR* UND *HAY*

In dieser Lección lernen Sie die unterschiedlichen Verwendungszwecke von *hay (es gibt)*, *ser (sein)* und *estar (sein)* kennen.

Der Schwerpunkt liegt hierbei auf der Unterscheidung zwischen *ser* und *estar*.

Diese Verben haben die gleiche Bedeutung, werden aber im Spanischen so unterschiedlich verwendet, dass es notwendig ist, diese genau zu verinnerlichen.

Grammatik

* Die Verben *hay*, **ser** und **estar**

* Unterschiedliche Bedeutung von Adjektiven je nach Verwendung mit **ser** oder **estar**

DAS VERB *HAY*

Hay hat die Bedeutung des deutschen Ausdruckes **ES GIBT** oder **DA IST**. Daher bedeutet *hay* in Fragen: *Gibt es?*, *Sind da?* oder *Ist da?*

Es drückt die Existenz eines Ortes oder einer Sache auf Spanisch aus.

HAY ist in Geschlecht (maskulin/feminin) und Zahl (Singular/Plural) unveränderlich.

Im Allgemeinen wird *hay* für unbestimmte Dinge oder Informationen verwendet. Aus diesem Grund wird *hay* nicht mit Eigennamen oder Substantiven kombiniert, die einen bestimmtem Artikel haben oder von Possessiv- und Demonstrativpronomen begleitet werden.

Folglich folgt auf *hay* niemals ein bestimmter Artikel, sondern ein unbestimmter Artikel. Außerdem können in diesem speziellen Fall Substantiven beispielsweise nur vorangestellt werden: **mucho/ -a/-os/-as** *(viele)*; **algunos/-as** *(irgendeine)*; **bastante/s** *(genügend)*; **pocos/-as** *(ein paar)*; **un/a** *(eine)*; **demasiados/-as** *(zu viel)*; **unos/-as** *(einige)*; etc., oder Zahlwörter wie **dos, tres** …

¿Dónde **está** la farmacia?	*(Wo ist die Apotheke?)*
¿Dónde **hay** una farmacia?	*(Wo gibt es einen Apotheke?)*
¿Dónde **están** mis libros?	*(Wo sind meine Bücher?)*
¿Dónde **hay** libros?	*(Wo gibt es Bücher?)*
En esta ciudad solo **hay** dos hospitales.	*(In dieser Stadt gibt es nur zwei Kliniken.)*
Hay un consultorio médico en esta calle.	*(Es gibt eine Arztpraxis in dieser Straße.)*
En Madrid **hay** muchos bares.	*(In Madrid gibt es viele Bars.)*
En México **hay** muchas ciudades bonitas.	*(In Mexiko gibt es viele schöne Städte.)*
En Cuba **hay** playas fantásticas.	*(In Kuba gibt es fantastische Strände.)*

En Uruguay **hay** unas playas que se llaman *Punta del Este*.
(In Uruguay gibt es ein paar Strände, die Punta del Este heißen.)

Aufpassen!
Es gibt Ausnahmen von dieser Regel, bei denen der bestimmte Artikel *hay* folgt. Diese sind:

1. *Superlativ*

   En este país **hay las** playas **más** bonitas del mundo.
   (In diesem Land gibt es die schönsten Strände der Welt.)

2. *Betonung von häufig vorkommenden Elementen*

   Hay la tontería **de siempre**.
   (Das ist der übliche Quatsch.)

3. *Als Synonym von* **quedar** *(übrig bleiben)*

   Para cenar **hay la** carne de ayer.
   (Zum Abendessen gibt es das Fleisch von gestern.)

Mit *¿Qué hay?* wird immer gefragt *Was gibt es?*

UNTERSCHIEDE ZWISCHEN *SER* UND *ESTAR*

Die folgende Tabelle zeigt die verschiedenen Verwendungen von **ser** und **estar** in der spanischen Sprache im Detail. In vielen Lehrbüchern gibt es die Verallgemeinerung, daß **ser** verwendet wird um sich auf dauerhafte Eigenschaften zu beziehen und **estar** auf temporäre Zustände. Das stimmt in einem gewissen Maße, aber es kann irreführend sein. Daher ist es immer besser, jede Verwendung einzeln zu betrachten, da es sehr wichtig ist, diese beiden Wörter unterscheiden zu können.

SER = IDENTIFIKATION	*ESTAR* = LOKALISATION
1. **Einen Beruf, eine Religion oder eine Ideologie ausdrücken.** **Soy** dentista. *(Ich bin Zahnärztin.)*	1. **Eine vorübergehende Arbeit ausdrücken.** Ahora, **estoy** de camarero en un hotel. *(Jetzt bin ich Bedienung in einem Hotel.)*
2. **Eigentum oder Besitz ausdrücken.** **Es** mi casa. *(Es ist mein Haus.)*	2. **Die Entwicklung einer Handlung zum Ausdruck bringen.** Ahora mismo **estamos** practicando los verbos. *(Im Moment üben wir die Verben.)*
3. **Zeit, Teile des Tages + Datum ausdrücken.** **Son** las cuatro y media. *(Es ist halb fünf.)*	3. **Einen unbeständigen Preis ausdrücken.** Hoy el kilo de naranjas **está** a 2 euros. *(Heute kostet das Kilo Orangen 2 Euro.)*
4. **Um den Ort der Feier, des Events, des Ereignisses auszudrücken.** ¿Dónde **es** la fiesta? *(Wo ist die Party?)* La fiesta **es** en mi casa. *(Die Party ist in meinem Haus.)*	4. **Um einen Ort zu lokalisieren.** Málaga **está** en el sur de España. *(Malaga ist im Süden von Spanien.)*
5. **Identifikation** Lima **es** la capital de Perú. *(Lima ist die Hauptstadt von Peru.)*	5. **Um das Endresultat einer Aktion auszudrücken.** La ventana **está** abierta. *(Das Fenster ist offen.)*
6. **Eine Eigenschaft von Personen oder Dingen beschreiben.** Yo **soy** moreno. El cielo **es** azul. *(Ich bin dunkelhaarig. Der Himmel ist blau.)* José **es** alto y moreno. *(Josef ist groß und dunkelhaarig.)*	6. **Für die genaue Angabe von Zeit, Datum.** ¿A qué día **estamos**? *(Welcher Tag ist heute?)* Hoy **estamos** a 11 de marzo de 2016. *(Heute haben wir den 11. März 2016.)* In diesem Fall ist *(estamos)* immer im Plural und mit **a**.
7. **Urteile fällen.** (ser + Adjektiv) Mi comida **es** muy buena. *(Mein Essen ist sehr gut.)*	7. **Eine subjektive Beschreibung von Personen zu ihrem vorübergehenden Zustand geben.** Hoy Elena **está** muy guapa. *(Heute ist Elena sehr hübsch.)*

SER = IDENTIFIKATION	ESTAR = LOKALISATION
8. Eine Definition formulieren. ¿Qué **es** esto? Esta **es** una tortilla, una comida típica de España. *(Was ist das? Das ist eine Tortilla, ein typisches spanisches Gericht.)* = Definition	**8. Vorübergehende körperliche oder emotionale Zustände ausdrücken.** Últimamente **estoy** un poco cansado. *(In letzter Zeit bin ich etwas müde.)* Wenn von der Größe eines Kindes die Rede ist, das noch wächst, dann ist die Größe ein temporärer Zustand. Mi hijo **está** un poco bajo para su edad. *(Mein Sohn ist etwas klein für sein Alter.)*
9. Herkunft, Nationalität und Quelle angeben. Yo **soy** español. **Soy** Pedro. *(Ich bin Spanier. Ich bin Pedro.)* La naranja **es** de Valencia. *(Die Orange ist aus Valencia.)*	**9. Eine Entfernung angeben.** Córdoba **está a** 551 km de Alicante. *(Cordoba ist 551 km von Alicante entfernt.)* Immer in Verbindung mit **a**.
10. Das Material angeben, aus dem etwas besteht. La mesa **es** de madera. *(Der Tisch ist aus Holz.)*	**10. Estar + gerundio** A. Diese Formulierung wird verwendet, um auszudrücken, dass jemand etwas gerade in einem bestimmten Moment tut. José se **está duchando**. *(Josef duscht sich gerade.)* B. Es drückt eine andauernde Aktion aus. Pedro **está haciendo** un máster en … *(Pedro macht einen Master in …)*
11. Einen festen Preis ausdrücken. (z. B. bei der Rechnung im Restaurant.) ¿Cuánto **es**? **Son** veinte euros. *(Wieviel kostet es? Es sind 20 Euro.)*	

Im Allgemeinen drückt das Verb *estar* aus, **wo sich etwas befindet**. Bei temporären Zuständen wird *estar* ebenfalls eingesetzt, aber nicht so zwingend wie bei Standortdaten.

Beispiel:

La ciudad	**está**	al norte/sur/este/oeste de Jalisco.
La ciudad	**está**	en el norte/sur/este/oeste de México.
La ciudad	**está**	cerca/lejos de Oaxaca y Puebla.
La ciudad	**está**	entre Guadalajara y Puebla.
La ciudad	**está**	a tres horas/kilómetros de Monterrey.

Ciudad Juárez está en México.
Las playas más fantásticas están en Cuba.
Cartagena de Indias está en Colombia.
La capital Quito está en Ecuador.

Folgende Adjektive haben unterschiedliche Bedeutungen, abhängig davon ob sie mit dem Verb _ser_ oder _estar_ verwendet werden.

Ser   ## _Estar_

malo/-a

Eine Person mit einem sehr   Man ist krank, fühlt sich schlecht,
schlechten Charakter.   man ist in einem schlechten Zustand.
Schlechte Qualität von etwas,   Etwas schmeckt schlecht oder das
z. B.: Der Kaffee ist schlecht.   Essen ist geschmacklos.

bueno/-a

Eine Person mit Prinzip   Man genießt eine gute Gesundheit.
und guten Charakter.   Ein Leckerbissen, etwas schmeckt gut.
Gute Qualität von etwas,   Körperliche Attraktivität.
z. B.: Der Schinken ist gut.
        Das Restaurant ist gut.

listo/-a

Eine intelligente, schlaue Person.   Fertig sein/bereit sein zu gehen.

verde

Farbe: Grün.   Unerfahren, unreif sein;
Politisch gesehen: Ökologisch.   keine Lebenserfahrung haben.
                                                                   Unreif bei Lebensmitteln.

negro/-a

Farbe: Schwarz.   Jemand oder etwas ist schwarz vor
In Spanien wird ein Afrikaner teilweise   Dreck/ist schmutzig.
noch immer **negro** genannt, dies ist   Über etwas wütend sein.
jedoch sehr rassistisch.   Jemand hat dunkle, gebräunte Haut.

rojo/-a

Farbe: Rot   Wenn jemand vor Scham rot wird,
Politisch gesehen: Ein Kommunist.   wie eine reife Tomate (ein schnell
                                                                   veränderlicher temporärer Zustand).

rico/-a

Ein Millionär, ein reicher Mensch.   Das Essen schmeckt gut/lecker.

orgulloso/-a

Ein hochmütiger, arroganter Mensch.   Está muy orgulloso de ... bedeutet:
                                                                   Er/Sie ist sehr stolz auf jemanden
                                                                   oder etwas.

atento/-a

Eine hilfsbereite, aufmerksame Person.   Auf etwas achten, etwas genau
                                                                    verfolgen.

caliente

Sexy.

Heiß (deutliche Temperaturangabe).
Hoy está muy caliente = lüstern.

católico/-a

Katholisch sein.

Gesund sein.

despierto/-a

Eine intelligente Person, die
schnell lernt.

Wach sein (das Gegenteil vom
Schlafzustand).

abierto/-a

Ein extrovertierter Mensch.

Aufgeschlossen sein.

cerrado/-a

Ein introvertierter Mensch.

Dickköpfig, schwer von Begriff sein.

estresante

Eine stressige Person

Eine stressige Situation oder Arbeit.

raro/-a

Person mit eigenartigem Charakter.

Wenn sich eine Person an diesem Tag
auf seltsame Weise verhält.

Ein Adjektiv, das **nur mit** dem Verb *ser* vorkommt, ist ***inteligente****; es inteligente.*

Einige Adjektive, die **nur mit** dem Verb *estar* verwendet werden:
está contento/-a *(er/sie ist zufrieden)*; **la puerta está abierta** *(die Tür ist offen)*;
está bien *(ist in Ordnung)*; **está mal** *(ist nicht in Ordnung)*; **estar en paro** *(arbeitslos sein)*;
estar bautizado/-a *(getauft sein)*; **está seguro/-a** *(er/sie ist sich sicher).*

Es kann entweder *ser* oder *estar* verwendet werden, um den Familienstand anzuzeigen. Es hat
dieselbe Bedeutung.

ser/estar

soltero/-a *(ledig)*   **casado/-a** *(verheiratet)*

viudo/-a *(verwitwet)*   **divorciado/-a** *(geschieden)*

cansado/-a	= estar	Estoy cansado porque tengo mucho trabajo.
arquitecto/-a	= ser	La profesión de mi tía es arquitecta.
bien	= estar	Hoy estoy bien porque voy a ir a la playa.
estresado/-a	= estar	Estoy estresada porque estudio mucho español.
guapo/-a	= ser + estar	José es guapo. Hoy Diana está guapa.
raro/-a	= ser + estar	El carácter de mi sobrino es muy raro. Hoy Carmen está muy rara.
triste	= estar	Estoy triste porque todo el mundo está en malas condiciones.

cansado/-a *(müde)*; **arquitecto/-a** *(Architekt/in)*; **estresado/-a** *(gestresst)*; **guapo/-a** *(attraktiv)*;
triste *(traurig)*; **el mundo** *(die Welt)*; **las malas condiciones** *(der schlechte Zustand)*

Übung 40
Completa las frases con las formas correctas de los verbos *ser*/*estar*.
Vervollständigen Sie die Sätze mit den korrekten Formen der Verben *ser*/*estar*.

1. Hola Carmen, ¿cómo .... Pablo?
    No .... curado, ... hospitalizado.
2. ¿De dónde .... estas mandarinas? .... de Málaga.
3. Aquella chica .... quien me ayudó con mis deberes.
4. Tu sobrino .... muy gordo.
    Lógico, ... súper fuerte, como su madre.
5. ¿Has visto mis bolígrafos? No sé dónde ....
6. Markus y Mónica .... alemanes.
7. ¿No .... demasiado mayor para ir en coche? No, tengo 60 años y .... en plena forma.
8. ¿Y Juan? .... trabajando en el restaurante, ahora sale.
9. ¿A cuánto .... hoy las patatas?
10. ¿Dónde trabaja Pedro Sánchez?
    En un bufete; .... abogado.
11. Tomamos una botella de vino y dos hamburguesas.
    Pues, entonces, ... 9 Euros.
12. Hoy Teresa .... muy elegante.
13. ¿Dónde .... la exposición? En el edificio que .... a la izquierda de la iglesia.
14. La mesa .... de plástico.
15. Ahora mismo .... practicando español.
16. La casa .... en mal estado.
17. .... una persona con un buen carácter.
18. Mi jefe .... dispuesto a subirme el sueldo.

hospitalizado/-a (im Krankenhaus); **una mandarina** (eine Mandarine); **la chica** (das Mädchen); **los deberes** (die Pflichten, die Hausaufgaben); **gordo/-a** (fett); **súper fuerte** (superstark); **mayor** (alt); **plena forma** (fit, Topform); **¿a cuánto?** (auf welche Summe?)

Übung 41
Completa las frases con las formas correctas de los verbos *ser*/*estar*.
Vervollständigen Sie die Sätze mit den korrekten Formen der Verben *ser*/*estar*.

1   ¿Tú ya .... listo para ir a caballo?
    No. Me he peleado con mi mujer. .... negro con esta.
2. Roberto .... muy orgulloso. Cree que es siempre el centro de atención.
3. Ana .... muy cerrada. Con frecuencia se queda en casa.
4. Hoy me siento mal. No .... católica.
5. Mi sobrino .... muy listo, calcula muy rápidamente.
6. Ana .... muy atenta; .... muy amable con todos.
7. Pablo .... muy cerrado; él no comprende nada.
8. ¿Has comido esta paella? .... malísima.
    ¿Ah, sí? Yo también la he comido y .... muy rica.
9. Felipe siempre va presumiendo de que .... verde, pero yo creo que aún .... verde en el tema del papel ecológico.
10. Carmen y Paolo .... muy orgullosos de las recientes negociaciones del convenio. Han tenido éxito.
11. Ana no .... muy católica, tiene gripe.
12. Este hombre .... malo. No tiene respeto a las mujeres.
13. Pablo .... muy majo, pero desde hace dos semanas .... muy antipático.
14. Ayer sufrí un accidente y mis padres .... muy preocupados.

15. La paella de España .... buenísima.
16. El niño de María .... malo, tiene fiebre.
17. José .... un hombre muy despierto. Tiene un premio Nobel.

me he peleado *(ich habe mich gestritten)*; **el centro de atención** *(im Zentrum der Aufmerksamkeit)*; **con frecuencia** *(oft, häufig)*; **se queda** *(bleibt)*; **me siento mal** *(ich fühle mich schlecht)*; **calcula muy rápidamente** *(rechnet sehr schnell)*; **no comprende nada** *(versteht nichts)*; **malísimo/-a** *(miserabel)*; **rico/-a** *(lecker)*; **presumiendo** *(prahlen)*; **el papel** *(das Papier, die Zeitung)*; **ecológico/-a** *(ökologisch)*; **negociaciones del convenio** *(Verhandlungen über das Abkommen)*; **tener éxito** *(erfolgreich)*; **tener gripe** *(Grippe haben)*; **el respeto** *(der Respekt)*; **antipático/-a** *(unsympathisch)*; **preocupado/-a** *(besorgt)*; **buenísimo/-a** *(super)*; **tener fiebre** *(Fieber haben)*

Übung 42
Completa las frases siguientes con el presente de los verbos ser o estar.
Vervollständigen Sie die folgenden Sätze mit den Verben *ser* oder *estar* im Präsens.

1. Mi caballo .... muy rápido.
2. No quiero estudiar hoy. .... vago.
3. Sevilla .... en el sur de España.
4. ¿Dónde .... mis gatos?
5. Mi padre .... abogado.
6. ¿Quién .... la mujer que .... allí de pie?
7. La habitación .... muy sucia; mi nieta .... una catástrofe.
8. Pedro .... español y hoy .... muy guapo.
9. Este .... mi piso, pero .... a 50 km de mi trabajo.

el caballo *(das Pferd)*; **rápido/-a** *(schnell)*; **vago/-a** *(faul)*; **allí de pie** *(da gestanden, dort steht, dort stehen)*; **sucio/-a** *(schmutzig, dreckig, verschmutzt)*; **la habitación** *(das Zimmer)*; **una catástrofe** *(eine Katastrophe)*; **el piso** *(die Wohnung, das Stockwerk, die Etage, das Pflaster, der (Fuß)boden)*

LECCIÓN 11
MI CASA ES TU CASA
MEIN HAUS IST DEIN HAUS

In dieser Lección dreht sich alles um das Haus, einschließlich des Wortschatzes.

Es werden:
> * die Arten und Einheiten der Wohnungen vermittelt
> * die Adjektive gelernt, die eine Wohnung beschreiben.

Sie lernen:
> * Dinge miteinander zu vergleichen
> * wie man beschreibt, aus welchen Materialien etwas hergestellt ist.

Ein kurzer spanischer Text ist ebenfalls enthalten.

Grammatik
* Vergleiche
* Gefallen an etwas ausdrücken

Wortschatz
Arten von Wohnungen
Einteilung des Hauses
Wohnverhältnisse
Beschreibende Adjektive in Bezug auf das Haus
Bewertung einer Qualität
Superlativ für **schön**
Irreguläre Formen von Adjektiven

LA VIVIENDA *(DIE WOHNUNG)*

Spanisch

Deutsch

el balcón	*der Balkon*
la granja	*die Farm*
el periódico	*die Zeitung*
el anuncio	*die Anzeige*
la agencia inmobiliaria	*das Immobilienbüro*
el portal inmobiliario	*das Immobilienportal im Internet*
¿Cuántos años tiene?	*Wie alt ist es?*
la localización	*die Lokalisation*
¿Está amueblada o no?	*Ist es möbliert oder nicht?*
los m2 (los metros cuadrados)	*die Quadratmeter*
tener poder adquisitivo	*Kaufkraft haben*
¿Están las facturas (la luz y el agua) incluidas o no?	*Sind die Nebenkosten (Licht + Wasser) inklusive oder nicht?*

Lage der Wohnung

bien situado	*gute Lage*
bien comunicado	*gute Verkehrsanbindung*
cerca de …	*in der Nähe von …*
a 5 minutos de …	*5 Minuten von …*

Tipos de vivienda *(Arten der Wohnungen)*	Partes de la casa *(Teile des Hauses)*	Otras características *(Andere Eigenschaften)*
el chalé *(die Villa, das Einfamilienhaus)*	el jardín *(der Garten)*	de nueva construcción *(der Neubau)*
el ático *(die Dachwohnung)*	el baño *(das Bad)*	muy tranquilo/-a *(sehr ruhig)*
el estudio *(das Einzimmer-Appartement)*	el garaje *(die Garage)*	buena distribución *(gute Versorgung — Wasser, Gas, Öl)*
el piso *(die Wohnung, das Appartement)*	el recibidor *(die Diele)*	fantástica vista *(fantastischer Ausblick)*
el apartamento *(die kleine Wohnung)*	el lavadero *(der Waschraum)*	totalmente equipado/-a *(voll ausgestattet)*
la propiedad privada *(der Privatbesitz)*	el salón *(das Wohnzimmer)*	sin amueblar *(ohne Möbel)*
la propiedad *(das Eigentum)*	el despacho *(das Büro)*	en estado perfecto *(in einwandfreiem Zustand)*
el edificio *(das Gebäude)*	el comedor *(das Esszimmer)*	tiene parque *(mit Park)*
el/la propietario/-a *(der/die Eigentümer/-in)*	la cocina *(die Küche)*	el edificio antiguo *(der Altbau)*
la casa rural *(das Bauernhaus)*	la habitación *(das Zimmer)*	con encanto *(charmant)*
el (chalé) adosado *(das Reihenhaus)*	el dormitorio *(das Schlafzimmer)*	muy luminoso/-a *(sehr hell)*

Tipos de vivienda (Arten der Wohnungen)	Partes de la casa (Teile des Hauses)	Otras características (Andere Eigenschaften)
la finca (das Landhaus, das Anwesen)	el trastero (die Rumpelkammer)	con mucho sol (mit viel Sonne)
el bloque de viviendas (der Wohnblock)	la sala de jugar (das Spielzimmer)	listo para entrar a vivir (bezugsbereit)
el rascacielos (der Wolkenkratzer)	la terraza (die Terrasse)	oscuro/-a (dunkel)
la parcela (das Grundstück)	el balcón (der Balkon)	acogedor, acogedora (gastliches, gutes Ambiente)
el primer piso (der erste Stock)	la entrada (der Eingang, der Flur)	moderno/-a (modern)
la planta baja (das Erdgeschoss)	el cuarto de baño (das Badezimmer)	frío/-a (kalt)
la planta (der Stock, die Etage)	el tejado (das Dach)	clásico/-a (klassisch)

es (sie ist — wie?)	está (sie ist — wo?)	tiene (sie hat)	dar a un lugar (hinausblicken auf ... / sie liegt ...)
grande (groß)	en el distrito/barrio (im Stadtviertel)	la calefacción (die Heizung)	... a la parte de atrás (... in den Hinterhof)
ruidoso/-a (laut)	en las afueras (außerhalb)	la bañera (die Badewanne)	... a una calle tranquila (... in einer ruhigen Straße)
bonito/-a (schön)	en el centro (im Zentrum)	la estufa de cerámica (der Terracotta-Ofen)	... a una zona peatonal (... in einer Fußgängerzone)
pequeño/-a (klein)	en el campo (auf dem Land)	el ascensor (der Aufzug)	... a un lago (... an einem See)
nuevo/-a (neu)	en una isla (auf einer Insel)	la chimenea (der Kamin)	... al mar (... mit Meerblick)

Spanisch	Deutsch	Spanisch	Deutsch
un florero	eine Vase	el jarrón	die große Blumenvase
la estantería	das Regal	relajarse	sich entspannen
el sillón	der Sessel	el cojín	das Kissen
la alfombra	der Teppich	la lámpara	die Lampe
la mesa **de** madera	der Holztisch	la mesa **de** cristal	der Glastisch
el sofá **de** tela	das Stoffsofa	el sofá **de** piel	das Ledersofa
la silla **de** plástico	der Plastikstuhl	la silla **de** metal	der Metallstuhl

Es + *de* = Bezeichnung aus welchem **Material** etwas ist.

¿**De** qué **es** esta silla? — **De** aluminio.   *(Woraus ist dieser Stuhl?) — (Aus Aluminium.)*

Lee este foro. Lesen Sie dieses Forum.

Carmen

¡Hola! Me voy de Madrid a Estrasburgo. Soy abogada. Quiero comprar una casa o alquilar un piso. ¿Alguien sabe algo?

Respuesta

Juan

Hola, Carmen. Pues, creo que las casas en Estrasburgo son **tan** caras **como** en Madrid, pero en mi opinión las casas son **más** antiguas **que** en Madrid. Las casas son **menos** modernas **que** en Madrid y hay **menos** meses calurosos **que** aquí.

¡Cuidado! Muchas casas son **más** húmedas **de** lo habitual. Quizás sería mejor alquilar un apartamento. Si tienes problemas con el apartamento, eso realmente no debe importarte. Se lo comunicas al propietario y éste se encarga de la reparación. Lamentablemente, los alquileres son **tan** caros **como** en Madrid, pero los gastos adicionales **son** menos caros **que** en España. La vida nocturna es **tan** excitante **como** en España.

DIE ABSTUFUNG EINER QUALITÄT

muy	*(sehr)*	muy caliente	*(sehr heiß)*
demasiado	*(zu)*	demasiado caliente	*(zu heiß)*
un poco	*(ein wenig)*	un poco caliente	*(ein wenig heiß)*
no tan	*(nicht so)*	no tan caliente	*(nicht so heiß)*

DER VERGLEICH

más … que	*(mehr … als)*
menos … que	*(weniger … als)*
igual de … que	*(genauso … wie)*
tan … como	*(so … wie)*
igual	*(gleich)*
parecido/parecida	*(ähnlich)*
no tanto/-a como	*(nicht so viel wie)*
tanto/-a como	*(so viel wie)*

Unregelmäßige Vergleichsformen einiger Adjektive

más bueno/-a	*(besser als das, netter)*	= **mejor**	*(beste, am besten)*
más malo/-a	*(gemeiner)*	= **peor**	*(schlimmste)*
más grande	*(große, so groß)*	= **mayor**	*(größte)*
más pequeño/-a	*(kleinere)*	= **menor**	*(kleinste)*

STEIGERUNGEN VON *SCHÖN*

precioso/-a	*(wunderschön)*	súper bonito/-a	*(superschön)*
buenísimo/-a	*(ausgezeichnet)*	fantástico/-a	*(fantastisch)*
impresionante	*(beeindruckend)*	súper variado/-a	*(superabwechslungsreich)*

AUSDRUCK DER ÜBERLEGENHEIT

El piso grande es **más** bonito **que** el piso pequeño.
(Die große Wohnung ist schöner als die kleine Wohnung.)

Sevilla tiene **más** <u>teatros</u> **que** Estrasburgo.
(In Sevilla gibt es mehr Theater als in Straßburg.)

Los jóvenes en Francia comen **más que** los jóvenes en España.
(Die Jugendlichen in Frankreich essen mehr als die Jugendlichen in Spanien.)

AUSDRUCK DER GLEICHHEIT

Este pueblo necesita **tanta** policía de tráfico **como** el otro.
(Dieses Dorf braucht so viel Verkehrspolizei wie das andere.)

Este pueblo necesita **tanto** dinero **como** el otro.
(Dieses Dorf braucht so viel Geld wie das andere.)

Este pueblo necesita **tantas** guarderías **como** el otro.
(Dieses Dorf braucht so viele Kindergärten wie das andere.)

Este pueblo necesita **tantos** hospitales **como** el otro.
(Dieses Dorf braucht so viele Krankenhäuser wie das andere.)

El baño pequeño es **igual de** práctico **que** el grande.
(Das kleine Bad ist genauso praktisch wie das große.)

El baño pequeño es **tan** práctico **como** el grande.
(Das kleine Bad ist so praktisch wie das große.)

Yo trabajo **tanto como** tú.
(Ich arbeite genauso viel wie du.)

Mi piso y el tuyo **son iguales**.
(Meine und deine Wohnung sind gleich.)

> **Son iguales** = *sind gleich.*

Hoy llevas unos pantalones **parecidos** a los míos.
(Heute trägst du eine Hose, die so ähnlich ist wie meine.)

> **Son parecidos** = *sind sich ähnlich, ähneln sich.*

AUSDRUCK DER UNTERLEGENHEIT

El piso pequeño es **menos** <u>elegante</u> **que** el piso grande.
(Die kleine Wohnung ist weniger elegant als die große Wohnung.)

Aquí mi perro <u>ladra</u> **menos que** en mi casa.
(Hier bellt mein Hund weniger als in meinem Haus.)

Mi jardín tiene **menos** <u>árboles</u> **que** el otro.
(Mein Garten hat weniger Bäume als der andere.)

LECCIÓN 12
PRETÉRITO PERFECTO

Lassen Sie uns zum nächsten wichtigen Punkt übergehen; die erste der drei großen Vergangenheitsformen im Spanischen — das *pretérito perfecto*. Es ist wichtig, diese Vergangenheitsform gründlich zu lernen. Wenn dies gemeistert wurde, haben Sie den ersten Schritt getan die spanische Grammatik zu beherrschen.

Diese Lección besteht überwiegend aus Grammatik. Es beginnt mit einem spanischen Text, einschließlich des *pretérito perfecto*, gefolgt von einer Erklärung, warum und wann dieser verwendet wird, zusammen mit einigen Übungen.

Grammatik
* Pretérito perfecto
* Pretérito perfecto mit **algún** …, **ningún** …
* Pretérito perfecto mit reflexiven Verben
* Verschiedene Anwendungen von **poder** und **saber**

Wortschatz
Der perfekte Mitbewohner
Der Tagesablauf von *Señor Sanchez*
Erzählen Sie mir von Ihrem Leben

EL PRETÉRITO PERFECTO – TEIL I

Carmen llama a su amiga:

Hola, ¿qué tal? Estoy muy triste. Hoy he visto a mi marido con otra mujer delante de la iglesia. Por casualidad, he visto cómo han charlado, se han abrazado y se han besado. Siempre he pensado que sería mejor no saber nada sobre la otra mujer. Hoy mi marido me ha vuelto loca y me he puesto como una furia. También he llorado durante todo el día. Hasta ahora no he sabido nada de su lío amoroso y últimamente he tenido mucho estrés en mi trabajo. Nunca he engañado a mi marido. Creo que no hay nada que hacer. ¡Qué mala suerte!

Im Allgemeinen drückt das *pretérito perfecto* abgeschlossene Aktionen aus, die in der Zeiteinheit stattgefunden haben, in der man sich noch befindet — hoy *(heute),* **esta semana** *(diese Woche),* **hasta ahora** *(bis jetzt).*

Das *pretérito perfecto* wird aus dem Präsens des Hilfsverbs ***haber*** *(haben, sein)* gefolgt vom Partizip gebildet. Um das Partizip zu bilden entfernen Sie von den Endungen der Verben im Infinitiv jeweils das *-ar*, *-er* oder *-ir* und fügen Sie *-ado* dem Stamm der *-ar* Verben, und *-ido* zu dem der *-er* und *-ir* Verben hinzu.

haber		+	**Participio** *(Partizip)*	
yo	he		- ar: cant(ar)	ado
tú	has		- er: beb(er)	ido
él/ella/usted	ha		- ir: viv(ir)	ido
nosotros/-as	hemos		**UNREGELMÄßIGE VERBEN**	
vosotros/-as	habéis		Verbo	Participio
ellos/ellas/ustedes	han		hacer	hecho *(gemacht, getan)*
			escribir	escrito *(geschrieben)*
			poner	puesto *(gesetzt, gelegt)*
			romper	roto *(kaputt gemacht)*
			abrir	abierto *(geöffnet)*
			cubrir	cubierto *(bedeckt)*
			morir	muerto *(gestorben)*
			volver	vuelto *(zurückgekommen)*
			decir	dicho *(gesagt)*
			ver	visto *(gesehen)*
			descubrir	descubierto *(entdeckt)*
			resolver	resuelto *(aufgelöst)*

VERBEN UND IHRE PARTIZIPIEN

Verbo	Participio	Verbo	Participio
caer	caído *(gefallen)*	gustar	gustado *(gefallen)*
hablar	hablado *(gesprochen)*	tener	tenido *(gehabt)*
ser	sido *(war)*	comprar	comprado *(gekauft)*
jugar	jugado *(gespielt)*	pedir	pedido *(gebeten)*
encontrar	encontrado *(gefunden)*	traer	traído *(gebracht)*
escuchar	escuchado *(gehört)*	estar	estado *(war)*
ir	ido *(gegangen, gefahren)*	conocer	conocido *(gekannt)*
andar	andado *(gegangen)*	dar	dado *(gegeben)*
leer	leído *(gelesen)*	llegar	llegado *(eingetroffen)*
ayudar	ayudado *(geholfen)*	olvidar	olvidado *(vergessen)*
saber	sabido *(gewusst)*	poder	podido *(konnte)*
subir	subido *(gestiegen)*	oír	oído *(gehört)*
venir	venido *(gekommen)*	comer	comido *(gegessen)*

LOS MARCADORES TEMPORALES (*DIE SIGNALWÖRTER*)

Für begrenzte Zeiträume, die den Moment des Sprechens miteinschließen ist das *pretérito perfecto* erforderlich. Daher ist auf folgende Wörter zu achten:

hoy	*(heute)*	esta semana	*(diese Woche)*
este año	*(dieses Jahr)*	este mes	*(diesen Monat)* usw.
estas vacaciones	*(dieser Urlaub)*		
esta mañana/tarde	*(diesen Morgen/diesen Abend oder diesen Nachmittag)*		

Hoy, por la mañana me he duchado.　　　*(Heute morgen habe ich mich geduscht.)*
Hoy he llegado tarde a clase.　　　*(Heute bin ich spät zum Unterricht gekommen.)*

Este verano	*(diesen Sommer)*	Estos días	*(diese Tage)*
Esta semana	*(diese Woche)*	Estas vacaciones	*(dieser Urlaub)*

Esta semana he comprado agua mineral.　　*(Diese Woche habe ich Mineralwasser gekauft.)*
Este año he viajado mucho.　　　*(Dieses Jahr bin ich viel gereist.)*
Esta semana te he visto en la tele.　　*(Diese Woche habe ich dich im Fernsehen gesehen.)*

Das *pretérito perfecto* wird normalerweise auch für zeitlosen Fragen oder Informationen verwendet. Daher tritt diese Zeitform normalerweise bei **alguna vez** (irgendwann einmal, jemals) und **nunca** (nie, niemals) auf. Diese Signalwörter beziehen sich auf **Dinge**, nicht auf Menschen.

a) ¿Has preparado (alguna vez) una cena romántica?
   (Hast du (jemals) ein romantisches Abendessen zubereitet?)
   Si, he preparado una cena romántica.
   (Ja, ich habe ein romantisches Abendessen zubereitet.)
   No, nunca he preparado ninguna vez …
   (Nein, ich habe niemals kein einziges Mal … zubereitet.)
   No, no he preparado nunca una …　　　*(Nein, ich habe niemals ein … zubereitet.)*

b) ¿Has leído este libro?　　　*(Hast du dieses Buch gelesen?)*
   No, no lo he leído.　　　*(Nein, ich habe es nicht gelesen.)*

c) ¿Has esquiado alguna vez?　　　*(Bist du irgendwann einmal Ski gefahren?)*
   No, no he esquiado nunca.　　　*(Nein, ich bin niemals Ski gefahren.)*

d) ¿Has bebido demasiado alcohol alguna vez?　*(Hast du irgendwann einmal zu viel Alkohol getrunken?)*

   Sí, me he emborrachado alguna vez.　*(Ja, ich habe mich schon einmal betrunken.)*
   No, no me he emborrachado nunca.　*(Nein, ich habe mich niemals betrunken.)*
   No, nunca me he emborrachado.　　*(Nein, ich habe mich nie betrunken.)*

Das *pretérito perfecto* wird für unbegrenzte Zeiträume verwendet, in denen der Moment des Sprechens enthalten ist. Hier sollte man auf folgende Signalwörter achten.

Spanisch	Deutsch	Spanisch	Deutsch
siempre	*immer*	todavía/aún	*immer noch/noch*
nunca	*nie*	todavía no/aún no	*immer noch nicht/noch nicht*
últimamente	*in der letzten Zeit*	alguna vez	*irgendwann einmal*
algunas veces	*einige Male*	muchas veces	*öfters*
ya	*schon*	hasta ahora	*bis jetzt*

a) ¿Has estado alguna vez en Nueva York? *(Warst du schon einmal in New York?)*

    Sí, he estado dos veces.   *(Ja, ich war zweimal dort.)*
    No, **nunca** he estado.   - Diese Ausdrucksform ist möglich, aber die
    <u>No, **no** he estado **nunca**</u>.   <u>zweite Form wird in Spanien sehr oft im Mündlichen</u>
    (Nein, ich war noch nie.)   <u>gebraucht.</u>

b) ¿Has estado ya en la catedral? *(Warst du schon in der Kathedrale?)*

    Sí, sí he estado una vez.   *(Ja, ich war einmal da.)*
    Sí, **ya** he estado.   *(Ja, ich war **schon da**.)*
    No, no he estado <u>nunca</u>.   *(Nein, ich war <u>noch nie</u> da.)*
    No, <u>todavía no</u> he estado.   *(Nein, ich war <u>immer noch nicht</u> da.)*

c) ¿Habéis comido?   *(Habt ihr gegessen?)*
    No, todavía no hemos comido.   *(Nein, wir haben noch nicht gegessen.)*

d) No, aún no ha llegado.   *(Nein, er/sie ist noch nicht angekommen.)*

Das *pretérito perfecto* wird auch in Sätzen für eine Tätigkeit verwendet, die möglicherweise noch in der Zukunft ausgeführt wird.

ya *(**schon**)*	**pero**	**todavía no** *(**noch nicht**)*
Yo ya he ido a la playa,	pero	todavía no me he bañado en el mar.
(Ich war schon am Strand,	*aber*	*ich habe noch nicht im Meer gebadet.)*
Yo ya he navegado en internet,	pero	todavía no he visto nada en la tele.
(Ich habe schon im Internet gesurft,	*aber*	*noch gar nicht ferngesehen.)*

Die Verwendung von

algún *(irgendein)*, **alguno** *(irgendeines — bei maskulinem Subjekt)*,
alguna *(irgendeines — bei femininem Subjekt)*.

    * ¿Ha leído algún libro?   *(Hat er/sie irgendein Buch gelesen?)*
    - Sí, ha leído dos libros.   *(Ja, er/sie hat zwei Bücher gelesen.)*
    - Sí, ha leído algún libro.   *(Ja, er/sie hat irgendein Buch gelesen.)*
    oder nur: Sí, ha leído **alguno**.   *(Ja, er/sie hat **irgendeines** gelesen.)*

Hier steht ***alguno*** für <u>libro</u> — es verhindert eine unnötige Wiederholung des Subjekts.

    * Ha visto alguna película.   *(Er/Sie hat irgendeinen Film gesehen.)*
    Ist das Gleiche wie: Ha visto **alguna**.   *(Er/Sie hat **irgendeinen** gesehen.)*

Hier kann ***alguna*** auch alleine stehen um eine unnötige Wiederholung des Subjekts *(película)* zu verhindern.

Das Gegenteil davon ist

ningún/ninguno + ninguna *(kein/e, keiner, keines)*   **ningunos + ningunas** *(keine)*

    * No, **no** ha leído ningún libro.   *(Nein, er/sie hat kein Buch gelesen.)*
    * No, ha leído **ninguno**.   *(Nein, er/sie hat **keines** gelesen.)*

Hier ist ***ninguno*** allein und steht für <u>libro</u> — es verhindert eine unnötige Wiederholung des Subjekts.

Mit dem Folgenden ist es möglich, ein zuvor genanntes **Subjekt** (Dinge) zu **ersetzen**.

Algo *(etwas)*	**Nada** *(nichts)*
(alguna cosa)	(ninguna cosa)

* Sí, he comprado **la fruta**.   *(Ja, ich habe das Obst gekauft.)*

a) Si, he comprado **algo**.   b) No, **no** he comprado **nada**.
   *(Ja, ich habe **etwas** gekauft.)*   *(Nein, ich habe **nichts** gekauft.)*

Anstelle von Personen können verwendet werden: **alguien** *(jemand)*, **nadie** *(niemand)*.

* Mi madre ha comido una paella.   *(Meine Mutter hat eine Paella gegessen.)*

- **Alguien** ha comido una paella.   *(**Jemand** hat eine Paella gegessen.)*
- **Nadie** ha comido una paella.   *(**Niemand** hat eine Paella gegessen.)*

Übung 43
¿Qué número corresponde a qué letra? Welche Nummer gehört zu welchem Buchstaben?

1.	Es un premio Nobel de medicina.	a)	Ha descrito un nuevo elemento químico.
2.	Es un músico muy famoso.	b)	Ha tenido muchos hits.
3.	Es un químico muy famoso.	c)	Ha vivido en España 5 años.
4.	Conoce España muy bien.	d)	Ha encontrado un medicamento contra el SIDA.
5.	Es un mentiroso.	e)	Nunca ha dicho la verdad.

un elemento químico *(ein chemisches Element)*; **famoso/-a** *(berühmt)*; **un químico** *(ein Chemiker)*; **el hit** *(der Hit)*; **la SIDA** *(das AIDS)*; **un mentiroso** *(ein Lügner)*; **la verdad** *(die Wahrheit)*

Das *pretérito perfecto* mit reflexiven Verben

Beispiel: Levantarse *(Aufstehen)*

Esta mañana **me he** levantado a las 7.00. *(Diesen Morgen bin **ich** um 7 Uhr aufgestanden.)*
Esta mañana **te has** levantado a las 7.00. *(Diesen Morgen bist **du** um 7 Uhr aufgestanden.)*
Esta mañana **se ha** levantado a las 7.00. *(Diesen Morgen ist **er/sie/Sie** um 7 Uhr aufgestanden.)*
Esta mañana **nos hemos** levantado a las 7.00. *(Diesen Morgen sind **wir** um 7 Uhr aufgestanden.)*
Esta mañana **os habéis** levantado a las 7.00. *(Diesen Morgen seid **ihr** um 7 Uhr aufgestanden.)*
Esta mañana **se han** levantado a las 7.00. *(Diesen Morgen sind **sie/Sie** um 7 Uhr aufgestanden.)*

Das Reflexivpronomen steht immer vor dem Verb.

Ella se ha vestido.   *(Sie hat sich angezogen.)*
Me llevo <u>bien</u> **con** alguien.   *(Ich komme <u>gut</u> mit jemandem aus.)*
Me llevo <u>mal</u> **con** alguien.   *(Ich verstehe mich <u>schlecht</u> mit jemandem.)*

DIE UNTERSCHIEDLICHE VERWENDUNG DER VERBEN *PODER* UND *SABER*

Poder *(können)* **ist ein unregelmäßiges Verb.**

yo	puedo	nosotros/-as	podemos
tú	puedes	vosotros/-as	podéis
él/ella/usted	puede	ellos/ellas/ustedes	pueden

Saber *(wissen)* **ist in der 1. Person Singular unregelmäßig.**

yo	sé	nosotros/-as	sabemos
tú	sabes	vosotros/-as	sabéis
él/ella/usted	sabe	ellos/ellas/ustedes	saben

Nach *Poder* und *Saber* folgt der Infinitiv.

Beispiel: Yo no <u>puedo</u> conducir, porque he bebido 2 cervezas.
(Ich kann nicht fahren, weil ich 2 Bier getrunken habe.)

Yo <u>sé</u> conducir. Tengo el permiso de conducir desde hace muchos años.
(Ich kann fahren. Ich habe den Führerschein seit vielen Jahren.)

Details über einen Zeitraum angeben mit: Desde hace *(in den letzten ..., seit—eine Zeit).*
Details über eine bestimmte Zeit angeben mit: Desde *(seit, zum Beispiel: 1999).*

Übung 44
Completa usando *puedes* o *sabes*.
Vervollständigen Sie mit *puedes* oder *sabes*.

1. ¿ .... esquiar?
   Sí, estas Navidades iremos todos a esquiar.
2. ¿ .... esquiar?
   No, me he roto la pierna.
3. ¿No .... cocinar una paella?
   No, lo siento. Estoy enfermo.
4. ¿.................. cocinar una paella?
   Sí, ya he cocinado paella muchas veces.

esquiar *(Ski fahren)*; **las Navidades** *(das Weihnachten)*; **me he roto la pierna** *(ich habe mir das Bein gebrochen)*; **cocinar** *(kochen, zubereiten)*; **enfermo/-a** *(krank)*; **muchas veces** *(oft, häufig)*

Eine kleine Übung, um den Wortschatz zu erweitern.
El compañero de piso ideal *(Der perfekte Mitbewohner)*

Lee esta descripción del compañero de piso ideal para extranjeros que quieren vivir en España. ¿Estás de acuerdo? ¿Puedes pensar en algo más?
Lesen Sie diese Beschreibung des perfekten Mitbewohners für Ausländer, die in Spanien leben möchten. Fällt Ihnen noch etwas ein?

<u>Éstas</u> <u>son</u> <u>las</u> <u>características</u> <u>del</u> <u>candidato</u> <u>perfecto</u>.

- Es limpio y organizado.	*(Er/Sie ist sauber und organisiert.)*
- Sabe cocinar.	*(Er/Sie kann kochen.)*
- Ha compartido piso alguna vez.	*(Er/Sie war schon einmal in einer WG.)*
- Es una persona responsable.	*(Er/Sie ist verantwortungsbewusst.)*
- No toca el saxófono ni la trompeta.	*(Er/Sie spielt weder Saxophon noch Trompete.)*
- Ha vivido fuera de España.	*(Er/Sie hat schon im Ausland gelebt.)*
- Es paciente.	*(Er/Sie ist geduldig.)*
- Sabe poner la lavadora.	*(Er/Sie weiß wie man die Waschmaschine anstellt.)*
- Tiene pareja, pero no están siempre en casa.	*(Er/Sie hat einen Lebensgefährten, aber sie sind nicht immer zu Hause.)*
- No trabaja de noche y no duerme de día.	*(Er/Sie arbeitet nicht nachts und schläft nicht tagsüber.)*

PRETÉRITO PERFECTO – TEIL II

1.

Das *pretérito perfecto* wird verwendet, wenn jemand in der Vergangenheit etwas getan hat, das der Gegenwart sehr nahe kommt, *zum Beispiel, man hat heute gefrühstückt.*

2.

Es wird auch verwendet, wenn etwas in einem Zeitraum getan wurde, der <u>noch</u> <u>nicht</u> <u>abgeschlossen</u> ist. Zum Beispiel sagt jemand, dass er in diesem Jahr etwas getan hat, was bedeutet, dass das Jahr, in dem er die Aktion durchgeführt hat, noch nicht vorbei ist. Er ist immer noch im selben Jahr, von dem er spricht und in dem er handelte.

Es wird verwendet, um vergangene Ereignisse oder Handlungen zu beschreiben, die sich auf die Gegenwart beziehen oder sich in die Gegenwart fortsetzen.

3.

Wenn etwas unspezifisch ist, es wird nicht klar gefragt oder ausgedrückt.

<u>Beispiel</u>: **¿Has estado** alguna vez en Jamaica?   *(Warst du irgendwann schon einmal in Jamaika?)*
        = ***pretérito perfecto***

                                            (Eine allgemeine Frage.)

Sí, claro.	*(Ja klar.)*	
¿Cuándo?	*(Wann?)*	**Achtung!** – **Das ist jetzt eine spezifische Frage**.

                                Daher ändert sich die Vergangenheitsform von
                                pretérito perfecto **zu *pretérito indefinido*** (Lección 18).

La primavera vez **fui** en el <u>año</u> <u>2008</u> y   *(Das erste Mal **war ich** im <u>Jahr</u> <u>2008</u> und*
la segunda vez **fui** el <u>año</u> <u>pasado</u>.   *das zweite Mal **war ich** <u>letztes</u> <u>Jahr</u>.)*
                                Die vergangenen Zeiträume sind vollständig abgeschlossen, insbesondere jener in der fernen Vergangenheit.

Übung 45

Comenta con tu compañero: ¿Qué dirías en cada una de estas situaciones?
Besprechen Sie mit Ihrem Sitznachbarn: Was würden Sie jeweils in diesen Situationen antworten?

1. **Hace ocho días, le contaste a un amigo tuyo que quieres comprar una camiseta en una tienda. Hoy tu amigo te llamo por teléfono:**
    ¿Ya has comprado la camiseta?
    ¿Has comprado la camiseta?

2. **No te gusta el musical "Cats". Te preguntan: ¿Ya has visto "Cats"? Si tú no tienes pensado ir, ¿qué replicas?**
    No, no lo he visto.
    No, todavía no lo he visto.

3. **Esta tarde quieres visitar a tus padres y quieres hacer un pastel. Tu marido se ofrece para ayudarte, pero no es necesario. ¿Qué le replicas?**
    No, gracias. Ya lo he hecho.
    No gracias. Lo he hecho.

4. **Te gusta mucho la exposición "Van Gogh". En Amsterdam quieren saber de ti:**
    ¿Ya has visitado la exposición?
     Si quieres ir, ¿qué replicas?
    No, no la he visitado.
    No, todavía no.

contaste *(du hast erzählt)*; **llamar por teléfono** *(anrufen)*; **no tienes pensado ir** *(du willst nicht gehen)*; **hacer un pastel** *(einen Kuchen backen)*; **se ofrece** *(bietet sich an)*; **ayudarte** *(dir zu helfen)*; **necesario** *(notwendig)*; **¿Qué le replicas?** *(Was antwortest du ihm?)*; **la exposición** *(die Ausstellung)*; **si quieres ir** *(wenn du gehen willst)*

FRAGEN IM *PRETÉRITO PERFECTO*

¿Has comprado algo para tu casa?	*(Hast du etwas für zu Hause eingekauft?)*
¿Has hecho algún viaje?	*(Hast du eine Reise gemacht?)*
¿Has visto alguna película?	*(Hast du irgendeinen Film gesehen?)*
¿Has dicho alguna mentira?	*(Hast du irgendeine Lüge erzählt?)*
¿Te has emborrachado?	*(Hast du dich betrunken?)*
¿Te has enfadado con alguien?	*(Warst du auf jemanden wütend?)*
¿Has escrito alguna postal?	*(Hast du irgendeine Postkarte geschrieben?)*
¿Has hecho algo original?	*(Hast du etwas Originelles gemacht?)*

Der Tagesablauf von *Señor Sanchez*

¿Qué ha hecho hoy el señor Sanchez?   *(Was hat heute Herr Sanchez gemacht?)*

- Se ha levantado temprano.	*(Er ist früh aufgestanden.)*
- El despertador ha sonado.	*(Der Wecker hat geklingelt.)*
- Se ha lavado.	*(Er hat sich gewaschen.)*
- Ha puesto una lavadora.	*(Er hat eine Waschmaschine angestellt.)*
- Ha limpiado un poco la casa.	*(Er hat das Haus ein wenig geputzt.)*
- Ha regado las plantas.	*(Er hat die Pflanzen gegossen.)*
- Se ha tomado un café.	*(Er hat einen Kaffee getrunken.)*
- Se ha vestido.	*(Er hat sich angezogen.)*
- Ha salido de su casa.	*(Er hat das Haus verlassen.)*
- Ha ido a la estación a pie.	*(Er ist zu Fuß zur Haltestelle gegangen.)*
- Se ha caído.	*(Er ist hingefallen.)*

caerse *(hinfallen)* ist ein unregelmäßiges Verb:
(yo) me caigo; (tú) te caes; (él/ella/usted) se cae;
(nosotros/-as) nos caemos; (vosotros/-as) os caéis;
(ellos/ellas/ustedes) se caen.

- Ha vuelto a casa.	*(Er ist nach Hause zurückgekehrt.)*
- Ha estado muy cansado.	*(Er war sehr müde.)*
- Ha sacado la ropa de la lavadora.	*(Er hat die Wäsche aus der Waschmaschine geholt.)*
- Se ha quitado la ropa.	*(Er hat sich ausgezogen.)*
- Ha puesto el despertador.	*(Er hat den Wecker gestellt.)*

Übersetzung Nr. 11

Un hombre español de vacaciones en Fuerteventura les envía una postal a sus hijas.
(Ein spanischer Mann im Urlaub auf Fuerteventura schickt eine Karte an seine Töchter.)
¡Hola!
He llegado a Fuerteventura. Estoy contento, porque tengo miedo a volar. ¡Qué feliz estoy! Ha sido un viaje tranquilo. Las playas son maravillosas. He tomado mucho el sol y he nadado en el Atlántico muchas veces. Voy a ir a muchas excursiones. En una excursión vamos a ir al sur de la isla con jeeps. Vamos a visitar la "villa Winter" y un faro. En tres semanas voy a ir en avión a Granada para visitar la Alhambra. Un beso. Pedro.

Übung 46

Completa las casillas con lo que Pedro ya ha hecho y con lo que todavía tiene pensado hacer.

Vervollständigen Sie die Tabelle mit den Aktivitäten, die Pedro schon gemacht hat, und damit, was er noch tun will.

Experiencias *(Was wurde schon getan?)*	Planes *(Was wird noch getan?)*
Ha llegado a Fuerteventura.	Va a ir a muchas excursiones.

Übersetzung Nr. 12

Junio 2016, Alhambra

Hoy hemos llegado a la Alhambra a las 09:00 y me encanta. La Alhambra es realmente maravillosa y muy grande. Hemos visto muchos árboles, palmeras y flores. Nos han gustado mucho los ornamentos árabes en los viejos muros. Hemos tenido una visita guiada y, en una pausa, hemos bebido un café árabe. ¡No está mal este café! Esta noche vamos a cenar en un restaurante en Granada. Después vamos a ir a un bar muy famoso. Mañana vamos a ir en autobús a Sevilla.

Junio 2016, Sevilla

¡Ya estamos aquí! La ciudad es muy hermosa. Hemos ido en coche de caballos por Sevilla y hemos visto muchos barrios de la ciudad.
Esto es tan bonito que vamos a quedarnos dos días más. Esta noche vamos a ver un espectáculo de flamenco en un bar muy grande, después vamos a ir a pie por Sevilla y vamos a ir de tapas. En Sevilla hay muchos bares y restaurantes. ¡Qué suerte!

Übung 47

Completa la tabla con lo que Pedro ya ha hecho y con lo que tiene pensado hacer.

Vervollständigen Sie die Tabelle mit dem, was Pedro schon getan hat, und mit dem, was er noch tun will.

Experiencias *(Was wurde schon getan?)*	Planes *(Was wird noch getan?)*
Ha llegado a Alhambra.	Va a comer en un restaurante.

Lateinamerikanischer Sprachgebrauch

Es ist wichtig zu wissen, dass das *pretérito perfecto* in Spanien wesentlich häufiger angewandt wird als in den lateinamerikanischen Ländern. In Lateinamerika wird bei Ereignissen, die sehr kurz zurückliegen, das *pretérito indefinido* (Lección 18) verwendet.

¿Qué es de tu vida? Completa la tabla con cosas de tu vida.

Was ist in Ihrem Leben los? Vervollständigen Sie die Tabelle mit Dingen aus ihrem Leben. Fügen Sie dafür in die untere Tabelle einfach das ein, was Sie schon getan haben oder noch tun wollen, mit folgenden Wörtern. Dies ist zudem eine gute Übung, um den Wortschatz zu erweitern.

. jubilarme *(in den Ruhestand gehen)*
. estudiar en un país extranjero *(in einem anderen Land studieren)*
. enamorarme *(mich verlieben)*
. divorciarme *(mich scheiden lassen)*
. montar un negocio *(ein Geschäft aufbauen)*
. tener hijos *(Kinder haben)*
. casarme *(heiraten)*
. aprender a ir en bicicleta *(lernen mit dem Fahrrad zu fahren)*
. acabar los estudios *(fertig studieren)*
. hacerme famoso/-a *(berühmt werden)*
. comprar una casa *(ein Haus kaufen)*
. dar la vuelta al mundo *(eine Weltreise machen)*
. aprender a tocar un instrumento *(ein Instrument spielen lernen)*
. ir a la universidad *(auf die Universität gehen)*
. escribir un libro *(ein Buch schreiben)*
. plantar un árbol *(einen Baum pflanzen)*

Cosas que ...   *(Dinge, die ...)*

Ya he hecho. *(Dinge, die ich schon gemacht habe.)* = Vergangenheit	Nunca he hecho, pero voy a hacer. *(Dinge, die ich noch nicht gemacht habe, aber vorhabe zu tun.)* = Zukunft (Lección 21)	Nunca he hecho y nunca voy a hacer. *(Dinge, die ich noch nicht gemacht habe und nie machen werde.)* = Zukunft (Lección 21)	Hago en este momento. *(Dinge, die ich gerade mache.)* = Gegenwart
He aprendido a ir en bicicleta.	Voy a plantar un árbol.	No voy a tener hijos.	Compro una casa.

LECCIÓN 13
DEMOSTRATIVOS *(DEMONSTRATIVE)* Y GERUNDIOS *(GERUNDIEN)*

Diese Lección handelt von Demonstrativen und Gerundien.

Die Demonstrative sind etwas schwierig, da sie zur Unterscheidung der jeweiligen Entfernungen dienen und auch davon abhängen, ob Sie wissen was eine bestimmte Sache ist. Lassen Sie sich davon nicht verunsichern! Wenn Sie sich erst einmal daran gewöhnt haben, werden Sie feststellen, dass dies nicht so schlimm ist, wie es zunächst scheint.

Gerundien werden verwendet, um Nebensätze zu verkürzen und können mit verschiedenen Verben kombiniert werden. Diese werden auch angewandt, wenn sich jemand mitten in einer Aktion befindet und nicht genau weiß, wann diese enden wird.

Jetzt ist es Zeit für den ersten Test.

Gutes Gelingen!

Grammatik
* Demonstrative Pronomen
* Demonstrativbegleiter
* Interrogativpronomen **quién**, **quiénes**
* El gerundio *(Das Gerundium)*
* Die Pronomen mit Gerundien

Wortschatz
Was geschieht gerade?

DEMONSTRATIVOS *(DEMONSTRATIVE)*

Demonstrative helfen dabei, die physische, zeitliche (auf Raum und Zeit bezogene) oder emotionale Distanz eines Sprechers zu jemandem oder etwas zu definieren.

Demonstrativpronomen

Die Demonstrative können als Pronomen agieren. In diesem Fall beziehen sie sich auf ein Substantiv, ohne es spezifisch zu erwähnen. Sie müssen das Substantiv nicht begleiten, aber sie sind immer an dieses angepaßt bezüglich Geschlecht und Zahl.

	männlich	weiblich		neutral	
Singular **Plural**	este estos	esta estas	*diese(r), der/die (hier) - sehr nah* *diese - sehr nah*	esto	*dieses, dies (hier)*
Ortsangabe	aquí		*hier - sehr nah*		
Singular **Plural**	ese esos	esa esas	*diese(r), der/die (da) - weiter weg* *jene, diese - weiter weg*	eso	*dieses, das (da)*
Ortsangabe	ahí		*da, dort - weiter weg*		
Singular **Plural**	aquel aquellos	aquella aquellas	*diese(r) dort, der/die (dort) - Entfernung* *jenen, welchen - Entfernung*	aquello	*jenes dort, das dort (drüben)*
Ortsangabe	allí		*dort (drüben) - Entfernung*		

este/estos   **esta/estas**   = **aquí**, wenn mir etwas sehr nahe ist (in Raum und Zeit), aber ich weiß, was es ist.

ese/esos   **esa/esas**   = **ahí**, wenn etwas weiter weg ist (in Raum und Zeit), aber ich weiß, was es ist.

aquel/aquellos **aquella/aquellas**   = **allí**, wenn etwas sehr weit weg ist (in Raum und Zeit), aber ich weiß, was es ist.

Wichtig!

Wenn Sie nicht genau wissen, wonach Sie fragen ist die Entfernung immer wichtig. Sie müssen auch das Demonstrativpronomen mit -_O_ enden lassen: *esto, eso, aquello*.

Esto ist daher neutral + es hat keinen Plural.   **¿Qué es esto?**   *(Was ist das hier?)*

* Y **esto**, ¿qué es?   *(Aber was ist das hier?)*
* Un regalo. Espero que te guste.   *(Ein Geschenk. Ich hoffe, es gefällt dir.)*

```
/————————+————————+————————+—————/
Ich        aquí          ahí           allí
           esto          eso           aquello
           (nah)      (weiter weg)  (sehr weit weg)
```

Die neutralen Formen **esto** *(das hier)*, **eso** *(das dort)* und **aquello** *(das dort drüben)* verweisen nicht auf ein bestimmtes Substantiv und ändern sich nicht. Sie sind unveränderlich, da sie keine Informationen über Genus und Numerus enthalten. Sie beziehen sich auf nicht näher bezeichnete Objekte (die zuvor nicht erwähnt wurden, zum Beispiel, *¿Qué es **esto**?*), auf eine bereits erwähnte Tatsache oder auf Sätze.
Beispiel: Pedro viene y **eso** es muy excitante.   *(Pedro kommt und **das** ist sehr aufregend.)*

Eso wird auch in feststehenden Ausdrücken verwendet.
<u>Beispiel:</u> **Eso** sí que no.   *(Auf keinen Fall!)*

Sie müssen sich nicht unbedingt auf etwas beziehen, das vorher erwähnt wurde. Sie können darüber hinaus auf eine Sache oder einen Sachverhalt vorausweisen. **Sie werden von jemandem
benutzt, der auf etwas aufmerksam machen möchte, aber er/sie weiß nicht, was es ist.**

Wenn Sie in der Antwort wissen, was es ist, müssen Sie auch das Pronomen basierend nach
der Entfernung auswählen, aber das Demonstrativpronomen muss sich immer auf das Subjekt
(von dem gesprochen wird) in Geschlecht und Zahl beziehen.

Etwas ist weiter entfernt:	**¿Qué es eso? Ése** es un móvil.
Etwas ist sehr weit weg:	**¿Qué es aquello? Aquélla** es una radio.

Achtung: Früher erhielten die Demonstrativpronomen einen Akzent, dieser wird inzwischen <u>meis-</u>
<u>tens</u> nicht mehr verwendet.

Die für ein bekanntes Subjekt verwendeten Demonstrativpronomen **este**, **esta** … werden häufig
mit Personalpronomen der 1. Person (yo, nosotros/-as) und den Adverbien **aquí** *(hier)* und **ahora**
(jetzt) assoziiert.
Die Formen **ese**, **esa** … werden häufig mit der 2. Person (tú, vosotros/-as) und mit dem Adverb
ahí *(da)* assoziiert.
Aquel, **aquella** … werden häufig mit der 3. Person (él, ella, ellos …) und dem Adverb **allí** *(dort
drüben)* assoziiert.
Wenn Sie wissen, wovon Sie sprechen, hängen die Frage und die Antwort sowie die Bitte davon
ab, wie weit die Sache von Ihnen entfernt ist. In diesem Fall **ändern sich** jedoch, da sich das Demonstrativpronomen <u>auf das</u> <u>Substantiv</u> bezieht, **seine Endungen** je nach dem Substantiv.

Demonstrativbegleiter

Die Demonstrativbegleiter stehen immer vor dem Substantiv (in Geschlecht und Zahl mit dem
Substantiv übereinstimmend) und werden verwendet, um Dinge oder Personen hervorzuheben.
Sie stehen niemals alleine; sie ersetzen nie das Substantiv.

¿Puedes darme **ese** diccionario?   *(Kannst du mir dieses Wörterbuch geben?)*
Ich weiss, was es ist und es ist etwas weiter weg.

¿Puedes darme **aquel** libro de allí?   *(Kannst du mir dieses Buch dort drüben geben?)*
Ich weiß, was es ist und es ist sehr weit weg.

Wenn Sie nach Personen fragen

werden folgende **Interrogativpronomen** verwendet:

> **Quién** — wer — (im Singular, wenn man nach einer Person fragt) oder
> **quiénes** — wer — (im Plural, wenn man mach mehr als einer Person fragt).

¿Quién es esa?	*(Wer ist die dort drüben?)*
¿Quién es ese?	*(Wer ist der dort drüben?)*
¿Quiénes son esos?	*(Wer sind die dort drüben?)*

Ese, **esa**, **esos**, **esas** **stehen meist alleine**, aber manchmal werden die gleichen Formen direkt
vor Substantive platziert.

¿Quién es esa chica?	*(Wer ist dieses Mädchen dort?)*
¿Quiénes son esos chicos?	*(Wer sind diese Jungs dort?)*

Übung 48

Completa estas frases con las terminaciones que faltan.
Ergänzen Sie die Sätze mit den fehlenden Endungen.

1. Mi falda es del año pasado. Tengo que comprar una nueva falda. ¿Qué te parece?
   ¿Ést ..... o ést ..... ?
   ¿La naranja? ¿En serio?
   Sí, me gusta mucho.
2. Todavía me pongo las sandalias del verano pasado. ¿Cuáles prefieres?
   ¿Ést ..... o ést .....? No sé.
3. Para este invierno me voy a comprar un abrigo nuevo.
   ¿Qué abrigo prefieres? ¿Ést ..... o ést .....?   Pues, no sé.
4. Los pantalones van bien con botas altas. ¿Cuáles prefieres? ¿Ést ..... o ést .....?
5. ¿Qué es .....?   Son unas gafas de sol.

Übung 49

Subraya la opción más adecuada. Unterstreichen Sie die angemessenste Option.

1. ¿Qué es **animal/aquello**?
   Creo que es un delfín.
2. Carmen dice que no te quiere.
   Esa/eso no me interesa para nada.
3. ¿Por qué no compraste **esa flor/ese**?
   Prefiero el girasol.
4. ¿Quieres naranjas?
   Sí, pero solo una; dame **esa/eso**.

5. ¿En su tiempo libre **ese señor/eso** se dedica a fotografiar pájaros?
   ¿Es verdad?
6. ¿En qué piensas?
   En **aquella mujer/aquello** que me visitó ayer.
7. ¿En qué piensas?
   En **aquella mujer/aquello** qué ocurrió ayer.
8. **¿Ese/Eso** de la calva es Pablo?
   Sí, últimamente Pablo tiene un aspecto descuidado.

un animal *(ein Tier)*; **un delfín** *(ein Delphin)*; **no me interesa para nada** *(interessiert mich überhaupt nicht)*; **compraste** *(hast du gekauft)*; **la flor** *(die Blume)*; **el girasol** *(die Sonnenblume)*; **dame** *(gib mir)*; **se dedica** *(ist gewidmet)*; **me visitó ayer** *(besuchte mich gestern)*; **qué ocurrió ayer** *(was gestern geschah)*; **la calva** *(die Glatze)*; **últimamente** *(in letzter Zeit)*; **tener un aspecto descuidado** *(eine schlampige/vernachlässigte Erscheinung haben)*

Übung 50

Completa las frases con los pronombres o adjetivos demostrativos.
Vervollständigen Sie die Sätze mit den Demonstrativpronomen und -adjektiven.

Están AQUÍ *(hier ganz nahe)*

Wenn <u>man</u> <u>weiß</u> <u>was</u> <u>es</u> <u>ist</u>.
1.a. ¿Qué es ....?
   Un girasol.
   ¿Y ....? ¡Qué raro!
   Una bellota.

Wenn <u>man</u> <u>nicht</u> <u>weiß</u> <u>was</u> <u>es</u> <u>ist</u>.
1.b. ¡Qué rico está .... salmón y
   qué buenas están .... merluzas!
   ¡........... langostinos están deliciosos
   y .... vino es afrutado!

Están AHÍ *(etwas weiter weg)*

2.a. ¿Qué es .... que hay allí?
   Es una alfombra.
   ¿Qué es .... sobre la mesa?
   Es un libro.

2.b. Quiero comprar .... filete,
   .... chuleta, ... salchichas y
   .... salchichones.

- 120 -

Están ALLÍ *(sehr weit weg)*

3. Pues, ¿y ....? No tengo ni idea
de qué es lo que se ve al fondo de la calle.
Es un llavero.
¿Y .... al final del calle?
Es una gallina.

3.b Al fondo de la tienda me gustan
.... ropa, ... jerseys,
.... faldas, y .... abrigo.

EL GERUNDIO *(DAS GERUNDIUM)*

¿Qué están haciendo? Was machen sie/Sie gerade?

1. **Estoy comiendo** una paella muy rica.
2. **Estás comiendo** mucho. Necesitas una dieta.
3. La mayoría de las veces **voy a** la peluquería los sábados.
4. **Estoy hablando** por teléfono con mi marido.
5. **Estoy saliendo** con mis compañeros.
6. **Estamos llegando** a la universidad.
7. Mi amiga **está haciendo** una paella.
8. Señores, ahora **estamos conduciendo** en autobús por Sevilla.
9. En Fuerteventura **estamos viviendo** en un hotel al lado de la playa.
10. Voy a prestar atención a mi salud. Es que **bebo** poca agua.

Las frases anteriores hacen referencia a acciones relacionadas con el presente, pero con diferentes matices. Fíjate en los verbos usados y marca la casilla correspondiente en la tabla.
Die vorstehenden Sätze beziehen sich auf Handlungen, die in der Gegenwart stattfinden, jedoch ebenfalls hier mit unterschiedlichen Abstufungen. Achten Sie auf die verwendeten Verbformen und markieren Sie die entsprechenden Kästchen in der folgenden Tabelle.

	Es passiert genau in dem Moment, in dem wir darüber reden.	Es wiederholt sich immer wieder, es ist eine Gewohnheit.	Es geschieht gleichzeitig oder in einer nicht endgültig definierten Zeit.
1	X		
2			X
3		X	
4	X		
5			X
6	X		
7	X		
8	X		
9			X
10			X

Das Gerundium wird gebraucht für eine Zeit, die es im Deutschen nicht gibt.

Es wird nicht verwendet, wenn darüber gesprochen wird, was man gewohnheitsmäßig, regelmäßig macht.

Die Endungen von Gerundien hängen von der Endung des Infinitivs des Verbs ab, wie in den folgenden Beispielen gezeigt.

salir *(weggehen)*	- saliendo *(weggehend)*
trabajar *(arbeiten)*	- trabajando *(arbeitend)*
esperar *(hoffen)*	- esperando *(hoffend)*
comer *(essen)*	- comiendo *(essend)*
hacer *(machen)*	- haciendo *(machend)*
volar *(fliegen)*	- volando *(fliegend)*
vivir *(wohnen)*	- viviendo *(wohnend)*
dar *(geben)*	- dando *(gebend)*
estudiar *(studieren)*	- estudiando *(studierend)*
saber *(wissen)*	- sabiendo *(wissend)*
sonreír *(lächeln)*	- sonriendo *(lächelnd)*
observar *(beobachten)*	- observando *(beobachtend)*
admirar *(bewundern)*	- admirando *(bewundernd)*
volver *(zurückkehren)*	- volviendo *(zurückkehrend)*

Endung des Verbs auf **-ar**	=	**-ando**
Endung des Verbs auf **-er** + **-ir**	=	**-iendo**

UNREGELMÄßIGE FORMEN VON GERUNDIEN

Infinitivo		Gerundios	
oír	-	oyendo	*(hörend)*
caer	-	cayendo	*(fallend)*
leer	-	leyendo	*(lesend)*
construir	-	construyendo	*(bauend, errichtend)*
dormir	-	durmiendo	*(schlafend)*
decir	-	diciendo	*(sagend)*
vestirse	-	vistiendo	*(sich anziehend)*
sentir	-	sintiendo	*(fühlend)*
ir	-	yendo	*(gehend)*
venir	-	viniendo	*(kommend)*
ver	-	viendo	*(sehend)*
tañer	-	tañendo	*(spielend, läutend)*
poder	-	pudiendo	*(könnend)*
gruñir	-	gruñendo	*(grunzend, knurrend, murrend)*
medir	-	midiendo	*(messend, wiegend)*
reír	-	riendo	*(lachend)*
erguir	-	irguiendo	*(aufrichtend, (hoch)hebend)*
pedir	-	pidiendo	*(verlangend)*

DIE ANWENDUNG DES GERUNDIUMS

A) Das Gerundium kann als eine Art Adverb fungieren, um sich zu beziehen auf:

I. Eine Handlung, die gleichzeitig oder ergänzend zu der Handlung ist, die durch das Hauptverb ausgedrückt wird.

El juez encontró a José culpable y **dando** sanciones.
(Der Richter hat Josef für schuldig befunden und Sanktionen verhängt.)

II. Grund, Ursache (Warum?)

Viendo que era tan temprano, decidí ir a la fiesta.   (Como era tan temprano ...)
(Da es so früh war, beschloss ich zur Party zu gehen.)

III. Art und Weise (Wie?)

Se sentó junto a mí **admirándome**.   (Con admiración.)
(Er/Sie saß neben mir und bewunderte mich.)

IV. Bedingung (Unter welcher Bedingung?)

Estudiando así recibirás un bueno empleo.   (Si estudias así ...)
(Wenn du so studierst, wirst du eine gute Arbeit bekommen.)

V. Einräumung, Zugeständnis (Welchem Umstand zum Trotz?)

Carmen estuvo tentada de probarlo así, **sabiendo** lo duro que era.   (Aunque sabía ...)
(Carmen war in Versuchung es so zu probieren, wissend wie schwer es war.)

VI. Zeitliche Beziehung (Wann?)

Volviendo a la cafetería, Pedro ve su monedero.
(Als Pedro in die Cafeteria zurückkehrt, sieht er seinen Geldbeutel.)

B) In Verbindung mit *ir* um anzuzeigen, dass die durch das Verb ausgedrückte Aktion schrittweise, allmählich erfolgt.

... se han **ido empeorando** ..   *(... sie sind schlimmer geworden ...)*

C) Mit *seguir* und *continuar* um Kontinuität zum Ausdruck zu bringen

Continúo **estudiando** derecho.   *(Ich studiere weiterhin Jura.)*

D) In Verbindung mit *venir* um Dauer oder Wiederholung auszudrücken.
Man benötigt hier keine genaue Zeitangabe.

Venimos algún tiempo observando la degradación económico en esa región.
(Wir beobachten seit einiger Zeit die wirtschaftliche Verschlechterung in dieser Region.)

E) In Verbindung mit *acabar* und *terminar* um ein Ergebnis auszudrücken.

La obra fue algo divertida, así que **acabé sonriendo**.
(Die Aufführung war ein bisschen lustig, dass ich (am Ende) lächeln mußte.)

F) In Verbindung mit *empezar/comenzar* um den Beginn einer Entwicklung auszudrücken.

Empecé trabajando 6 días por semana como cirujano.
(Ich begann an 6 Tagen in der Woche als Chirurg zu arbeiten.)

G) Mit *llevar* und einem Ausdruck von Zeit, um Kontinuität auszudrücken. Es gibt die Zeit an, während die aktuelle Aktion stattfindet. Es muß im Deutschen mit einem Satz übersetzt werden der die Präposition _seit_ beinhaltet. Hier wird eine genaue Zeitangabe benötigt, im Gegensatz zu _venir_ + _gerundio_.

Die Konstruktion ist: *Llevar* + *tiempo* + *gerundio*.

Llevo cinco meses trabajando aquí.　　　　　　*(Ich arbeite seit fünf Monaten hier.)*

Llevo trabajando cinco meses aquí. — Dies ist ebenso möglich, ist aber nicht so gebräuchlich. Die erste Ausdrucksweise ist mehr empfehlenswert.

H) In Verbindung mit *quedarse* um die Dauer der mit dem Verb ausgedrückten Aktion auszudrücken; kommt oft mit einer Ortsangabe vor.

Ayer **me quedé leyendo** hasta las tres de la mañana en mi cama.
(Gestern habe ich bis um drei Uhr morgens in meinem Bett gelesen.)

I) Mit *andar* um die Idee auszudrücken herumzugehen und etwas zu tun.

Anda buscando hongos.　　　　　　*(Er/Sie (geht herum) sucht Pilze.)*

J) Die häufigste Verwendung ist allerdings: **ESTAR** + **GERUNDIO**,

Wenn man sich in einer gegenwärtigen Aktion oder Situation befindet, die entweder gleichzeitig stattfindet oder einen nicht näher bestimmbaren zeitlichen Ausgang hat, nimmt man *estar* + *gerundio*. Es entspricht im allgemeinen nicht dem deutschen Partizip Präsens, im Deutschen gibt es solch eine Zeitform nicht. In der spanischen Sprache wird die Verlaufsform der Gegenwart sehr stark mit dem Moment verknüpft, zum Beispiel, jemand spricht mit seiner Mutter am Telefon und fragt sie, ob sie gerade fernsieht.

	ESTAR	**+ GERUNDIO**
(yo)	estoy	
(tú)	estás	
(él/ella/usted)	está	saliendo
(nosotros/nosotras)	estamos	durmiendo
(vosotros/vosotras)	estáis	viniendo
(ellos/ellas/ustedes)	están	

In dieser Kombination kann das Gerundium unterschiedliche Funktionen haben.

1. Beschreibung der aktuellen Aktivitäten.

No puede responder al teléfono, **se está duchando**.
(Er kann nicht ans Telefon gehen, er duscht gerade.)

[*No puede responder al teléfono, se ~~ducha~~.   = Falsch!*]

2. Beschreibung einer allmählichen Entwicklung.

Creo que **me estoy acostumbrando** a esta mujer.
(Ich glaube, ich gewöhne mich langsam an diese Frau.)

3. Beschreibung einer vorübergehenden Handlung.

Estoy trabajando de camarero en una discoteca.
(Ich arbeite zurzeit als Kellner in einer Diskothek.)

DIE POSITION DES PRONOMEN MIT DEM GERUNDIUM

Pronomen werden normalerweise dem Gerundium angehängt, es sei denn, diesem ist ein Hilfsverb vorangestellt. In diesem Fall kann das Pronomen entweder vor dem Hilfsverb stehen oder an das Ende des Gerundiums hinzugefügt werden.

Wenn das Pronomen dem Gerundium angehängt wird, muß ein Akzent auf dem **a** bei *-ando* oder auf **e** bei *-iendo* hinzugefügt werden.

Beispiel: **Me** estoy vistiendo para ti./Estoy visti**é**ndo**me** para ti.   *(Ich ziehe mich für dich an.)*

Steht das Gerundium für sich — wenn es sich um eine adverbiale Verwendung des Gerundiums handelt — wird das Pronomen angehängt.

Beispiel: Terminándo**lo**, tendrás una pequeña victoria.
        (Indem du es fertigstellst, wirst du einen kleinen Sieg haben.)

Ferner besteht die Möglichkeit das Gleiche im Präsens mit einem Signalwort ausdrücken, ohne das Gerundium zu benutzen. Hierfür eignen sich:

Últimamente *(In letzter Zeit)*, **estos últimos meses** *(in den letzten Monaten)*,
desde hace algún tiempo *(seit einiger Zeit)*.

Beisipiel: *Desde hace algún tiempo* **trabajo** *de camarero en un discoteca.*
        (Seit einiger Zeit arbeite ich als Kellner in einer Diskothek.)

Das Gerundium kann ebenso in Verbindung mit dem Imperfekt (siehe Lección 20) auftreten.

Beispiel: Estaba (Imperfekt) con unos amigos en Madrid, viendo (gerundio) el partido de fútbol.
        (Ich war mit einigen Freunden in Madrid und habe mir das Fußballspiel angeschaut.)

LECCIÓN 14
ME CUESTA COMPRENDER EL ESPAÑOL
ES FÄLLT MIR SCHWER SPANISCH ZU VERSTEHEN

In dieser Lección lernen Sie, wie Sie sich folgendermaßen ausdrücken können:

Sie lernen:

- zu sagen, dass Sie gerne in der Zukunft etwas tun würden
- wie jemand sagen kann, dass er es schwierig findet, etwas zu tun
- verschiedene Ausdrücke von Gefühlen.

Sie üben:

- wie man Empfehlungen gibt
- wie man sagt, wenn man jemandem auf körperlicher oder charakterlicher Ebene ähnelt
- wie ähnlich andere Menschen einander sind
- wie jemand sagt, dass er einen bestimmten Eindruck von jemand anderem hat
- wie man erklärt, wie man mit jemand anderem zurechtkommt (gut oder schlecht).

Sie lernen auch Verben zu unterscheiden, die reflexiv und nicht-reflexiv verwendet werden können.

Grammatik
* Verben *gustaría*, *sentirse*, *ponerse*,
  dar, *pasar*, *costar*, *para* + Infinitiv + *va bien*,
  tienes que + *Verb im Infinitiv*,
  parecerse und *parecer*, *llevarse* und *llevar*

Wortschatz
Beschreibende Adjektive über:
— Gefühle
— Beschreibung von Personen
— körperliches Aussehen

A MÍ ME GUSTARÍA/A ELLA LE GUSTARÍAN
AUSDRÜCKE FÜR WÜNSCHE

Ich wünsche mir, etwas zu tun, was mir gefällt. Dies hat nichts mir der Realität zu tun; es ist nur ein Wunsch, der beschreibt, was ich tun möchte.

Beispiel: A mí **me gustaría** nadar en el mar.   *(Ich wünsche mir im Meer schwimmen zu gehen.)*

(a mí)	**<u>me</u>**	gustaría	leer.	*(lesen.)*
= obligatorisch			**+ Verb im Infinitiv**	
(a ti)	**te**			
(a él/ella/usted)	**le**	gustaría<u>n</u> las playas.		*(die Strände.)*
(a nosotros/-as)	**nos**	**(bei Substantiven im Plural)**		
(a vosotros/-as)	**os**			
(a ellos/ellas/ustedes)	**les**			

Die folgenden Verben können wie ***gustar***, und daher wie oben gezeigt, verwendet werden:

encantar *(verzaubern, faszinieren, begeistern)*; **parecer** *(aussehen)*; **interesar** *(interessieren)*; **importar** *(wichtig sein)*; **caer** *(fallen)*; **doler** *(schmerzen)*; **traer** *(bringen)*; **molestar** *(belästigen)*.

EXPRESAR GUSTOS Y PREFERENCIAS
FREUDEN UND VORLIEBEN AUSDRÜCKEN

Nos ha gustado + <u>Verb</u> i<u>m</u> <u>Infinitiv</u>   *(Uns hat es gut gefallen, zu …/Wir haben gerne …)*
Nos ha gustado + <u>realizar</u> este proyecto.   *(Wir haben dieses Projekt gerne durchgeführt.)*

Nos ha gustado + <u>Substantiv</u> <u>im</u> <u>Singular</u>
Nos ha gustado <u>la paella</u>.   *(Uns hat die Paella gut geschmeckt.)*

Nos ha<u>n</u> gustado + <u>Substantiv</u> <u>im</u> <u>Plural</u>
Nos han gustado <u>las tapas</u>.   *(Uns haben die Tapas gut geschmeckt.)*

Und

gustar *(gefallen, mögen, gern tun, gernhaben)*
Esto **me** gusta mucho. (yo)   *(Das mag **ich** sehr.)*
Esto **te** gusta mucho. (tú)   *(Das magst **du** sehr.)*

Sowie

* Las cosas **que más me gustan** son el cine y la música.
  (Die Sachen, die mir am meisten gefallen, sind Kino und Musik.)

* **Mi sueño** *(mein Traum)* **es** ir a un concierto de los Rolling Stones.
  (Mein Traum ist es, zu einem Konzert der Rolling Stones zu gehen.)

* **Mis pasiones son** los viajes y la fotografía.
  (Meine Leidenschaften sind Reisen und Fotografieren.)

* **Mi** fotógrafo **favorito** es …
  (Mein Lieblingsfotograf ist …)

* Los partidos de fútbol **son muy interesantes**.
  (Die Fußballspiele sind sehr interessant.)

Das Verb **parecer** *(scheinen, wirken, aussehen)* kann auch in der gleichen Form wie das Verb **gustar**, im *pretérito indefinido* (Lección 18), verwendet werden.

(A mí)	me		excelente/s *(ausgezeichnet)*
(A ti)	te	**pareció** *(es schien - mir, dir, uns, etc.)*	muy bueno/-a/-os/-as *(sehr gut)*
(A él/ella/usted)	le		una maravilla *(ein Wunder)*
(A nosotros/-as)	nos	**parecieron** *(sie schienen - mir, dir etc.)*	una pardela *(ein Sturmvogel)*
(A vosotros/-as)	os		una rosa *(eine Rose)*
(A ellos/ellas/ ustedes)	les		aburrido/-a/-os/-as *(langweilig)*

ME SIENTO
ICH FÜHLE MICH

Sentir<u>se</u> *(<u>sich</u> fühlen)* — reflexiv

<u>Me</u>	siento	feliz. *(Ich fühle mich glücklich.)* + **adjetivo (Adjektiv)**
<u>Me</u>	siento	bien/mal. *(Ich fühle mich gut/schlecht)* + **adverbio (Adverb)**

Me	siento		*(Ich fühle mich traurig.)*
Te	sientes		*(Du fühlst dich traurig.)*
Se	siente	**triste/-s.**	*(Er/Sie fühlt sich traurig./Sie fühlen sich traurig.)*
Nos	sentimos		*(Wir fühlen uns traurig.)*
Os	sentís		*(Ihr fühlt euch traurig.)*
Se	sienten		*(Sie/sie fühlen sich traurig.)*

Mehrere Adjektive, die Gefühle ausdrücken

inseguro/-a *(unsicher)*; **frustrado/-a** *(frustriert)*; **ridículo/-a** *(lächerlich)*; **fatal** *(schrecklich)*; **genial** *(brillant)*; **feliz** *(glücklich)*; **contento/-a** *(zufrieden)*; **alegre** *(heiter)*.

Sentirse	+ <u>Adjektiv</u>	+ <u>cuando</u>	+ <u>verändertes</u> <u>Verb</u> im <u>presente</u>.
Me siento	ridículo/-a	cuando	no puedo hablar español.
(Ich fühle mich	*lächerlich,*	*wenn*	*ich nicht Spanisch sprechen kann.)*
Me siento	inseguro/-a	cuando	hablo con nativos.
(Ich fühle mich	*unsicher,*	*wenn*	*ich mit Einheimischen spreche.)*

<u>Me</u> <u>siento</u> <u>bien</u> cuando tengo clases particulares con un profesor bueno.
Puedo preguntar lo que sea. Esto es muy importante para mí.
(Ich fühle mich gut, wenn ich bei einem guten Lehrer Privatunterricht habe.
Ich kann alles fragen. Das ist sehr wichtig für mich.)

Me <u>siento</u> <u>inseguro</u> cuando mis compañeros de clase hablan español muy bien.
(Ich fühle mich unsicher, wenn meine Klassenkameraden sehr gut Spanisch sprechen.)

Me <u>siento</u> <u>ridícula</u> cuando no me acuerdo de las palabras españolas.
(Ich fühle mich lächerlich, wenn ich mich nicht an die spanischen Wörter erinnere.)

Me <u>siento</u> <u>fatal</u> cuando estoy en clase sin decir una palabra.
(Ich fühle mich schrecklich, wenn ich im Unterricht bin ohne ein Wort zu sagen.)

Me <u>siento</u> <u>mal</u> cuando el profesor me pregunta en clase y no entiendo nada.
(Ich fühle mich schlecht, wenn der Lehrer mich im Unterricht fragt und ich nichts verstehe.)

Cuando leo un texto o escucho una conversación, <u>me</u> <u>siento</u> <u>un</u> <u>poco</u> <u>frustrada</u> cuando no entiendo todas las palabras.
(Wenn ich einen Text lese oder einem Gespräch zuhöre, fühle ich mich ein wenig frustriert, wenn ich nicht alle Wörter verstehe.)

Andere Ausdrucksformen

Para mí **es muy difícil** <u>entender</u> películas en español.
(Für mich ist es sehr schwer, Filme auf Spanisch zu <u>verstehen</u>.)

Para mí **son muy difíciles** <u>las</u> <u>palabras</u> <u>largas</u>.
(Für mich sind die <u>langen</u> <u>Wörter</u> sehr schwer.)

PONERSE
GEGENWÄRTIGE GEFÜHLE AUSDRÜCKEN

Gefühle können auch mit dem reflexiven Verb ***ponerse*** ausgedrückt werden. Es wird verwendet, wenn jemandem im gegenwärtigen Zeitpunkt gefühlsmäßig etwas widerfährt. Zum Beispiel, in diesem Moment wird man wegen irgendetwas ein bisschen launisch, oder etwas macht jemanden in diesem Moment traurig. Die folgenden Ausdrücke sind Beispiele:

ponerse nervioso/-a *(nervös werden)*; **ponerse rojo/-a** *(rot werden)*;
ponerse histérico/-a *(hysterisch werden)*; **ponerse de buen humor** *(gute Laune bekommen)*;
ponerse de mal humor *(schlechte Laune bekommen)*; **ponerse triste** *(traurig werden)*;
ponerse contento/-a *(zufrieden werden)*.

Dies wird anhand des folgenden Beispiels ***ponerse*** ***nervioso/-a*** veranschaulicht. Die anderen Ausdrucksformen werden jedoch auf die gleiche Weise (wie in diesem Beispiel) konjugiert.

(yo)	**me pongo** *(Ich werde)*	
(tú)	**te pones** *(du wirst)*	
(él/ella/usted)	**se pone** *(er/sie wird/Sie werden - Singular)*	nervioso/-a *(nervös)*
(nosotros/nosotras)	**nos ponemos** *(wir werden)*	
(vosotros/vosotras)	**os ponéis** *(ihr werdet)*	nerviosos/-as *(nervös)*
(ellos/ellas/ustedes)	**se ponen** *(sie werden/Sie werden - Plural)*	

DAR *(ETWAS MACHT MIR)*
AUSDRUCK VON GEFÜHLEN

Das Verb **dar** heißt *geben*, aber in der Wendung **me da miedo** bedeutet es:

Etwas macht (gibt) mir Angst.

Beispiel: **Me da miedo** preguntar. *(Ich habe Angst zu fragen.)*

Aber: **Me da vergüenza** decir la verdad. *(Ich schäme mich die Wahrheit zu sagen.)*

Da da das Verb **dar** immer von einem Substantiv im Singular oder Plural abhängig ist, das den Auslöser für das Gefühl darstellt, wird **dar nur in der 3. Person Singular** und **Plural** verwendet.

Dies wird am Beispiel *dar miedo* veranschaulicht.

(a mí)	**me**	da	- miedo -	salir a la pizarra (**LatAm** la pizarrón). *(Es macht mir Angst an die Tafel zu gehen.)*
(a mí = obligatorisch)				**Infinitiv des Verbs (salir)**
a mí	**me**	da	- miedo -	la tarántula. *(Die Tarantel macht mir Angst.)* **Substantiv Singular (la tarántula)**
a mí	**me**	da<u>n</u>	- miedo -	los insecto<u>s</u>. *(Die Insekten machen mir Angst.)* **Substantiv Plural (los insectos)**
(a ti)	**te**			
(a él/ella/usted)	**le**			
(a nosotros/-as)	**nos**			
(a vosotros/-as)	**os**			
(a ellos/ellas/ustedes)	**les**			

Andere Formulierungen mit **dar** sind:

dar vergüenza *(sich schämen)*; **dar enorgullecer** *(etwas macht einen stolz)*; **dar pánico** *(etwas lässt einen panisch werden)*; **dar pena** + **dar lástima** *(etwas tut einem leid)*; **dar asco** *(sich ekeln)*; **dar confianza** *(etwas flößt einem Vertrauen ein)*; **dar alegría** *(etwas macht einem Freude)*; **dar cansancio** *(etwas ermüdet einen)*; **dar frío** *(frieren lassen)*; **dar miedo** *(etwas macht einem Angst)*.

(A mí)	**me**		vergüenza	
(A ti)	**te**	**da** *(es macht)*	miedo enorgullecer confianza	salir a la pizarra. Verb im Infinitiv (**LatAm** – salir a la <u>pizarrón</u>.) *(an die Tafel zu gehen.)*
(A él/ella/usted)	**le**		asco pánico	la tarántula. Substantiv Singular *(die Tarantel.)*
(A nosotros/-as)	**nos**	**dan**	fatiga	los viajes. Substantiv Plural *(die Reisen.)*
(A vosotros/-as)	**os**		pena	
(A ellos/ellas/ustedes)	**les**		alegría	

PASAR
POSITIVE UND NEGATIVE GEFÜHLE AUSDRÜCKEN

Die Formulierungen **pasar en grande** (eine großartige Zeit haben), **pasar genial** (eine tolle Zeit haben, viel Spaß haben) werden verwendet um positive Gefühle oder Erfahrungen auszudrücken. Für negative Gefühle wird der Ausdruck **pasar fatal** (eine schreckliche Zeit haben) verwendet.

ME CUESTA
ES FÄLLT MIR SCHWER

Die übliche Bedeutung des Verbs **costar** ist _kosten_. In der Redewendung **me cuesta** wird jedoch zum Ausdruck gebracht, dass _jemandem etwas schwer fällt_. Diese Formulierung ist unpersönlich (impersonal) und wird daher wie die Wendung **me gusta** verwendet.

Es fällt mir schwer …

(a mí)	**me**	cuesta	leer. _(Es fällt mir schwer zu lesen.)_
= obligatorisch			**Verb im Infinitiv**
a mí	**me**	cuesta	la gramática. _(Die Grammatik fällt mir schwer.)_
			Substantiv Singular
a mí	**me**	cuestan	los ejercicios. _(Die Übungen fallen mir schwer.)_
			Substantiv Plural
(a ti)	**te**		
(a él/ella/usted)	**le**		
(a nosotros/-as)	**nos**		
(a vosotros/-as)	**os**		
(a ellos/ellas/ustedes)	**les**		

Beispiel: Me cuesta **mucho** pronunciar _la erre_ española.
      (Es fällt mir **sehr** schwer, das spanische r auszusprechen.)

Me cuestan mucho los verbos irregulares.   _(**Mir fallen** die irregulären Verben sehr **schwer**.)_

También **me cuesta** la pronunciación.   _(**Mir fällt** auch die Aussprache **schwer**.)_

También **me cuesta** entender los textos.   _(**Mir fällt es** auch **schwer**, die Texte zu verstehen.)_

Wenn vor **me cuesta** ein **no** steht, lautet die Phrase **no me cuesta**. Das bedeutet, das etwas für jemanden **nicht schwierig** ist. Die obige Verwendung bleibt jedoch gleich.

Beispiel: No me cuesta leer.
      (Es fällt mir nicht schwer zu lesen.)

Oder   Al hermano perfecto no le cuesta ayudarme con mis problemas.
      (Dem perfekten Bruder fällt es nicht schwer, mir bei meinen Problemen zu helfen.)

Beispieltexte, die diese Begriffe und andere Ausdrücke verwenden, finden Sie auf der nächsten Seite.

Text für positive Ausdrücke bei Lehrfächern
¿Cuál es tu asignatura favorita?

Mónica   Francés. **Me gusta** aprender cosas sobre la revolución francesa. Es muy divertido hablar francés. Cantamos canciones francesas los martes y los viernes y **me pongo muy contenta** esos días.

María   A mí **me encantan** las matemáticas. **Me la paso genial** cuando resuelvo una ecuación complicada.

Pedro   Latín. **Me lo paso en grande** leyendo los textos latinos. Además, **me encanta** la medicina, así que es útil aprender latín.

Pablo   La física. A mí me parece muy fácil, porque a mí **me apasiona** resolver problemas difíciles, y cuando los termino **me siento fantástico**.

Text für negative Ausdrücke bei Lehrfächern
¿Qué asignatura no te gusta nada?

Mónica   ¡La física! No entiendo nada de eso y por eso **me siento muy frustrada**. No me gusta mucho asistir a clase. La asignatura **me pone muy triste**; **me quedo hecha polvo**.

María   Latín. **No me gusta** nada. **Me molesta** tener que aprender tantas palabras. En general **me quedo en blanco**.

Pedro   El alemán. Me cuesta mucho. **Me siento ridículo** hablando alemán. No sé, **me da vergüenza** reconocerlo.

Pablo   Las matemáticas. **Lo paso fatal** en los exámenes. **Me da miedo** y **me pongo muy nervioso**.

VA BIEN UND TIENES QUE
VORSCHLÄGE UNTERBREITEN

Hacer recomendaciones (recomendar) — Vorschläge machen.
Die hier vorgestellte Konstruktion beginnt mit **Para + Infinitivo**, um anzugeben, für welche Aktivität man eine Empfehlung benötigt. Der zweite Teil der Konstruktion ist **va (muy) bien** was bedeutet—*ist es hilfreich/sollte man*. Der Wendung **va muy bien** kann ein Infinitiv oder ein Substantiv im Singular oder Plural folgen.

Va bien *(ist es hilfreich, sollte man)*

Para estudiar *(um zu lernen)* la gramática española *(Um die spanische Grammatik zu lernen, ist es (sehr) hilfreich, die Zeitung zu lesen.)*	**va (muy) bien**	leer el periódico. **+ Verb im Infinitiv.**
Para curar una enfermedad grave, *(Um eine schwere Krankheit auszukurieren, ist es (sehr) hilfreich ins Krankenhaus zu gehen.)*	**va (muy) bien**	el hospital. **+ Substantiv Singular.**
Para perder el miedo a hablar español, *(Um die Angst zu verlieren, Spanisch zu sprechen, sind Austausche (sehr) hilfreich.)*	**van (muy) bien**	los intercambios. **+ Substantiv Plural.**

Andere Beispiele für die Verwendung von **_va bien_**.

* Yo creo que **va bien** practicar mucho para no correr ningún riesgo.
   (Ich glaube, es ist hilfreich, viel zu üben, um auf der sicheren Seite zu sein.)

* Yo creo que **va bien** cantar muchas canciones en una lengua extranjera.
  (Ich glaube, es ist hilfreich, viele Lieder in einer Fremdsprache zu singen.)

* Para eso **va bien** repetir muchas veces las palabras.
  (Dafür ist es hilfreich, oft die Wörter zu wiederholen.)

Tienes que/Tiene que *(Du musst/Sie müssen)*

Bei dieser Wendung folgt <u>immer</u> ein Verb im Infinitiv. Es drückt ein starkes Bedürfnis oder eine Verpflichtung aus.

Para estudiar *(um zu studieren)* la gramática española, **tienes que** <u>leer</u> el periódico.
(Um die spanische Grammatik zu lernen, **musst du/solltest du** *die Zeitung <u>lesen</u>.)*
+ Verb im <u>Infinitiv</u>.

<u>Beispiel:</u>
* Creo que **tienes que** <u>leer</u> más libros.
  (Ich glaube **du musst** *mehr Bücher <u>lesen</u>.)*
* **Tienes que** <u>mirar</u> a los ojos de la gente para saber si te dicen la verdad.
  *(**Du musst** den Menschen in die Augen <u>sehen</u>, um zu erkennen, ob sie dir die Wahrheit sagen.)*
* **Tienes que** <u>resolver</u> muchas ecuaciones complicadas para pasar el examen.
  *(**Du musst** viele komplizierte Gleichungen <u>lösen</u>, um die Prüfung zu bestehen.)*
* **Tienes que** <u>comer</u> muchas comidas ligeras.
  *(**Du musst** viele leichte Gerichte <u>essen</u>.)*

Übung 51
En las siguientes oraciones, subraya la opción correcta de las palabras en negrita.
Wählen Sie die korrekte Option von den angeschwärzten Wörtern in folgenden Sätzen aus.

1. A nosotros nos **cuesta/cuestan** estudiar alemán.
2. Me **cuesta/cuestan** comprender las películas en español.
3. Para curar una inflamación de los ojos **va/van** muy bien las gotas para los ojos.
4. A Carmen le **cuesta/cuestan** las clases.
5. Para tener buena memoria **va/van** muy bien los crucigramas.
6. Para descansar **va/van** muy bien escuchar música.
7. Me **cuesta/cuestan** los tratamientos médicos.

para curar una inflamación *(um eine Entzündung zu heilen)*; **las gotas para los ojos** *(die Augentropfen)*; **la memoria** *(das Gedächtnis)*; **los crucigramas** *(die Kreuzworträtsel)*; **descansar** *(ausruhen)*; **la música** *(die Musik)*; **los tratamientos médicos** *(die medizinischen Behandlungen)*

UNTERSCHIED ZWISCHEN *PARECERSE A* UND *PARECER*

Mi abuela dice que <u>me</u> <u>parezco</u> a mi madre, pero yo creo que <u>me</u> <u>parezco</u> mucho más a mi padre. Soy bajo, como él, y los dos tenemos los ojos marrones. En cuanto al carácter, <u>me</u> <u>parezco</u> más a mi madre ...
(Meine Grossmutter sagt, dass ich meiner Mutter ähnle, aber ich glaube, dass ich mehr meinem Vater gleiche. Ich bin klein wie er und wir beide haben braune Augen. Vom Wesen her bin ich mehr meiner Mutter ähnlich ...)

Parecer(se) a ist reflexiv. Es ist ein Ausdruck, um die Ähnlichkeit zwischen einer Person und einer anderen (oder mehreren) oder die Ähnlichkeit zwischen anderen Personen zu beschreiben, jedoch nur in Bezug auf körperliche Ähnlichkeit oder ihrer persönlichen Qualitäten.

Beispiel: Yo me parezco a mi padre.   (Ich bin meinem Vater ähnlich.)

(yo)	me pare**zco**	(ich bin ähnlich)
(tú)	te pareces	(du bist ähnlich)
(él/ella/usted)	se parece	(er/sie ist ähnlich/Sie sind ähnlich)
(nosotros/-as)	nos parecemos	(wir sind ähnlich)
(vosotros/-as)	os parecéis	(ihr seid ähnlich)
(ellos/ellas/ustedes)	se parecen	(sie sind ähnlich/Sie sind ähnlich)

- ¿Y este? ¿Es el padre? ¿Es la pareja de Mónica?
   (Und der hier? Ist er der Vater? Ist er der Lebensgefährte von Monika?)
- No, este es el hermano de Miguel, Pedro. ¿No ves que se <u>parecen</u> mucho?
   (Nein, das ist der Bruder von Miguel, Pedro. Sehen sie sich nicht sehr ähnlich?)
- Sí, es verdad, tienen la misma frente, la misma boca …
   (Ja, stimmt, sie haben die gleiche Stirn, den gleichen Mund …)

* **<u>Parece</u> <u>agradable</u>**, ¿no?
   (Er scheint nett, nicht?)
- Sí, es muy amable. En eso <u>se</u> <u>parece</u> a Mónica.
   (Ja, er ist sehr liebenswürdig. Diesbezüglich ist er Monika ähnlich.)

* <u>Parecer</u> *(scheinen, wirken)*

Dies wird für eine oder mehrere Personen verwendet, die nicht gut bekannt sind und von denen angenommen wird, dass sie bestimmte Charaktereigenschaften haben. Genauer gesagt, es drückt aus, dass jemand einen gewissen Eindruck von jemandem hat, den er nicht gut kennt.

Es <u>kann</u> wie das Verb *gustar* konjugiert werden.

Beispiel: María me parece muy simpática.   *(Maria scheint mir sehr sympathisch.)*

Übung 52
Completa la conversación con la forma correcta de los verbos *parecer* y *parecerse*.
Vervollständigen Sie die Konversation mit den jeweils richtigen Formen der Verben *parecer* und *parecerse*.

1. ¿Tú .... más a tu padre o a tu madre?
2. Elvira y yo .... mucho.
3. José .... un chico muy explosivo.
4. Carmen .... muy simpática y amable.

<u>Una página web de contactos</u> *(<u>Webseite für Kontaktanzeigen</u>)*
Übersetzung Nr. 14

1) **Médico soltero busca …**
Me llamo Pedro. Tengo 41 años, y estoy soltero. Soy rubio, llevo bigote, y tengo los ojos marrones. Soy una persona comprensiva y sincera. Me gusta mucho hacer viajes. Quiero conocer a una mujer amable, pelirroja, delgada, de entre 30 y 38 años para una relación seria.

2) **Mónica**
Soy una mujer algo mayor. Tengo 55 años, pero soy delgada, morena, y muy deportista. Tengo los ojos verdes y el pelo largo. Soy profesora de español. Soy cariñosa e inteligente. Busco a un hombre de mentalidad abierta, activo y guapo, con los ojos claros.

3)   Miguel

¡Hola! Me llamo Miguel y tengo 25 años, mido 1,90 m, y peso 84 kilos. Soy moreno y tengo los ojos verdes. Me parezco un poco a Arnold Schwarzenegger. Trabajo en un gimnasio; me encantan el culturismo y el boxeo. Quiero conocer a una chica delgada, rubia, deportista, y guapa.

4)   Elvira

Tengo 48 años y soy nutricionista. Soy morena y tengo los ojos azules. Vivo con mis dos gatos en un piso. Me encanta hacer paellas. Busco a un hombre delgado, activo, divertido, y con un buen carácter para una relación seria.

5)   José

Hola, soy José. Tengo 40 años. Soy ingeniero y muy inteligente. Soy calvo, llevo perilla y gafas. Me encantan la jardinería y la naturaleza. Tengo dos perros y tres gatos. Vivo en una casa grande y tengo suficiente espacio. Quiero conocer a una mujer de más de 35 años, simpática, inteligente, y guapa.

Übung 53

Completa las casillas. ¿Cómo es cada persona descrita en el ejercicio anterior?
Füllen Sie folgende Tabelle aus. Wie ist jede Person in der vorherigen Übung beschrieben?

Beschreibung des Aussehens mit *soy*, *tengo*, *llevo*	Beschreibung des Charakters	Was mögen sie? z. B.: Hobbys?	Was möchten sie haben?

Übung 54

Coloca en el cuadro las siguientes palabras y expresiones.
Übertragen Sie in die Tabelle folgenden Wörter und Ausdrücke.

gordo/-a *(dick)*   **el bigote** *(der Schnurrbart)*   **pelirrojo/-a** *(rotes Haar)*
una barba *(ein Bart)*   **una falda** *(ein Rock)*   **los ojos oscuros** *(die dunklen Augen)*
calvo/-a *(kahlköpfig)*   **simpático/-a** *(sympathisch)*   **el pelo liso** *(das glatte Haar)*
una camisa azul *(ein blaues Hemd)*

SER *(sein)*	TENER *(haben)*	LLEVAR *(tragen)*
gordo/-a *(dick)*	los ojos oscuros *(die dunklen Augen)*	una barba *(einen Bart)*

Unterschied zwischen *llevarse* und *llevar*

Llevar wird verwendet, wenn man etwas trägt (z. B.: Bart, Gegenstand, Kleidung, Brille).

Llevo pantalones.		*(Ich trage Hosen.)*
Él lleva un bigote.		*(Er trägt einen Schnurrbart.)*
Mi hijo lleva la maleta.		*(Mein Sohn trägt den Koffer.)*
Llevo gafas en la escuela.		*(Ich trage in der Schule eine Brille.)*

(yo)	llevo	*Ich trage*
(tú)	llevas	*du trägst*
(él/ella)	lleva	*er/sie trägt*
(usted)	lleva	*Sie tragen (Singular)*
(nosotros/-as)	llevamos	*wir tragen*
(vosotros/-as)	lleváis	*ihr trägt*
(ellos/ellas)	llevan	*sie tragen*
(ustedes)	llevan	*Sie tragen (Plural)*

Die Formulierung **llevar encima** hat die Bedeutung: *mit sich herumtragen, bei sich haben.*
Beispiel: Nunca lleva pañuelo encima.   *(Er hat nie ein Taschentuch bei sich.)*

Llevar(se) ist reflexiv und drückt aus, wie jemand mit einer Person oder mit mehreren anderen Personen auskommt.

* Me llevo <u>bien</u> **con** alguien (= una persona).	*(Ich komme <u>gut</u> mit jemandem aus.)*
* Me llevo <u>mal</u> **con** alguien (= una persona).	*(Ich komme <u>schlecht</u> mit jemandem aus.)*

Bewertung einer Beziehung mit:

Llevarse bien/mal con

(yo)	**me llevo**	*(ich verstehe mich)*	
(tú)	**te llevas**	*(du verstehst dich)*	
(él/ella/ usted)	**se lleva**	*(er/sie versteht sich/ Sie verstehen sich)*	bien/mal (con ...)
(nosotros/nosotras)	**nos llevamos**	*(wir verstehen uns)*	gut/schlecht (mit ...)
(vosotros/vosotras)	**os lleváis**	*(ihr versteht euch)*	
(ellos/ellas/ ustedes)	**se llevan**	*(sie verstehen sich/ Sie verstehen sich)*	

Beispiel:
* María se lleva <u>muy bien</u> con su hermana.	*(Maria kommt <u>sehr gut</u> mit ihrer Schwester aus.)*
* Me llevo <u>bien</u> con mi hermano.	*(Ich komme <u>gut</u> mit meinem Bruder aus.)*
* Me llevo <u>mal</u> con mi jefe.	*(Ich komme <u>schlecht</u> mit meinem Chef aus.)*
* Rosa se lleva <u>muy mal</u> con su hermana.	*(Rosa kommt <u>sehr schlecht</u> mir ihrer Schwester aus.)*
* Me llevo <u>fatal</u> con mi suegro.	*(Ich komme <u>überhaupt nicht</u> mit meinem Schwiegervater aus.)*

Wie schon erwähnt, drückt *llevar* + *gerundio* auch aus, wie lange eine bestimmte Aktion bereits durchgeführt wurde, wenn ein bestimmter Zeitraum angegeben wurde.

Beispiel: Llevo dos horas trabajando.   *(Ich arbeite seit zwei Stunden.)*

Übung 55

¿Llevar o llevarse? Completa las frases.
¿Llevar oder llevarse? Vervollständigen Sie die Sätze.

1. .... mis gafas, pero no me gustan.
   a. llevo   b. me llevo

2. Pedro .... bien con sus suegros.
   a. lleva   b. se lleva

3. Pablo .... barba.
   a. lleva   b. se lleva

4. Carmen y yo .... bien con nuestros compañeros de clase.
   a. llevamos   b. nos llevamos

5. Pedro .... bigote.
   a. lleva   b. se lleva

Übung 56

Forma conexiones posibles con los elementos de las dos columnas. Puede haber varias posibilidades.
Bilden Sie mögliche Verbindungen mit den Elementen der beiden Spalten; es kann mehrere Verbindungen geben.

		a.	vivir separados
		b.	bajo/-a
		c.	a su abuela
1.	ser	d.	un abrigo negro
2.	estar	e.	amable
3.	parecer	f.	pelirrojo/-a
4.	llevarse	g.	soltero/-a
5.	parecerse	h.	majo/-a
6.	tener	i.	gafas
7.	llevar	j.	novio
		k.	los ojos azules
		l.	bien con todos los compañeros de clase.
		m.	a mi padre

LECCIÓN 15
¿TE GUSTA EL CORDERO?
MAGST DU LAMM?

In dieser Lección lernen Sie eine Menge Vokabeln über Geschirr, Lebensmittel — deren Zubereitung, sowie Aromen. Es geht um unpersönliche und persönliche Anweisungen sowie Kochaufgaben.

Außerdem wird gezeigt, wie allgemeine Ratschläge mit und ohne direkte Objektpronomen gegeben werden. Es folgen die Strukturen, mit denen jemand anhand seiner Kleidung, seines Aussehens oder seiner aktuellen Position (an der er sich gerade befindet) beschrieben wird.

Es werden auch Formulierungen behandelt, mit denen ausgedrückt werden kann, dass etwas getan werden muss oder dass sich jemand darauf freut, etwas zu tun.

Grammatik
* Das unpersönliche *se*
* Unpersönliche Ratschläge mit:
  lo mejor es, **va (muy) bien**, **hay que**
* Persönliche Ratschläge mit:
  deber, **tener que**, **tiene/s que**, **debe/s**,
  debería/s, **puede/s**, **intente/a**, **pruebe/a**
* Direkte Objektpronomen: **lo**, **la**, **los**, **las**
* Identifizierung von Personen mit: **el**, **la**, **los**, **las**
* Sich freuen, etwas zu tun: **tener ganas**

Wortschatz
Geschirr
Zubereitung von Essen
Lebensmittel
Geschmacksrichtungen

LA COMIDA (DAS ESSEN)

Los platos (Das Geschirr)	La preparación (Die Zubereitung)	Términos generales (Allgemeine Begriffe)
la cafetera (die Kaffeemaschine)	cocer, unregelmäßig: o wird zu ue (kochen, auch backen)	el alimento (das Nahrungsmittel das Lebensmittel)
el refrigerador (der Kühlschrank)	calentar, unregelmäßig: e wird zu ie (erwärmen)	el filete (das Filet)
la olla (der Topf)	asar (braten)	fresco, fresca (frisch)
el plato (der Teller)	pelar (schälen)	el hambre (der Hunger)
el vaso (das Glas)	cortar (schneiden)	tener hambre (hungrig sein)
el cuchillo (das Messer)	congelar (einfrieren)	la sed (der Durst)
el tenedor (die Gabel)	lavar (waschen)	tener sed (durstig sein)
los cubiertos (das Besteck)	batir (schlagen)	beber (trinken)
la cuchara (der Löffel)	cocinar al vapor (dämpfen)	el apetito (der Appetit)
la cucharilla (der Teelöffel)	al horno (im Ofen gebraten)	¡Qué aproveches! (Guten Appetit!)
las servilletas (die Servietten)	a la plancha (auf einer heißen Metallplatte gebraten)	¡Buen provecho! (Guten Appetit!)
el mantel (die Tischdecke)	estar crudo/-a (roh sein)	¡Salud! (Prost!)
la taza (die Tasse)	picar (zerhacken, zerkleinern)	el sabor (der Geschmack)
el horno (der Backofen)	un guisado (ein Eintopf)	saber (schmecken)
la cocina (der Herd)	freír (frittieren)	rico, rica (lecker)
el wok (der Wok)	echar (eingießen)	una botella (eine Flasche)
la sartén (die Pfanne)	calor (Wärme/Hitze)	una lata (eine Dose)
la tapa (der Deckel)	mezclar (mischen)	un trozo (ein Stück)
la tetera (die Teekanne)	hervir (in Wasser kochen)	una docena (ein Dutzend)
el platillo (die Untertasse)	cortados a dados (in Würfel geschnitten)	la comida (die Mahlzeit, das Essen)
la cazuela (der Kochtopf)	cocinar (kochen — hier ist es die Aktivität kochen)	la jarra (der Krug)
el abrelatas (der Dosenöffner)	hecho, hecha (gar)	la bolsa de compras (die Einkaufstasche)
el abrebotellas (der Flaschenöffner)	crudo, cruda (roh)	maduro, madura (reif)
la báscula (die Waage)	en su punto (gut durch)	verde (unreif — Obst)
el cubo de basura (der Mülleimer)	la gota (der Tropfen)	un cartón (ein Karton aus Pappe)

Los platos (Das Geschirr)	La preparación (Die Zubereitung)	Términos generales (Allgemeine Begriffe)
la estufa (der Ofen; in Mexico, Guatemala)	poner al fuego (aufsetzen aufs Feuer)	seco, seca (trocken)
la vitrocerámica (das Ceran(koch)feld)	aliñar (anmachen — den Salat)	con gas (mit Kohlensäure)
el (horno) microondas (die Mikrowelle)	condimentar (würzen)	recién exprimido/-a (frisch gepresst)
el congelador (der Gefrierschrank)	preparar (zubereiten)	la dieta (die Diät)
el lavaplatos (die Geschirrspülmaschine)	asar a la parrilla (grillen) hacer una barbacoa (ein Barbecue machen)	los alimentos dietéticos (die Reformkost)
la tostadora (der Toaster)	añadir (hinzufügen)	vegetariano/-a (vegetarisch)

La carne (Das Fleisch)	Los embutidos (Die Wurstwaren)	Las verduras (Das Gemüse)	El pescado y el marisco (Der Fisch + die Meeresfrüchte)
el cerdo (das Schwein)	el chorizo (die Paprikawurst)	el tomate (die Tomate)	el atún (der Tunfisch)
el pavo (die Pute)	el salchichón (die Salami)	la cebolla (die Zwiebel)	las sardinas (die Sardinen)
el pollo (das Huhn)	la salchicha (das Würstchen)	el ajo (der Knoblauch)	el calamar (der Tintenfisch)
la ternera (das Rind)	el jamón cocido (der gekochte Schinken)	el calabacín (die Zucchini)	la merluza (der Seehecht, der Hecht)
las albóndigas (die Fleischbällchen)	la salchicha de pavo (die Putenwurst)	el pepino (die Gurke)	el salmón (der Lachs)
la carne picada (das Hackfleisch)	el jamón serrano (der luftgetrocknete Schinken)	un espárragos (ein Spargel)	el pescado (der Speisefisch) el pez (der lebende Fisch, der im Wasser ist)

La fruta (Die Früchte)	Los productos lácteos (Die Milchprodukte)	El dulce (Das Süße)	Otros (Anderes)
la pera (die Birne)	el queso (der Käse)	el azúcar (der Zucker)	el pan (das Brot)
la manzana (der Apfel)	la margarina (die Margarine)	la tarta (die Torte)	el café (der Kaffee)
la fresa (die Erdbeere)	el yogur (der Yogurt)	el tiramisú (das Tiramisu)	el té (der Tee)
el plátano (die Banane)	el batido (das Milchshake)	los caramelos (die Bonbons)	las infusiones (die Kräuter- und Früchtetees)

La fruta (Die Früchte)	Los productos lácteos (Die Milchprodukte)	El dulce (Das Süße)	Otros (Anderes)
la frambuesa (die Himbeere)	el queso azul (der Edelpilzkäse)	el arroz con leche (der Milchreis)	el arroz (der Reis)
el melón (die Melone)	la leche (die Milch)	el pastel (der Kuchen)	las bebidas (die Getränke)
la naranja (die Orange)	la mantequilla (die Butter)	un praliné (eine Art Mandelkonfekt mit Karamell)	la cerveza (das Bier)
el dátil (die Dattel)	la nata (die Sahne, der Rahm)	el helado (das Eis)	la limonada (die Limonade)
el arándano (die Blaubeere)	un Camembert (ein Camembert)	el chocolate (die Schokolade)	el agua (das Wasser) una botella de agua (eine Flasche Wasser)
el limón (die Zitrone)	la crema catalana (Vanillecreme mit karamellisierter Zuckerkruste)	el flan (der Karamellpudding)	el zumo (LatAm jugo) de naranja (der Orangensaft)
la uva (die Traube)	el queso de cabra (der Ziegenkäse)	la miel (der Honig)	el cava (der Sekt)
la nuez (die Walnuss)	el queso fresco (der Frischkäse)	las galletas (die Kekse)	el huevo (das Ei)

Übung 57

Relaciona lo que forma una unidad de sentido. Verbinden Sie was zusammengehört.

1. un paquete
2. una caja
3. una barra
4. un trozo
5. un cartón
6. una bolsa
7. una lata
8. una docena
9. una botella

a) de pralines
b) de Camembert
c) de zumo (**LatAm** jugo) de naranja
d) de compras
e) de azúcar
f) de espárragos
g) de huevos
h) de leche
i) de pan

un paquete (eine Packung); **una caja** (eine Schachtel, eine Kiste); **una barra** (eine Stange)

Übung 58

Relaciona las preguntas con las repuestas. Verbinden Sie die Fragen mit den Antworten.

1. ¿Dónde compras el salmón?
2. ¿Dónde compras el té?
3. ¿Dónde tomas el té?
4. ¿Dónde está el pollo?
5. ¿Dónde están las manzanas?
6. ¿Cómo prefieres el filete?
7. ¿Dónde está el queso?
8. ¿Cómo haces el pollo?

a) La mayoría de las veces con vino, tomates, y pimientos.
b) En su punto.
c) Las he bajado al sótano.
d) Lo he puesto en el refrigerador.
e) En una pescadería.
f) En un salón de té.
g) Con limón y azúcar.
h) 20 minutos en el horno.

la pescadería (das Fischgeschäft); **el sótano** (der Keller); **el salón de té** (das Teehaus)

Übung 59
Completa las frases con las siguientes preposiciones: *a*, *con* y *de*.
Vervollständigen Sie die Sätze mit den folgenden Präpositionen: *a*, *con* und *de*.

1. De postre quiero yogur griego .... miel.
2. Me encanta la merluza .... la plancha.
3. Me gusta mucho el pollo asado .... patatas.
4. ¿Te gusta el té .... leche o .... limón?
5. ¿Me puede traer agua .... gas fría?
6. ¿El salmón va .... tallarines?
7. ¿Tenéis un zumo (*LatAm* jugo) .... limón?

Los sabores (*Die Geschmacksrichtungen*)

soso/-a *(fade)*	salado/-a *(salzig)*	ácido/-a *(sauer)*
dulce *(süß)*	picante *(scharf)*	amargo/-a *(bitter)*

Los platos (*Die Speisen, die Gerichte, die Teller*)

ligero/-a *(leicht)*	pesado/-a *(schwer bekömmlich)*	frío/-a *(kalt)*
caliente *(heiß)*	templado/-a *(lauwarm)*	cocido/-a *(gekocht)*
crudo/-a *(roh, ungekocht)*		

la carne *(das Fleisch)*	- poco hecha	*(nicht ganz durch)*
	- en su punto	*(medium gebraten)*
	- muy hecha	*(ganz durchgebraten)*

Übung 60
Relaciona estas comidas con un adjetivo.
Verbinden Sie diese Gerichte mit einem Adjektiv.

El flan	salado/-a
El estofado a la húngara	picante
El asado de cerdo	soso/-a
La sopa de verduras	dulce
La sepia cocida sin sal	ligero/-a
El jamón serrano	pesado/-a

Übung 61
Completa los diálogos.
Vervollständigen Sie die Dialoge.

soso/-a	dulce	picante	salado/-a

1. Quiero comer dos tabletas de chocolate con leche.
   Pues, para mí, el chocolate con leche es demasiado ....
2. ¿Quieres un trozo de jamón serrano?
   Hm, solo si no está demasiado ....
3. ¿Me gusta mucho la comida húngara.
   ¿De verdad? Creo que es un poco ...., ¿no?
4. Lo siento, creo que la merluza está un poco ....
   No pasa nada; me gusta sólo con un poco de sal.

UNPERSÖNLICHE ANWEISUNGEN

Cacerola de verduras

Ingredientes para 5 personas: cuatro patatas; cuatro zanahorias; dos calabacines; tres dientes de ajo; dos cebollas; cuatro tomates; 1/4 l caldo de verduras; aceite; sal; y pimienta negra.

Preparación:
Se pelan las patatas, las zanahorias, las cebollas, los dientes de ajo.
Se lavan los calabacines y **se cortan** todas las verduras en trozos pequeños.
Se calienta el aceite en una sartén y **se asan** todas las verduras.
Se condimentan con sal y pimienta negra y se mezcla todo.
Después, **se añade** el caldo de verduras y todo **se guisa** durante 10 minutos.
Mientras tanto, **se pelan** los tomates, **se cortan** en trozos grandes, y éstos **se mezclan** con la verdura en la sartén. **Se deja** reposar cinco minutos.

Das Folgende zeigt, wie man eine unpersönliche, allgemeine Aussage formuliert, wenn man darüber spricht:
- **wie man etwas machen soll** (zum Beispiel, in einem Rezept)
- **wie andere Leute etwas tun sollen**
- **wie man etwas selber macht.**

Eine dieser Formen ist:

SE + 3. Person eines Verbs (Singular oder Plural)

In einer allgemeinen Aussage über ein Restaurant (Singular):
En este restaurante **se** come muy bien.   *(In diesem Restaurant isst man sehr gut.)*

In einer Anweisung im Kochbuch (Plural):
Se lava**n** y **se** pela**n** las frutas …   *(Die Früchte werden gewaschen und geschält …)*

Zum Beispiel, in einem Rezept.

lavar	**se lava/n** *(wird/werden gewaschen)* *(oder auch: man wäscht)*	calentar	**se calienta/n** *(wird/werden erhitzt)* *(oder auch: man erhitzt)*
congelar	**se congela/n** *(wird/werden eingefroren)* *(oder auch: man friert ein)*	asar	**se asa/n** *(wird/werden gebraten)* *(oder auch: man brät)*
pelar	**se pela/n** *(wird/werden geschält)* *(oder auch: man schält)*	cocer	**se cuece/n** *(wird/werden gekocht)* *(oder auch: man kocht)*
echar	**se echa/n** *(wird/werden dazugegossen)* *(oder auch: man gießt dazu)*	hacer	**se hace/n** *(wird/werden gemacht)* *(oder auch: man macht)*
cortar	**se corta/n** *(wird/werden geschnitten)* *(oder auch: man schneidet)*	freír	**se fríe/n** *(wird/werden frittiert)* *(oder auch: man frittiert)*

2. Person Singular

Eine direkte persönliche Anweisung ist:

Tú comes fuera   *(Du isst draußen.)*

Wenn Anweisungen in der persönlichen, informellen, singulären (Du) Form gegeben werden:

<u>Beispiel</u>: Mira, primero pon**es** aceite en una sartén ...
*(Schau, als Erstes gibst **du** Olivenöl in eine Pfanne ...)*

UNPERSÖNLICHE AUSDRUCKSFORMEN

Im Spanischen bezieht sich die Verwendung mit *se* nicht auf eine bestimmte Person. Streng genommen beziehen sich unpersönliche Ausdrücke auf Personen im Allgemeinen und werden verwendet, um allgemeine Aussagen oder Fragen darüber zu machen, was **sie**, **wir**, **Sie** oder **Menschen** tun. Das macht sie unpersönlich.

* **3ª persona del singular**

En mi familia **se cena** a las ocho. + En mi familia cenamos a las ocho.
(In meiner Familie isst man um 20:00 Uhr zu Abend.)

cenar = zu Abend essen (Infinitiv)
cena = 3. Person Singular.

* **3ª persona del singular + sustantivo en singular**

En Jerez se **produce** jerez.   *(In Jerez wird Sherry hergestellt.)*

*se + 3. Person **Singular** ist ein unpersönlicher Ausdruck und wird verwendet, wenn das Substantiv im Singular ist.*

* **3ª persona del plural + sustantivo en plural**

En la Rioja se **hacen** muchos vinos.   *(In Rioja werden viele Weine produziert.)*

*se + 3. Person **Plural** wird verwendet, wenn das Substantiv im Plural ist.*

ANWEISUNGEN GEBEN

Übersetzung Nr. 16

Si tiene un gato
Si quiere adquirir un gato, usted tiene obligaciones también. Se **tiene que** comprar un retrete de gato y tres comederos. Cada día se **debe** envasar en uno de los comederos agua fresca y en el segundo pienso. En el tercer comedero se **tiene que** poner todas las mañanas y todas las tardes un paquete pequeño de alimento húmedo para gatos. También **hay que** cepillar la piel de vez en cuando, especialmente en verano.

Si quieres adelgazar
Tienes que comer muchas comidas ligeras. **Debes** hacer deporte por lo menos 30 minutos todos los días e **intenta** obtener muchos músculos. **No es bueno** beber alcohol. **Lo mejor es** tomar solo agua y té. **Es bueno** hacer mucha yoga, y **debes** dormir por lo menos 8 horas todos los días.

1) **Deber** *(müssen, sollen)*   + infinitivo   obligación *(Verpflichtung)*

Es impliziert viel mehr Verantwortung und Verpflichtung (es ist deine Pflicht ...) als *tener que*, fast wie ein Ideal.

2) Tener que *(müssen)*   + infinitivo   obligación *(Verpflichtung)*
                                                         recomendación *(Empfehlung, Rat)*
                                                         necesidad *(was notwendig ist)*
                                                         impersonal *(im Allgemeinen)*

Ist nicht so fordernd wie *deber*, somit klingt es nicht so streng wie dieses, aber es ist dominanter als *hay que* auch weil normalerweise eine bestimmte Person oder Gruppe benannt wird. Es impliziert keine persönliche Pflicht, *deber* hingegen tut dies.

3) Hay que *(man muss, man soll)* + infinitivo   impersonal *(im Allgemeinen eine Verpflichtung)*

Dies ist mehr ein allgemeiner Ausdruck und da es hier kein Subjekt gibt (es wird niemand speziell erwähnt), wird in diesem Fall diese unpersönliche Form immer verwendet.
Es ist mehr eine Aussage davon: *Etwas sollte getan werden* oder *man sollte etwas tun*.

*   Hay que trabajar.   *(Man soll arbeiten.)*

    Oder:

* ¿Cómo se hace la paella?   *(Wie macht man die Paella?)*

    — Es un poco difícil: Hay que comprar un arroz especial …
      (Es ist ein wenig schwierig: Man muß einen speziellen Reis einkaufen …)

<u>Weitere Beispiele zur Unterscheidung</u>:

En España **se come** mucho jamón.   *(In Spanien isst man viel Schinken.)*

Diese Aussage beschreibt keine Pflicht, sondern **nur eine Gewohnheit**.

Sagt man hingegen

En España **hay que** comer mucho jamón.   *(In Spanien **muss** man viel Schinken essen.)*
Dann drückt man damit **eine Verpflichtung** aus.

Para adelgazar **tenemos que** hacer deporte.   *(Um abzunehmen müssen wir Sport machen.)*
Ist Ausdruck **einer Verpflichtung** oder **einer Empfehlung**.

RECOMENDAR, DAR CONSEJOS, ACONSEJAR
RATSCHLÄGE GEBEN (ALLGEMEINE UND DIREKTE)

Tienes que/Tiene que   *(Du musst/Sie müssen)*
Lo mejor es   *(ist es das Beste, ist es am besten)*   **+ Verb im Infinitiv**

Para no olvidar muchas palabras, <u>tengo que</u> repetirlas.
(Um viele Wörter nicht zu vergessen, <u>muss ich</u> sie wiederholen.)

Para hablar español, <u>lo mejor es</u> practicar continuamente.
(Um Spanisch zu sprechen, <u>ist es am besten</u>, ununterbrochen zu üben.)

¿Cuida su cuerpo? *(Sie pflegen ihren Körper?)*

Para la piel irritada ……………….. el tónico.

Para la piel irritada **lo mejor es usar** el tónico.
(Bei gereizter Haut ist es am besten, das Tonikum zu verwenden.)
= *lo mejor es + Infinitiv*

Para la piel irritada **va** (**muy**) **bien usar** el tónico.
(Bei gereizter Haut ist es (sehr) hilfreich, ein Tonikum zu verwenden.)
= *va muy bien + Infinitiv*

Para la piel irritada **tiene/s que usar** el tónico.
(Bei gereizter Haut müssen Sie/musst du das Tonikum verwenden.)
= *tienes que/tiene que + Infinitiv. Der Infinitiv von* **tiene/s que** *lautet:* **tener que** *(müssen).*

Para la piel irritada **debería/s usar** el tónico.
(Bei gereizter Haut sollten Sie/solltest du das Tonikum verwenden.)
= *debería/s (Condicional simple — Lección 22) + Infinitiv; Infinitiv von* **debería/s** = **deber** *(sollen).*

Para adelgazar **debe/s hacer** más deporte.
(Um schlank zu werden, müssen Sie/musst du mehr Sport machen.)
= *debe/s + Infinitiv. Der Infinitiv von* **debe/s** *lautet:* **deber** *(müssen, sollen).*

Para la piel irritada **puede/s usar** el tónico.
(Bei gereizter Haut können Sie/kannst du das Tonikum verwenden.)
= *puede/s + Infinitiv. Der Infinitiv von* **puede/s** *lautet:* **poder** *(können).*

Para la piel irritada **intente/a usar** el tónico.
(Bei gereizter Haut versuchen Sie/versuch das Tonikum zu verwenden.)
= *intente/a (Imperativ — Lección 24) + Infinitiv; Infinitiv von* **intente/a** = **intentar** *(versuchen).*

Para la piel irritada **pruebe/a usar** el tónico.
(Bei gereizter Haut probieren Sie/probier das Tonikum zu verwenden.)
= *pruebe/a (Imperativ — Lección 24) + Infinitiv; Infinitiv von* **pruebe/a** = **probar** *(probieren).*

Es ist auch möglich *probar* ohne Verb im Infinitiv zu verwenden. Man kann es beispielsweise direkt in Kombination mit einem Substantiv verwenden.

Para la piel irritada **pruebe/a** el tónico.
(Bei gereizter Haut probieren Sie/probier das Tonikum.)

Wie schon vorher erwähnt, *hay que* + *Infinitiv* wird immer bei einer allgemeinen Anweisung verwendet. Es wird beispielsweise nicht verwendet, wenn man eine bestimmte Person beraten möchte. Im Gegensatz dazu kann *tienes que* sich auf bestimmte Personen beziehen und diese direkt ansprechen, um ihnen Anweisungen zu geben.

Para la piel irritada **hay que usar** el tónico.
(Bei gereizter Haut muss man das Tonikum verwenden.)

	Unpersönliche Ratschläge
	lo mejor es comer verduras frescas. *ist es das Beste, frisches Gemüse zu essen.)*
Para convalecer de una enfermedad *(Um von einer Krankheit zu genesen*	va (muy) bien tomar aire fresco con frecuencia. *ist es (sehr) hilfreich oft frische Luft zu schnappen.)*
Si quiere/s convalecer de una enfermedad *(Wenn Sie/du von einer Krankheit genesen wollen/willst*	**Persönliche Ratschläge**
	tiene/s que dar paseos con más frecuencia. *müssen Sie/musst du öfter spazieren gehen.)*
	debe/s dormir mucho. *müssen Sie/musst du viel schlafen.)*
	debería/s tomar aire fresco con frecuencia. *sollten Sie/solltest du oft frische Luft schnappen.)*
	puede/s empezar una psicoterapia. *können Sie/kannst du eine Psychotherapie beginnen.)*
	intente/a fumar menos. *versuchen Sie/versuche weniger zu rauchen.)*

LOS PRONOMBRES DE OBJETO DIRECTO *(DIREKTE OBJEKTPRONOMEN)*

Ein direktes Objektpronomen erscheint in einem Satz, wenn klar ist, welches das direkte Objekt ist, auf das sich das Verb bezieht, und dass es nicht wiederholt werden soll. Vergessen Sie nicht, ein Pronomen ersetzt ein Substantiv, und in diesem Fall ist das Substantiv ein direktes Objekt. Das direkte Objektpronomen *lo*, *los*, *la*, *las* ersetzt ein Objekt im Akkusativ: **Wen?** oder **Was?** Dies stimmt in Geschlecht und Zahl mit dem Objekt überein, das es ersetzt.

	Singular	Plural
Männlich	lo	los
Weiblich	la	las
Sachverhalt	lo	

Yo compro **la cerveza** en el supermercado. *(Ich kaufe **das Bier** im Supermarkt.)*
Y tú, ¿dónde **la** compras? *(Und du, wo kaufst du **es**?)*
la = anstatt: *la cerveza* = feminin, Singular

Yo compro **el vino** en el supermercado. *(Ich kaufe **den Wein** im Supermarkt.)*
Y tú, ¿dónde **lo** compras? *(Und du, wo kaufst du **ihn**?)*
lo = anstatt: *el vino* = maskulin, Singular

Die direkten Objektpronomen stehen vor dem konjugierten Verb

a) ¿Cómo tomas **el café**?   *(Wie trinkst du **den Kaffee**?)*
   - **Lo** tomo con un poco de leche.   *(Ich trinke **ihn** mit ein wenig Milch.)*
   - **Lo** tomo caliente.   *(Ich trinke **ihn** heiß.)*
   lo = el café = maskulin, Singular; **la** = la cerveza *(siehe unten)* = feminin, Singular

b) Tomo sobre todo **cerveza**.   *(Ich nehme vor allem **Bier**.)*
   ¿**La** compras en el supermercado?   *(Du kaufst **es** im Supermarkt?)*

c) Sí, a veces. Pero me gustan mucho **las cervezas negras**.
                                                       *(Ja, machmal, aber ich mag sehr **die dunklen Biere**.)*
   Y **las** compro en tiendas especializadas.   *(Und **sie** kaufe ich in Spezialgeschäften.)*

d) De acuerdo … ¿y tomas **refrescos**?   *(In Ordnung, … und trinkst du **Erfrischungs-**
                                                       getränke?)*
   ¿**Los** tomas con hielo?   *(Trinkst du **sie** mit Eiswürfel?)*

Weitere Beispiele:

- ¿Dónde está <u>la miel</u>?   *(Wo ist <u>der Honig</u>?)*
   La he guardado en al armario.   *(Ich habe **ihn** im Schrank aufbewahrt.)*

Achtung: In Mexiko, **armario** bedeutet *Kleiderschrank*

- ¿Dónde está <u>el queso</u>?   *(Wo ist <u>der Käse</u>?)*
   Lo he puesto en el refrigerado.   *(Ich habe **ihn** in den Kühlschrank gelegt.)*

Bei einem Infinitiv, einer adverbialen Verwendung des Gerundiums oder einem positiven Imperativ (Lección 24) werden die Pronomen an das Ende des Verbs angehängt um ein Wort zu bilden.

1) … es necesario denunciar**lo** … (title)   *(… es ist notwendig, **es** anzuzeigen …)*

2) Educar a adolescentes no es tarea fácil pero tratándo**los** de esa manera …
   *(Jugendliche zu erziehen ist keine leichte Aufgabe, aber **sie** so zu behandeln …)*

Bei der Verneinung steht das direkte Objektpronomen zwischen dem *no* und dem Verb.

* ¿Conoces este drama?   *(Kennst du dieses Drama?)*
   No, no **lo** conozco.   *(Nein, ich kenne **es** nicht.)*

* ¿Están buenas <u>las manzanas</u>?   *(Sind <u>die Äpfel</u> gut?)*
   No sé, todavía no **las** he probado.   *(Ich weiß nicht, ich habe **sie** noch nicht probiert.)*

* ¿Has traído <u>los libros de cocina</u>?   *(Hast du <u>die Kochbücher</u> dabei?)*
   No, **los** he dejado en casa de mi madre.   *(Nein, ich habe **sie** im Haus meiner Mutter
                                                       liegen lassen.)*

In Spanien ist es üblich, dass sowohl das Objekt als auch das Objektpronomen beim Sprechen gemeinsam verwendet werden. Dies ist jedoch normalerweise nicht erforderlich.

<u>El café</u>, **lo** tomo caliente. = El café + lo   *(<u>Den Kaffee</u>, **den** trinke ich heiß.)*

EINEN RATSCHLAG GEBEN MIT DEM DIREKTEN OBJEKTPRONOMEN

1. Primero pones mucho **aceite** en una sartén y **lo** calientas.
    (Als erstes gibst du viel Olivenöl in die Pfanne und erhitzt es.)
    Hier **lo** ersetzt _aceite_.
2. Entonces añades las **patatas**. **Las** fríes muy bien.
    (Dann füge die Kartoffeln hinzu. Brate diese gut.)
    Hier **las** ersetzt _patatas_.
3. Puedes poner un poco de **cebolla**. **La** doras un poco.
    (Du kannst ein wenig Zwiebel hinzufügen. Brate sie ein wenig an.)
    Hier **la** ersetzt _cebolla_.
4. Luego añades los **huevos**. **Los** echas en la sartén.
    (Danach fügst du die Eier hinzu. Gebe sie in die Pfanne.)
    Hier **los** ersetzt _huevos_.

Übung 62
Completa estas oraciones con un pronombre de objeto directo (lo, la, los, las).
Vervollständigen Sie diese Sätze mit einem direkten Objektpronomen (lo, la, los, las).

1. He comprado 1 kg de zanahorias.
   Perfecto, ... metes en el cajón de la verdura ahora mismo.
2. ¿Has pelado los pepinos?
   Sí, y .... he cortado en rodajas también.
3. Para mi gusto el flan está muy dulce.
   Pues, ... he comprado en el supermercado.
4. Esta crema catalana sabe muy bien.
   Gracias, ... he preparado por primera vez.

una zanahoria *(eine Karotte)*; **el cajón de la verdura** *(das Gemüsefach)*; **en rodajas** *(in Scheiben)*

_Lo_ ist zudem ein **neutrales** direktes Objektpronomen, das einen Teil des Textes, eine Sache oder einen Sachverhalt ersetzt.

Beispiel:
1. **Lo** que has dicho.   **(Das**, was du gesagt hast.)

2. ¿Sabes que van a abrir un supermercado nuevo? Sí, **lo** he leído en el periódico.
   *(Weißt du, dass ein neuer Supermarkt eröffnet wird? Ja, ich habe **davon** in der Zeitung gelesen.)*

Man kann dieses neutrale direkte Objektpronomen ebenfalls vor einem Verb verwenden.

Beispiel: El pescado **lo** he preparado yo.   *(Den Fisch, **den** habe ich vorbereitet.)*

Es ist zu beachten, daß _lo_ **ebenfalls** für eine männliche Person stehen kann oder als Neutrum. Dennoch ist der Gebrauch von _le_ anstelle von _lo_ für eine männliche Person in Spanien heutzutage üblich; gesprochen und geschrieben. Besonders im Zentrum von Spanien sowie in Nordspanien wird _lo_ für Dinge benutzt.

Beispiel: **Le** llevé a casa.   *(Ich brachte **ihn** nach Hause.)*
          Lo llevé a casa.   *(Ich brachte **es** nach Hause.)*

Der Gebrauch von **les** anstelle von **los** ist in einigen Gebieten ebenso üblich und breitet sich immer weiter aus. Allerdings wird in den meisten anderen Gebieten, Lateinamerika miteingeschlossen, **lo** und **los** für männliche Personen und Dinge verwendet.

BESCHREIBUNG EINER PERSON NACH IHRER KLEIDUNG, IHREM AUSSEHEN ODER DEM ORT, AN DEM SIE SICH BEFINDET

Die folgenden Strukturen können verwendet werden, um etwas oder jemanden innerhalb einer Gruppe zu identifizieren. Man kann diese aber auch für Fälle verwenden, um Personen, die im selben Satz erwähnt werden, durch die Artikel **el/la/los/las** und einem beschreibenden Ausdruck zu ersetzen.

el, la, los, las + de + Substantiv

Los del escúter blanco son mis padres.	*(Die mit dem weissen Motorroller sind meine Eltern.)*
el/la de verde	*(der/die in Grün)*
el/la de pelo corto	*(der/die mit den kurzen Haaren)*
el de la calva	*(der mit der Glatze)*

el, la, los, las + que + Verb

La que está en el pasillo es mi tía.	*(Die auf dem Flur ist meine Tante.)*
el que está delante de la casa	*(der, der vor dem Haus steht)*
la que está detrás de María	*(die, die hinter Maria steht)*
los que están enfrente de la iglesia	*(die, die gegenüber von der Kirche stehen)*
las que están al lado de Elvira	*(die, die neben Elvira stehen)*
el que lleva gafas	*(der, der eine Brille trägt)*

el, la, los, las + Adjektiv

El pelirrojo es mi sobrino.	*(Der Rothaarige ist mein Neffe.)*
el menudo/la menuda	*(der Zierliche/die Zierliche)*
el delgado/la delgada	*(der Schlanke/die Schlanke)*
el feo/la fea	*(der Hässliche/die Hässliche)*

Übersetzung Nr. 17

En la ilustración puedes ver a mis nuevos compañeros. Elvira es **la** de las gafas, la rubia de la camisa negra. Es muy amable. **La** que está a su lado es María; es la primera persona a **la** que conocí en la facultad. **El** del jersey blanco se llama Pedro y es de Sevilla. El otro chico, **el** del saxófono, es Pablo, y **la** rubia que está a su lado es su pareja, Silvia. A ver si un día vienes de visita y **los** conoces en persona, ¿vale?

1. Elvira es **la** de las gafas ...   *(Elvira ist **die** mit der Brille ...)*
   El del jersey blanco ...   *(**Der** mit dem weißen Pullover ...)*
   el del saxófono, es Pablo ...   *(**der** mit dem Saxophon ist Pablo ...)*

           de + Substantiv
   el/la/los/las + de + Substantiv

2. **La** que está a su lado es María;   *(**Die** daneben ist Maria;)*
   la que conocí en la facultad.   *(**die** ich an der Fakultät kennenlernte.)*
   los conoces en persona,   *(**die** du persönlich kennenlernst,)*

           que + Verb
   el/la/los/las + que + Verb

   La steht für: **Diejenige, die ist**

3. Elvira es **la** <u>rubia</u> …   (*Elvira ist **die** Blondine …*)

        rubia = Adjektiv
        el/la/los/las + <u>Adjektiv</u>

Übung 63
Completa estas conversaciones con las siguientes expresiones.
Vervollständigen Sie diese Konversationen mit folgenden Ausdrücken.

1. el de   el que   el
- ¿Cuál es el perro de su padre?
- No lo sé. ¿…………… piel blanca?
- No, creo que es …………… ladra siempre.
- Ah, sí, ya me acuerdo, …………… agitado. Ese es un perro de caza.

2. los de   los que   los
* ¿Quiénes son esos? ¿Esos son los nietos de Pedro?
- No, esos son ………… mis abuelos. Los nietos de Pedro son ………… están cerca de mi tía.
- Ah, ¿…………… pelirrojos?
- Sí.

3. la que   la del   la
- Esa chica alta de rojo, ¿es tu hija?
- ¿…………… está detrás de Miguel?
- No, esa es una colega.
- ¿………… casada? ¿…………… abrigo blanco?
- Sí, es guapísima.

ladrar (*bellen*); **me acuerdo** (*ich erinnere mich*); **agitado/-a** (*unruhig, nervös*); **un perro de caza** (*ein Jagdhund*); **cerca** (*in der Nähe*); **una colega** (*eine Kollegin*); **guapísimo/-a** (*hinreißend*)

TENER GANAS DE

Damit wird ausgedrückt, wenn man sich freut etwas zu tun.

Tengo ganas de + **Infinitiv**   (*Ich möchte etwas tun, ich freue mich darauf, ich habe Lust auf …*)

Hoy tengo ganas de ir a la playa.   (*Heute habe ich Lust an den Strand zu gehen.*)
Tengo ganas de trabajar con usted.   (*Ich freue mich darauf, mit Ihnen zu arbeiten.*)

Beispielsätze, wenn jemand sich freut etwas zu unternehmen:

Tiene ganas de …   (*Er/Sie freut sich …*

    … ir <u>a</u> un lugar.   … *<u>zu</u> einem Ort zu gehen.*)
    … ir <u>en</u> un medio de transporte.   … *<u>in</u> einem Transportmittel zu fahren (Auto).*)
    … ir <u>de</u> compras, excursión, fiesta, copas.   … *einkaufen zu gehen, einen Ausflug zu machen, auf eine Party zu gehen, etwas trinken zu gehen.*)

Im Folgenden finden Sie zwei weitere Übungen, um die Unterscheidung zwischen **tener** *(haben)* und **tener que** *(müssen)* zu üben.

Übung 64
¿Con qué palabras puedes relacionar cada uno de estos tres verbos?
Anota el número delante de las expresiones siguientes.
Mit welchen Wörtern können Sie jedes dieser drei Verben in Verbindung bringen?
Notieren Sie die Nummer vor den folgenden Ausdrücken.

1 tener	2 ir	3 tener que

a caballo   tomar mucha agua sin gas durante todo el día
pagar las tasas académicas   en tren
un novio   hambre
en avión   miedo a un perro negro
terminar la carrera   de viaje

pagar las tasas académicas *(die Studiengebühren bezahlen)*; **en tren** *(mit dem Zug, mit der Bahn)*; **el avión** *(das Flugzeug)*; **terminar la carrera** *(das Studium beenden)*; **el miedo** *(die Angst)*; **el viaje** *(die Reise)*

Übung 65
Completa los siguientes diálogos con las formas adecuadas de *tener* o *tener que*.
Vervollständigen Sie die nachfolgenden Dialoge mit der richtigen Form von *tener* oder *tener que*.

Hace buen tiempo, pero llévate el paraguas por si acaso.
Pero no (yo) .... un paraguas.

Estoy bajo el dominio de mi suegra. Es una persona muy autoritaria. Yo creo que .... hablar con mi marido respecto a su madre.

(Nos) .... suerte, allí hay un sitio para aparcar.
¡Menos mal! (Yo) .... irme de prisa.

He suspendido una reunión en mi empresa. No (yo) .... ganas de hacer negocios con una gran empresa multinacional.
(Vosotros) .... competir con la industria química.
Me lo pensaré.

llévate *(nimm)*; **el paraguas** *(der Regenschirm)*; **por si acaso** *(für alle Fälle)*; **bajo el dominio** *(unter der Herrschaft)*; **autoritario/-a** *(autoritär)*; **respecto/-a a** *(in Bezug auf)*; **la suerte** *(das Glück)*; **un sitio** *(ein Platz)*; **aparcar** *(parken)*; **¡Menos mal!** *(Gott sei Dank!)*; **irme de prisa** *(schnell weg)*; **la reunión** *(die Sitzung, die Tagung, die Konferenz)*; **la empresa** *(die Firma, das Unternehmen)*; **hacer negocios** *(Geschäfte zu machen)*; **una gran empresa multinacional** *(ein großer multinationaler Konzern)*; **competir** *(konkurrieren)*; **la industria química** *(die Chemieindustrie, die chemische Industrie)*; **me lo pensaré** *(Ich werde darüber nachdenken)*

LECCIÓN 16
¿ME DEJAS TUS MALETAS?
LEIHST DU MIR DEINE KOFFER?

In dieser Lección lernen Sie, wie man sich ausdrückt, wenn man jemanden kennengelernt oder zufällig getroffen hat.

Außerdem werden Redewendungen genau erläutert, die man benutzen muss, wenn man:

> * sich etwas ausleihen möchte
> * um eine Erlaubnis ersucht
> * um einen Gefallen bittet.

Wie sagt man in Spanien,

wenn man etwas nicht tun möchte?

Grammatik
* Verben
  Jemanden treffen: **conocer, encontrarse a, quedar con, despedirse**
  Etwas ausleihen: **dar, pasarle, dejar, prestar, tener, poner**
  Um einen Gefallen bitten: **me podría/s, me puede/s, me deja/s, me ayudas**
  Um Erlaubnis bitten: **poder, importar si**

* Wenn Sie etwas nicht tun möchten, verwenden Sie **Es que**…

Escribe las cosas más interesantes que ha hecho desde que está en España: lugares que ha visitado, gente que ha conocido, cosas extraordinarias que ha hecho, etc.

Beschreiben Sie die interessantesten Dinge, die Sie gemacht haben, seit Sie in Spanien sind: Orte, die Sie besichtigt haben, Leute, die Sie kennengelernt haben, besondere Dinge, die Sie gemacht haben, etc.

He comprado ropa en varias tiendas.   *(Ich habe Kleidung in verschiedenen Geschäften gekauft.)*
He paseado por Barcelona.   *(Ich bin in Barcelona herumgelaufen.)*
He tomado el sol en la playa.   *(Ich habe mich am Strand gebräunt.)*

Wenn man jemanden kennenlernt oder etwas kennt, dann verwendet man: *CONOCER*

* He conocido a un chico muy especial.   *(Ich habe einen besonderen Jungen kennengelernt.)*
* Yo he conocido a Carmen este lunes.   *(Ich habe Carmen diesen Montag kennengelernt.)*

* ¿Tú conoces Madrid?   *(Kennst du Madrid?)*
  Sí, he estado aquí antes - dos veces -.   *(Ja, ich war schon mal hier – zwei Mal –.)*

Wenn man jemanden zufällig trifft, dann verwendet man: *ENCONTRARSE A*

***Enc<u>o</u>ntrarse a** alguien (jemanden treffen)*   *Me enc<u>ue</u>ntro …*   *(Ich treffe auf …)*
o** wechselt zu **ue

Esta mañana **me** he encontrado a Julia en la calle.
(Diesen Morgen habe ich Julia auf der Straße getroffen.)

Sich verabreden jemanden zu treffen, irgendwo/für eine bestimmte Zeit
Wenn man jemanden absichtlich trifft, dann verwendet man *QUEDAR CON*

***Quedar* <u>con</u> alguien <u>en</u> un lugar.**

Esta tarde he quedado con ver a mi hermano a las 17 h delante de la catedral.
(Heute Nachmittag habe ich mich mit meinem Bruder um 17:00 Uhr vor der Kathedrale verabredet.)

Wenn man sich verabschiedet, dann verwendet man: *DESPEDIRSE*

<u>despedir(se)</u> *(<u>(sich) verabschieden von jemanden</u>)*   *e wechselt zu **i***

(yo)	me **despido**	*Ich verabschiede mich*
(tú)	te desp<u>i</u>des	*du verabschiedest dich*
(él/ella)	se desp<u>i</u>de	*er/sie verabschiedet sich*
(usted)	se desp<u>i</u>de	*Sie (Singular) verabschieden sich*
(nosotros/-as)	nos despedimos	*wir verabschieden uns*
(vosotros/-as)	os despedís	*ihr verabschiedet euch*
(ellos/ellas)	se desp<u>i</u>den	*sie verabschieden sich*
(ustedes)	se desp<u>i</u>den	*Sie (Plural) verabschieden sich*

SICH SACHEN AUSLEIHEN, UM AKTIONEN ODER GEFALLEN BITTEN

Um nach einem Objekt zu fragen, das man **nicht wieder zurückgeben** muß, mit:

1) **Dar** (geben).

* Pedro ¿**me das** un vaso de tinto verano? *(Pedro, **gibst du mir** ein Glas Tinto verano?)*
  ¿Otra vez? *(Schon wieder?)*

* ¿Me das un vaso de agua, por favor? *(Gibst du mir bitte ein Glas Wasser?)*

* ¿Me das tu correo electrónico? *(Gibst du mir deine E-Mail-Adresse?)*
  - kann man nicht zurückgeben.

* ¿Me das el papel higiénico? *(Gibst du mir das Toilettenpapier?)*
  - möchte niemand zurückhaben.

Dar:

(yo)	do**y**	*Ich gebe*
(tú)	das	*du gibst*
(él/ella)	da	*er/sie gibt*
(usted)	da	*Sie (Singular) geben*
(nosotros/-as)	damos	*wir geben*
(vosotros/-as)	dais	*ihr gebt*
(ellos/ellas)	dan	*sie geben*
(ustedes)	dan	*Sie (Plural) geben*

Partizip von dar = **dado**, Gerundium von dar = **dando**.

2) **Pasarle** una cosa a alguien. *(Jemandem etwas übergeben, überbringen, weitergeben.)*

- Man behält die Sache nicht.

Tengo que pasarle el dossier al señor Alcántara.
(Ich muss das Dossier an Herrn Alcántara weitergeben.)

Hier wird nach einem Objekt gefragt, das dem Besitzer **wieder zurückgegeben** wird.

a) **Dejar** *(überlassen, (ver)leihen, jemanden etwas überlassen)*

Pedro, perdona, ¿me **dejas** tus libros? En dos semanas te los devuelvo.
*(Pedro, entschuldige, **leihst du** mir deine Bücher? In zwei Wochen gebe ich sie dir wieder zurück.)*

b) **Prestar** *(verleihen, ausleihen)*

¿Me **prestas** tu escalera este fin de semana?
*(**Leihst du** mir dieses Wochenende deine Leiter?)*

Übung 66
¿Cómo le pedirías estas cosas a un compañero de clase?
Clasifícalas en la columna correspondiente.
Wie werden Sie einen Klassenkameraden um diese Dinge bitten?
Klassifizieren Sie diese in die richtige Kolumne.

un osito de goma *(ein Gummibär)*
las tijeras *(die Schere)*
el papel higiénico *(das Klopapier)*
un libro *(ein Buch)*
la bicicleta *(das Fahrrad)*
un vaso de zumo *(**LatAm** jugo)* de naranja *(ein Glas Orangensaft)*

tu correo electrónico *(deine E-Mail)*
el cepillo de pelo *(die Haarbürste)*
el pañal *(die Windel)*
el coche *(das Auto)*

¿Me dejas …?	¿Me das …?

c) **Pasar** wird verwendet um jemanden zu bitten, eine Sache zu übergeben, die in seiner Nähe ist.

¿Me **pasas** la chaqueta, por favor?   *(**Reichst du** mir bitte die Jacke?)*

d) **Prestar** oder **dejar** werden verwendet um jemand anderen zu bitten, einem (vorübergehend) eine Sache zu überlassen, die einem selber nicht gehört.

¿Me **prestas/dejas** tu libro hasta mañana?   *(**Leihst du** mir bis morgen dein Buch?)*

e) **Tener** wird verwendet um zu fragen ob die andere Person etwas hat.

¿**Tienes** un sobre?   *(**Hast du** einen Briefumschlag?)*

f) **Poner** wird verwendet, wenn man in einer Bar oder einem Lebensmittelgeschäft nach etwas fragt, von dem man weiß, dass es dort ist. Man fragt direkt danach.

¿Me **pone** tres kilos de manzanas, por favor?   *(**Geben Sie** mir bitte 3 Kilo Äpfel.)*

In Spanien kann man in vielen Geschäften gleichfalls *me pones* (Du-Form) sagen. Diese Form ist dort üblich, obwohl sie informell ist.

Achtung: In Mexiko wird anstelle von *poner* mit *dar* darum gebeten.

Je nach Situation, dem Gegenüber und der Schwierigkeit der Anfrage werden unterschiedliche Strukturen verwendet

UM EINEN GEFALLEN ODER EINE AKTION BITTEN

Wenn man um eine Aktion (Handlung) bittet, können die gleichen Strukturen verwendet werden wie zum Ausleihen von Gegenständen.

Sehr formell und äußerst höflich fragt man wie folgt nach einer **Aktion** (= sehr formell!):

¿Me podría/s dejar/dar la maleta?
(Würden Sie/Würdest du mir den Koffer geben?)

Podría/s = Condicional simple *(Lección 22)*

Auch sehr höflich bittet man um einen **Gefallen** (= sehr formell!):

¿Podría explicarme por qué llueve hoy? Es muy amable por su parte.
(Können Sie mir erklären, warum es heute regnet? Das ist sehr liebenswürdig von Ihnen.)

Im Folgenden bittet man auf normale Weise um eine **Aktion** (= mittelmäßig formell):

¿Me puede/s dejar/dar la maleta?
(Können Sie/Kannst du mir den Koffer geben?)

Hier bittet man auf normale Weise um einem **Gefallen** (= mittelmäßig formell):

¿Puedes ayudarme con el pinchazo, por favor?
(Kannst du mir bitte mit der Reifenpanne helfen?)

Nun bittet man informell um eine **Aktion** (= nicht formell):

¿Me deja/s/da/s la maleta?
(Geben Sie/Gibst du mir den Koffer?)

Nun bittet man informell um einen **Gefallen** (= nicht formell):

¿Me ayudas un momento con los deberes, por favor?
(Hilfst du mir einen Moment mit den Hausaufgaben, bitte?)

PEDIR PERMISO
(UM ERLAUBNIS FRAGEN)

1) Um nach einer Erlaubnis zu fragen, kann man das Verb ***poder*** *(können)* gefolgt vom Infinitiv verwenden.

¿Puedo/Podría dejar la maleta aquí?   *(Kann/Könnte ich den Koffer hier lassen?)*

2) Es ist auch möglich, den Ausdruck ***importar si*** zu verwenden: *Macht es dir was aus, wenn ...?*

importar si + presente de indicativo.

Beispiel: **¿Te importa si** voy al servicio?
(Macht es dir etwas aus, wenn ich auf die Toilette gehe?)*

Der Unterschied zwischen Erlaubnis, Gefallen und Höflichkeit.

Permiso *(Erlaubnis)*	Favor *(Gefallen)*
1. ¿Le importa si cierro la ventana? *(Macht es Ihnen was aus, wenn ich das Fenster schließe?)* Hier ist der Ausdruck *importa si* höflicher als die untere Ausdrucksweise.	1. Perdone, ¿podría cerrarme la ventana? *(Verzeihen Sie, könnten Sie das Fenster für mich schließen?)* Diese Form ist am höflichsten, wegen *podría*.
2. ¿Puedo cerrar la ventana? *(Kann ich das Fenster schließen?)*	2. ¿Le importaría cerrarme la ventana, por favor? *(Würde es ihnen etwas ausmachen, bitte das Fenster für mich zu schließen?)* Diese Form ist aufgrund der Verwendung von *importaría* die zweithöflichste,.
	3. ¿Le importa cerrarme la ventana? *(Macht es Ihnen etwas aus, das Fenster für mich zu schließen?)* Aufgrund von *importa* ist diese Formulierung die dritthöflichste.
	4. ¿Me puede cerrar la ventana? *(Können Sie das Fenster für mich schließen?)* Hier sorgt die Formulierung *puede* für **Höflichkeit.**
	5. ¿Me cierra la ventana, por favor? *(Schließen Sie bitte das Fenster für mich?)* Dies ist die unhöflichste Frage.

ES QUE … wird am Anfang der Begründung verwendet, **wenn Sie erklären, warum Sie etwas nicht tun können oder (nicht) möchten**. Es wird in Spanien sehr häufig verwendet.

*   ¿Puedo ponerme tu abrigo? Tengo un frío terrible.
  (Kann ich deinen Mantel anziehen? Ich friere entsetzlich.)
*   No, **es que** yo tengo frío también.
  (Nein, weil ich auch friere.)

*   ¿Quieres ir a la función *El lago de los cisnes* mañana?
  (Möchtest du morgen zu der Aufführung Schwanensee gehen?)
*   No, **es que** no tengo dinero.
  (Nein, weil ich kein Geld habe.)

*   He grabado en vídeo un programa de televisión muy divertido. ¿Quieres verlo?
  (Ich habe eine sehr lustige Fernsehsendung auf Video aufgenommen. Willst du sie sehen?)
*   No, **es que** no me interesa nada.
  (Nein, weil es mich gar nicht interessiert.)

*   ¿Puedo abrir la ventana?
  (Kann ich das Fenster öffnen?)
*   No, **es que** estoy enfermo.
  (Nein, weil ich krank bin.)

*   ¿Me dejas tu libro?
  (Leihst du mir dein Buch?)
*   No, **es que** el libro no es mío.
  (Nein, weil das Buch nicht meines ist.)

LECCIÓN 17
POR Y PARA

In dieser Lección werden Sie die verschiedenen Anwendungen von *por* und *para* kennenlernen.

Dies ist ein kniffliger Bereich in der spanischen Sprache, da die Unterscheidung zwischen diesen beiden Präpositionen für die meisten Menschen sehr schwierig ist. Aus diesem Grund wird dieses Thema ausführlich besprochen.

Im Allgemeinen ist es gut zu wissen, dass *por* häufig einen Grund oder eine Ursache ausdrückt, während *para* Ziel, Zweck und die Bewegung in eine Richtung angeben kann.

POR	PARA
DER GRUND FÜR ETWAS	**DAS ERGEBNIS VON ETWAS**
1. LA CAUSA Der Grund, die Ursache von etwas. Warum wird etwas getan? *Wegen* …	**1. LA FINALIDAD** Der Endzweck, das Ziel von etwas. Man macht etwas *um … zu*

¿Por qué estudias español?
 	
Por + Sustantivo
 	
- Por placer, por gusto
  (Aus Spaß, zum Vergnügen)
 	
No vinieron **por** el viento.
*(Sie sind **wegen** des Windes nicht gekommen.)*
 	
Muchas gracias **por** el regalo.
*(Vielen Dank **für** das Geschenk.)*
Nach *gracias* folgt immer *por*.
	¿Por qué estudias español?
	
	Para + Infinitivo
	
	- **Para** hablar español
	  *(**Um** Spanisch **zu** sprechen.)*
	
	Voy a casa **para** ver una película en español.
	*(Ich gehe nach Hause, **um** einen spanischen Film **zu** sehen.)*

2. LOKALISATION INDETERMINADA * Um Bewegung und Route mit *durch*, *über* oder *entlang* anzuzeigen. * Eine unbestimmte Lokalisation auszudrücken mit *irgendwo hier, in der Nähe, in der Gegend* oder *hier*.	**2. El DESTINO FINAL** Um das endgültige Ziel auszudrücken und die Richtung anzugeben mit *zur/in Richtung/nach (hacia)*.

- Esta mañana he paseado **por** del río.
  *(Diesen Morgen bin ich **entlang** des Flusses spaziert.)*
Wo genau man hingegangen ist, wird nicht im Detail beschrieben.
 	
- Esta mañana he paseado **por** Madrid.
  *(Diesen Morgen bin ich **durch** Madrid spaziert.)*
Die genaue Route oder die Straßen, durch die gegangen wurde, werden nicht im Detail beschrieben.
 	
- Tengo que pasar **por** el parque para llegar …
  *(Ich muß **durch** den Park gehen, um nach … zu kommen)*
Er gibt die Route an, die er nehmen muss, um an einen bestimmten Ort zu gelangen.
 	
- Volamos **por** las montañas.
  *(Wir fliegen **über** die Berge.)*
 	
- ¿Hay alguna tienda **por** aquí?
  *(Gibt es **hier** irgendein Geschäft?)*
 	
- La panadería está **por** aquí.
  *(Die Bäckerei ist **in der Nähe**.)*
	- Esta mañana he ido **para** la catedral.
	  *(Heute morgen bin ich **zur** Kathedrale gegangen.)*
	
	Auch <u>möglich</u>: Este mañana he ido a la catedral.
	La catedral ist hier das konkrete Endziel.
	
	- Vamos **para** casa.
	  *(Wir gehen **nach** Hause.)*
	
	- Vamos **para** Barcelona.
	  *(Wir fahren **nach** Barcelona.)*
	
	Aber dies kann auch bedeuten:
	(Wir fahren <u>in Richtung</u> Barcelona.)

POR	PARA
3. EN EL TIEMPO *(In der Zeit — ohne Uhrzeit)*	**3. EN EL TIEMPO** *(In der Zeit)*
Es ist kein exakter Zeitpunkt angegeben, z. B.: Por la mañana/por la tarde/por la noche/por mayo/por vacaciones/ por semana Santa	**Es ist ein exakter Zeitpunkt/eine Frist/ein Termin angegeben:** **Para** bedeutet: **Am/für**
- Mañana **por** la mañana me voy a la playa. *(**Morgen früh** gehe ich an den Strand.)* Hier ist kein exakter Zeitpunkt angegeben.	- Voy a Sevilla **para** Navidad, el **24.12.** *(Ich fahre am **24.12.**, **zu** Weihnachten, nach Sevilla.)*
- Voy a Sevilla **por** Navidad. *(Ich fahre **zu** Weihnachten nach Sevilla.)* Das ist <u>irgendwann</u> zu Weihnachten.	- Estos deberes son **para** el lunes. *(Diese Hausaufgaben sind **für** Montag.)*
- Llovió **por** un rato. *(Es regnete eine Zeit lang.)*	
4. LA DISTRIBUCIÓN Die Verteilung Wenn man **por** verwendet, bekommt jede Person die angegebene Menge.	**4. LA DISTRIBUCIÓN** Die Verteilung Verwendet man **para**, bekommt jede Person nur ein Stück der angegebenen Menge.
- Tengo cinco regalos **por** niño. *(Ich habe fünf Geschenke pro Kind.)* Jedes Kind bekommt fünf Geschenke: **pro** Kind.	- Tengo cinco regalos, uno **para** cada niño. *(Ich habe fünf Geschenke, eines für jedes Kind.)* Jedes Kind bekommt ein Geschenk.
- Tengo diez fotocopias **por** estudiante. *(Ich habe zehn Fotokopien pro Student.)* Jeder Student bekommt zehn Kopien: **pro** Student.	- Tengo diez fotocopias, una **para** cada estudiante. *(Ich habe zehn Fotokopien, eine für jeden Studenten.)* **Jeder** Student erhält eine Kopie.
5. EL MEDIO * Angabe der Art des Mediums. **Womit** man, zum Beispiel, spricht *(Handy)*, oder wie man an Informationen kommt *(durch Zeitung, Nachrichten)*. * **Wie** man Informationen an eine andere Person sendet *(Fax)*. * Auch wenn etwas **durch** ein Fenster, eine Tür, usw. geschieht. <u>Beispiel:</u> Ich sehe oder werfe etwas **durch** ein Fenster. * Auch zeigt es an: **un medio de transporte**. *(= Transportmittel)*	**5. WENN JEMAND SEINE MEINUNG AUSDRÜCKT** *(Seiner Meinung nach ..., seiner Meinung sein)*
- Él tiró las flores **por** la ventana. *(Er warf die Blumen **aus** dem Fenster.)*	- **Para** mí la alfombra es horrible. *(**Für** mich ist der Teppich äußerst hässlich.)*
- Hablar **por** teléfono. *(**Am** Telefon sprechen.)*	*Seiner/Ihrer Meinung nach ist der Teppich äußerst hässlich.*
- Te envío las fotos **por** email. *(Ich schicke dir die Fotos **per** Email.)*	
- ¿Vas a viajar **por** coche o **por** motocicleta? *(Reist du **mit** dem Auto oder Motorrad?)*	

POR	PARA
6. EXPRESAR EL INTERCAMBIO Um einen Austausch auszudrücken; wie einen Kauf von etwas.	**6. IM HINBLICK AUF ETWAS** *(auf, für, trotz)*
- He comprado esta camiseta **por** 12 euros. *(Ich habe dieses T-Shirt **für** 12 Euro gekauft.)*	- Los zapatos son demasiado estrechos **para** su número. *(Die Schuhe sind zu eng **für** ihre Größe.)*
7. PASSIVSATZ: VON	**7. ANGABE DES ARBEITGEBERS**
- El niño fue sorprendido **por** su madre. *(Das Kind wurde **von** seiner Mutter erwischt.)*	- Trabajo **para** el Parlamento Europeo. *(Ich arbeite **für** das Europaparlament.)*

Übung 67
Completa con *por* o *para*.
Vervollständigen Sie mit *por* oder *para*.

Beispiel: Voy a Madrid para ver a mi pareja.

1. Nos perdimos .... un bosque y tardamos cuatro horas en encontrar el sendero.
2. Bueno, aquí están las galletas. Nos tocan cuatro .... persona.
3. Encontrar este piso fue una suerte. Lo compramos .... la mitad de lo que vale ahora.
4. Pedro afirmó rotundamente que ha dejado el trabajo .... su pareja, pero yo creo que lo ha hecho .... él, solo .... él.
5. ¿ .... quién son estos regalos?
6. Queremos hablar con la directora .... ver qué nos dice.
7. Oye, no iremos a la playa .... aquella carretera que tiene tantas curvas, ¿verdad?
8. Vale, perfecto, ¿por qué no me lo envías .... fax?
9. ¿Puedes firmar tú .... mí? Es que me duele muchísimo el dedo y no puedo escribir.
10. El documento va a tardar un poquito, pero llegará a tiempo .... la tarde.
11. Señoras y señores, les estoy muy agradecida .... este homenaje.

Übung 68
Relaciona con la interpretación más adecuada.
Verbinden Sie mit der angemessensten Erklärung.

1. Hemos visto el cuadro para la puerta de cristal ...
2. Hemos visto el cuadro por la puerta de cristal ...
    a. Han visto el cuadro hecho como decoración para una puerta.
    b. Han visto el cuadro detrás de la puerta de cristal.

3. Vamos a caballo por el bosque ...
4. Vamos a caballo para el bosque ...
    c. El bosque es el destino final adónde quieren llegar.
    d. Estamos cabalgando dentro del bosque.

5. He pintado un cuadro para mis padres ...
6. He pintado un cuadro por mis padres ...
    e. Porque ellos me lo han pedido.
    f. El cuadro es un regalo.

7. Han recogido el girasol para la ventana …
8. Han recogido el girasol por la ventana …
   g. Quieren poner el girasol en el alféizar.
   h. El girasol ha entrado a través de la ventana.

9. Escuchamos las noticias para el móvil …
10. Escuchamos las noticias por el móvil …
    i. Para entenderlas bien ponemos el móvil un poco alto.
    j. Tenemos que comprar un móvil.

Übung 69

Este texto ha sido completado con *por* y *para*. Revísalo y descubre los errores.
Dieser Text wurde mit *por* oder *para* abgeschlossen. Überprüfen Sie ihn und finden Sie die Fehler.

1.   Soy Mustafa. Yo vine a Marruecos …**para**… estudiar en una universidad. Vine para (1) …… pasar los exámenes, pero por (2) …….. problemas con un estudiante, no pude   aprender bien. Vivo en una pensión que está por (3) ……….. la salida del Esmeraldo. Anteayer, quería visitar a mi tío en Sevilla, pero por (4) ……….. mis deberes me he quedado aquí. En   breve, no creo que sea posible ir a Sevilla para (5) ……. visitar a mi familia.

2.   Llegué a esta ciudad para (6) ……… mi tío. Mi tío quiso ampliar su taller para (7) ……. mí. Vivo en su piso. Mi tío compró su taller para (8) ……… 200.000 euros. Mi familia es muy importante por (9) …….. mí. Por (10) ……. la mañana escuché las noticias por (11) …….. la radio y para (12) …….. la tarde fui a comer. Mi tío compraba el periódico todos los días y se enteró de la visita de la cantante peruana por (13) ……. este espectáculo; por ello, mi tío me mandó esta noticia por (14) ……. fax.

3.   No sé por (15) …… qué estás furioso con mi hijo Pedro. Es un niño muy amable. Ayer dieron un paseo por (16) ……. el bosque y, de improviso, me enteré para (17) ……. mi marido de tus problemas con Pedro. Fuimos por (18) …….. casa y cenamos con mi madre para (19) ………… discutir a fondo el asunto. Le he dicho sin rodeos lo que pienso de ti y que no sé por (20) ……. qué tratas así a mi hijo. ¿Qué significa esto? No quiero que esto acabe en una riña; en el fondo, ¿para (21) …….. qué sirve? Para (22) ……….. este inútil enfrentamiento, el otro día tu pareja incluso me empezó a insultar.

4.   Anteayer por (23) …….. la mañana estuve por (24) …….. la galería comercial, compré un pañuelo por (25) …… mi hija. Un pañuelo hermoso, lo compré para (26) ……. 10 euros. Cuando salí de la galería comercial para (27) ……. llevar el pañuelo a mi casa, me encontré a mis vecinos y charlamos de la contaminación del medio ambiente. Después, para (28) ……… la tarde, limpié mi casa. Mi hija tenía que guardar cama para (29) ………. la gripe. Salí para (30) ……. comprar medicamentos porque nuestro médico no tiene consulta hoy.

Ein kleiner Hinweis!

Para ist zukunftsorientiert oder als **ZIEL** charakterisiert. ***Por*** hingegen kann als eher rückwärts gerichtet oder als die **QUELLE** beschreibend verstanden werden. Wenn man dies berücksichtigt, kann man den Unterschied feststellen, wenn die beiden Sätze einander gegenüberstehen.

Lo hice **para** ti.   *(Ich tat es **für** dich.)*   Lo hice **por** ti.   *(Ich tat es **wegen** dir.)*

Seville

LECCIÓN 18
PRETÉRITO INDEFINIDO

Das *pretérito indefinido* ist die zweite grosse Vergangenheitsform in der spanischen Sprache, die in dieser Lección ausführlich erklärt wird.

Daher beginnt diese Abhandlung mit spanischen Texten, die das *pretérito indefinido* verwenden.

Danach wird die Unterscheidung zwischen *pretérito indefinido* und *pretérito perfecto* erklärt und mit vielen Übungen geübt.

Grammatik
* Unterschiedliche Signalwörter des *pretérito perfecto* und des *pretérito indefinido*
* *Pretérito indefinido* — regelmäßige, unregelmäßige und stark unregelmäßige Verben
* Die Unterscheidung zwischen *pretérito perfecto* und *pretérito indefinido*

Una experiencia increíble
Eine unglaubliche Erfahrung

Übersetzung Nr. 18

José   En 1994, **me trasladé** a París y **viví** allí durante algunos años. **Estudié** ciencias naturales en una universidad. **Fueron** los años más felices de mi vida.

Alberto   El año pasado **fui** a Londres y **compré** mucha ropa. Me **sentí** fantástico.

María   Hace unos meses **me casé** en una iglesia.

Rosa   Hace unos años **hice un viaje en** vela hacia Grecia con mis amigos. En el Egeo **nadamos** y **buceamos** mucho. ¡**Hizo** un tiempo maravilloso!

Carlos Saura

Übersetzung Nr. 19

Nació en Huesca, Aragón, en 1932. Durante la Guerra Civil Española, sus padres se fueron a vivir de Madrid a Valencia y después a Barcelona.

En primer lugar, empezó a estudiar ciencias de ingeniería. En 1952, fue estudiante en el Instituto de Investigaciones y Experiencias Cinematograficas. En 1957, estrenó su primer largometraje, *La Tarde del Domingo*.

En los años 1965 — 1983 ganó varios premios en Berlín y Cannes con muchas películas:

La Caza (1965), Peppermint Frappé (1967), La Prima Angélica (1973), Cría Cuervos (1975) y *Carmen (1983)*. Su película más famosa, *Cría Cuervos,* salió en 1975 y fue un gran éxito

Das *pretérito indefinido* ist eine Vergangenheitsform, die **für eine Handlung** verwendet wird, **die in der Vergangenheit abgeschlossen wurde und nichts mit der Gegenwart zu tun hat**. Wenn man darüber diskutiert, ist man vollständig von der Zeiteinheit entfernt, in der es passiert ist. Die Aktionen und Ereignisse wurden zu einem bestimmten Zeitpunkt in der Vergangenheit abgeschlossen.

Folgende Signalwörter unterscheiden das *pretérito perfecto* vom *pretérito indefinido*.

Pretérito perfecto *(Vergangene Aktionen, die sich auf die Gegenwart beziehen oder gerade abgeschlossen wurden.)*	Pretérito indefinido *(1. In der Vergangenheit eindeutig abgeschlossene Aktionen.)* *(2. Ereignisse, die eine andere Aktion unterbrechen.)*
todavía *(immer noch)* — heute nicht, aber die Möglichkeit besteht in der Zukunft.	ayer *(gestern)* — abgeschlossen, kein Bezug zur Gegenwart
esta semana *(diese Woche)*	la semana pasada *(vorige Woche)*
este mes/año *(diesen Monat/dieses Jahr)*	el mes/año pasado *(vorigen Monat, voriges Jahr)*
últimamente *(in letzter Zeit)*	ese mes/ese año *(ein Zeitpunkt, der etwas weiter weg ist)*
aún *(noch)*	aquella semana, aquel año *(ein Zeitpunkt, der sehr weit entfernt ist)*
ya *(schon)*	hace dos años *(vor zwei Jahren)*
siempre *(immer)*	en junio … *(ein genaues Datum)*
recientemente *(vor kurzem)*	de repente *(urplötzlich, unversehens)*
nunca *(nie)*	anteayer *(vorgestern)*
hoy *(heute)*	anoche *(letzte Nacht)*

Um das *pretérito indefinido* zu bilden, müssen die Endungen der Verben im Infinitiv folgendermaßen geändert werden:

	-ar	**-er/-ir**
Yo	-é	-í
Tú	-aste	-iste
Él/ella/usted	-ó	-ió
Nosotros/-as	-amos	-imos
Vosotros/-as	-asteis	-isteis
Ellos/ellas/ustedes	-aron	-ieron

	hablar (sprechen)	**estudiar** (studieren)	**comer** (essen)	**vivir** (leben)
(yo)	hablé	estudié	comí	viví
(tú)	hablaste	estudiaste	comiste	viviste
(él/ella/usted)	habló	estudió	comió	vivió
(nosotros/-as)	hablamos	estudiamos	comimos	vivimos
(vosotros/-as)	hablasteis	estudiasteis	comisteis	vivisteis
(ellos/ellas/ustedes)	hablaron	estudiaron	comieron	vivieron

Hier erkennt man, dass die veränderte Verbform in der 1. Person Plural *(z. B.: estudiamos)* dieselbe ist wie im Präsens. Ob es sich um die Gegenwart oder die Vergangenheit handelt, kann daher nur anhand des Kontextes entschieden werden.

Darüber hinaus gibt es Formen im pretérito indefinido und im Präsens, die sich nur durch den Akzent unterscheiden:

Beispiel: **bei presente**

yo hab**lo**
yo bai**lo**
yo ent**ro**

bei pretérito indefinido

él/ella/usted habl**ó**
él/ella/usted bail**ó**
él/ella/usted entr**ó**

Bei Verben, die auf einen Vokal enden, wechselt das *i* zu *y* in der 3. Person Singular und der 3. Person Plural.

	caer (fallen)	**oír** (hören)	**leer** (lesen)
(yo)	caí (ich fiel)	oí (ich hörte)	leí (ich las)
(tú)	caíste (du fielst)	oíste (du hörtest)	leíste (du last)
(él/ella/usted)	ca**y**ó (er/sie fiel/ Sie fielen)	o**y**ó (er/sie hörte/ Sie hörten)	le**y**ó (er/sie las/ Sie lasen)
(nosotros/-as)	caímos (wir fielen)	oímos (wir hörten)	leímos (wir lasen)
(vosotros/-as)	caísteis (ihr fielt)	oísteis (ihr hörtet)	leísteis (ihr lastl)
(ellos/ellas/ustedes)	ca**y**eron (sie fielen/ Sie fielen)	o**y**eron (sie hörten/ Sie hörten)	le**y**eron (sie lasen/ Sie lasen)

UNREGELMÄSSIGE VERBEN IM PRETÉRITO INDEFINIDO

Es gibt einige unregelmäßige Verben. Die Verben haben einen unregelmäßigen Stamm, aber die Endungen sind immer gleich.

Infinitiv	Verb unregelmäßig	Yo	Tú	Él	Nosotros	Vosotros	Ellos
Estar *(sein)*	**Estuv-**	-e	-iste	-o	-imos	-isteis	-ieron
Andar *(gehen)* In Spanien wird es *yo ande* ausgesprochen.	**Anduv-**	-e	-iste	-o	-imos	-isteis	-ieron
Tener *(haben)*	**Tuv-**	-e	-iste	-o	-imos	-isteis	-ieron
Haber *(haben)*	**Hub-**	-e	-iste	-o	-imos	-isteis	-ieron
Poder *(können)*	**Pud-**	-e	-iste	-o	-imos	-isteis	-ieron
Poner *(hinstellen)*	**Pus-**	-e	-iste	-o	-imos	-isteis	-ieron
Saber *(wissen)*	**Sup-**	-e	-iste	-o	-imos	-isteis	-ieron
Caber *(hineinpassen)*	**Cup-**	-e	-iste	-o	-imos	-isteis	-ieron
Venir *(kommen)*	**Vin-**	-e	-iste	-o	-imos	-isteis	-ieron
Querer *(wollen)*	**Quis-**	-e	-iste	-o	-imos	-isteis	-ieron
Hacer *(machen)*	**Hic-/z-**	-e	-iste	hizo	-imos	-isteis	-ieron
Decir *(sagen)*	**Dij-**	-e	-iste	-o	-imos	-isteis	-eron
Traer *(bringen)*	**Traj-**	-e	-iste	-o	-imos	-isteis	-eron
Diese Gruppe von Verben hat eine weitere Unregelmäßigkeit in der **3.** Person Plural, da das *i* weggelassen wird. Hier ist es nicht -***ieron*** sondern -***eron***.							
Conducir *(fahren)*	**Conduj-**	-e	-iste	-o	-imos	-isteis	-eron
Traducir *(übersetzen)*	**Traduj-**	-e	-iste	-o	-imos	-isteis	-eron
Producir *(produzieren)*	**Produj-**	-e	-iste	-o	-imos	-isteis	-eron
Reducir *(reduzieren)*	**Reduj-**	-e	-iste	-o	-imos	-isteis	-eron
Diese Gruppe von Verben (auf -*ucir*) haben im *pretérito indefinido* den Stamm -*uj*.							

Decir

Wie bereits erwähnt und nachfolgend noch einmal genauer dargestellt, ist dies eine Ausnahme. Die 3. Person Plural ist nicht *dijieron*, sondern *dijeron*, da das *i* weggelassen wird.

	decir *(sagen)*	conseguir *(erreichen)*
(yo)	dije *(ich sagte)*	conseguí *(ich erreichte)*
(tú)	dijiste *(du sagtest)*	conseguiste *(du erreichtest)*
(él/ella/ usted)	dijo *(er/sie sagte/ Sie sagten)*	consiguió *(er/sie erreichte/ Sie erreichten)*
(nosotros/-as)	dijimos *(wir sagten)*	conseguimos *(wir erreichten)*
(vosotros/-as)	dijisteis *(ihr sagtet)*	conseguisteis *(ihr erreichtet)*
(ellos/ellas/ustedes)	dijeron *(sie/Sie sagten)*	consiguieron *(sie/Sie erreichten)*

Unregelmäßige Verben, in denen sich Vokal und Konsonant ändern

In einigen *-ir* Verben *(pedir)* ändert sich das *e* des Verbstammes in *i*. In anderen wird das *i* zu *y* *(incluir)*. Dies geschieht in der 3. Person Singular (**él**, **ella**, **usted**) und Plural (**ellos**, **ellas**, **ustedes**).

Andere Verben wie **pedir** sind: **despedir** *(verabschieden)*; **elegir** *(wählen)*; **reír(se)** *(lachen)*; **repetir** *(wiederholen)*; **servir** *(nützen)*; **vestir(se)** *((ein)kleiden)*; **preferir** *(bevorzugen)*; **mentir** *(lügen)*; **divertirse** *(sich amüsieren)*; **corregir** *(korrigieren)*; etc.

Es gibt ebenfalls Verben, bei denen das *o* des Stammes zu *u* wechselt, in der 3. Person Singular und Plural, zum Beispiel, **morir** *(sterben)*, **dormir**.

incluir *(einbeziehen)*	
(yo)	incluí *(ich bezog mit ein)*
(tú)	incluiste *(du bezogst mit ein)*
(él/ella/usted)	inclu**yó** *(er/sie bezog mit ein/Sie bezogen mit ein)* **Achtung**! Hier wechselt das *i* zu **y**.
(nosotros/-as)	incluimos *(wir bezogen mit ein)*
(vosotros/-as)	incluisteis *(ihr bezogt mit ein)*
(ellos/ellas/ustedes)	inclu**y**eron *(sie/Sie bezogen mit ein)* **Achtung**! Hier wechselt das *i* zu **y**.

	pedir *(bitten)*	dormir *(schlafen)*	sentir *(fühlen)*
(yo)	pedí *(ich bat)*	dormí *(ich schlief)*	sentí *(ich fühlte)*
(tú)	pediste *(du batest)*	dormiste *(du schliefst)*	sentiste *(du fühltest)*
(él/ella/ usted)	pidió *(er/sie bat/ Sie baten)*	durmió *(er/sie schlief/ Sie schliefen)*	sintió *(er/sie fühlte/ Sie fühlten)*
(nosotros/-as)	pedimos *(wir baten)*	dormimos *(wir schliefen)*	sentimos *(wir fühlten)*
(vosotros/-as)	pedisteis *(ihr batet)*	dormisteis *(ihr schlieft)*	sentisteis *(ihr fühltet)*
(ellos/ellas/ ustedes)	pidieron *(sie/Sie baten)*	durmieron *(sie/Sie schliefen)*	sintieron *(sie/Sie fühlten)*

Es gibt auch unregelmässige Verben mit den Endungen -ar. Hier verändert sich in der 1. Person Singular der letzte Buchstabe im Stamm. Alle Verbendungen sind die gleichen wie bei regulären -ar Verben.

	z to c organizar (organisieren)	g to gu llegar (ankommen)	c to qu atracar (überfallen)
(yo)	organi**c**é (Ich organisierte)	lle**gu**é (Ich kam an)	atra**qu**é (Ich überfiel)
(tú)	organiz**aste** (du organisiertest)	lleg**aste** (du kamst an)	atrac**aste** (du überfielst)
(él/ella/ usted)	organiz**ó** (er/sie organisierte/ Sie organisierten)	lleg**ó** (er/sie kam an/ Sie kamen an)	atrac**ó** (er/sie überfiel/ Sie überfielen)
(nosotros/ nosotras)	organiz**amos** (wir organisierten)	lleg**amos** (wir kamen an)	atrac**amos** (wir überfielen)
(vosotros/ vosotras)	organiz**asteis** (ihr organisiertet)	lleg**asteis** (ihr kamt an)	atrac**asteis** (ihr überfielt)
(ellos/ellas/ ustedes)	organiz**aron** (sie/Sie organisierten)	lleg**aron** (sie/Sie kamen an)	atrac**aron** (sie/Sie überfielen)

STARK UNREGELMÄSSIGE VERBEN

	ser (sein) + ir (gehen)	dar (geben)		ver (sehen)	
(yo)	fui	di	(ich gab)	vi	(ich sah)
(tú)	fuiste	diste	(du gabst)	viste	(du sahst)
(él/ella/ usted)	fue	dio	(er/sie gab/ Sie gaben)	vio	(er/sie sah/ Sie sahen)
(nosotros/-as)	fuimos	dimos	(wir gaben)	vimos	(wir sahen)
(vosotros/-as)	fuisteis	disteis	(ihr gabt)	visteis	(ihr saht)
(ellos/ellas/ ustedes)	fueron	dieron	(sie gaben/ Sie gaben)	vieron	(sie sahen/ Sie sahen)

Ir und *ser* haben dieselben Formen. Sie können nur durch den Kontext unterschieden werden.

Beispiel: Yo fui alumna de la universidad.   (Ich war Studentin der Universität.)

Yo fui a la universidad en coche.   (Ich fuhr mit dem Auto zur Universität.)

Pretérito indefinido von **hay** ist **hubo**.

Beispiel: Ayer hubo una fiesta.   (Gestern gab es eine Party.)

Übung 70
Completa el siguiente texto con los verbos conjugados en pretérito indefinido.
Vervollständige den folgenden Text mit den konjugierten Verben im *pretérito indefinido*.

¿Cómo estás? La semana pasada (1) .... (recibir, yo) tu noticia. Todo ha ido bien, estoy contentísima. La escuela de idiomas en Berlin es fantástica.
En abril 2015 (2), ... (ir, yo) por unos meses allí. En principio, aprender alemán (3) .... (ser, él) muy difícil para mí. No soy un talento en idiomas, pero (4) .... (continuar, yo) con el curso. La escuela es muy buena y los profesores me (5) .... (ayudar, ellos) con la gramática.
(6) .... (Vivir, yo) con una familia en un piso y (7) .... (habitar, yo) solo una pequeña habitación sin mesa, pero me (8) .... (acostumbrar, yo) a las circunstancias. Las comidas (9) .... (estar, ellas) muy ricas.

Además (10) .... (tener, yo) un buen tiempo con mis compañeros de clase en Berlín. Muchas veces (11) .... (salir, nosotros) por la noche a bares y restaurantes. En Berlín hay varios barrios de marcha. Una vez (12) .... (visitar, nosotros) una función con el titulo *Fausto*. La obra *Fausto* de Goethe es una tragedia. El argumento de la tragedia es muy emocionante y (13) .... (estar, nosotros) emocionados. En la obra habían escenas que mostraban la desesperación de los protagonistas. Al final de la representación todos los actores (14) .... (salir, ellos) al escenario. Los espectadores (15) .... (aplaudir, ellos) entusiasmados. Te recomiendo esta obra. ¡Qué ciudad más bonita! (16) .... (gustar, a mí) todos los museos y (17) .... (ver, nosotros) algunos palacios y el centro de la ciudad (18) que .... (encantar, a mí). Berlín es increíble.
¡Disfrútalo! Hasta luego,   Sofía

Übung 71
Completa conjugando en pretérito indefinido con los verbos que se presentan.
Vervollständigen Sie mit den vorgegebenen Verben im *pretérito indefinido*.

nacer	empezar	aprender
(geboren werden)	*(anfangen)*	*(lernen)*

irse	sentirse
(weggehen)	*(sich fühlen)*

.... en Inglaterra en 1921, pero poco después .... a vivir a España con su tía. Desde muy pronto .... atraída por la cultura española .... sus comidas y el flamenco, su lenguaje, y a parecerse a los españoles.

empezar	hacerse	apartarse
(anfangen)	*(werden)*	*(sich zurückziehen)*

mantener	tener
(halten)	*(haben)*

.... a hacer comedia en los años 30, pero .... célebre sólo entre los años 40 y 60. En estos años .... una relación amistosa con el actor José López. En los años 65, la actriz .... dificultades de salud y por ese motivo .... de mundo del espectáculo.

colaborar	hacer	publicarse	morir	regresar
(mitarbeiten)	*(tun)*	*(veröffentlichen)*	*(sterben)*	*(zurückkehren)*

Carmen .... en un espectáculo mediático gracias a su amistad con Bigas Luna, director de cine español. .... en las direcciones de las películas *Bilbao* y *Lola trémula* e .... una breve actuación en *Bambola*. En 2012, ... su biografía y .... en abril de 2013.

Übung 72
Completa las frases conjugando en pretérito indefinido con los verbos que se presentan.
Vervollständigen Sie die Sätze mit den vorgegebenen Verben im *pretérito indefinido*.

1.   (1)(Nacer) .... en Sevilla, España, en 1876 y (2)(viajar) .... a Francia, donde (3)(aprender) .... la técnica vocal. A los 21 años (4)(casarse) .... con Paula Blanca. (5)(Ingresar) .... en la banda "Mosquito," con la que (6)(producir) .... muchas canciones. A partir de 1920 (7)(sufrir) .... varias dificultades que (8)(influir) .... en su música. Entonces (9)(comenzar) .... a hacer deporte.   (10)(Morir) .... en 1940, en Málaga.

2.   (1)(Nacer) .... en Argentina, en 1917. Su madre (2)(ser) .... escritora y su tía (3)(ser) .... escritora y también (4)(tocar) .... el violín. En 1940 (5)(casarse) .... y, después, (6)(tener) .... tres niños. En 1995 (7)(abandonar) .... Argentina a causa del golpe militar y (8)(exiliarse) .... en España. En 1992 (9)(morir) .... su tía Carmen, lo que le (10)(llevar) .... a escribir un guión sobre ella. En 1984 (11)(recibir) .... el premio Nobel y en 1985 ya era la autora de muchos súper ventas. En 1981 (12)(publicarse) .... su libro más famoso: Mis gatos.

3.   (1)(Nacer) .... en Cádiz en 1900. En 1918 (2)(trasladarse) .... a Sevilla, donde (3)(ingresar) .... en una universidad. En 1922 (4)(ir) .... a Montpellier, donde (5)(organizar) .... un espectáculo. Tres años después (6)(volver) .... a vivir en Montpellier, donde (7)(conocer) .... a Paulina. Después, (8)(pintar) .... su primer cuadro. En 1956 (9)(empezar) .... a viajar, pero (10)(volver) .... de nuevo a Montpellier, donde (11)(pintar) .... otro cuadro famoso. (12)(Casarse) .... tres veces y (13)(tener) .... dos hijas. En 1965 (14)(instalarse) .... en París y, poco después, (15)(pintar) .... el tercer cuadro. (16)(Morir) .... en 1983 en París.

4.   (1)(Nacer) .... en Málaga en 1930. (2)(Estudiar) .... el oficio de actor y (3)(licenciarse) .... en una escuela de arte dramático. En 1950 (4)(comenzar) .... a trabajar en un teatro. Su éxito como actriz (5)(llegar) .... en 1976 con la película *El cuadro de mis amigos*, que (6)(obtener) .... el Premio Cinematográfico y (7)(convertirse) .... en un éxito mundial. En 1986 ya (8)(ser) .... una actriz famosa. En 1982 (9)(conseguir) .... un premio por la película *La Cetrería*. En 1996 *Las Armas* (10)(obtener) .... un premio también. (11)(Morir) .... en 1987 en Barcelona.

Übung 73
Completa las frases con la forma del pretérito indefinido que corresponda.
Vervollständigen Sie die Sätze mit der richtigen Form des *pretérito indefinido*.

1.   En su época, la emperatriz Sisi (ella, ser) .... famosa por su belleza.
2.   Los inmigrantes (ellos, poblar) .... primero las costas.
3.   La Segunda Guerra Mundial (ella, empezar) .... en 1939 y (ella, acabar) .... en 1945.
4.   España (ella, vivir) .... una guerra civil.
5.   En la Guerra Civil de España, muchos (ellos, luchar) .... contra el fascismo.
6.   Los colonos blancos (ellos, torturar) .... a muchos indios.
7.   Mis abuelos (ellos, meter) .... un montón de dinero en su empresa.
8.   Podías montar a caballo muy bien, pero nunca (tú, poder) .... más después del accidente.
9.   Me (ella, salvar) .... la vida.

10. En 1980 (yo, encontrar) .... esas muñecas y me acostaba con ellas en la cama temprano, pero (yo, dormir) .... siempre profundamente.
11. El sábado pasado, después del veterinario, mi gato (él, vomitar) ....
12. En 2002 (vosotros, interpretar) .... la obra de teatro *Hamlet*.
13. Hace seis meses, (vosotros, superar) .... una crisis.
14. Carmen (ella, saber) .... de todo, incluido la gramática.
15. Después de la reunión no (ellos, decir) .... nada más.
16. Después de haber hecho una cura, no (ellos, poder) .... trabajar nunca más.
17. Mi marido me (él, mentir) .... y (yo, sentirse) .... fatal.
18. Mis padres (ellos, morir) .... como consecuencia del accidente.
19. Ayer en la fiesta, (tú, mentir) .... en varios momentos.
20. Los maestros (distribuir) .... a los alumnos en grupos.
21. La opinión pública no (ella, influir) .... para nada en la decisión del gobierno.
22. Los griegos (ellos, tener) .... la primera democracia y esa nación (él, construir) .... la Acrópolis.
23. Juan y yo (nosotros, elegir) .... el perro con la piel blanco, porque (nosotros, preferir) .... colores claros.
24. Pedro y yo (nosotros, fantasear) .... sobre un mundo sin guerras.
25. Ayer, (yo, llorar) .... de tanto reírme de tus tonterías.

Unterscheidung von *pretérito perfecto* und *pretérito indefinido*

1. **Pretérito perfecto** wird verwendet, um von einer allgemeinen Erfahrung in der Vergangenheit zu sprechen — der Moment, in dem diese Aktion stattfand, ist nicht wichtig.

Beispiel: Le ha mentido alguna vez a un amigo.
(Er hat irgendwann einmal einen Freund angelogen.)

Se ha teñido el pelo de otro color.
(Sie hat sich ihre Haare mit einer anderen Farbe gefärbt.)

Ha hecho autostop.
(Er hat getrampt.)

Es gibt keine genaue Zeit oder genaue Informationen über einen Zeitpunkt.

2. **Pretérito perfecto** wird verwendet, wenn die Aktionen in Bezug zur Gegenwart stehen.

Beispiel: Ha visto alguna exposición este año.
(Er hat irgendeine Ausstellung dieses Jahr gesehen.)

Ha ido al cine este mes.
(Er ist diesen Monat ins Kino gegangen.)

3. **Pretérito indefinido** wird für vergangene Aktionen verwendet, die keinen Bezug zur Gegenwart haben.

Beispiel: Estuvo enfermo/-a el mes pasado.
(Vergangenen Monat war er/sie krank.)

Anteayer vio la televisión.
(Vorgestern sah er Fernsehen.)

Übung 74
Subraya la opción correcta.
Unterstreichen Sie die richtige Option.

- Lo que ha hecho/hizo este jugador últimamente no ha sido/fue juego limpio.
- Pero hace un año este jugador ha sido/fue la estrella del equipo de fútbol.

- Nunca he jugado/jugué al golf.
- ¿Es verdad? A mi hija le encanta el golf. Le he regalado/regalé palos de golf este mes por su cumpleaños.

- Me han llamado/llamaron para una entrevista de trabajo.
- Para esa posición vacante se han presentado/presentaron 50 personas.

- Hace 15 años Carmen ha estudiado/estudió mucho sobre su especialidad.
- Carmen ha tenido/**tuvo** diez años de experiencia profesional.

el jugador (der Spieler); **el juego limpio** (Fairplay); **la estrella del equipo** (der Star-Spieler); **los palos de golf** (die Golfschläger); **la entrevista de trabajo** (das Vorstellungsgespräch); **la posición vacante** (die freie Stelle); **presentar** (vorstellen); **una especialidad** (ein Fachgebiet)

Übung 75
Busca el error.
Finden Sie den Fehler.
1.
- Ayer mi madre se ha vuelto loca. Tengo miedo.
- ¿Hasta ahora no has llamado al médico?
2.
- Nunca estuve en el desierto de Arizona.
- Hace un año he viajado al desierto de Arizona. Fue maravilloso.
3.
- ¡Hola José! Monté a caballo. Me encanta.
- ¿Es verdad? Ayer he montado a caballo también.
4.
- En 2008 España envió a 18 competidores y la victoria del nadador español fue una sorpresa.
5.
- Hemos hecho muchas veces excursiones maravillosas por esa montaña.
- Pues nunca he estado ahí.

Übung 76
Completa las frases con los verbos en el tiempo del pasado apropiado
(pretérito perfecto o pretérito indefinido).
Vervollständigen Sie die Sätze mit den Verben in der jeweils richtigen Zeit
(*pretérito perfecto* oder *pretérito indefinido*).

1. Ayer (yo, comer) .... una pera.
2. También (yo, comprar) .... un nuevo colchón; tu espalda te lo agradecerá.
3. Últimamente (nosotros, ir) .... en avión a Madrid muchas veces.
4. Cristóbal Colón (él, cruzar) .... el Océano Atlántico con un barco.
5. En 1939 Franco (él, asumir) .... el poder en España.
6. El invierno pasado se le (él, congelar) .... un dedo.
7. Siempre (yo, tomar) .... la palabra en las reuniones del personal de la empresa.
8. Ayer (yo, descubrir) .... un secreto de mi marido.
9. La pieza de música la (nosotros, grabar) .... muchas veces.
10. Nunca (yo, romper) .... una ventana.

11. La semana pasada (vosotros, cantar) .... en la calle.
12. Los indios (ellos, luchar) .... encarnizadamente contra los blancos.
13. Muchos países (ellos, traficar) .... con armas.
14. Nunca (yo, forzar) .... un coche.
15. Esta vez (tú, comer) .... con moderación.
16. En agosto (yo, echar) .... a mi marido de casa.
17. Ayer el jugador (él, meter) .... un gol.
18. A mí nadie me (él, regalar) .... nada en esta vida.
19. Aún les (ellos, ayudar) .... a los refugiados a atravesar ilegalmente la frontera.
20. Nunca (yo, tocar) .... la flauta.

el colchón (die Matratze); **te lo agradecerá** (wird es dir danken); **el avión** (das Flugzeug); **cruzar** (überqueren); **un barco** (ein Boot); **asumir el poder** (die Macht übernehmen); **pasado/-a** (vergangen); **congelar** (erfrieren); **la palabra** (das Wort); **las reuniones** (die Sitzungen); **la empresa** (die Firma); **un secreto** (ein Geheimnis); **grabar** (aufnehmen); **romper** (einschlagen); **los indios** (die Indianer); **encarnizadamente** (vehement); **traficar** (dealen); **las armas** (die Waffen); **forzar** (aufbrechen); **con moderación** (in Maßen); **echar** (rauswerfen); **meter un gol** (ein Tor schießen); **regalar** (schenken); **los refugiados** (die Flüchtlinge); **la frontera** (die Grenze); **la flauta** (die Flöte)

Übung 77
¿De qué están hablando? Tome la opción más probable.
Von wem spricht man? Nehmen Sie die wahrscheinlichste Option.

1. Alguien ha encerrado a María Stuart.
   a) María Stuart es la reina de Escocia.   b) María Stuart es mi perra.

2. Ese asunto mostró muy poco potencial.
   a) Este mes   b) En 2005.

3. Le ha tocado la lotería.
   a) El año pasado.   b) Esta semana.

4. Fue una boda bonita.
   a) Este año.   b) Hace dos años.

5. Ha sido terrible para África.
   a) Muchos niños mueren de hambre.   b) La era de sin fuego.

6. Fue una transformación para todo del mundo.
   a) La invención del avión.   b) La era de la energía atómica.

Übung 78
Subraya la forma más adecuada en cada contexto.
Unterstreichen Sie die angemessene Form im jeweiligen Kontext.

1.   Estos niños cantan como los ángeles. Hace tres años han empezado/empezaron a cantar.
     Pero últimamente uno de ellos ha dejado/dejó de cantar en el coro.

2.   Dicen que la Biblia y Don Quijote son los dos libros más vendidos de la historia. Nunca he leído/leí la Biblia.
     Últimamente he pensado/pensé en comprar Don Quijote.

3. Cuando estoy en la fiesta de la empresa hay mucha palabrería durante toda la noche.
    Este año no fui/he ido a la fiesta.
    ¿Por qué no? Me encanta. Siempre he bebido/bebí mucho en la fiesta de la empresa.

4. ¿Qué tal si damos un paseo por el pinar? Últimamente has tenido/tuviste mucho estrés.
    Lo siento, no puedo. Ayer me he torcido/torcí el pie.

Übung 79
Completa estas frases conjugando los verbos en pretérito perfecto o en pretérito indefinido. Fíjate en los marcadores temporales.
Vervollständigen Sie die Sätze mit den Verben im *pretérito perfecto* oder *pretérito indefinido*. Achten Sie dabei auf die Signalwörter.

1. Últimamente nuestro pueblo (cambiar) .... totalmente de aspecto.
    ¿Hace un mes (construirse) .... una nueva iglesia?
    Sí, sí, la semana pasada (abrir) .... también un parque muy grande en el centro del pueblo.

2. *Los Vampiros* es una película de siete horas de duración. Nunca (ver) .... esa película.
    Siempre me (gustar) .... los vampiros, pero esta película es increíblemente espeluznante.

3. Ayer (ver) .... volar un papagayo cerca de mi casa, pero mis hijos no lo (ver) ....
    ¿Es verdad? Me han dicho que todavía hoy por la mañana una bandada de papagayos (hacer) .... un alto en el parque.

4. Ayer, ¿a qué hora (comenzar) .... la comedia?
    Pues creo que (ser) .... muy tarde. No me acuerdo.

5. Mi marido siempre (beber) .... tres cervezas todas las noches. No me gusta mucho.
    Da igual. Nunca me (excitar) .... porque mi novio beba un poco de alcohol.
    Lo peor es que la semana pasada mi marido (empezar) .... a cantar mientras veía la televisión.

6. Ayer (ser) .... despedido.
    ¿Qué (pasar) ....?
    Ayer ellos (afirmar) .... rotundamente que desde hace tiempo (yo, hurtar)
    .... dinero de la casa. Mentiras y engaños.

7. ¿Hace diez años tú (vivir) .... en Sevilla durante algún tiempo? ¿Qué te (parecer)
    .... la ciudad?
    ¡Me (encantar) ....!

cambiar *(sich (ver)ändern)*; **totalmente** *(völlig)*; **de aspecto** *(Erscheinungsbild)*; **construirse** *(gebaut sein)*; **el pueblo** *(das Dorf)*; **de duración** *(Laufzeit)*; **espeluznante** *(gruselig)*; **el papagayo** *(der Papagei)*; **es verdad** *(tatsächlich)*; **una bandada** *(eine Schar, ein Schwarm)*; **hacer un alto** *(eine Pause machen)*; **comenzar** *(beginnen)*; **la comedia** *(die Komödie)*; **no me acuerdo** *(ich erinnere mich nicht)*; **da igual** *(egal, wie auch immer)*; **excitar** *(erregen, aufzuregen)*; **lo peor** *(das Schlimme)*; **mientras** *(während)*; **despedido** *(gefeuert)*; **afirmar** *(behaupten)*; **rotundamente** *(kategorisch)*; **hurtar** *(stehlen)*; **las mentiras** *(die Lügen)*; **los engaños** *(die Täuschungen)*

LECCIÓN 19

KRAFTAUSDRÜCKE UND IDIOMATISCHE REDEWENDUNGEN AUF SPANISCH

Diese Lección enthält typische spanische Ausdrücke und Redewendungen, die in der Umgangssprache sehr verbreitet sind.

qué + Adjektiv	¡**Qué** guapo/-a/horrible/bonito/-a!	*(Wie hübsch/schrecklich/schön!)*
qué + Substantiv	¡**Qué** maravilla/horror!	*(Welch ein Wunder/Wie schrecklich)*
qué + Substantiv + **tan/más** + Adjektiv	¡**Qué** día **tan/más** estupendo!	*(Was für ein fabelhafter Tag!)*

Spanische Umgangssprache	Personen	Dinge	Situationen
¡**Qué vergüenza!** *(Was für eine Schande!)*			¡Qué vergüenza! = negativ
¡**Qué chulo/-a!** *(Wie arrogant!; We dreist!)* *(Wie toll!; Echt genial!)*	¡Qué chulo/-a! – Wenn man es bei Personen anwendet, hat es eine negative Bedeutung.	¡Qué chulo/-a! – Wird es bei Dingen angewendet, ist es positiv gemeint (z. B. jemand spricht über sein Handy).	
¡**Qué mono/-a!** *(Wie süß!)*	¡Qué mono/-a! Für eine Person oder ein Tier — niedlich, lieb, hübsch.	¡Qué mono/-a! Für Sachen — chic oder schön (z. B., die Jacke einer Freundin).	
¡**Qué majo/-a!** *(Wie hübsch!)*	¡Qué majo/-a! Man meint damit eine Person, die im Charakter sehr vernünftig zu sein scheint. Auf eine gute Art und Weise über eine Persönlichkeit sprechen.		
¡**Qué rollo!** *(Wie langweilig!)*			¡Qué rollo! = negativ
¡**Qué palo!** *(Wie unangenehm!)*			¡Qué palo! Für jemanden in einer unangenehmen Situation.
¡**Qué aburrimiento!** *(Wie langweilig!)*			¡Qué aburrimiento! = negativ
¡**Qué faena!** *(Was für eine Plage!)*			¡Qué faena! Jemand ist ein einer Situation, in der er ein Problem hat. In **Mexico** ist es fast ausschließlich ein Ausdruck des Stierkampfs.
¡**Qué suerte!** *(Was für ein Glück!)*			¡Qué suerte! = positiv
¡**Qué guapo/-a!** *(Wie schön!; Knackig!)*	¡Qué guapo/-a! Wenn man denkt, jemand ist sehr attraktiv.		
¡**Qué encanto!** *(Wie reizend!)*			¡Qué encanto! = positiv

Spanische Umgangssprache	Personen	Dinge	Situationen
¡Qué divertido/-a! *(Was für ein Spaß!)*	Ein lustiger Mensch.		¡Qué divertido/-a! = positiv
¡Qué gracioso/-a! *(Wie lustig!)*	Ein lustiger Mensch.		¡Qué gracioso/-a! = positiv
De puta madre Hier ist das **de** wichtig, **tu puta madre** ist ein sehr schlechter Ausdruck für jemand anderen.	*De puta madre* Dies wird in Spanien nur unter Freunden gesagt. Es ist ein positiver Ausdruck — toll, super, genial, fantastisch, hervorragend.		
Poner verde *(Hinterhältig)*	Man redet schlecht über jemand anderen.		
No tengo que pasta			*„Ich habe kein Geld."* Nur unter Freunden.
El principe azul	Ausdruck für den perfekten Mann.		
Dar a luz a un niño			Ein Kind gebären; wörtlich: ans Licht geben.
Estar a dos velas			Kein Geld haben; Nur unter Freunden.
Hablar por los codos	Jemand, der sehr viel redet; Plaudertasche.		
El ombligo del mundo	Wenn jemand denkt, er sei der Nabel der Welt - er sei so wichtig.		
Estar de mala leche	Schlechte Laune haben.		
Estar hecho polvo	Erschöpft sein, müde sein, fix und fertig sein.		
La resaca	Hangover, verkatert nach zu viel Alkohol.		
El botellón *(In der Öffentlichkeit trinken)*	Eine Zusammenkunft von vielen Leuten an einem öffentlichen Platz, um Alkohol zu trinken.		
Pues nada			Umgangssprache, um ein Gespräch zu beenden.
Tener un don	Eine Begabung haben.		
Me importa un pimiento			Das ist mir egal, gleichgültig.
Me importa un bledo			Das ist mir schnuppe.

Spanische Umgangssprache	Personen	Dinge	Situationen
Está muerto/-a de hambre			Vor Hunger sterben (als bildhafte Übertreibung).
No tengo cuerpo			Wenn man etwas nicht machen möchte.
Tiene un lío			Wenn es um Dinge geht, die einem nicht klar sind; wenn wegen einer Sache große Verwirrung besteht.
Operación bikini	Alles tun, um schlank zu werden.		
Ser un desastre	Eine Person, die eine totale *Null* ist.		
Una persona sosa	Eine langweilige Person.		
La comida salada		Gut gewürztes Essen.	
Un comilón/ una comilona	Jemand, der gerne und viel isst.		
Una persona manita	Jemand, der ein gutes Händchen in allen Dingen hat/handwerkliches Geschick.		
Me quedo en blanco			Wenn man keine Informationen mehr im Kopf hat, das Gehirn ist leer.
Me quedo hecha polvo			Wenn man bei schlechten Informationen einen Schock bekommt.
Ir en grano			Zur Sache kommen.
Endarse por las ramas			Abschweifen.
A ver			Sagt man, wenn man die Aufmerksamkeit von anderen möchte und gleichzeitig meint: *Bleibt ruhig und cool*.
¡Qué alegria!			Was für eine Freude!; Wie schön; wie wunderbar; wie reizend.

LECCIÓN 20
PRETÉRITO IMPERFECTO
IMPERFEKT

In dieser Lección erfahren Sie alles über die häufig verwendete dritte Vergangenheitsform, das *pretérito imperfecto*.

Anhand von Texten und vielen Übungen lernen Sie wie das *pretérito imperfecto* gebildet wird (indem Sie die Endungen ändern), wann es verwendet wird, und wie sich diese Zeitform vom *pretérito perfecto* und *pretérito indefinido* unterscheidet.

Grammatik
* Pretérito imperfecto
* Die Unterscheidung zwischen *pretérito perfecto*, *pretérito indefinido* und *pretérito imperfecto*
* Die Differenz zwischen *pretérito indefinido* und *pretérito imperfecto*, in einem vergangenen Ereignis

Das *pretérito imperfecto* wird verwendet, um Gewohnheiten und Umstände in der Vergangenheit zu beschreiben, deren Anfang oder Ende nicht angegeben ist.

Vergangene gewohnheitsmäßige Handlungen werden ebenfalls mit dem *pretérito imperfecto* ausgedrückt. Damit ähnelt diese Zeit der Gegenwart, spricht aber über die Vergangenheit. Es wird kein fester Termin in der Vergangenheit genannt.

Es kann verwendet werden, um die Vergangenheit und die Gegenwart zu vergleichen.

Das *pretérito imperfecto* von **hay** *(es gibt)* lautet **había**.

REGELMÄßIGE VERBEN

	-AR ESTAR *(SEIN)*	-ER TENER *(HABEN)*	-IR VIVIR *(LEBEN)*
(yo)	est-**aba** *(ich war)*	ten-**ía** *(ich hatte)*	viv-**ía** *(ich lebte)*
(tú)	est-**abas** *(du warst)*	ten-**ías** *(du hattest)*	viv-**ías** *(du lebtest)*
(él/ella/ usted)	est-**aba** *(er/sie war/ Sie waren)*	ten-**ía** *(er/sie hatte/ Sie hatten)*	viv-**ía** *(er/sie lebte/ Sie lebten)*
(nosotros/-as)	est-**ábamos** *(wir waren)*	ten-**íamos** *(wir hatten)*	viv-**íamos** *(wir lebten)*
(vosotros/-as)	est-**abais** *(ihr wart)*	ten-**íais** *(ihr hattet)*	viv-**íais** *(ihr lebtet)*
(ellos/ellas/ ustedes)	est-**aban** *(sie waren/ Sie waren)*	ten-**ían** *(sie hatten/ Sie hatten)*	viv-**ían** *(sie lebten/ Sie lebten)*

UNREGELMÄßIGE VERBEN

Dies sind die einzigen unregelmäßigen Verben des *pretérito imperfecto*

	SER *(SEIN)*	IR *(GEHEN)*	VER *(SEHEN)*
(yo)	**era** *(ich war)*	**iba** *(ich ging)*	**veía** *(ich sah)*
(tú)	**eras** *(du warst)*	**ibas** *(du gingst)*	**veías** *(du sahst)*
(él/ella/ usted	**era** *(er/sie war/ Sie waren)*	**iba** *(er/sie ging/ Sie gingen)*	**veía** *(er/sie sah/ Sie sahen)*
(nosotros/-as)	**éramos** *(wir waren)*	**íbamos** *(wir gingen)*	**veíamos** *(wir sahen)*
(vosotros/-as)	**erais** *(ihr wart)*	**ibais** *(ihr gingt)*	**veíais** *(Ihr saht)*
(ellos/ellas/ ustedes)	**eran** *(sie waren/ Sie waren)*	**iban** *(sie gingen/ Sie gingen)*	**veían** *(sie sahen/ Sie sahen)*

Beispieltext: Mallorca

	1950	AKTUELL
En aquellos tiempos, la administración funcionaba bastante mal. **En aquellos tiempos** *(in jenen Zeiten)* ist ein Signalwort für *pretérito imperfecto*.	X	
En estos momentos, los Mallorquines están acostumbrados a los extranjeros. **En estos momentos** *(in diesen Zeiten)* ist ein Signalwort für <u>*actualidad*</u>.		X
Actualmente, muchos turistas pasan sus vacaciones en Mallorca. **Actualmente** *(derzeit, gegenwärtig)* ist ein Signalwort für <u>*actualidad*</u>.		X
En aquella época, en la isla había pocas calles en buen estado. **En aquella época** *(zu jener Zeit)* ist ein Signalwort für *pretérito imperfecto*.	X	
Hoy en día, Mallorca es uno punto de reunión de muchos cantantes y músicos de Alemania. **Hoy en día** *(heutzutage)* ist ein Signalwort für <u>*actualidad*</u>.		X
Entonces era una isla con playas desiertas. **Entonces** *(damals)* ist ein Signalwort für *pretérito imperfecto*.	X	

Der größte Unterschied zwischen dem *pretérito imperfecto* und den anderen Zeiten besteht darin, dass hier immer jemand **eine Beschreibung gibt**, über

- was geschehen ist
- was man gesehen hat, oder
- wie etwas war.

Beispiel:
<u>El hotel</u> **estaba muy lejos del centro. Era muy viejo y no había calefacción.**
*(<u>Das Hotel</u> **war sehr weit weg vom Zentrum. Es war sehr alt und hatte keine Heizung**.)*

Das ist die <u>Beschreibung</u> der Umstände des Hotels *(<u>Wie war das Hotel</u>?) = pretérito imperfecto*.

Aber wenn man sagt:
Ayer fue martes *(Gestern war Dienstag)*,

ist dies eine zeitlich abgeschlossene Tatsache; daher *pretérito indefinido*.

Diese zwei Zeiten können verwendet werden, um von Ereignissen zu sprechen, die in der Vergangenheit stattgefunden haben.

1) Das *pretérito indefinido* gibt Auskunft über die Handlung, die in der Vergangenheit stattfand (die Fakten).

2) Mit dem *pretérito imperfecto* hingegen sieht man, was um das Ereignis (Fakten) herum passiert ist. Es ist der Hintergrund der Erzählung.

Daher wird das *pretérito imperfecto* verwendet, um die Begleitumstände einer Hauptaktion zu beschreiben, für welche das *pretérito indefinido* oder *pretérito perfecto* verwendet werden. Wie bereits erwähnt, wird das *pretérito imperfecto* auch zur Beschreibung von gewohnheitsmäßigen Handlungen in der Vergangenheit verwendet.

Beispiel:

* **Aprendí** a jugar al ajedrez en casa. Mi padre **era** un jugador de ajedrez excelente.
 (*Ich lernte zu Hause Schach spielen. Mein Vater war ein exzellenter Schachspieler.*)

* **Visitó** Barcelona por prima vez en 1990. **Era** primavera y **hacia** mucho frío.
 (*Er besuchte Barcelona das erste Mal 1990. Es war Frühling und es war sehr kalt.*)

Nun ein Beispiel, wie sich die Zeit mitten im Satz verändern kann.

Yo estaba preocupado en casa esperando a Kathy, **y cuando llegó, nos fuimos** ...

Yo estaba preocupado en casa esperando a Kathy,
(*Ich war beunruhigt zuhause und wartete auf Kathy,*)

Hier beschreibe ich, in welchem emotionalen Zustand ich war — mit *pretérito imperfecto*;

y cuando llegó, nos fuimos ...
(*und als sie kam, gingen wir ...*)

Hier ändert sich die Zeitform zum *pretérito indefinido*, weil zum Zeitpunkt ihrer Ankunft die ununterbrochene Wartezeit endet, und stattdessen eine Unterbrechungsaktion stattfindet: das Gehen.

Daher wird das *pretérito indefinido* auch angewendet, wenn ein Ereignis eintritt, das plötzlich eine andere Aktion unterbricht.

Beispiel: Mientras descansaba en un parque, conocí a un escritor.
 (*Während ich mich in einem Park ausruhte, traf ich einen Schriftsteller.*)

Das Wichtigste in der spanischen Grammatik (in Bezug auf die Vergangenheit) ist der Unterschied zwischen diesen drei Vergangenheitsformen:

Pretérito perfecto, pretérito indefinido, pretérito imperfecto.

Diese richtig zu verstehen, beseitigt ein großes Hindernis für das Erlernen dieser Sprache.

Die folgende Tabelle veranschaulicht daher diese drei Vergangenheiten noch einmal:

Pretérito perfecto	Pretérito indefinido	Pretérito imperfecto
Bezieht sich auf gerade abgeschlossene Handlungen, die in einem nicht abgeschlossenen Zeitraum erfolgten, inklusive der Gegenwart.	Bezieht sich auf abgeschlossene Aktionen, die in einem abgeschlossenen Zeitraum stattgefunden haben und somit die Vergangenheit von der Gegenwart abgrenzen.	Beschreibt gewohnheitsmäßige Aktionen in der Vergangenheit.
- **Esta semana** no he ido al bar. (*Diese Woche bin ich nicht in die Bar gegangen.*)	- **Ayer** fui al bar. (*Ich war gestern in der Bar.*)	- Ana **siempre** iba al pueblo de sus padres con su familia. (*Anna fuhr immer mit ihrer Familie in das Dorf ihrer Eltern.*)

Pretérito perfecto	Pretérito indefinido	Pretérito imperfecto
Spricht darüber, wie oft eine Aktion stattgefunden hat (bis in die Gegenwart hinein).	**Spricht darüber, wie oft etwas in einer abgeschlossenen Zeit passiert ist (mit keinerlei Bezug zur Gegenwart).**	**Beschreibt wie Personen in der Vergangenheit waren.**
- Carmen se ha casado **dos veces**. *(Carmen hat zweimal geheiratet.)*	- Juan se casó **seis veces**. *(Juan heiratete sechs Mal.)*	* **Körperlich** - El abuelo **era** bajo y muy delgado. **Tenía** el pelo canoso … *(Der Großvater war klein und sehr schlank. Er hatte graues Haar …)*
- Mi abuelo **siempre** ha vivido en su casa. *(Mein Großvater hat immer in seinem Haus gewohnt.)*	- Mi abuelo **siempre** vivió en su casa. *(Mein Großvater lebte immer in seinem Haus.)*	* **In Charakter** - **Era** un hombre muy feliz. *(Er war ein sehr glücklicher Mann.)*
Hier zeigt das *pretérito perfecto* an, dass die Personen, um die es geht, immer noch am Leben sind. Wenn sie nicht mehr am Leben wären, dann müsste das *pretérito indefinido* verwendet werden. Aus dem einfachen Grund, da dann das Leben dieser Personen abgeschlossen ist und somit auch der Zeitraum, in dem das Ereignis stattgefunden hat.	Der Gebrauch des *pretérito indefinido* zeigt hier an, dass das Leben dieser Personen bereits beendet ist. Diese Zeiteinheit ist abgeschlossen, da sie verstorben sind.	* **Bezüglich ihres körperlichen und emotionalen Zustandes.** - **Estaba** bastante preocupado y se **sentía** mal. *(Er war ziemlich beunruhigt und fühlte sich schlecht.)*
		* **Hinsichtlich des Glaubens** - **Era** un hombre muy religioso … *(Er war ein sehr religiöser Mann …)*
	In der Vergangenheit, als neue Ereignissen auftraten, die eine bereits laufende Aktion störten.	* **Bezüglich Ideen und Vorlieben** - Sofía **pensaba** que la vida en la ciudad **era** tristísima. *(Sofia dachte, dass das Leben in der Stadt traurig war.)*
	- Mientras descansábamos en una posada **conocimos** a un actor famoso. *(Während wir uns in einem Gasthaus ausruhten, lernten wir einen berühmten Schauspieler kennen.)*	* **In Bezug auf Vorhaben, Projekte und Wünsche** - Esa mañana Carmen **quería pasear** por la ciudad … *(Jenen Morgen wollte Carmen durch die Stadt spazieren …)*

Pretérito perfecto	Pretérito indefinido	Pretérito imperfecto
Bezieht sich auf eine Folge von abgeschlossenen Aktionen, die sich in einer Zeitperiode ereignet haben, die nicht abgeschlossen ist, inklusive der Gegenwart.	**Bezieht sich auf eine Reihe abgeschlossener Aktionen, die in der Vergangenheit in einem begrenzten Zeitrahmen ausgeführt wurden.**	**Beschreibt den Hintergrund einer Hauptaktion in der Vergangenheit.**

Pretérito perfecto

- *Hoy* **me he levantado** a las seis y poco después **me he duchado**. Después **me he vestido** y **he desayunado**. Yo siempre tomo un cafe. **He puesto** la radio y **he escuchado** las noticias. Mientras tanto **he preparado** mi maletín. Cuando **he terminado**, me **he sonado** la nariz y **he salido** de casa ...

(*Heute* bin ich um sechs Uhr aufgewacht und kurz danach habe ich geduscht. Danach habe ich mich angezogen und habe gefrühstückt. Ich trinke immer einen Kaffee. Ich habe das Radio angemacht und habe die Nachrichten gehört. Währenddessen habe ich meine Aktentasche gepackt. Als ich fertig war, habe ich mir die Nase geputzt und habe das Haus verlassen ...)

Pretérito indefinido

- *A los 18 años* **entré** en la universidad. El primer año **estudié** mucho, por eso **saqué** muy buenas notas. Durante ese año **conocí** a mi pareja. Al año siguiente, en 1990, **empecé** a trabajar en un restaurante y como **me dediqué** mucho menos a estudiar, **saqué** peores notas.

(*Als ich 18 Jahre alt war*, ging ich zur Universität. Im ersten Jahr studierte ich viel, deswegen hatte ich gute Noten. In jenem Jahr lernte ich meine Lebensgefährtin kennen. Im darauffolgenden Jahr, 1990, fing ich an, in einem Restaurant zu arbeiten und da ich mich viel weniger meinem Studium widmete, hatte ich schlechtere Noten.)

Pretérito imperfecto

* Hauptaktion:
- Un día Julia se levantó tarde. Se lavó los dientes y se duchó.
  (*Eines Tages wachte Julia spät auf. Sie putzte sich die Zähne und duschte sich.*)
  Diese Hauptaktion steht im *pretérito indefinido*.

* **Die Beschreibung des Hintergrundes im Bezug auf die oben erwähnte Hauptaktion folgt im *pretérito imperfecto* bezüglich:**

* **Contexto: Tiempo (Zeit)**
- **Eran** las diez.
  (*Es war zehn Uhr.*)

* **Contexto: Clima (Klima)**
- **Hacía** mucho calor. El día **estaba** soleado y no **llovía** ...
  (*Es war sehr heiß. Der Tag war sonnig und es regnete nicht ...*)

* **Contexto: Situación (Situation)**
- En la cocina no **había** un café. Los invitados **estaban** decepcionados.
  (*In der Küche gab es keinen Kaffee. Die Gäste waren enttäuscht.*)

Beurteilung von Situationen.	**Beurteilung von Situationen.**	**Beschreibt Dinge in der Vergangenheit.**

Pretérito perfecto

- ¿Qué te **has parecido** la exposición?
  (*Wie hat dir die Ausstellung gefallen?*)

- No **ha sido** fácil. **He tenido** mucho miedo.
  (*Es war nicht einfach. Ich habe viel Angst gehabt.*)

Pretérito indefinido

- ¿Qué tal la exposición de anoche?
  (*Wie war die Ausstellung gestern Abend?*)

- **Estuvo** muy mal. **Vino** poca gente conocida ... **Me lo pasé** fatal.
  (*Sie war sehr schlecht. Es kamen wenig bekannte Leute ... Ich hatte eine furchtbare Zeit.*)

Pretérito imperfecto

- **Era** un camión muy grande ...
  (*Es war ein sehr großer Lastwagen ...*)

Érase una vez una princesa llamada María que vivía en un castillo que era muy grande y hermoso. Ella era muy guapa y siempre estaba satisfecha. Lo que más le gustaba hacer era cantar, pero también le gustaba mucho bailar. Todas las mañanas iba a clase de español, pero se sentía triste porque su profesora era malvada. Se llamaba Lady Baba. María quería huir y encontrar otro profesor de español pero, un día, la malvada Lady Baba ...

1. Érase una vez una princesa llamada María que **vivía** en un castillo que **era** muy grande y hermoso.
   vivía en un castillo beschreibt eine vergangene gewohnheitsmäßige Handlung.
   „Sie lebte in einem Schloß."
   era muy grande y ... beschreibt eine Sache in der Vergangenheit – hier ist es das Schloß.

2. Ella **era** muy guapa y siempre **estaba** satisfecha.
   era muy guapa beschreibt eine Person physisch in der Vergangenheit.
   estaba satisfecha beschreibt den emotionalen Zustand einer Person in der Vergangenheit.

3. Lo que más le **gustaba** hacer **era** cantar, pero también le **gustaba** mucho bailar.
   gustaba hacer beschreibt ihre Vorliebe für etwas.
   era cantar beschreibt eine vergangene gewohnheitsmäßige Handlung.
   gustaba mucho bailar beschreibt ihre Vorlieben, Wünsche.

4. Todas las mañanas **iba** a clase de español, pero **se sentía** triste porque su profesora **era** malvada. **Se llamaba** Lady Baba.
   Todas las mañanas = jeden Morgen, die Aktion wird immer wiederholt.
   iba a clase beschreibt eine vergangene gewohnheitsmäßige Handlung.
   se sentía triste beschreibt den emotionalen Zustand einer Person in der Vergangenheit.
   era malvada gibt eine detailliertere Beschreibung des Charakters einer Person.
   se llamaba ... gibt an, wie eine Person genannt wurde.

5. María **quería** huir y encontrar otro profesor de español pero, un día, la malvada Lady Baba ...
   quería huir y ... beschreibt einen anhaltenden Wunsch einer Person in der Vergangenheit.

UNTERSCHIED ZWISCHEN *PRETÉRITO INDEFINIDO* UND *PRETÉRITO IMPERFECTO* BEI EINEM VERGANGENEN EREIGNIS

Hier geht es um den Unterschied zwischen *pretérito indefinido* und *pretérito imperfecto*, wenn, zum Beispiel, jemand von einem vergangenen historischen Ereignis spricht und deshalb das genaue Datum angibt. In diesem Fall müssen Sie wie folgt zwischen den Zeiten wechseln.

1.   Alle Informationen, die notwendig, wichtig und direkt mit dem Ereignis verbunden sind, sodass die Erzählung ohne diese keinen Sinn ergibt, sind im *pretérito indefinido*. **Dies sind objektive Daten** darüber, was zu jener Zeit passiert ist.

2.   Alle anderen Informationen, die nicht in direktem Zusammenhang zu dem Ereignis stehen, wie zum Beispiel Emotionen, werden im *pretérito imperfecto* ausgedrückt. Zum Beispiel berichtet der Erzähler, der bei dem Ereignis anwesend war, an welchem Ort er sich befand und wie er sich fühlte, als der Vorfall passierte. **All dies ist subjektiv** und hat nichts mit dem tatsächlichen Ereignis zu tun. Wenn eine der subjektiven Erfahrungen in der Erzählung weggelassen würde, wäre immer noch alles über das tatsächliche Ereignis bekannt, da die subjektiven Erfahrungen für das Hauptereignis völlig irrelevant sind. Daher kommen diese subjektiven Eindrücke, die der Erzähler damals hatte, im *pretérito imperfecto* zum Ausdruck.

Wenn der Erzähler jedoch mit seiner Geschichte beginnt — er erzählt wie er sich daran erinnert, und auch an das genaue Datum des Ereignisses, dann wird das **pretérito indefinido** verwendet. Dies gilt ebenso, wenn das genaue Datum des Ereignisses nicht angegeben ist, da sich der Erzähler indirekt auf dieses spezifische Datum am Anfang der Erzählung bezieht. Bei Erzählungen liefert das **pretérito imperfecto** die Hintergrundbeschreibung für die vom pretérito indefinido ausgedrückten Handlungen.

Beispieltext: Ende der Diktatur Francos in Spanien.
Hier erzählt jemand seine Geschichte. Er war in Spanien anwesend, als sich dieser wichtige historische Vorfall ereignete. Er berichtet einem Freund von diesem Ereignis:
- Me acuerdo exactamente … fue el 20 de noviembre de 1975.
- El 20 de noviembre de 1975 … ¿Y el motivo?
- Entonces recobramos la libertad en España./Para recobrar la libertad…/Queríamos recobrar la libertad …
- Sí, es que terminasteis los malos tiempos de Franco.
- Pusimos fin a 36 años de pena de muerte, de ausencia de partidos políticos, de muchos métodos de opresión …
- ¿Exiliados?
- Sí, 35.000.
- Y en ese momento – ¿tú dónde estabas?
- Estaba en el barrio de Lavapiés.
- ¿En Madrid?
- Sí.
- Era otoño.
- Era otoño, tenía 15 años y estaba con mis amigos.
- Qué suerte, ¿no? ¿Y al final murió Franco en Madrid?
- ¡Qué día más estupendo!
- Y fue el día más importante de España.
- ¡Qué felicidad!

Erklärung:
- Me acuerdo exactamente ... fue el 20 de noviembre de 1975.
  Hier ist fue *in* pretérito indefinido, *weil ein genaues Datum angegeben ist.*

- Entonces recobramos la libertad en España.
  Hier ist alles im pretérito indefinido, *weil es in direktem Zusammenhang mit dem Ereignis zu diesem Zeitpunkt steht.*

- Sí, es que terminasteis los malos tiempos de Franco.
  Pretérito indefinido wird verwendet, weil es sich um eine objektive Feststellung von Tatsachen handelt, dass in diesem Moment die schlechten Zeiten unter Franco enden.

- Pusimos fin a 36 años de pena de muerte, de ausencia de partidos políticos, de muchos métodos de opresión …
  Pretérito indefinido wird verwendet, weil es sich um eine abgeschlossene Aktion in einer abgeschlossenen Zeit handelt.

- Estaba en el barrio de Lavapiés.
  Als das Ereignis eintrat, war der Erzähler in dem Stadtbezirk Lavapiés.
  Dies ist irrelevant *für das Ereignis und wird daher im* pretérito imperfecto *beschrieben.*

- Era otoño …
  Era otoño ist im pretérito imperfecto, *da „zu jener Zeit Herbst war" eine Tatsache* beschreibt.

- tenía 15 años y estaba con mis amigos.
  (Er war 15 Jahre alt und er war mit seinen Freunden zusammen.)
  Pretérito imperfecto, da dies der Rahmen ist, in dem das Hauptereignis stattgefunden hat.

- Y fue el día más importante de España.
  (Es war der wichtigste Tag für Spanien). Hier wird pretérito indefinido verwendet, da diese all-gemeine Tatsache im direkten Zusammenhang zu dem Ereignis steht und nicht subjektiv ist.

Wie zuvor erwähnt, kann alles, was im **pretérito imperfecto** ausgedrückt wird, leicht aus der Geschichte weggelassen werden, denn auch ohne dies versteht man immer noch, was im Ereignis tatsächlich vor sich ging.

3.   Wenn jedoch jemand, der bei dem Geschehen nicht anwesend war, beginnt darüber zu sprechen, wie er sich in dem Moment fühlte, als er davon hörte — dann ist diese Information im **pretérito indefinido** (als er zum Beispiel im Radio von dem Flugzeugunglück hörte, **war er zunächst so traurig = pretérito indefinido**). Dass er sich in diesem Moment so traurig fühlte, ist eine Tatsache, daher wird das **pretérito indefinido** verwendet.

Die folgende Beschreibung, warum er sich traurig fühlte, ist im *pretérito imperfecto*.

Weiterhin kommt es in der verbleibenden Darstellung des Vorfalls darauf an, welche Informationen sich auf das Ereignis beziehen und welche Fakten vorliegen (= **pretérito indefinido**; objektive Berichterstattung). Die andere subjektive Information des Erzählers (wenn er erklärt, warum er sich so gefühlt hat) ist eine Beschreibung, und diese wird im **pretérito imperfecto** präsentiert.

Die **Beschreibung** dessen, was in einer vergangenen Periode geschehen ist, wird daher immer mit dem **pretérito imperfecto** dargestellt. Dies kann in der folgenden Erzählung gesehen werden.

Beispieltext:
Jemand spricht darüber, als er 2010 von der Tsunami-Katastrophe in Japan hörte.
Recuerdo que oí en la televisión algo sobre la tragedia. Las informaciones eran horribles. Los japoneses también **vivieron** una trágica historia con la bomba atómica en la Segunda Guerra Mundial. Los pobres tenían una muy mala racha. **Me sentí muy triste**, pensaba que todo el país estaba contaminado y la gente enferma.

4.   Für **Beschreibungen, Begründungen, Ausschmückungen** eines **Ereignisses, Zustände** oder dauerhafte **Gewohnheiten** (es ist zu beachten, dass diese dauerhaften Gewohnheiten oder Zustände in der Vergangenheit ohne feste Endzeit beschrieben werden müssen) — wird das **pretérito imperfecto** verwendet.
Auch wenn der Grund dafür angegeben ist, warum etwas so war, wie es war, wird das **pretérito imperfecto** angewandt.

Beispiel: a) Ayer no fui a la escuela porque estaba enferma.
    (Gestern ging ich nicht zur Schule, weil ich krank war.)

    Porque estaba enferma ist der **Grund** und daher wird das **pretérito imperfecto** verwendet.

    b) **Como estaba enferma**, ayer no fui a la escuela.

    Bei dieser Satzform steht der Grund am Anfang, es ist jedoch zu beachten, dass dieser durch eine Pause (Komma) getrennt ist.

5.   Wenn gewohnheitsmäßige Handlungen (= *pretérito imperfecto*) durch ein plötzliches Ereignis unterbrochen werden, wird dieses folgende Ereignis im *pretérito indefinido* ausgedrückt.

Lee los comentarios de varias personas sobre su infancia y su adolescencia. Aquí van a explicar los diferentes pasados.
Lesen Sie die Kommentare einiger Leute über ihre Kindheit und ihre Jugend. Hier werden die verschiedenen Vergangenheitsformen erklärt.

1. Cuando **tenía** 14 años, mis padres **no me permitían** beber alcohol.

   tenía und *permitían* = *pretérito imperfecto*. „Cuando … 14 años" **beschreibt** *einen Zeitraum für diesen dauerhaften Zustand — es war ihr bis dahin nicht erlaubt Alkohol zu trinken.*

2. Mis padres me **permitieron** salir por la noche con un chico por primera vez a los 17 años.

   permitieron = *pretérito indefinido, da „por primera vez" einen exakten Moment* **festlegt***, an dem etwas Neues beginnt und deswegen etwas Altes endet.*

3. Hasta que no **cumplí** 6 años, no **pude** decidir qué corte de pelo me **hacían**.

   „Hasta que" **definiert** *einen genauen Moment, an dem etwas Neues beginnt. Cumplí und pude beziehen sich auf diesen Moment und deswegen pretérito indefinido.*

   Das Verb hacían steht im pretérito imperfecto, da es **gewohnheitsmäßige Handlungen** *zu jener Zeit beschreibt.*

4. Cuando **iba** al jardín de infancia (hasta los 6 años), no **podía** llevar faldas.

   iba und *podía* = *pretérito imperfecto*. "Cuando *iba* al jardín de infancia" **beschreibt** *einen Zeitraum, in dem eine gewohnheitsmäßige Handlung stattgefunden hat.*
   Podía = pretérito imperfecto, da es hier für eine **Beschreibung** *in der Vergangenheit verwendet wird.*

5. Siempre **venía** con mi padre, hasta el año pasado.

   venía = *pretérito imperfecto, da eine gewohnheitsmäßige Handlung in der Vergangenheit stattfand – bis letztes Jahr (hasta el año pasado).*

Es ist aber auch möglich, *cuando* mit dem *pretérito indefinido* zu verwenden, wenn es zusammen mit einem anderen Signalwort erscheint, das die Verwendung des *pretérito indefinido* auslöst.

Beispiel: Ayer, cuando fui al cine, ...   *(Als ich gestern ins Kino ging, …)*

   Hier löst Ayer (Gestern) das pretérito indefinido aus, da diese Aussage ein genaues **festes** *Datum ist.*

Aber

Beispiel: Cuando pequeño era gordo.   *(Als ich klein war, war ich dick.)*

   Hier ist eine **Beschreibung** *von etwas in der Vergangenheit.*

Übung 80
Subraya la mejor opción en cada caso.
Heben Sie in jedem Fall die beste Lösung hervor.

1. Cada vez que veía a Pedro era/estaba muy gordo
2. Cuando conocí a Carlos, llevaba/llevó bigote.
3. En el entierro de mi abuela me sentí/sentía fatal.
4. Recibí una botella de champaña y el día de mi boda la abrí/abría para tomarla con mi marido.
5. María tenía un chalet grande, pero estaba/era un poco deteriorado, así que lo renovaba/renovó.
6. De vez en cuando iba/fui al restaurante "Dos Caballos". Me encanta la paella.
7. José cantaba muchos cánticos, pero un día tenía/tuvo un accidente y tenía/tuvo que dejar de cantar.

el entierro *(die Beerdigung)*; **la boda** *(die Hochzeit)*; **abrir** *(öffnen)*; **un chalet** *(eine Villa, ein Chalet)*; **deteriorado/-a** *(heruntergekommen)*; **los cánticos** *(die Lieder)*; **un accidente** *(ein Unfall)*

Übung 81
Corrige los errores en los tiempos verbales del pasado si es necesario.
Verbessern Sie die Fehler in den Vergangenheitszeiten, wenn es nötig ist.

1. El día anterior no cantamos porque no teníamos ganas de cantar.
2. Este día no he comido porque no tuve tiempo.
3. Mi tía conoció un nuevo compañero de trabajo que fue de Chile, y tres meses después, se casaron.
4. Hace tres años los extremistas cometieron un atentado con bombas en Barcelona. Los reportajes de televisión eran horribles.
5. Nunca lo he visto.
6. Mi padre tenía un ataque cardíaco mientras montaba a caballo.
7. Fui en coche con mi marido; tenía una forma de conducir agresiva.
8. Como estuve enfermo, no canté en el coro.
9. La semana pasada visité una exposición y la sala estaba pintada con frescos.
10. Solo escribí un libro en mi vida.

Übung 82
Completa las oraciones con pretérito indefinido, pretérito imperfecto, o pretérito perfecto.
Vervollständigen Sie die Sätze mit *pretérito indefinido*, *pretérito imperfecto* oder *pretérito perfecto*.

1. La semana pasada mi nieto (comprar, él) .... un perro que (ser) .... muy grande y (tener) .... manchas negras.

2. Últimamente (dormir, yo) .... muy poco. Ayer (ir, yo) .... al médico y (darme, él) .... unas pastillas para dormir.

3. ¡Qué día más terrible! Esta mañana me (ducharse, yo) .... con agua fría y (tener, yo) .... los pies fríos. (Irse, yo) .... de compras y al salir del supermercado llovía tanto que (mojarme, yo) .... los pies.

4   El domingo (irse, nosotros) .... de excursión a un bosque. El terreno allí (ser) .... irregular, los senderos (ser) .... muy difíciles para caminar, y (hacer) .... mucho calor. Al final (alegrarse, nosotros) .... muy contentos de ir a casa.

5. El viernes (yo, estar) .... tan enfermo que no (ir, yo) .... al trabajo, aunque (querer, yo) .... hacer el balance final y (estar, yo) .... muy preocupado. Sin embargo, (quedarse, yo) .... en casa el viernes y (tomar, yo) .... un poco de té.

6. Cuando (ser, él) ...... un niño pequeño (estar, él) .... muy loco, pero cuando (empezar, él) .... el colegio (transformarse, él) .... en un niño muy amable.

7. Hace un año, Carmen (trasladarse, ella) .... a una casa porque el piso anterior (ser) .... muy pequeño.

8. Hace seis meses (encontrarse, yo) .... con muchas dificultades porque no (querer, yo) .... ir a trabajar, (beber, yo) .... mucha cerveza, (recibir, yo) .... una paliza, y (robar, yo) .... en muchas casas.

9. ¿(Vosotros, saber) .... que Pedro quiere vender su bicicleta?
    Sí, hoy (enterarse, nosotros) .... por Juan, pero Pedro (vender, él) ....
    la bicicleta ayer y (estar) .... casi nueva.

las manchas *(die Flecken)*; **una pastilla** *(eine Pille, eine Tablette)*; **los pies** *(die Füße)*; **mojarme** *(nass werden)*; **el terreno** *(das Terrain)*; **alegrarse** *(sich freuen)*; **trasladarse** *(umziehen)*

Übung 83
Subraya la opción correcta en cada una de las siguientes oraciones.
Unterstreichen Sie die richtige Option in den folgenden Sätzen.

1. Soy un traductor muy competente. Hasta ahora no he cambiado/cambiaba de profesión.

2. ¿Has hablado con María últimamente?
    Sí, nos reunimos/reuníamos la semana pasada.

3. Esta semana hemos tenido/teníamos tres reuniones.

4. La semana pasada tomé/tomaba la iniciativa. Invité/Invitaba a Pedro a un café y nos divertimos/divertíamos mucho.
    ¿Sí? Es un buen amigo mío.

5. Siempre he tenido/tenía la impresión de que me engaña.

6. Jugué tenis, pero estaba/estuve muy cansado.

7. Fui a la cantina y comí. La comida tenía/tuvo un sabor amargo.

8. Llegas antes de tiempo, Carmen.
    Es que hoy he ido/iba en taxi.

9. Antes vivíamos/vivimos en un pueblo muy hermoso.
    Pues a mí nunca me ha gustado/gustó vivir en el campo.

10. Muchas de las personas que tuvieron un accidente de motocicleta estaban/estuvieron en la flor de la vida.

un traductor *(ein Übersetzer)*; **cambiar** *(ändern)*; **reunir** *(versammeln)*; **las reuniones** *(die Versammlungen, die Besprechungen)*; **la iniciativa** *(die Initiative)*; **divertirse** *(sich amüsieren)*; **la impresión** *(der Eindruck)*; **engañarme** *(mich täuschen)*; **la cantina** *(die Kantine)*; **antes de** *(bevor, vor)*; **pues** *(tja, dann, also)*; **vivir en el campo** *(auf dem Land leben)*

LECCIÓN 21
MAÑANA SERÁ OTRO DÍA
MORGEN IST EIN NEUER TAG

In dieser Lección erfahren Sie alles über die Zeitformen *futuro próximo* und *futuro simple*.

Diese sind im Vergleich zu den Vergangenheitsformen grammatikalisch relativ einfach. Daher werden sie in dieser Abhandlung zusammen behandelt.

<u>Grammatik</u>
* Futuro próximo *(ir + a + infinitivo)*
* Futuro simple *(Futur I)*
* Indikatoren des *futuro simple*
* Eine Bedingung in der Zukunft ausdrücken, mit
  si + presente indicativo + futuro simple, depende de …

FUTURO PRÓXIMO

Es wird für eine zukünftige Aktion verwendet, die mit Sicherheit stattfinden wird. Oder man verwendet das **futuro próximo**, wenn man die feste Absicht hat etwas zu tun, sowie bei Zukunftsplänen.

Ir en presente　　　　　　　　　　**+ a + Infinitivo (-ar, -er, -ir)**
Voy, **vas**, **va**, **vamos**, **vais**, **van**

Bildung des futuro próximo

	IR	A + INFINITIVO	
(yo)	voy		
(tú)	vas	**a**	almorzar
(él/ella/usted)	va	**a**	ir a Barcelona
(nosotros/nosotras)	vamos	**a**	estudiar
(vosotros/vosotras)	vais		
(ellos/ellas/ustedes)	van		

Hier verwendet man die konjugierte Verbform von **ir**, gefolgt von **a** und den **Infinitiv** des Verbs, der ausdrückt, was man in Zukunft tun möchte.

Beispiel: **Vamos a ir** a Madrid en una semana.　　　　*(Wir fahren in einer Woche nach Madrid.)*

In reflexiven Verben *(zum Beispiel, levantarse)* gibt es zwei mögliche Strukturen:

　　　Mañana voy a levantar<u>me</u>.　　　　　　　*(Morgen stehe ich auf.)*
oder
　　　Mañana <u>me voy</u> a levantar.　　　　　　*(Morgen stehe ich auf.)*

Gleiches gilt für alle folgenden reflexiven Verbformen, hier ein Beispiel:

　　　Mañana vas a levantar<u>te</u>./Mañana <u>te vas</u> a levantar.　　*(Morgen stehst du auf.)*

FUTURO SIMPLE *(FUTUR I)*

1) **Diese Zukunftsform wird oft verwendet, wenn die Zukunft ungewiss ist. Zum Beispiel, jemand spricht über die Zukunft, weiß aber nicht, ob es wirklich passieren wird.**

Dentro de 20 años Carmen **será** muy famosa porque **será** escritora. **Vivirá** con su marido en una casa grande en Barcelona …
(In 20 Jahren wird Carmen sehr berühmt sein, weil sie Schriftstellerin wird. Sie wird mit ihrem Mann in einem großen Haus in Barcelona leben …)

2) **Es wird auch verwendet, um die Möglichkeit auszudrücken, was jemand in der Gegenwart <u>tun</u> könnte.**

　　　Ella **comerá** una paella esta noche.　　　*(Sie wird heute Abend eine Paella essen.)*

　　　Él **actuará** como mediador por la tarde.　　*(Er wird am Nachmittag als Vermittler fungieren.)*

3) Das *futuro simple* wird oft verwendet, um über Dinge zu sprechen, die <u>möglicherweise</u> oder <u>wahrscheinlich</u> wahr sind. Es geht um Wahrscheinlichkeiten, Möglichkeiten und Vermutungen, die sich auf die Gegenwart beziehen.

Pablo no **encontrará** el camino a tu casa.　　*(Pablo wird den Weg zu deinem Haus nicht finden.)*

Los perros **tendrán** sed.　　*(Die Hunde werden durstig sein.)*

4) **Es wird auch verwendet, um Befehle zu geben, aber dies ist nicht üblich.**

Probarás mi pizza.　　*(Du wirst meine Pizza probieren.)*

No **mentirás**.　　*(Du sollst nicht lügen.)*

Das *futuro simple* wird gebildet, indem dem Infinitiv des Verbs die richtige Endung hinzufügt wird. Die zu den Verben hinzugefügten Endungen sind immer gleich, unabhängig davon, ob das Verb mit *-ar*, *-er* oder *-ir* endet.

Beispiel: <u>comer</u>

(yo)	**-é**	comer**é**	*(ich werde essen)*
(tú)	**-ás**	comer**ás**	*(du wirst essen)*
(él/ella/	**-á**	comer**á**	*(er/sie wird essen/*
usted)	**-á**	comer**á**	*Sie werden essen, Singular)*
(nosotros/-as)	**-emos**	comer**emos**	*(wir werden essen)*
(vosotros/-as)	**-éis**	comer**éis**	*(ihr werdet essen)*
(ellos/ellas/	**-án**	comer**án**	*(sie werden essen/*
ustedes)	**-án**	comer**án**	*Sie werden essen, Plural)*

Es gibt auch unregelmäßige Verben im *futuro simple*

Infinitiv	Verb unregelmäßig	Yo	Tú	Él	Nosotros	Vosotros	Ellos
Decir *(sagen)*	**Dir-**	-é	-ás	-á	-emos	-éis	-án
Tener *(haben)*	**Tendr-**	-é	-ás	-á	-emos	-éis	-án
Haber *(haben)*	**Habr-**	-é	-ás	-á	-emos	-éis	-án
Poder *(können)*	**Podr-**	-é	-ás	-á	-emos	-éis	-án
Poner *(hinstellen)*	**Pondr-**	-é	-ás	-á	-emos	-éis	-án
Saber *(wissen)*	**Sabr-**	-é	-ás	-á	-emos	-éis	-án
Caber *(hineinpassen)*	**Cabr-**	-é	-ás	-á	-emos	-éis	-án
Venir *(kommen)*	**Vendr-**	-é	-ás	-á	-emos	-éis	-án
Querer *(wollen)*	**Querr-**	-é	-ás	-á	-emos	-éis	-án
Hacer *(machen)*	**Har-**	-é	-ás	-á	-emos	-éis	-án
Salir *(ausgehen)*	**Saldr-**	-é	-ás	-á	-emos	-éis	-án
Valer *(kosten, wert sein)*	**Valdr-**	-é	-ás	-á	-emos	-éis	-án

Weitere Beispiele des *futuro simple:*

* Seguramente no podré salir mucho porque no tendré tiempo.
  (Sicherlich werde ich nicht viel ausgehen, weil ich nicht viel Zeit haben werde.)

* Supongo que no sabrás dónde Pedro está.
  (Ich vermute, daß du nicht wissen wirst wo Pedro ist.)

* Creo que querrás aprender español.
  (Ich glaube, dass du Spanisch lernen möchtest.)

* Probablemente dirás muchas mentiras.
  (Wahrscheinlich wirst du viele Lügen erzählen.)

* Estoy segura de que comeré una paella.
  (Ich bin sicher, daß ich eine Paella essen werde.)

* Seguro que vendremos en coche.
  (Sicherlich werden wir mit dem Auto kommen.)

* Posiblemente harás horas extras.
  (Möglicherweise wirst du Überstunden machen.)

Die folgenden Wörter sind ein Hinweis auf das *futuro simple*

Seguramente *(Sicherlich)*   Probablemente *(Wahrscheinlich)*
Posiblemente *(Möglicherweise)*   Seguro que   *(Sicherlich)*
Supongo que *(Vermutlich; Ich nehme an, dass)*

Es gibt auch einige Hilfsmittel, zur Bildung einer Hypothese

Creo que en 100 años ...   *(Ich glaube in 100 Jahren …)*
Dentro de 100 años …   *(Innerhalb von 100 Jahren …)*
Dentro de 2 años viviré en España.   *(Innerhalb von 2 Jahren werde ich in Spanien wohnen.)*
Después   *(Später, dann)*

Während *esta tarde (diesen Abend), este fin de semana (dieses Wochenende)* Signalwörter für die Vergangenheit *(pretérito perfecto)* sein können, können diese auch Signalwörter für die Zukunft sein. Es kommt darauf an, zu welcher Zeit die Aussage gemacht wird.
Wenn jemand morgens über *esta tarde (diesen Nachmittag/diesen Abend)* spricht, dann verwendet er die Zukunftsform *(futuro simple)*.
Das gleiche gilt für Formulierungen wie *este verano (diesen Sommer)*. Wenn jemand im Frühling über den zukünftigen Sommer spricht, muss *futuro simple* verwendet werden. Wenn man im Herbst über den vergangenen Sommer spricht, wird *pretérito perfecto* verwendet. Es hängt immer von der Zeitspanne ab, in der sich der Sprecher selbst befindet, und von der Zeitspanne, von der er spricht.
Die gleiche Regel gilt für **hoy**. Wenn man morgens darüber spricht, was man tagsüber tun möchte, kann man *hoy* mit der Zukunftsform verwenden.

Beispiel: Hoy iré a la playa.   *(Heute werde ich zum Strand gehen.)*

> Aber am Abend des gleichen Tages kann man ebenfalls sagen:

> Hoy no he ido a la playa.   *(Heute bin ich nicht zum Strand gegangen.)*

La semana pasada (Letzte Woche) fordert eine Vergangenheitsform ein.
La próxima semana (Nächste Woche) leitet die Zukunftsform ein.

Übung 84

¿Puedes completar la tabla con palabras de la misma familia de palabras?
Éste es un ejercicio muy importante para ampliar el vocabulario.
Können Sie die Tabelle mit Wörtern aus derselben Wortfamilie vervollständigen?
Dies ist eine sehr wichtige Übung zur Erweiterung des Wortschatzes.

SUSTANTIVO	VERBO	ADJETIVO
la motivación *(die Motivation)*		
		entusiasmado/-a *(begeistert)*
	dañar *(schaden)*	
la ocupación *(die Beschäftigung)*		
		movido/-a *(bewegt)*
la demostración *(der Beweis)*		
	caracterizar *(charakterisieren)*	
el vuelo *(der Flug)*		
		educativo/-a *(lehrreich)*
la fantasía *(die Fantasie)*		

Übung 85

Completa las frases con la forma del futuro correcto.
Vervollständigen Sie die Sätze mit der richtigen Zukunftsform.

recibir   poder   haber   llegar   hacer   ir

tener   ser   subir   acostarse   terminar

1. Si nos toca la lotería este mes, ... vivir en México.
2. Se dice que en nuestro pueblo .... una nueva iglesia.
3. He suspendido el examen. Quizás .... que hablar con mi profesor.
4. Pues ... Pedro sólo .... la carrera si trabaja mucho.
5. Esta noche supongo que .... temprano. Estoy muerto.
6. Muy probablemente, la oposición .... al poder.
7. ¿Supongo que tú .... tus estudios? ¿Posiblemente .... un montón de dinero de regalo?
8. Estoy seguro que no .... al autobús. No me encuentro bien.
9. Posiblemente .... a Hungría. Me encanta el estofado a la húngara.
10. Si el equipo juega muy mal, ... vencido.

tocar la lotería *(in der Lotterie gewinnen)*; **el examen** *(die Prüfung)*; **quizás** *(vielleicht)*; **estoy muerto** *(bin ich tot)*; **temprano/-a** *(früh, zeitig)*; **probablemente** *(wahrscheinlich)*; **la oposición** *(der Widerstand)*; **los estudios** *(die Schulausbildung)*; **posiblemente** *(möglicherweise)*; **un montón de dinero** *(eine Menge Geld)*; **el autobús** *(der Omnibus)*; **el estofado a la húngara** *(ungarisches Gulasch)*; **el equipo** *(die Mannschaft)*; **vencido/-a** *(besiegt, geschlagen, abgelaufen)*

EINE MÖGLICHE SITUATION IN DER ZUKUNFT ZUM AUSDRUCK BRINGEN

Die folgende Satzstruktur wird verwendet, um eine mögliche Situation in der Zukunft auszudrücken:

Si + presente indicativo + **futuro simple**.

Si voy a Suiza, te llamaré.
(Wenn ich in die Schweiz fahre, werde ich dich anrufen.)
Wie man sieht, steht hier ein Komma.

Te llamaré si voy a Suiza.
(Ich werde dich anrufen, wenn ich in die Schweiz fahre.)
Der Unterschied besteht darin, dass in dieser Satzstruktur im Gegensatz zum obigen Satz kein Komma im Spanischen vorkommt.

Si estudias todos los días, pasarás el examen.
(Wenn du jeden Tag lernst, wirst du das Examen bestehen.)

Si dejo este trabajo, seguro que encontraré un trabajo nuevo.
(Wenn ich diese Arbeit aufgebe, werde ich sicherlich eine neue Arbeit finden.)

Si me toca la lotería, seguramente tendré una vida maravillosa.
(Wenn ich im Lotto gewinne, werde ich sicherlich ein wunderschönes Leben haben.)

Es gibt zwei Formen, eine Bedingung in der Zukunft auszudrücken

1. ... depende de + Sustantivo   *(... kommt auf (Substantiv) an.)*
  ... depende de mi dinero   *(... kommt auf mein Geld an.)*

2. Depende de si + presente de indicativo
  Depende de si tengo dinero.   *(Kommt darauf an, ob ich Geld habe.)*

Beispiel:
* ¿Vas a hacer alguna excursión a las montañas este mes?
         (Machst du diesen Monat einen Ausflug in die Berge?)
   No sé, **depende del** dinero.   *(Ich weiß nicht, **kommt aufs** Geld **an**.)*

* ¿Quedarás con Pedro este mes?   *(Triffst du dich diesen Monat mit Pedro?)*
   No sé, **depende de si** tengo tiempo.   *(Ich weiß nicht, **kommt darauf an, ob** ich Zeit habe.)*

* ¿Vas a ir a caballo este fin de semana?   *(Gehst du dieses Wochenende reiten?)*
   No sé, **depende de si** tengo ganas.   *(Ich weiß nicht, **kommt darauf an, ob** ich Lust habe.)*

LECCIÓN 22
CONDICIONAL SIMPLE
DER EINFACHE KONDITIONAL

In dieser Lección dreht sich erneut alles um Grammatik.

Diesmal wird der *condicional simple* ausführlich erklärt und mit Übungen veranschaulicht.

Sie erfahren, wie diese Zeitform entsteht und in welchen Situationen sie angewendet wird.

Grammatik
Condicional simple

CONDICIONAL SIMPLE

Übersetzung Nr. 21

- ¡Qué bosque más pequeño! <u>Podrías</u> plantar un árbol.
- Sí, Pablo <u>debería</u> dejar de trabajar.
- Montaría a caballo más a menudo si fuera posible. Me <u>gustaría</u> mucho, pero no tengo tiempo.
- Sí, me <u>encantaría</u> vivir en Fuerteventura. Es una isla muy tranquila con playas maravillosas.
- Yo nunca <u>iría</u> a vivir a Canadá. Me <u>aburriría</u> un montón.
- <u>Deberías</u> respetar las leyes.
- Me <u>gustaría</u> mucho nadar en un lago muy grande, pero <u>preferiría</u> el Océano Atlántico.

Das *condicional simple* wird verwendet, um:

* Wünsche auszudrücken
* Tipps und Ratschläge zu geben
* Meinungen über Aktionen und Verhalten mitzuteilen
* hypothetische Situationen zu beschreiben.

	hablar	**comer**	**vivir**
(yo)	hablar-ía *(ich würde sprechen)*	comer-ía *(ich würde essen)*	vivir-ía *(ich würde leben)*
(tú)	hablar-ías *(du würdest sprechen)*	comer-ías *(du würdest essen)*	vivir-ías *(du würdest leben)*
(él/ella/ usted)	hablar-ía *(er/sie würde sprechen/ Sie würden sprechen)*	comer-ía *(er/sie würde essen/ Sie würden essen)*	vivir-ía *(er/sie würde leben/ Sie würden leben)*
(nosotros/ nosotras)	hablar-íamos *(wir würden sprechen)*	comer-íamos *(wir würden essen)*	vivir-íamos *(wir würden leben)*
(vosotros/ vosotras)	hablar-íais *(ihr würdet sprechen)*	comer-íais *(ihr würdet essen)*	vivir-íais *(ihr würdet leben)*
(ellos/ellas/ ustedes)	hablar-ían *(sie/Sie würden sprechen)*	comer-ían *(sie/Sie würden essen)*	vivir-ían *(sie/Sie würden leben)*

Das *condicional simple* wird gebildet, indem dem Infinitiv des Verbs die richtige Endung hinzugefügt wird. Die dem Verb hinzugefügten Endungen sind immer gleich, unabhängig davon, ob das Verb mit -*ar*, -*er* oder -*ir* endet.

Dies sind die Endungen des *pretérito imperfecto*, für Verben, die mit -*er*/-*ir* enden.

(yo)	Infinitive + -**ía**	z.B., iría	*(ich würde gehen)*
(tú)	Infinitive + -**ías**	z.B., beberías	*(du würdest trinken)*
(él/ella/	Infinitive + -**ía**	z.B., hablaría	*(er/sie würde reden/*
usted)	Infinitive + -**ía**	z.B., hablaría	*Sie würden reden, Singular)*
(nosotros/-as)	Infinitive + -**íamos**	z.B., comeríamos	*(wir würden essen)*
(vosotros/-as)	Infinitive + -**íais**	z.B., limpiaríais	*(ihr würdet putzen)*
(ellos/ellas/	Infinitive + -**ían**	z.B., traerían	*(sie würden bringen/*
ustedes)	Infinitive + -**ían**	z.B., traerían	*Sie würden bringen, Plural)*

Das *condicional simple* hat die gleichen unregelmäßigen Verbformen wie das *futuro simple*.

Infinitiv	Verb unregelmäßig	Yo	Tú	Él	Nosotros	Vosotros	Ellos
Decir *(sagen)*	**Dir-**	-ía	-ías	-ía	-íamos	-íais	-ían
Tener *(haben)*	**Tendr-**	-ía	-ías	-ía	-íamos	-íais	-ían
Haber *(haben)*	**Habr-**	-ía	-ías	-ía	-íamos	-íais	-ían
Poder *(können)*	**Podr-**	-ía	-ías	-ía	-íamos	-íais	-ían
Poner *(hinstellen)*	**Pondr-**	-ía	-ías	-ía	-íamos	-íais	-ían
Saber *(wissen)*	**Sabr-**	-ía	-ías	-ía	-íamos	-íais	-ían
Caber *(hineinpassen)*	**Cabr-**	-ía	-ías	-ía	-íamos	-íais	-ían
Venir *(kommen)*	**Vendr-**	-ía	-ías	-ía	-íamos	-íais	-ían
Querer *(wollen)*	**Querr-**	-ía	-ías	-ía	-íamos	-íais	-ían
Hacer *(machen)*	**Har-**	-ía	-ías	-ía	-íamos	-íais	-ían
Salir *(ausgehen)*	**Saldr-**	-ía	-ías	-ía	-íamos	-íais	-ían
Valer *(wert sein)*	**Valdr-**	-ía	-ías	-ía	-íamos	-íais	-ían

Wünsche und Ratschläge können im Konditional unter Verwendung der folgenden Verben ausgedrückt werden.

Für <u>Wünsche</u> werden die folgenden Verben verwendet: ***gustar, encantar, querer, desear***.

Verben für <u>Ratschläge</u> und <u>Vorschläge</u>: ***poder*** *(können)*, ***deber*** *(müssen)* und ***tener que*** *(müssen)*.

Dem Konditional folgt das Verb im Infinitiv.

Übung 86
Cada uno tiene su deseo. ¿Quién quiere algo?
Jeder einzelne hat seinen Wunsch. Wer wünscht sich was?

un gato *(eine Katze)*	**un mendigo** *(ein Bettler)*	**un rabino** *(ein Rabbiner)*
un hippie *(ein Hippie)*	**un Don Juan** *(ein Don Juan)*	**una flor** *(eine Blume)*
una bruja *(eine Hexe)*	**un médico** *(ein Arzt)*	**una feminista** *(eine Feministin)*

1. <u>Me gustaría</u> comer un ratón muy grande. ....
2. <u>Desearía</u> tener más fieles en mi sinagoga. ....
3. <u>Me encantaría</u> vivir en una pradera. ....
4. <u>Me gustaría</u> descubrir un remedio contra el SIDA. ....
5. <u>Me gustaría</u> hacer el amor con muchas mujeres. ....
6. <u>Desearía</u> comer pequeños niños. ....
7. <u>Me encantaría</u> tener una comida rica y poder dormir en una cama. ....
8. <u>Desearía</u> acabar con la brecha salarial de género. ....
9. <u>Desearía</u> fumar hachís todo el santo día. ....

un ratón *(eine Maus)*; **los fieles** *(die Gläubigen)*; **una pradera** *(eine große Wiese)*; **descubrir** *(entdecken)*; **un remedio** *(ein Heilmittel)*; **una cama** *(ein Bett)*; **acabar** *(beenden)*; **la brecha salarial de género** *(geschlechtsspezifischer Lohnunterschied)*; **fumar** *(rauchen)*; **el hachís** *(das Haschisch)*

Für Ratschläge wird die folgende Form des Konditionals verwendet

a) <u>Yo</u> en tu lugar + condicional *(Ich an deiner Stelle + Konditional)*
Hier bezieht sich das folgende Konditional, auf die 1. Person Singular (<u>yo</u>) -ía.

b) <u>Yo</u> que tú + condicional *(Wenn ich du wäre, (würde ich) + Konditional)*
Hier bezieht sich das folgende Konditional, auf die 1. Person Singular (<u>yo</u>) -ía.

<u>Nosotros</u> que tú + condicional *(Wenn wir du wären, (würden wir) + Konditional)*
Hier bezieht sich das folgende Konditional, auf die 1. Person Plural (nosotros) -íamos.

c) <u>Yo</u> + condicional *(Ich + Konditional)*
Hier bezieht sich das folgende Konditional, auf die 1. Person Singular (<u>yo</u>) -ía.

Übung 87
Completa los espacios con los verbos conjugados en condicional.
Después, clasifica cada consejo con el problema correspondiente.
Vervollständigen Sie die Leerräume mit den konjugierten Verben im Konditional.
Ordnen Sie nachher jeden Ratschlag zum jeweils passenden Problem zu.

A. (Deber) .... ir al médico.
B. Yo que tú lo (dejar) .... en seguida.
C. Yo en tu lugar me (confesar) .... pronto.
D. Yo (golpear) .... el techo o (tocar) .... música ruidosa toda la noche.
E. Yo que tú (divorciarse) .... inmediatamente.
F. Yo que tú (afeitarse) .... la barba.
G. Yo me (cambiar) .... de sección.
H. (Tener) .... que hablar sobre vuestras opiniones diferentes.
I. Yo que tú (reunir) .... a tus padres y les (decir) .... la verdad.

1. Me estoy muriendo del dolor de cabeza que tengo.
2. Mi marido bebe con frecuencia mucho alcohol.
3. He cometido muchos pecados en mi vida.
4. Mi compañera de trabajo me hace la vida imposible. Estoy muy triste.
5. Mi marido me ha sido infiel con otra mujer.
6. Mi novio quiere vivir en Francia, pero no me gusta el país.
7. Mis compañeros de piso no duermen en toda la noche. Ponen el televisor altísimo día y noche y están locos.
8. Desde que llevo barba mi esposa no me besa más.
9. Desde hace mucho tiempo estoy en paro, pero mis padres no lo saben porque me avergüenzo de decírselo.

Hier finden Sie auch andere Formen des Konditionals, um Ratschläge zu geben. Ratschläge, die mit anderen Verbzeiten formuliert wurden, können ebenso im Konditional ausgedrückt werden.

- Debes *(ist befehlender als* <u>tienes</u> <u>que</u>*)* *(Du musst)*
- Debería/Deberías + Infinitiv *(Sie sollten/Du solltest ...)*

- Tiene/s que *(Sie müssen/Du musst)*
- Tendría/Tendrías que + Infinitiv *(Sie müssten/Du müsstest ...)*

- Hay que *(Man muss)*
- Habría que + Infinitiv *(Man müsste ...)*

- Podría/Podrías que + Infinitiv   *(Sie könnten/Du könntest …)*

- Te recomiendo   *(Ich empfehle dir)*
- (Yo) te recomendaría   *(Ich würde dir empfehlen)*

- Te aconsejo   *(Ich rate dir)*
- Yo te aconsejaría + Infinitiv   *(Ich würde dir raten …)*

Das *condicional simple* kann für höfliche Fragen verwendet werden (z. B.: im Restaurant).

- ¿Podría cerrar la ventana?   *(Könnten Sie das Fenster schließen?)*
  Ist im *condicional simple* höflicher, wie Sie unten sehen können:
- ¿Cierra la ventana?   *(Schließen Sie das Fenster?)*

Es ist möglich, das Konditional zu nutzen, um eine Vermutung über etwas in der Vergangenheit auszudrücken. Hier ist die folgende Unterscheidung und Erklärung erforderlich.

Um Annahmen über Dinge **in der Gegenwart** zu treffen, bei denen man sich <u>nicht</u> <u>sicher</u> <u>ist</u>, verwendet man *futuro simple*.

- ¿Qué será eso que se mueve ahí?   *(Was wird das wohl sein, das sich dort bewegt?)*
  No sé, ¿será un perro?   *(Ich weiß nicht, es wird wohl ein Hund sein?)*

Dementsprechend verwendet man das einfache Konditional, um eine Annahme über eine vergangene Realität auszudrücken. Weil man damals nicht genau wußte was es war, gibt es eine Ungewissheit über etwas in der Vergangenheit.

- ¿Qué <u>sería</u> aquello que se movía allí?   *(Was war das, was sich dort bewegte?)*
  No sé, ¿<u>sería</u> un perro?   *(Ich weiß nicht, war es ein Hund?)*

  Hier werden Annahmen über das, was vorher geschehen sein könnte im Konditional ausgedrückt.

Beispiel: — Perdió un dedo.   *(Er verlor einen Finger.)*
          Dies ist eine Tatsache, die tatsächlich passiert ist = *pretérito indefinido*.

     — ¿Tal vez se <u>congelaría</u>?   *(Hatte er vielleicht eine <u>Erfrierung</u>?)*

     Dies ist eine Frage über etwas, was in der Vergangenheit möglich gewesen wäre, aber es ist nicht genau bekannt. Daher wird hier das Konditional verwendet.

Wenn man genau weiß, was in der Vergangenheit geschehen ist benutzt man immer *das pretérito indefinido*, da es sich um tatsächliche Fakten aus der Vergangenheit handelt. Wenn es eine Beschreibung ist, wird *das pretérito imperfecto* verwendet!

Llegamos tarde porque **perdimos** el autobús.
(Wir sind zu spät gekommen, weil wir den Bus verpasst haben.)

Das sind alles Fakten und daher ist alles im ***pretérito indefinido***!

¿Dónde **estará** Dani?   *(Wo ist Dani wohl?)*

Hier wird konkret gefragt, wo Dani sein könnte, deswegen wird ***futuro simple*** benutzt.

Aber wenn man später fragt, wo Dani morgens war, benutzt man das **Konditional**, weil man eine Frage zu einer Vergangenheit stellt, von der man nichts Bestimmtes weiß.

¿Dónde **estaría** Dani? *(Wo war Dani wohl?)*

Ayer ist normalerweise das Signalwort für *das pretérito indefinido*. Wenn man allerdings eine Vermutung darüber anstellt, was gestern gewesen sein könnte, bedeutet dies, dass man nicht genau weiß, ob die Vermutung wahr ist; hier muss man das **Konditional** verwenden.

Beispiel: ¿Ayer **haría** 30 grados en Madrid? *(Könnte es gestern 30 °C in Madrid gehabt haben?)*

Übung 88
Completa las frases con la forma correcta del condicional simple e identifica la función que tiene el condicional en cada frase (cortesía, consejo, deseo o probabilidad):
Vervollständigen Sie die Sätze in der richtigen Form des Konditional I und identifizieren Sie die Funktion des Konditionals in jedem Satz (Höflichkeit, Ratschlag, Vermutung, Wunsch oder Wahrscheinlichkeit):

1. Yo que tú (irse) ……………………… a una isla desierta y (desconectar) …………………… de todo durante algún tiempo.
   …………………………………

2. ¿A qué hora llegasteis a Madrid?
   No sé, (ser) …………………… las ocho menos cuarto o nueve, no estoy seguro.
   …………………………………

3. ¿Me (acercar, tú) …………………… las galletas? Es que no llego.
   …………………………………

4. Yo (venir) …………………… todas las semanas a practicar vela, pero es terriblemente caro.
   …………………………………

5. No sé cuantos éramos en la huelga, pero (ser) …………………… unas trescientas personas, no me acuerdo bien.
   …………………………………

6. ¿(Poder, usted) …………………… traernos la carta de vinos?
   …………………………………

7. ¡Qué guapa estaba en ese cuadro! Pero … ¿quién era ése?
   (Ser) …………………… su pareja, pero quizás se separaron ya.
   …………………………………

8. (Deber, tú) ………… calmarte y no darle la menor importancia. Ten en cuenta que José es así.
   …………………………………

9. Yo que tú (hablar) ……………… con él y (arreglar) ……………… los asuntos para siempre.
   …………………………

10. ¿Cuánto te costó ese abrigo? Es muy bonito.
    No sé, (valer) …………………… unos 120 euros; era muy caro.
    …………………………………

una isla desierta *(eine einsame Insel)*; **desconectar** *(trennen)*; **acercar** *(näher bringen)*; **es que no llego** *(ich komm nicht ran)*; **practicar vela** *(Segeln üben)*; **terriblemente caro/-a** *(sündhaft teuer)*; **la huelga** *(der Streik)*; **la carta de vinos** *(die Weinkarte)*; **¿quién era ése?** *(Wer war das denn?)*; **se separaron** *(trennen sich)*; **calmarte** *(beruhige dich)*; **darle** *(ihm geben, gebe ihr)*; **menor importancia** *(geringere Bedeutung)*; **ten** *(nimm)*; **así** *(so)*; **arreglar** *(regeln)*

Das *condicional simple* kann auch verwendet werden, um die Wahrscheinlichkeit eines zukünftigen Ereignisses auszudrücken.

1) Wenn jemand beschreibt, wie wahrscheinlich ein zukünftiges Ereignis für ihn selbst ist. (Verhalten und Handlungen kommentieren.)

    Beispiel: Para mí, sería demasiado difícil.   *(Für mich wäre es zu schwierig.)*

2) Einen Zustand, einen Ausdruck einer Situation oder eine Hypothese formulieren.

    Beispiel: Solo nunca lo haría.   *(Alleine würde ich das nicht machen.)*

3) Lösungen und Ideen für die Zukunft vorschlagen, auch wenn diese völlig irreal sind.

    Beispiel: Deberíamos prohibir los coches.
        (Wir sollten Autos verbieten.)

        Tendríamos que acabar con la desnuclearización.
        (Wir müssten den Atomausstieg vollenden.)

        En el caso de una nueva guerra, comería sólo pan.
        (Im Falle eines neuen Krieges würde ich nur Brot essen.)

        En una situación extrema, comería gusanos.
        (In einer extremen Situation würde ich Würmer essen.)

Beispiel:
1) ¿Tú **irías de** autostop?
   ***(Würdest du** per Anhalter fahren?)*
   Dies ist eine hypothetische Zukunftsfrage, über etwas, das niemals passieren muss.

   No sé, es un poco peligroso, pero <u>creo</u> <u>que</u> no lo **haría**.
   *(Ich weiß nicht, es ist ein wenig gefährlich, aber ich glaube, dass **würde ich** nicht.)*
   Der Befragte äußert sich zu einer künftigen Vorgehensweise, deren Eintritt unwahrscheinlich ist.

2) Pienso en comprar un caballo.
   (Ich denke darüber nach, ein Pferd zu kaufen.)

   Pues, yo en tu lugar no **compraría** un caballo. Es demasiado caro y da mucho trabajo.
   *(Nun, **ich** an deiner Stelle **würde** kein Pferd **kaufen**. Es ist zu teuer und macht viel Arbeit.)*
   Ich an deiner Stelle würde ... ist eine zukünftige Vorgehensweise, die nicht stattfinden muss.

3) Me gusta mucho París; por mi parte, **visitaría** esa ciudad algún día, me **encantaría**.
   *(Mir gefällt Paris sehr; was mich angeht, **würde ich** eines Tages diese Stadt **besuchen**, **das fände ich großartig.**)*
   Eine zukünftige Vorgehensweise und ein zukünftiger Zustand, der möglicherweise nicht eintritt.

Es ist auch möglich die Zukunft in der Vergangenheit mit dem einfachen Konditional auszudrücken

Beispiel:
Decía en el periódico esta mañana que hoy habría un eclipse lunar.
(Es stand in der Zeitung, dass es heute eine Mondfinsternis geben würde.)

¡Quién hubiera pensado hace doscientos años que hoy habría satélites en la órbita de la tierra!
(Wer hätte vor 200 Jahren gedacht, dass es heute Satelliten in der Erdumlaufbahn geben würde!)

LECCIÓN 23
DAR A CONOCER
BEKANNT GEBEN

In dieser Lección lernen Sie, wie man:

* über Gewohnheiten in der Gegenwart spricht
* vergangene Erfahrungen beschreibt
* sagt, dass man eine gegenwärtige Aktion beenden möchte
* ausdrückt, dass man wieder eine alte Gewohnheit angenommen hat.

Am Ende dieser Lección können Sie:

* über Beginn und der Dauer einer Aktion sprechen
* ein Ereignis in einer bestimmten Zeitspanne lokalisieren.

Grammatik
* **volver a** + Infinitiv, **dejar de** + Infinitiv, **empezar a** + Infinitiv, **seguir** + gerundio
  llevar + gerundio, **acabar de** + Infinitiv, **terminar de** + Infinitiv, **hacerse** + Adjektiv
* **desde, desde que, hace, hace que, desde hace**

LAS PERÍFRASIS VERBALES *(VERBALPERIPHRASEN)*

<u>Carmen</u>

Acaba de comenzar con la jardinería. Desde entonces ha perdido muchos kilos y **ha vuelto a hacer** deporte. De gran importancia fue **dejar de comer** tres comidas todos los días.

*"Ser jardinera es un oficio extraordinario. Realmente me da algo en mi vida. Yo **llevo** trabajando en una empresa 30 años, desde 1989. Yo empecé a fumar en 2001 y ahora **sigo fumando**."*

<u>María</u>

*"Solía montar a caballo mucho. Cuando **dejé de montar** a caballo hace tres años, entré en una crisis. En 2018 tuve un accidente y perdí una pierna. Empecé a escribir libros en 2010 y ahora **sigo escribiendo** en mi casa."*

Ahora tiene muchos amigos entre los escritores franceses y **ha empezado a estudiar** francés. Ademas, **ha dejado de fumar**.

Kursive Schrift: Sie sprechen von sich selber; Normale Schrift: Es wird über sie gesprochen.

<u>Um</u> <u>auszudrücken</u>, <u>dass</u> <u>man</u> <u>wieder</u> <u>etwas</u> <u>tun</u> <u>möchte</u>, <u>was</u> <u>man</u> <u>zuvor</u> <u>schon</u> <u>einmal</u> <u>getan</u> <u>hat</u>.

Volver a + Infinitiv

<u>Beispiel</u>: Volver a fumar.   *(Wieder anfangen zu rauchen.)*

Terminé mis estudios en 2004, pero al año siguiente **volví a** estudiar.
(Ich beendete mein Studium 2004, aber im darauffolgenden Jahr fing ich wieder an zu studieren.)

<u>Um</u> <u>auszudrücken</u>, <u>dass</u> <u>man</u> <u>aufhören</u> <u>möchte</u> <u>etwas</u> <u>zu</u> <u>tun</u>.

Dejar de + Infinitiv

<u>Beispiel</u>: Yo dejo de fumar.   *(Ich gebe das Rauchen auf.)*

En 2070 la gente **dejaría de conducir** coches.
(Im Jahr 2070 werden die Menschen wohl damit aufhören, mit dem Auto zu fahren.)

<u>Um</u> <u>auszudrücken</u>, <u>dass</u> <u>man</u> <u>etwas</u> <u>anfangen</u> <u>möchte</u>.

Empezar a + Infinitiv

<u>Beispiel</u>: He empezado a estudiar español.   *(Ich habe angefangen Spanisch zu lernen.)*

En 2090 la gente **empezaría a vivir** en Marte.
(Im Jahr 2090 werden die Menschen wohl anfangen, auf dem Mars zu wohnen.)

Um auszudrücken, dass man ununterbrochen etwas getan hat und dies auch in naher Zukunft weiterhin tun wird. Hier wird keine genaue Zeitangabe benötigt.

Seguir + Gerundio

Beispiel: Yo empecé a enseñar español en 2004 y en 2019 todavía **sigo enseñando** español.
(Ich fing 2004 an Spanisch zu unterrichten und 2019 unterrichte ich noch immer Spanisch.)

Sigo viviendo en una isla griega.
(Ich lebe immer noch auf einer griechischen Insel.)

Ein anderer Ausdruck dafür, dass man immer noch etwas tut, was man zuvor getan hat, ist mit *llevar*. Hier wird **eine bestimmte Zeit** festgelegt, die genau angibt, wann man mit der Ausführung des Vorgangs begonnen hat, den man fortsetzen möchte.
Dies unterscheidet sich von *seguir + gerundio*.

Llevar + Gerundio

Beispiel: Yo **llevo enseñando** español 15 años, es decir, desde el año 2004.
(Ich unterrichte seit 15 Jahren Spanisch, das heißt seit 2004.)

Llevo viviendo 3 años en una isla griega.
(Ich lebe seit drei Jahren auf einer griechischen Insel.)

Wenn man sagen möchte, daß man vor kurzem mit etwas begonnen hat.

Acabar de + Infinitiv

Beispiel: Yo **acabo de llegar** a esta escuela.   *(Ich bin gerade an diese Schule gekommen.)*

Wenn etwas zu Ende ist.

Terminar de + Infinitiv

Beispiel: Yo t**ermino de trabajar** a las 4 de la tarde.
(Ich höre um 16:00 Uhr nachmittags mit der Arbeit auf.)

Llegué a España en abril 2016. Entonces **empecé a estudiar** *español y* **sigo estudiando** *todavía.* **Terminaré de estudiar** *en 3 semanas, pero la lengua española me va a acompañar toda la vida.*

Eine Veränderung im Leben zum Ausdruck bringen.

Hacerse + Adjektiv

Beispiel: **Hacerse famoso/-a** *(berühmt werden)*, **hacerse rico/-a** *(reich werden)*,
hacerse vegetariano/-a *(Vegetarier werden)*.

Übung 89
Completa los diálogos con las siguientes perífrasis.
Vervollständigen Sie die Dialoge mit folgenden Umschreibungen.

acabo de recibir	**sigues trabajando**	**ha vuelto a estudiar**
sigo leyendo	**sigues viviendo**	**dejó de fumar**
acabo de montar	**dejó de estudiar**	

1.
Carmen: ¿... en la empresa?
Pepe: Sí, y tengo un buen sueldo.

2.
José: .... un regalo de Navidad; es un bonos de viaje.
Pablo: Yo he estado en Chile. Te aconsejo ir a Chile.

3.
María: Dicen que Pablo es un fuerte fumador. ¿Es verdad?
Carmen: Ya no. En 2008 Pablo ....
María: ¡Increíble!

4.
Elvira: ¿Sabes? Pablo .... francés otra vez.
¿Es verdad? ¿Por qué Pablo .... este idioma en 2009?
No sé, creo que Pablo está un poco loco.

5.
Carmen: ¿Haces deporte aún?
María: Sí, figúrate que .... a caballo.
Carmen: ¡Estupendo!

6.
Philippe: ¿Me dejas tu libro *Don Quijote*?
Pedro: Lo siento, pero todavía .... este libro yo.

7.
Carmen: ¿ .... en Granada?
Pepe: Sí, me fui a vivir a Granada.

un buen sueldo *(ein gutes Gehalt)*; **un bonos de viaje** *(ein Reisegutschein)*; **un fuerte fumador** *(ein starker Raucher)*; **un poco loco/-a** *(etwas verrückt)*; **figúrate** *(stell dir vor)*

Übung 90
Completa con las perífrasis adecuadas: **acabar de/empezar a** + infinitivo,
llevar/seguir + gerundio.
Vervollständige mit den richtigen Umschreibungen: **acabar de/empezar a** + infinitivo,
llevar/seguir + gerundio.

En Francia Pepe ha estudiado derecho y ha trabajado de escritor. Su francés es muy bueno. Tiene compañeros franceses y está prometido.

"Fui en avión a Francia en 1998. Vine solo a visitar mi tía que lleva ya más o menos 20 años aquí. No me gusta el idioma francés porque la pronunciación es muy difícil. Por supuesto .... *estudiándolo para mi carrera y hablo solo francés. En noviembre .... abrir un bufete* *porque no quiero vivir en otro país. También .... cocinar muchos platos típico de Francia".*
Pepe erzählt selber über sich = kursive Schrift, über Pepe wird berichtet = normale Schrift.

Übung 91
¿Con qué verbos puedes relacionar los sustantivos?
En algunos casos necesita una preposición.
Mit welchen Verben stehen welche Substantive in Verbindung?
In manchen Fällen braucht man eine Präposition.

casarse		el paro
acabar		alguien
mudarse	con	las afueras
competir	de	la carrera
cambiar	a	casa
divorciarse	en	piso
conseguir		un trabajo
terminar		
quedarse		

Das Folgende zeigt, wie ein bestimmter Zeitraum sowohl im Präsens als auch in der Vergangenheit (*pretérito indefinido*) auftreten kann

Die Unterscheidung zwischen **desde**, **desde que**, **hace**, **hace que** und **desde hace**.

Desde

Desde bedeutet **seit**.

Wird *desde* in einem Satz verwendet, muss **ein genauer Zeitpunkt** angegeben werden. *Desde* beschreibt die genaue Zeit, zu der jemand anfing, **kontinuierlich** (bis zum gegenwärtigen Zeitpunkt) **etwas zu tun.**

Beispiel:
Desde 2010 (2010 = genauer Zeitpunkt) trabajo en Málaga. *(Seit 2010 arbeite ich in Malaga.)*

Desde **enero** vive en Valencia.	*(Seit **Januar** lebt er in Valencia.)*
Desde **el día 8** de enero vive en Córdoba.	*(Seit **dem 8**. Januar lebt er in Cordoba.)*
Desde **el lunes** vive en México.	*(Seit **Montag** lebt er in Mexiko.)*
Desde **2008** vive en Brasil.	*(Seit **2008** lebt er in Brasilien.)*

Desde wird auch in der Vergangenheit, beispielsweise mit dem *pretérito indefinido*, verwendet. Hier ist jedoch meist nicht nur *desde*, sondern die häufig verwendete Form **desde ... a ...**

Beispiel: Desde 2006 a 2008 viví en Madrid.   *(Von 2006 bis 2008 lebte ich in Madrid.)*
Jetzt wohne ich nicht mehr in Madrid!

Desde que

Desde que bedeutet **seit**, **seitdem**.

Nach *desde que* folgt ein Verb, zum Beispiel, ein vollständiger Nebensatz.

Beispiel: Desde que soy profesora de inglés, lo hablo perfectamente.
           (Seit ich Englisch unterrichte, spreche ich es perfekt.)

Hier   *Soy* ist das Verb, das auf *Desde que* folgt und den Rest des Satzes einleitet.

Desde que kann aber auch in der Vergangenheitsform verwendet werden.

Beispiel: Desde que viajé a Argentina quiero volver.

(Seit ich nach Argentinien reiste, möchte ich zurückkehren).

Hace

Hace wird verwendet, wenn man über eine Handlung spricht, die in der Vergangenheit stattgefunden hat und bereits abgeschlossen ist. Es geht hier dabei nicht um den genauen Zeitpunkt, sonden um die Zeitspanne, die dazwischen liegt.

Hace bedeutet **vor**.

Hace dos años viajé a Venezuela.   *(Vor 2 Jahren reiste ich nach Venezuela.)*

Hier wird das *pretérito indefinido* verwendet, weil gesagt wird, dass jemand vor 2 Jahren nach Venezuela gereist war (aber derzeit nicht in Venezuela ist).

Hace steht in dieser Vergangenheitsform für sich.

Hace que

Hace que bedeutet **seit**.

Hace dos años **que** vivo en Barcelona.   *(Seit 2 Jahren wohne ich in Barcelona.)*

Hier wird das Präsens verwendet, weil ich noch in Barcelona lebe. Dieser Prozess setzt sich bis in die Gegenwart fort. In dieser Satzform wird immer **Hace ... que** verwendet.

Hace dos años **que** vive en Salamanca.   *(Seit 2 Jahren lebt er in Salamanca.)*
Hace más de 20 años **que** vive en Portugal.   *(Seit mehr als 20 Jahren lebt er in Portugal.)*
Hace más de dos semanas **que** vive en Italia.   *(Seit mehr als 2 Wochen lebt er in Italien.)*
Hace dos horas **que** no dice nada.   *(Seit 2 Stunden sagt er nichts.)*

Desde hace

Desde hace bedeutet **seit**.

Wenn die Kombination *desde hace* verwendet wird, wird das *que* im Satz immer weggelassen.
Diese Kombination wird verwendet, wenn **eine allgemeine Zeitangabe** für einen bestimmten Zeitraum vorliegt. Es gibt keine genaue Daten wie: Datum, genaue Tage oder genaue Uhrzeit. Es wird für Handlungen verwendet, die in der Vergangenheit begonnen haben, sich bereits über einen Zeitraum ereignet haben, und gegenwärtig immer noch andauern.

Beispiel:

Desde hace 2 *años* vive en San Sebastián.   *(Seit 2 Jahren lebt er in San Sebastian.)*

Antonio está en China **desde hace** 6 *semanas.*   *(Anton ist **seit** 6 Wochen in China.)*

Vivo en Bilbao (desde) **hace** dos *años.*   *(Seit 2 Jahren wohne ich in Bilbao.)*

Hier wird das Präsens verwendet, weil ich immer noch in Bilbao wohne.

<u>Carmen:</u>
* **Hace** 4 años **que** enseña español y francés.
* **Hace** poco ha terminado un estudio a distancia.
* **Desde que** es la directora de la escuela, ha trabajado muchas horas más.
* Trabaja mucho **desde que** se hizo directora.
* Hace deporte y viaja mucho **desde hace** dos años.
* Vive en Sevilla **desde** 2010.

<u>Pablo:</u>
* **Hace** 3 años **que** trabaja en un departamento jurídico.
* Terminó la carrera de Derecho **hace** 4 años.
* **Desde que** él negoció con la contraparte, los resultados han mejorado.
* Hace deporte **desde hace** 8 años.
* Ha sido abogado **desde que** terminó su carrera de Derecho.
* **Desde** 2009 vive en Madrid.

Übung 92
Completa las frases con estas expresiones.
Vervollständigen Sie die Sätze mit diesen Ausdrücken.

desde	desde hace	desde que	hace

1.   .... he comprado un abrigo nuevo, no tengo frío.
2.   ¿Trabajas en la escuela .... 2007?
3.   Mi tío suele ir a ver un partido de fútbol todos los sábados .... dos años.
4.   Estudio español .... 2010.
5.   .... poco ha empezado a montar a caballo. *(Poco ist keine genaue Zeitangabe)*
6.   Le puso la mano en el hombro .... están enamorados.
7.   Mi hermana Carmen terminó la carrera .... tres años.

un partido de fútbol *(das Fußballspiel)*; **el puso la mano en el hombro** *(er legte seine Hand auf ihre Schulter)*; **estar enamorado** *(verliebt sein)*

Übung 93
Completa las frases con *hace, desde, hasta, de, a, después* y *durante*.
Vervollständigen Sie die Texte mit:

hace *(vor)*	**desde** *(seit)*	**hasta** *(bis zu)*	**de** *(von)*
a *(bis)*	**después** *(später)*		**durante** *(während)*

1. La casa está en mal estado .... abril.
2. Rompí la foto de mi marido .... dos años.
3. Tengo que trabajar .... las ocho.
4. Visité a mis abuelos en Francia .... abril .... junio del 2015.
5. Me has estado engañando .... todo este tiempo.
6. ¿No puedes hacer esto ....? Ahora no tengo tiempo.
7. 30 trabajadores de la empresa han sido despedidos .... el mes pasado.
8. Pablo trabaja por libre de homeópata .... 2012.
9. Comenzaron a eliminar muchos puestos de trabajo .... dos meses.

mal estado *(schlechten Zustand)*; **me has estado engañando** *(du hast mich hintergangen)*; **han sido despedidos** *(wurden gefeuert)*; **trabajar por libre** *(freiberuflich arbeiten)*; **eliminar** *(abbauen)*

LECCIÓN 24
¡DESPIERTA Y DESAYUNA!
WACH AUF UND FRÜHSTÜCKE!

In dieser Lección werden Sie lernen:

        * wie man Anweisungen oder Befehle gibt
        * wie man Verbote ausdrückt
        * wie man Ratschläge erteilt.

Außerdem es ist nun an der Zeit für zwei weitere große Prüfungen.

Grammatik
* Der positive und negative Imperativ
* Die Pronomen mit dem Imperativ
* Verbote: **no se admite/n, no se permite/n, no están permitidos/-as,**
        estar prohibido, prohibido
* Pflichten: **se ruega, se debe, es obligatorio/-a, no es aconsejable**

EL IMPERATIVO (DER IMPERATIV)

Der Imperativ wird verwendet um:

1. Ein Publikum anzuziehen.
2. Die Aufmerksamkeit von jemandem zu bekommen, zum Beispiel, mit Slogans.
3. Anweisungen zu geben, zum Beispiel, in einem Kochrezept oder in der Gebrauchsanleitung einer Waschmaschine.
4. Jemanden einzuladen oder etwas anzubieten.
5. Befehle oder Anweisungen zu geben.
6. Ratschläge oder Empfehlungen zu geben, zum Beispiel, wenn jemand krank ist.

Ratschläge oder Empfehlungen werden auch im *condicional* gegeben, aber im Vergleich zum Imperativ sind sie eher hypothetisch. Der Imperativ ist direkter; es ist eher eine Befehlsform. Auch die Ratschläge im Präsens sind eher rhetorischer Natur oder allgemein.

Beispiel: **¿Por qué no leer?** *(Warum nicht lesen?)*   Ist eine rhetorische Frage.
Lo mejor es usar el tónico. *(Es ist das Beste das Tonikum zu verwenden.)* Ist allgemein.

Dies alles ist der Imperativ nicht.

Wie Sie unten sehen können, im Vergleich zum Infinitiv des Verbs, ändert sich der Vokal bei den Endungen des formellen Imperativ (Verwendung des förmlichen Ausdrucks, wenn man jemanden anspricht). Diese Änderung erfolgt nicht für den informellen (vertrauten) Imperativ.

Die regelmäßigen Verben haben die folgenden Endungen im Imperativ.

Informeller Imperativ	mir - ar	com - er	abr - ir
tú	- a	- e	- e
vosotros	- ad	- ed	- id

Formeller Imperativ	mir - ar	com - er	abr - ir
usted	- e	- a	- a
ustedes	- en	- an	- an

Die Bildung des affirmativen (bejahenden) informellen (vertrauten) Imperativ:
Nur die 2. Person Singular *(tú)* und Plural *(vosotros)* haben ihre eigene Imperativ Form und nur im positiven Imperativ. Der affirmative Imperativ der 2. Person Singular *(tú)* entspricht der Form der 3. Person Präsens, zum Beispiel, él **come** — (tú) ¡**come**!

tú

Verben mit der Infinitiv Endung -**ar**	-**a**	habl**a**	*(sprich!)*
Verben mit der Infinitiv Endung -**er**	-**e**	com**e**	*(iss!)*
Verben mit der Infinitiv Endung -**ir**	-**e**	escrib**e**	*(schreib!)*

Der affirmative Imperativ von *vosotros/-as* leitet sich vom Infinitiv ab; das -**r** wird durch -**d** ersetzt. Für alle anderen Formen, sowie für den negativen Imperativ, werden die entsprechenden Formen des *subjuntivo de presente* (Lección 26) verwendet.

vosotros

Verben mit der Infinitiv Endung -**ar**	-**ad**	habl**ad**	*(sprecht!)*
Verben mit der Infinitiv Endung -**er**	-**ed**	com**ed**	*(esst!)*
Verben mit der Infinitiv Endung -**ir**	-**id**	escrib**id**	*(schreibt!)*

Lateinamerikanischer Sprachgebrauch
Lateinamerikaner verwenden die **vosotros/-as** Form nicht, welches durch die **ustedes** Form ersetzt wird.

Die Bildung des formellen Imperativ:
Positive und negative Befehle mit **usted** und **ustedes** werden von der 3. Person des *subjuntivo presente* (siehe Lección 26) abgeleitet. Daher wird die 1. Person Singular des Präsens genommen, das -**o** entfernt und durch die Endungen des *subjuntivo presente* ersetzt.

Dies gilt für alle regelmäßigen Verben und mit einigen Ausnahmen für stammändernde und unregelmäßige Verben.

Präsens Indikativ (1. Person)	**Formeller Imperativ** (usted, ustedes)
habl**o** *(Ich spreche)*	habl**e**, habl**en** *(sprechen Sie)*
teng**o** *(Ich habe)*	teng**a**, teng**an** *(haben Sie)*
dig**o** *(Ich sage)*	dig**a**, dig**an** *(sagen Sie, erzählen Sie)*

Im Spanischen wird das Ausrufezeichen beim Imperativ normalerweise nur verwendet um eine besondere Verschärfung auszudrücken, oder wenn es sich um einen Ausruf handelt.
Beispiel: ¡Despierta!   *Aber*   Pablo, mira lo que tengo.
          (Wach auf!)   *(Pablo, schau mal, was ich habe.)*

In Kochbücher für Kochanweisungen wird der informelle Imperativ *(tú)* verwendet.
Beispiel: Lava el pavo.   *(Wasch die Pute.)*   Verb = lavar *(waschen)*

Der informelle (vertraute) Imperativ wird hauptsächlich in Spanien gesprochen.

* La vajilla está sucia. Frégala, por favor.
  (Das Geschirr ist schmutzig. Spül es bitte.)

* Ya no tengo alimentos. Haz la compra, por favor.
  (Ich habe keine Lebensmittel mehr. Geh bitte einkaufen.)

* Hoy es viernes. Baja los residuos orgánicos, por favor.
  (Heute ist Freitag. Bring bitte den Biomüll runter.)

* Apaga la televisión, por favor.
  (Mach bitte den Fernseher aus.)

* Haz una copia, por favor.
  (Mach bitte eine Kopie.)

Der *formelle Imperativ (usted-Form)* wird für Instruktionen und Anweisungen verwendet.

Beispiel: *Für eine Waschanleitung:*
          Lave esta camiseta a menos de 40°.

          Anweisungen für die Verwendung der Mikrowelle:
          Llene una taza de leche. Póngala en el microondas 3 minutos.
          Añada dos cucharitas de cacao y remueva.

          Eine Anweisung auf einer Fahrkarte:
          Guarde el billete y preséntelo al revisor.

Unregelmäßige Verben des Imperativs

Verben, die ein -**g**- in der 1. Person Singular Präsens haben, bilden die 2. Person Singular Imperativ in einer verkürzten unregelmäßigen Weise.

tener	*(haben)*	- tengo	*(ich habe)*	-	**ten**	*(hab!)*
poner	*(stellen)*	- pongo	*(ich stelle)*	-	**pon**	*(stell!)*
salir	*(ausgehen)*	- salgo	*(ich gehe aus)*	-	**sal**	*(geh aus!)*
hacer	*(machen)*	- hago	*(ich mache)*	-	**haz**	*(mach!)*
traer	*(herbringen)*	- traigo	*(ich bringe her)*	-	**trae**	*(bring her!)*
decir	*(sagen)*	- digo	*(ich sage)*	-	**di**	*(sag!)*
venir	*(kommen)*	- vengo	*(ich komme)*	-	**ven**	*(komm!)*

Ebenfalls völlig unregelmäßige Verben sind: **ser** *(sein)* — **sé** *(sei!)*; **estar** *(sein)* — **está** *(sei!)*.

Bei Verben, die eine Stammänderung in der 1. Person Singular im Präsens haben, wird der formelle Imperativ unter Verwendung des geänderten Verbstamms gebildet, wie in der folgenden Liste gezeigt.

<u>Verb</u> <u>im</u> <u>Infinitiv</u>	1. <u>Person</u> <u>Singular</u> <u>unregelmäßig</u> <u>im</u> <u>Präsens</u>	<u>usted</u> (<u>Imperativ</u>)	<u>ustedes</u> (<u>Imperativ</u>)
hacer	hago	haga	hagan
salir	salgo	salga	salgan
poner	pongo	ponga	pongan
ir	voy	vaya	vayan
venir	vengo	venga	vengan
decir	digo	diga	digan
oír	oigo	oiga	oigan
tener	tengo	tenga	tengan

Die unregelmäßigen Verben im Imperativ lauten wie folgt:

	hacer	salir	poner	ir	venir	decir	oír	tener
(tú)	haz *(mach!)*	sal *(geh weg!)*	pon *(stell!)*	ve *(geh!)*	ven *(komm!)*	di *(sag!)*	oye *(hör!)*	ten *(hab!)*
(vosotros/ vosotras)	haced *(macht!)*	salid *(geht!)*	poned *(stellt!)*	id *(geht!)*	venid *(kommt!)*	decid *(sagt!)*	oíd *(hört!)*	tened *(habt!)*
(usted)	haga *(machen Sie!)*	salga *(gehen Sie!)*	ponga *(stellen Sie!)*	vaya *(gehen Sie!)*	venga *(kommen Sie!)*	diga *(sagen Sie!)*	oiga *(hören Sie!)*	tenga *(haben Sie!)*
(ustedes)	hagan *(machen Sie!)*	salgan *(gehen Sie!)*	pongan *(stellen Sie!)*	vayan *(gehen Sie!)*	vengan *(kommen Sie!)*	digan *(erzählen Sie!)*	oigan *(hören Sie!)*	tengan *(haben Sie!)*

Die folgenden Verben haben **mehrere Unregelmäßigkeiten** im Imperativ, da eine Vokalveränderung im Präsens in der 1., 2. und 3. Person Singular und in der 3. Person Plural auftritt. ***Conocer*** und ***traducir*** sind im Präsens nur in der 1. Person Singular unregelmäßig, aber sie haben im Imperativ ihre eigene Unregelmäßigkeit, wie in der folgenden Tabelle gezeigt.

Diese Imperative lauten wie folgt:

	empezar	volver	pedir	conocer	traducir	construir
(tú)	empieza *(fang an!)*	vuelve *(komm zurück!)*	pide *(bitte!)*	conoce *(erkenne!)*	traduce *(übersetz!)*	construye *(bau!)*
(vosotros/ vosotras)	empezad *(fangt an!)*	volved *(kommt zurück!)*	pedid *(bittet!)*	conoced *(erkennt!)*	traducid *(übersetzt!)*	construid *(baut!)*
(usted)	empiece *(fangen Sie an!)*	vuelva *(kommen Sie zurück!)*	pida *(bitten Sie!)*	conozca *(erkennen Sie!)*	traduzca *(übersetzen Sie!)*	construya *(bauen Sie!)*
(ustedes)	empiecen *(fangen Sie an!)*	vuelvan *(kommen Sie zurück!)*	pidan *(bitten Sie!)*	conozcan *(erkennen Sie!)*	traduzcan *(übersetzen Sie!)*	construyan *(bauen Sie!)*

DIE POSITION DER PRONOMEN

Bei **konjugierten Verben** (auch bei reflexiven Verben) stehen die Pronomen direkt **vor dem Verb** (ohne die Präposition *a).*

* **Lo** como/**Lo** he comido/**Lo** comí/**Lo** comeré.

* Esta mañana no **me** he peinado.   *(Diesen Morgen habe ich mich nicht gekämmt.)*

* ¿Conoces este museo?   *(Kennst du dieses Museum?)*
No, no **lo** conozco.   *(Nein, ich kenne es nicht.)*

Bei der Konstruktion estar + **Gerundium** kann das Pronomen vor oder nach der Verbkonstruktion stehen.

Estoy comiéndo**lo**.   **Lo** estoy comiendo.   *(Ich esse es.)*

Bei Verbkonstruktionen mit Hilfsverb + **Infinitiv** können die Pronomen davor oder dahinter stehen.

¿Podría dar**me** ...?   /   ¿**Me** podría dar ...?   *(Könnten Sie mir ... geben?)*

PRONOMEN BEIM IMPERATIV

Der **Imperativ** hat seine eigenen Regeln in Bezug auf Pronomen.

Bei einem **affirmativen (positiven)** Imperativ werden die Pronomen (auch die reflexiven) **an** den Imperativ **angehängt** und bei einem **negativen** Imperativ **vor** dem Imperativ gesetzt.

Beispiel: Vale, pero no me **lo** pidas más esta semana.
        *Ist ein **negativer** Imperativ, somit steht das Pronomen **vor** dem Imperativ.*

Wenn **ein oder zwei Pronomen angehängt** werden, erhalten die Verbformen, die auf der **zweit-letzten Silbe betont** werden, **einen Akzent.**

Beispiel: Déja**me** el coche, por favor.
        *Ist ein **affirmativer** Imperativ, somit ist das Pronomen an den Imperativ **angehängt.***

Einsilbige Verben erhalten **keinen** Akzent, es sei denn, es werden zwei Pronomen angehängt.

Beispiel: ¡Di**me**! *(Sag mir!)*   aber   ¡Dá**melas**! *(Gib sie mir!)*

Weitere Beispiele:

* ¿Te has cansado de un mueble? No **lo** tires.
  *(Du hast genug von einem Möbelstück? Schmeiß **es** nicht weg.)*

  Hier bezieht sich das Pronomen auf das **Möbelstück** und ist somit ein **direktes Objektpronomen**, welches ein Akkusativobjekt ersetzt *(Wen? oder Was?) (lo, la, los, las).* (Lección 15)
  Negativer Imperativ—das Pronomen steht vor dem Imperativ.

* ¿Tu ropa está pasada de moda? Regála**la** o intercámbia**la**.
  *(Deine Kleidung ist aus der Mode? Verschenke oder tausche **sie**.)*

  Das Pronomen bezieht sich auf die Kleidung (direktes Objektpronomen).
  Positiver Imperativ—das Pronomen wird angehängt.

* ¿Tus hijos han acabado un curso? Da**les** algo de dinero y están felices.
  *(Deine Kinder haben einen Kurs beendet? Gib **ihnen** etwas Geld und sie sind glücklich.)*

  Pronomen, die Personen ersetzen sind **indirekte** Objektpronomen — diese ersetzen ein Dativ-
  objekt **wem?** — *(me, te, le, nos, os, les).* (Lección 9)
  Hier bezieht es sich auf die Kinder (indirektes Objektpronomen).
  Positiver Imperativ—das Pronomen wird angehängt.

Zu beachten ist, daß wenn die indirekten Objektpronomen *le/les*, sowie auch die direkten Objektpronomen *lo/la/los/las* in einem Satz vorkommen, *le/les* durch **se** ersetzt werden sollte.

Beispiel:
¿Unas gafas que ya no usas? ¿Por qué tirar**las**? ¿Tu padre necesita gafas? ¡Regála**se**las!
*(Eine Brille, die du nicht trägst? Warum wegwerfen? Dein Vater braucht eine Brille? Schenk **sie
ihm**!)*

VERNEINTER (NEGATIVER) IMPERATIV

Der positive und der negative Imperativ werden im folgenden kurz dargestellt.

Verben mit der Infinitivendung -ar

	positiv		negativ	
tú	and**a**	*(geh!)*	no and**es**	*(geh nicht!)*
vosotros/-as	and**ad**	*(geht!)*	no and**éis**	*(geht nicht!)*
usted	and**e**	*(gehen Sie!)*	no and**e**	*(gehen Sie nicht!)*
ustedes	and**en**	*(gehen Sie!)*	no and**en**	*(gehen Sie nicht!)*

Verben mit der Infinitivendung -er

	positiv		negativ	
tú	beb**e**	*(trink!)*	no beb**as**	*(trink nicht!)*
vosotros/-as	beb**ed**	*(trinkt!)*	no beb**áis**	*(trinkt nicht!)*
usted	beb**a**	*(trinken Sie!)*	no beb**a**	*(trinken Sie nicht!)*
ustedes	beb**an**	*(trinken Sie!)*	no beb**an**	*(trinken Sie nicht!)*

Verben mit der Infinitivendung -*ir*

	positiv		negativ	
tú	vive	*(lebe!)*	no vivas	*(lebe nicht!)*
vosotros/-as	vivid	*(lebt!)*	no viváis	*(lebt nicht!)*
usted	viva	*(leben Sie!)*	no viva	*(leben Sie nicht!)*
ustedes	vivan	*(leben Sie!)*	no vivan	*(leben Sie nicht!)*

In regelmäßigen Verben ist der negative Imperativ wie folgt:

	Habl - ar	Com - er	Escrib - ir
(tú)	No habl-es *(sprich nicht!)*	No com-as *(iss nicht!)*	No escrib-as *(schreib nicht!)*
(vosotros/ vosotras)	No habl-éis *(sprecht nicht!)*	No com-áis *(esst nicht!)*	No escrib-áis *(schreibt nicht!)*
(usted)	No habl-e *(sprechen Sie nicht!)*	No com-a *(essen Sie nicht!)*	No escrib-a *(schreiben Sie nicht!)*
(ustedes)	No habl-en *(sprechen Sie nicht!)*	No com-an *(essen Sie nicht!)*	No escrib-an *(schreiben Sie nicht!)*

Unregelmäßige Verben einschließlich des negativen Imperativs.

	Pedir +	Pedir -	Dormir +	Dormir -
(tú)	Pide *(bitte!)*	No pidas *(bitte nicht!)*	Duerme *(schlaf!)*	No duermas *(schlaf nicht!)*
(usted)	Pida *(bitten Sie!)*	No pida *(bitten Sie nicht!)*	Duerma *(schlafen Sie!)*	No duerma *(schlafen Sie nicht!)*
(vosotros/ vosotras)	Pedid *(bittet!)*	No pidáis *(bittet nicht!)*	Dormid *(schlaft!)*	No durmáis *(schlaft nicht!)*
(ustedes)	Pidan *(bitten Sie!)*	No pidan *(bitten Sie nicht!)*	Duerman *(schlafen Sie!)*	No duerman *(schlafen Sie nicht!)*

	Venir +	Venir -	Poner +	Poner -
(tú)	Ven *(komm!)*	No vengas *(komm nicht!)*	Pon *(leg hin!)*	No pongas *(leg nicht hin!)*
(usted)	Venga *(kommen Sie!)*	No venga *(kommen Sie nicht!)*	Ponga *(legen Sie hin!)*	No ponga *(legen Sie nicht hin!)*
(vosotros/ vosotras)	Venid *(komm!)*	No vengáis *(kommt nicht!)*	Poned *(legt hin!)*	No pongáis *(legt nicht hin!)*
(ustedes)	Vengan *(kommen Sie!)*	No vengan *(kommen Sie nicht!)*	Pongan *(legen Sie hin!)*	No pongan *(legen Sie nicht hin!)*

	Hacer +	Hacer -	Salir +	Salir -
(tú)	Haz *(mach!)*	No hagas *(mach nicht!)*	Sal *(geh hinaus!)*	No salgas *(geh nicht hinaus!)*
(usted)	Haga *(machen Sie!)*	No haga *(machen Sie nicht!)*	Salga *(gehen Sie hinaus!)*	No salga *(gehen Sie nicht hinaus!)*
(vosotros/ vosotras)	Haced *(macht!)*	No hagáis *(macht nicht!)*	Salid *(geht hinaus!)*	No salgáis *(geht nicht hinaus!)*
(ustedes)	Hagan *(machen Sie!)*	No hagan *(machen Sie nicht!)*	Salgan *(gehen Sie hinaus!)*	No salgan *(gehen Sie nicht hinaus!)*

	Conocer +	Conocer -	Ir +	Ir -
(tú)	Conoce *(kenn!)*	No conozcas *(kenn nicht!)*	Ve *(geh!)*	No vayas *(geh nicht!)*
(usted)	Conozca *(kennen Sie!)*	No conozca *(kennen Sie nicht!)*	Vaya *(gehen Sie!)*	No vaya *(gehen Sie nicht!)*
(vosotros/ vosotras)	Conoced *(kennt!)*	No conozcáis *(kennt nicht!)*	Id *(geht!)*	No vayáis *(geht nicht!)*
(ustedes)	Conozcan *(kennen Sie!)*	No conozcan *(kennen Sie nicht!)*	Vayan *(gehen Sie!)*	No vayan *(gehen Sie nicht!)*

Die Verben *ser* und *estar* haben die gleiche Bedeutung wie das deutsche Verb *sein*. Die unterschiedliche Verwendung dieser Verben wurde in Lección 10 erläutert.

	Ser +	Ser -	Estar +	Estar -
(tú)	Sé *(sei!)*	No seas *(sei nicht!)*	Está *(sei!)*	No estés *(sei nicht!)*
(usted)	Sea *(seien Sie!)*	No sea *(seien Sie nicht!)*	Esté *(seien Sie!)*	No esté *(seien Sie nicht!)*
(vosotros/ vosotras)	Sed *(seid!)*	No seáis *(seid nicht!)*	Estad *(seid!)*	No estéis *(seid nicht!)*
(ustedes)	Sean *(seien Sie!)*	No sean *(seien Sie nicht!)*	Estén *(seien Sie!)*	No estén *(seien Sie nicht!)*

Beispiel:

* No pongas la lámpara en el suelo. *(Leg nicht die Lampe auf den Boden.)*

* No seas tonto. *(Sei nicht dumm.)*

* No vaya a la derecha. *(Gehen Sie nicht nach rechts.)*

* No hagas muchas fiestas *(Mach nicht viele Partys.)*

* No vengas más tarde. *(Komm nicht später.)*

* No lo toques. *(Berühr es nicht.)*

Übung 94

Completa estos eslóganes con la forma adecuada del imperativo de los verbos que aparecen entre paréntesis.

Vervollständigen Sie diese Slogans mit der richtigen Imperativform der Verben in Klammern.

1. Esta tarde (hacer, tú) .... física.
2. (Descubrir, usted) .... la naturaleza. *La Laguna*, una cerveza para descubrir.
3. (Renovarse, tú) .... con Telepunto y (conseguir, tú) .... un celular increíble.
4. No (perder, tú) .... lo ....: París desde 57 euros.
5. (Creérselo, tú) ....: París desde 57 euros.
6. No (dudarlo, usted) .... — (volar, usted) .... con Airwings.

hacer física *(Physik machen)*; **descubrir** *(entdecken)*; **la naturaleza** *(die Natur)*; **renovarse** *(erneuert/verlängert werden)*; **conseguir** *(bekommen, erreichen)*; **un celular** *(ein Handy)*; **increíble** *(fantastisch)*; **perder** *(verlieren, verpassen)*; **creerse** *(glauben)*; **dudar** *(zweifeln)*; **volar** *(fliegen)*

Übung 95

Completa la siguiente receta con los pronombres que faltan.
¿Van delante o detrás del verbo?
Vervollständigen Sie das folgende Rezept mit den dazugehörigen Pronomen.
Kommen diese vor oder nach dem Verb?

Requesón con patatas (para cuatro personas)

1. Compra 1 kg de patatas, ... pela .... y .... corta .... en trozos medianos.
2. Calienta tres cucharadas de aceite en una sartén y poco después añade las patatas.
3. Acto seguido, añade una cebolla grande cortada en trozos pequeños.
4. .... deja .... hasta que estén bien crujientes, quizás unos 10 minutos.
5. Añade una pizca de sal, pimienta negra, y un poco de perejil.
6. Separa seis huevos.
7. Haz una masa con las yemas con 500 g de requesón y .... remueve ....
8. Bate las claras de huevo y .... mezcla .... con el resto.
9. Añade las patatas y .... mezcla .... con el requesón, las claras y las yemas.
10. Rellena dos moldes con todo y deja el guisado a fuego medio durante 20 minutos.

PROHIBICIÓN *(VERBOTE)* Y OBLIGACIÓN *(VERPFLICHTUNG)*

Die Form eines *Verbotes (Prohibición)*

<u>Form</u>: **<u>*No se*</u>** + **<u>3</u>**. **<u>*Person*</u>** *(Singular oder Plural)* **<u>*des*</u> <u>Verbs</u> <u>admitir</u>**

= **<u>admite/n</u>** + **<u>Substantiv</u> <u>oder</u> <u>Verb</u> <u>im</u> <u>Infinitiv</u>**.

No se admite/n + **Substantiv** (auch im Plural) oder **Verb im Infinitiv** (z. B., fumar).

Bedeutung: *Es ist nicht gestattet …*

Beispiel: No se admiten cheques.   *(Schecks werden nicht angenommen!)*
              No se admiten perros.   *(Hunde sind nicht gestattet!)*
              No se admite beber alcohol. *(Es ist nicht gestattet, Alkohol zu trinken!)*

Form: *No se* + *3. Person* (Singular oder Plural) *des Verbs permitir*

= **permite/n** + **Substantiv oder Verb im Infinitiv**.

No se permite/n + **Substantiv** (auch im Plural) oder **Verb im Infinitiv**.

Bedeutung: *Es ist nicht erlaubt …*

Beispiel: No se permiten las bebidas alcohólicas. *(Alkoholische Getränke sind nicht erlaubt!)*
No se permite molestar los monos. *(Es ist nicht erlaubt, die Affen zu ärgern!)*

Form: *No está/n* + *Adjektiv von permitir* (**permitido/-a**).

No está/n permitido/-a/-os/-as + **Substantiv** (auch im Plural) oder **Verb im Infinitiv**.

Bedeutung: *Es ist nicht zulässig …*

Beispiel: No está permitido el uso para otras fines. *(Die Verwendung für andere Zwecke ist nicht zulässig!)*
No está permitido fumar. *(Rauchen ist nicht zulässig!)*

Form: *Está/n* + *Adjektiv von prohibir* (**prohibido/-a**).

Está/n prohibido/-a/-os/-as + **Substantiv** (auch im Plural) oder **Verb im Infinitiv**.

Beispiel: Está prohibido el uso de celulares. *(Die Benutzung von Handys ist verboten!)*
Está prohibido fumar. *(Es ist verboten zu rauchen!)*
Está prohibido hacer fotografías. *(Es ist verboten zu fotografieren!)*

Form: *Prohibido* + *Verb im Infinitiv*.

¡Prohibido fumar!   *(Rauchen verboten!)*
Wichtig: Die Satzform *Es prohibido* existiert nicht im Spanischen.

Besonders in der mündlichen Alltagssprache werden Konstruktionen mit dem Infinitiv bevorzugt, um das Verbot auszudrücken. Folgende Form ist üblich: **no dejan** + infinitivo.

Beispiel: En mi trabajo **no dejan** llevar faldas.
(In meiner Arbeit lassen sie mich keine Röcke tragen.)

Die Form einer *Verpflichtung (Obligación)*

Form: *Se* + *3. Form des Verbs rogar* (bitten) = **ruega** + **Substantiv oder Verb im Infinitiv**.

Se ruega + **Substantiv** oder **Verb im Infinitiv**.

Beispiel: Se ruega silencio. *(Um Ruhe wird gebeten.)*
Se ruega escuchar. *(Es wird darum gebeten zuzuhören.)*

Form: *Se* + *3. Form* (Singular) *des Verbs deber* (sollen) = **debe** + **Verb im Infinitiv**.

Se debe + **Verb im Infinitiv**.

Beispiel: Se debe trabajar mucho. *(Man muss viel arbeiten.)*

Form: *Es* + *Adjektiv von obligatorio/-a* + *Substantiv oder Verb im Infinitiv*.

Es/Son obligatorio/-a/-os/-as + Substantiv.
Es obligatorio + Verb im Infinitiv.

Beispiel: Es obligatorio el cumplimiento de la ley.   *(Die Einhaltung des Gesetzes ist zwingend.)*
          Es obligatorio hablar español.   *(Es ist verpflichtend, Spanisch zu sprechen.)*

Form: *(No) Es* + *aconsejable* + *Infinitiv*

Beispiel: No es aconsejable fumar.   *(Es ist nicht ratsam zu rauchen.)*
          Es aconsejable hacer deporte.   *(Es ist ratsam Sport zu machen.)*

Übung 96
¿A qué categoría corresponde cada oración? Decide si es obligación o prohibición.
Welche Sätze gehören in welche Kategorie? Sind sie *Obligación* oder *Prohibición*?

1.   **Es obligatorio** el uso de las botas de montar en la clase de equitación.
2.   **No está permitido** alimentar a las ovejas.
3.   **Prohibido** fumar.
4.   **Se ruega** escuchar.
5.   **Está prohibido** beber alcohol.
6.   **Está prohibido** hacer fotografías.
7.   **No se permiten** las bebidas alcohólicas.
8.   **Está prohibida** la entrada a los jóvenes.
9.   Recordamos a todos los estudiantes del curso de idiomas que **es obligatorio** hablar alemán.
10.   **Se debe** trabajar mucho.
11.   **No se admiten** gatos.
12.   **Prohibida** la venta de cigarrillos a niños.
13.   **No se permite** molestar a los perros.

se + 3. Person	Es/son + adjetivo	Está/están + adjetivo	Prohibido

LECCIÓN 25
¿SE TE DAN BIEN LOS IDIOMAS?
KOMMST DU GUT MIT SPRACHEN ZURECHT?

In dieser Lección lernen Sie, wann Sie welche Konjunktionen verwenden müssen, um:

* eine Geschichte fortzusetzen
* die Ursache von Ereignissen zu erklären
* gegensätzliche Vorstellungen in einem Satz auszudrücken.

Ebenfalls lernen Sie:

* wie man sich ausdrückt, wenn man über Fähigkeiten und Schwierigkeiten spricht
* wie man mitteilt, dass man versehentlich etwas getan hat.

Schließlich wird eine andere Vergangenheitsform erklärt,

el pretérito pluscuamperfecto (das Plusquamperfekt).

Grammatik
* Satzverbindungen:
  — **De repente** oder **(y) Entonces** oder **Al final** oder **De pronto** oder **En aquel momento**
  — **Porque** oder **Como** oder **Es que**
  — **Sin embargo** oder **Aunque** oder **Pero**
* Fähigkeiten:
  Verben **darse, resultar**
  — **Tener capacidad; tener facilidad; tener dificultad;**
     tener habilidad; tener un gran habilidad; tener un don
  — **Ser bueno + gerundio; ser malo + gerundio; ser (in)capaz de**
* Verben, die verwendet werden, wenn etwas nicht vorsätzlich gemacht wurde:
  Perder(se), olvidar(se), romper(se), caer(se), estropear(se), quemar(se)
* Plusquamperfekt

SATZKONJUNKTIONEN FÜR DIE FORTSETZUNG EINER GESCHICHTE

Resulta que está teniendo lugar una regata a vela entre el equipo de Granada y el equipo de Cádiz. Después de un tiempo, el equipo de Granada parece estar ganando con un buque de vela. **De repente**, este buque de vela zozobra en una curva cerrada. **Al final** el equipo de Cádiz gana. ¿Qué ha pasado con el capitán del buque de vela? La verdad es que … ¡lo que ha hecho ha sido imprudente!

Es gibt verschiedene Arten von Konjunktionen im Spanischen.

Konjunktionen, die ausdrücken, dass die in einem vorigen Teil eines Satzes beschriebene Aktion ohne Unterbrechung fortgesetzt wird.

* **de repente**	*(unerwartet, schlagartig, plötzlich)*
* **(y) entonces**	*((und) dann)*
* **al final**	*(schließlich)*
* **de pronto**	*(plötzlich)*
* **en aquel momento**	*(damals)*

KONJUNKTIONEN ZUR ERKLÄRUNG DER URSACHE VON EREIGNISSEN

1) **Como** tiene un perro, Pedro está muy feliz. Pero no saca al perro **porque** no le gustan mucho las peleas con otros perros.
2) Lo siento, pero no voy a comer con Pablo; **es que** tengo sueño.

Porque *(weil, da)*

Porque wird verwendet, um ein <u>Motiv</u> im folgenden Teil des Satzes zu erklären.

Beispiel: Voy a la playa <u>porque</u> <u>hace</u> <u>sol</u>.   *(Ich gehe zum Strand, <u>weil</u> <u>die</u> <u>Sonne</u> <u>scheint</u>.)*
        Él compra una pizza <u>porque</u> <u>tiene</u> <u>hambre</u>.   *(Er kauft eine Pizza, <u>weil</u> <u>er</u> <u>Hunger</u> <u>hat</u>.)*

        <u>Él</u> <u>compra</u> <u>una</u> <u>pizza</u> dieser Teil des Satzes ist die Konsequenz;
        <u>porque</u> <u>tiene</u> <u>hambre</u> ist der Grund/das Motiv, eingeleitet mit **porque**.

Como *(da)*

Como wird verwendet, um eine Erklärung abzugeben.

Beispiel: <u>Como</u> <u>hace</u> <u>sol</u>, voy a la playa.   *(<u>Da</u> <u>die</u> <u>Sonne</u> <u>scheint</u>, gehe ich zum Strand.)*
        <u>Como</u> <u>tiene</u> <u>hambre</u>, compra una pizza.   *(<u>Da</u> <u>er</u> <u>Hunger</u> <u>hat</u>, kauft er eine Pizza.)*

        <u>Como</u> <u>tiene</u> <u>hambre</u> ist die Erklärung und *<u>compra</u> <u>una</u> <u>pizza</u>* die Konsequenz daraus.

Es que *(nämlich, weil)*

Es que wird verwendet, um eine Erklärung zu geben. *Es que* existiert allerdings nur im mündlichen Sprachgebrauch, es wird nicht geschrieben!

Beispiel: ¿Él hace deporte?   *(Treibt er Sport?)*
        No, **es que** es <u>vago</u>.   *(Nein, **weil** <u>er</u> <u>faul</u> <u>ist</u>.)*

KONJUNKTIONEN, UM GEGENSÄTZLICHE IDEEN IN EINEM SATZ AUSZUDRÜCKEN

1) Soy jefe de estudios; **sin embargo**, quiero trabajar en una fábrica como obrero.
2) **Aunque** tiene dos hijos pequeños, quiere viajar por todo el mundo.
3) Mi marido no viaja conmigo a Francia, **pero** viene en un mes.

Sin embargo *(jedoch, dennoch, trotzdem)*

- *Sin embargo* wird verwendet, wenn in einem Satz etwas eingeführt wird, das dem bereits Gesagten widerspricht.
  Beispiel: El equipo de fútbol español ganó el campeonato de Europa; sin embargo, no creo
  que lo gane otra vez.
  *(Die spanische Fußballmannschaft gewann die Europameisterschaft; ich glaube
  jedoch nicht, dass sie erneut gewinnt.)*

- *Sin embargo* wird verwendet, wenn zwei völlig unterschiedliche Ideen in einem Satz (obwohl
  sie etwas gemeinsam haben müssen) kombiniert werden.

  Beispiel: a) Hoy hace mucho calor y, sin embargo, el agua está fría.
  (Heute ist es sehr heiß, jedoch ist das Wasser kalt.)

  b) Yo quiero aprender español; sin embargo, me voy a Finlandia.
  (Ich möchte Spanisch lernen; dennoch fahre ich nach Finnland.)

Aunque *(obwohl)*

Aunque wird ähnlich wie *sin embargo* verwendet, aber der Unterschied zwischen den kontrastierenden Aussagen im Satz ist nicht so groß wie in *sin embargo*.
Es steht für einen etwas kleineren Widerspruch, bei dem die Differenz zwischen dem Erwarteten und dem Tatsächlichen weniger überraschend ist. *Aunque* kann am Anfang eines Satzes stehen.

Beispiel: a) Aunque hace mucho calor, tengo frío.　　　　　*(Obwohl es heiß ist, friert mich.)*

b) Este verano voy a viajar a Argentina aunque no tengo mucho dinero.
(Diesen Sommer reise ich nach Argentinien, obwohl ich nicht viel Geld habe.)

Pero *(aber)*

Pero wird verwendet, wenn unterschiedliche Aussagen (2 unterschiedliche Ideen) in einem Satz vorkommen. Der Unterschied ist hier jedoch am am geringsten.
Beispiel:
Tú buscas un trabajo, pero ya tienes un buen trabajo en el banco. No te entiendo.
(Du suchst eine Arbeit, aber du hast schon eine gute Arbeit bei der Bank. Ich verstehe dich nicht.)

Übung 97
Encuentra la conexión correcta. Finde die richtige Satzverbindung.
1. Pablo llega a Sevilla, donde toda la familia se ha reunido **porque/sin embargo/como** la tía se ha puesto gravemente enferma. Un día Pablo pierde los nervios con su tía porque ella quiere escapar del hospital. **Aunque/Sin embargo/Pero** la tía tiene previsto ocultar lo que está sintiendo, Pablo descubre su misterio.

2. María, una joven de 17 años tiene que vivir con su nuevo novio. **Aunque/Como/Porque** se siente muy triste, se refugia en su mundo imaginario. Un buen día, va de paseo por un bosque y se encuentra con un enano que le dice que ella es la reina de todos los enanos y que debe volver a su pueblo. **Sin embargo/Como/Pero** la tarea no será fácil. Así es la vida, un poco extraordinaria.

perder los nervios *(die Fassung verlieren)*; **escapar** *(zu fliehen)*; **previsto ocultar** *(verheimlicht)*; **un misterio** *(ein Mysterium)*; **se refugia** *(flüchtet sich)*; **el mundo imaginario** *(die Fantasiewelt)*; **un enano** *(ein Zwerg)*; **la tarea** *(die Aufgabe)*; **extraordinario/-a** *(außergewöhnlich)*

DIE FÄHIGKEITEN *(HABILIDADES)* DER MENSCHEN ZUM AUSDRUCK BRINGEN

La gente con habilidades … *Leute mit Fähigkeiten …*

1. Lingüístico-Verbales

Tiene capacidad para comunicar, informar, persuadir … A esa gente **se le da bien** aprender idiomas y escribir, y **tiene facilidad para** memorizar cosas. **Son buenos** conversadores.

2. Lógico-Matematicas

Tiene capacidad para pensar de forma lógica, estableciendo relaciones de causa-efecto. **Son buenos** resolviendo problemas de lógica.

3. Espaciales

A esa gente le resulta fácil entender la relación entre las formas y los tamaños de los objetos. Por eso, **se le da bien** hacer maquetas, leer mapas, y hacer disciplinas como la escultura o el dibujo. Además, **tiene facilidad para** usar la tecnología.

4. Musicales

Es capaz de percibir distintos tonos y de componer melodías. A esa gente **se le da bien** cantar o tocar un instrumento; también **tiene facilidad para** imitar acentos.

5. Sinestésicas

A esa gente se mueve **con facilidad** y suele ser buena creando objetos manualmente. **Tiene una gran habilidad para** expresar ideas y sentimientos con el cuerpo. Por eso, **se le da bien** hacer deporte, baile, o artesanía.

6. Interpersonales

Tiene una gran capacidad para analizarse y conocer sus defectos y virtudes. A esa gente **no le resulta difícil** concentrarse; puede ser muy disciplinada, y **es buena** escribiendo diarios personales o autobiografías.

Tiene la habilidad de …	*(Die Fähigkeit haben, zu …)*
Habilidades pueden ser buenas o malas.	*(Fähigkeiten können gut oder schlecht sein.)*

Die folgenden Ausdrücke werden verwendet, wenn über Fähigkeiten und Schwierigkeiten gesprochen wird.

Se me da/n

¿Se os dan bien los idiomas?	*(Kommt ihr gut mit Sprachen zurecht?)*
Sí, se me dan bien los idiomas.	*(Ja, ich komme gut mit Sprachen zurecht.)*

Hier steht das Verb dar im Plural (se dan), da es sich auf las lenguas bezieht, ein Substantiv im Plural.

Se me da/n ist eine unpersönliche Ausdrucksweise genau wie me gusta.

Daher muss immer ein Pronomen hinzugefügt werden, um auf das Substantiv zu verweisen, auf das sich die Aussage bezieht.

In diesem Zusammenhang verwendete Pronomen sind indirekte Objektpronomen: *me*, *te*, *le*, *nos*, *os*, *les*. Hier wird das Verb (*darse*) reflexiv verwendet und daher steht bei dieser Art von Satz *se* immer vor dem Personalpronomen. Die folgende Tabelle zeigt dies detaillierter.

(A mí)	se me		bien	
(A ti)	se te	da	mal	leer. *(lesen.)* = Verb Infinitiv
(A él/ella/usted)	se le	(Singular)		la carrera. *(die Karriere.)* = Substantiv Singular
(A nosotros/-as)	se nos	dan	bien	las asignaturas obligatorias. *(die Pflichtfächer.)*
(A vosotros/-as)	se os	(Plural)	mal	= Substantiv Plural
(A ellos/ellas/ ustedes)	se les			

Beispiel: Al novio perfecto se **le** da mal la pereza.
        (Der perfekte Bräutigam widmet sich nicht der Faulheit.)

        Se **le** da bien aprender idiomas.   *(Es fällt ihr leicht Sprachen zu lernen.)*

Sich für etwas schämen: *me da vergüenza*.
(A mí)   (no)   me   da(n)   vergüenza   + Verb im Infinitiv/+ Substantiv Singular und Plural.

Beispiel: **Le** da vergüenza hablar en público.   *(Es ist ihm peinlich, in der Öffentlichkeit zu reden.)*

        Le da vergüenza el acento.   *(Der Akzent ist ihm peinlich.)*

        Le dan vergüenza las lagrimas.   *(Die Tränen sind ihm peinlich.)*

Das Verb *resultar*

Das Verb *resultar* *(sein, sich erweisen als)* wird auch verwendet um Fähigkeiten auszudrücken. Da die entsprechende Wendung unpersönlich ist, wird sie wie *gustar*, *dar* und *costar* gebildet. Hier wird das Verb *resultar* durch ein Adjektiv der Bewertung wie *fácil* *(leicht)* oder *difícil* *(schwer)* ergänzt.

(A mí)	me		
(A ti)	te	**resulta** (fácil) **o** (difícil) *(fällt es leicht oder schwer)*	escribir. *(zu schreiben.)* = Infinitiv
(A él/ella/usted)	le	Singular	la carrera. *(das Studium.)* = Substantiv Singular
(A nosotros/-as)	nos	**resultan** (fáciles) **o** (difíciles)	los deberes. *(die Hausaufgaben.)* = Substantiv Plural
(A vosotros/-as)	os	Plural	
(A ellos/ellas/ ustedes)	les		

Beispiel: Al padre perfecto le resulta fácil hablar con los niños.
        (Dem perfekten Vater fällt es leicht, mit den Kindern zu reden.)

Auch   A mi hermana no le resulta difícil concentrarse.
        (Meiner Schwester fällt es nicht schwer, sich zu konzentrieren.)

Die Ausdrucksformen: *Tener capacidad*, *tener facilidad,* etc.

Tener capacidad bedeutet die Kapazität, die Fähigkeit zu haben — zu etwas fähig sein. Dies wird wie folgt verwendet:

Tener capacidad   + gerundio
Tener capacidad para + Verb im Infinitiv
Tener capacidad para + Substantiv (Singular und Plural)
Beispiel: La madre perfecta tiene capacidad para cocinar.
              (Die perfekte Mutter hat die Fähigkeit zu kochen.)

Tener facilidad bedeutet etwas mit Leichtigkeit oder Mühelosigkeit zu tun — ein Talent haben. Verwendung wie *tener capacidad:*

Tener facilidad   + gerundio
Tener facilidad para + Verb im Infinitiv
Tener facilidad para + Substantiv (Singular und Plural)
Beispiel: Él tiene facilidad para usar la tecnología.   *(Es fällt ihm leicht Technologien anzuwenden.)*

Tener dificultad bedeutet mit etwas Schwierigkeiten haben.
Verwendung wie *tener capacidad* und *tener facilidad*.

Tener dificultad   + gerundio
Tener dificultad para + Verb im Infinitiv
Tener dificultad para + Substantiv (Singular und Plural)
Beispiel: Mi hermana tiene dificultad hablando en público.
              (Meine Schwester hat Schwierigkeiten, in der Öffentlichkeit zu reden.)

Tener habilidad bedeutet die Fähigkeit, eine Geschicklichkeit haben.
Verwendung wie *tener capacidad*.

Tener habilidad   + gerundio
Tener habilidad para + Verb im Infinitiv
Tener habilidad para + Substantiv (Singular und Plural)
Beispiel: Tengo habilidad para cantar.   *(Ich habe die Fähigkeit zu singen.)*

Man kann allerdings auch sagen: ***Tener una gran habilidad***
              (sehr geschickt oder klug zu sein, eine große Fähigkeit haben).

Tener una gran habilidad   + gerundio
Tener una gran habilidad para + Verb im Infinitiv
Tener una gran habilidad para + Substantiv (Singular und Plural)
Beispiel: Ella tiene una gran habilidad para expresar ideas.
              (Sie hat eine ausgeprägte Fähigkeit, Ideen auszudrücken.)

Die Formulierungen: *Ser bueno + gerundio*, *ser capaz de + infinitivo,* etc.

Ser bueno/-a + gerundio
Ser malo/-a + gerundio

Beispiel: La estudiante perfecta es buena trabajando. *(Die perfekte Studentin ist arbeitseifrig.)*

Un holgazán es malo trabajando.   *(Eine Faulenzer arbeitet schlecht.)*

Capaz *(fähig sein, imstande sein, tüchtig sein)*

Ser capaz de *(in der Lage sein, fähig sein, imstande sein)*   **+ infinitivo**
Ser incapaz de *(unfähig sein, nicht in der Lage, außerstande)* **+ infinitivo**
Beispiel: Mi hermano es capaz de dibujar como un verdadero artista.
　　　　(Mein Bruder ist fähig zu zeichnen wie ein wahrer Künstler.)

　　　　　　　　　　　　Aufpassen! Die Pluralform von *capaz* lautet *capaces*.

Tener un don *(eine Begabung haben)* wird wie folgt verwendet:

Tener un don para la teatralidad.	*(Eine Begabung für Theatralik haben.)*
Tener un don con las chicas.	*(Gut mit den Mädchen umgehen können.)*
Tener el don de lenguas.	*(Sprachbegabt sein.)*

Wichtig beim Ausdrücken von Fähigkeiten

Da Fähigkeiten etwas Immaterielles sind, muss die Fähigkeit als abstrakte Einheit aufgefasst und grammatikalisch wieder aufgenommen werden:

Anstatt zu fragen:	**¿Cuál es el contrario de habilidades?**
Deshalb ist es richtig:	**¿Qué es lo contrario de habilidades?**
	(Was ist das Gegenteil von Fähigkeiten?)

Wann immer etwas Immaterielles besprochen wird, muß es mit dem neutralen Pronomen _lo_ ausgedrückt werden.

VERBEN, DIE UNGEWOLLTE HANDLUNGEN AUSDRÜCKEN

Die folgenden Verben werden wie unpersönliche Verben (zum Beispiel, *me gusta*) konjugiert, um auszudrücken, dass die Aktion von der Person **ungewollt** (unfreiwillig) **ausgeführt** wurde. Wenn zum Beispiel jemand versehentlich seine Ohrringe verliert, wird das Verb *perder(se)* wie das Verb *gustar* konjugiert.

Verben, die unfreiwillige Handlungen ausdrücken

perder(se)	*(verlieren)*
olvidar(se)	*(vergessen)*
romper(se)	*(brechen)*
caer(se)	*((herunter)fallen, stürzen)*
estropear(se)	*(beschädigen)*
quemar(se)	*(brennen, verbrennen)*

Bei diesen Verben steht das indirekte Personalpronomen wie bei dem Verb *gustar* am Satzanfang.

Beispiel: A mi amiga se le ha olvidado llamarme por mi cumpleaños.
　　　　(Meine Freundin hat es vergessen, mich wegen meines Geburtstages anzurufen.)

Se wird verwendet mit:

Verben der Unfreiwilligkeit *(perderse)*	Unpersönlichen Verben	Reflexiven Verben
Beispiel: se me pierde	me gusta	ducharse *(sich duschen)*
se te pierde	me cuesta	despertarse *(aufwachen)*
se le pierde	se me da	lavarse *(sich waschen)*
se nos pierde	me encanta	ponerse *(sich stellen)*
se os pierde	me molesta *(es ärgert mich)*	
se les pierde	me apasiona *(es begeistert mich)*	

A mí se me <u>olvidan</u> este tipo de cosas.　　　　　　　*(Mir entfallen solche Sachen.)*

Hier steht *olvidan* im Plural, weil es sich auf *las cosas (die Sachen)* bezieht = Plural.

A mí se me <u>olvidó</u> el coche.　　　　　　　　　　*(Ich vergaß das Auto.)*

Hier steht *olvidó* im Singular, weil es sich auf *el coche (das Auto)* bezieht = Singular.

Die unpersönlichen Verben und die für unfreiwillige Handlungen verwendeten Verben richten sich in Zahl (Singular und Plural) immer nach dem nachfolgenden Substantiv.

Wenn das **Objektpronomen** für die Person, die die unfreiwillige Handlung erfährt, **im Plural** steht, ändert sich nur das Pronomen (me -> **nos**). Die Singular- oder Pluralform des Verbs hängt jedoch von dem Objekt ab, auf das sich die Handlung bezieht *(la cena/**las arepas**)*.

Se me, se te, se le	=	Person im Singular
Se nos, se os, se les	=	Personen im Plural

Beispiel: **A vosotros se <u>os</u> quemó la cena.**　　*(Euch ist das Abendessen verbrannt.)*

　　　　vosotros = Plural wird über **os** wieder aufgenommen.
　　　　quemó ist die 3. Person Singular *pretérito indefinido* von quemar; dies ist Singular, da
　　　　la cena (das Abendessen) ebenfalls Singular ist und das Verb sich darauf bezieht:

Se quemó la cena.

Daher können die für unfreiwillige Handlungen verwendeten Verben auch in allen konjugierten Formen der Vergangenheit vorkommen, zum Beispiel, im *pretérito indefinido*, im *pretérito perfecto*, usw.

Beispiel: **Ayer a Carmen se le quemó la cena.**　　*(Gestern verbrannte Carmen das Abendessen.)*

　　　　quemó (pretérito indefinido) ist Singular, weil *la cena* auch Singular ist und das Verb sich
　　　　auf dieses Substantiv bezieht.

Aber

Ayer a Pedro se le quemaron los bistecs. *(Gestern verbrannten Pedro die Steaks.)*

　　　　quemaron (pretérito indefinido) ist im Plural, weil *los bistecs* auch im Plural ist.

Alle unpersönlichen Verben, und die für unfreiwillige Handlungen verwendeten Verben, können in jeder Zeitform vorkommen. Dies wird in den folgenden Beispielen unter Verwendung der Wendung *me gusta* noch einmal gezeigt.

*　(A mí) me gusta el tiempo en Madrid.	=	presente
*　(A mí) me gustó el tiempo en Madrid.	=	pretérito indefinido
*　(A mí) me ha gustado el tiempo en Madrid.	=	pretérito perfecto
*　(A mí) me gustaba el tiempo en Madrid.	=	pretérito imperfecto
*　(A mí) me gustará el tiempo en Madrid.	=	futuro simple
*　(A mí) me va a gustar el tiempo en Madrid.	=	futuro próximo
*　(A mí) me gustaría el tiempo en Madrid.	=	condicional simple
*　(A mí) me gustan las playas.	=	presente
*　(A mí) me gustaron las playas.	=	pretérito indefinido
*　(A mí) me han gustado las playas.	=	pretérito perfecto
*　(A mí) me gustaban las playas.	=	pretérito imperfecto

Übung 98
Formula la segunda frase empleando una acción involuntaria.
La primera frase describe la acción intencional.
Formulieren Sie den zweiten Satz in eine *unfreiwillige* Form um.
Der vorgegebene Satz beschreibt die beabsichtigte Handlung.

1. Pablo ha perdido los libros.
    A Pablo se le han perdido los libros.
2. He roto la ventana.
    ....
3. José ha olvidado los dibujos.
    ....
4. He perdido los papeles.
    ....
5. Hemos olvidado tu documento.
    ....

EL PRETÉRITO PLUSCUAMPERFECTO (*DAS PLUSQUAMPERFEKT*)

Das Plusquamperfekt wird verwendet, um über eine vergangene beendete Handlung zu sprechen, die früher stattgefunden hat als das Hauptthema der Vergangenheit. Zum Beispiel, wenn jemand eine Geschichte erzählt (Präteritum) und dann auf etwas zurückblickt, das noch früher passiert ist. Das Plusquamperfekt wird wie folgt gebildet:

Imperfekt des Hilfsverbs *haber*	Partizip auf Verben mit Endung - *ar*		Partizip auf Verben mit Endung - er/- ir
había			
habías			
había	+	- ado	oder	- ido
habíamos			
habíais			
habían			

- El año pasado fui a Italia. **Había encontrado** el hotel en un buscador.
  (Letztes Jahr fuhr ich nach Italien. Ich hatte das Hotel mit der Suchmaschine gefunden.)
  Er suchte mit der Suchmaschine nach dem Hotel **bevor** er nach Italien reiste = Plusquamperfekt.

- Cuando llegamos al hotel, no pudimos cenar porque habían cerrado la cocina.
       23:30 h   **22:00 h**
  (Als wir in dem Hotel ankamen — 23:30 Uhr — konnten wir nicht zu Abend essen, weil sie die Küche bereits geschlossen hatten — 22:00 Uhr —.)

- Antes de empezar este semestre, había viajado a Fuerteventura.
  (Vor Beginn dieses Semesters, war ich nach Fuerteventura gereist.)

- Antes de que se doctorara en historia, había vivido en Francia.
  (Bevor er in Geschichte promovierte, hatte er in Frankreich gelebt.)

Das Plusquamperfekt hat die gleichen unregelmäßigen Verben wie das *pretérito perfecto*.
Beispiel: A los 14 años ya había visto las pirámides.
       (Mit 14 Jahren hatte ich bereits die Pyramiden gesehen.)

LECCIÓN 26
¡DESEO QUE TENGAS MUCHA SUERTE!
ICH WÜNSCHE DIR VIEL GLÜCK!

In dieser Lección dreht sich alles um den *subjuntivo*. Der *subjuntivo* ist in der spanischen Sprache ein relativ grosses Kapitel. Bedauerlicherweise ist der *subjuntivo* vor allem für Deutsche eines der schwersten Kapitel in der spanischen Grammatik, da es kein direktes Pendant in der deutschen Sprache gibt. Man soll nicht von dem deutschen Konjunktiv auf den spanischen *subjuntivo* schließen. Der *subjuntivo* wird nicht nur viel häufiger verwendet, er erfüllt auch eine ganz andere Funktion. Es handelt sich um eine sogenannte Möglichkeitsform, mit der man eine (persönliche) Meinung oder Haltung ausdrücken kann.

Leider enthält dieses Buch nicht alle Formen des *subjuntivo*, da dies weit über das Niveau B1 hinausgehen würde. Sie werden jedoch lernen, wie Sie mit dem *presente de subjuntivo* folgendes ausdrücken:

* Wünsche und Hoffnungen

* Meinungen

* Gewissheiten

* Bewertungen

* Ziele *(Finalidad)*

* Forderungen

* Notwendigkeiten

* Ideen der Zukunft

* Hypothesen

* Wahrscheinlichkeiten

* Beurteilung von Fakten und Situationen

* Ablehnung einer Hypothese oder einer vorigen Bestätigung

* Meinungen

* Irreale Situationen

Wie man erkennen kann, drückt der *subjuntivo* eine subjektive Einstellung aus. Der *subjuntivo* ist also der Modus der Nicht-Wirklichkeit.

Der Modus des *indicativo* hingegen wird für reale Sachen und Fakten benutzt.

Das *futuro perfecto,* das *pretérito perfecto de subjuntivo* und das *pretérito imperfecto de subjuntivo* werden ebenfalls kurz erklärt.

Übungen werden Ihnen dabei helfen, das Gelernte zu verinnerlichen.

Grammatik
* Presente de subjuntivo
* Futuro perfecto/Futuro compuesto *(Futur II)*
* Verben **creer**/**creerse**
* Pretérito perfecto de subjuntivo
* Pretérito imperfecto de subjuntivo

EL PRESENTE DE SUBJUNTIVO

Das *presente de subjuntivo* im Nebensatz ist normalerweise von dem Verb im Hauptsatz abhängig und wird zum Ausdruck von subjektiven Elementen angewandt (daher der Name).

I.
Die folgenden Verben werden verwendet um Wünsche zu formulieren:

Querer, *desear*, *esperar*.

Wünscht man etwas für sich selber, werden die Verben konjugiert, und von dem gefolgt, was gewünscht wurde — in der Infinitivform.

Beispiel: Quiero <u>ser</u> muy rico.   *(Ich möchte sehr reich sein.)*
      Hier gibt es nur **ein** Subjekt — **Ich**. Der ganze Satz handelt von mir.

Das Grundprinzip des *subjuntivo* ist, jemand anderem etwas zu wünschen.

Beispiel: Yo deseo que tú <u>tengas</u> mucho dinero.   *(<u>Ich</u> wünsche dir, dass du viel Geld hast.)*
      Hier sind **zwei** Subjekte — **Ich und Du**. Der Satz handelt von mir und jemand anderem.

Oder   **Lola** quiere que **yo** <u>tenga</u> mucho dinero.   *(<u>Lola</u> möchte, dass <u>ich</u> viel Geld habe.)*

(yo)	quiero, deseo, espero	que	presente de subjuntivo
(tú)	quieres, deseas, esperas	que	presente de subjuntivo
(él/ella/usted)	quiere, desea, espera	que	presente de subjuntivo
(nosotros/-as)	queremos, deseamos, esperamos	que	presente de subjuntivo
(vosotros/-as)	queréis, deseáis, esperáis	que	presente de subjuntivo
(ellos/ellas/ustedes)	quieren, desean, esperan	que	presente de subjuntivo

Die einzige Möglichkeit, den ***subjuntivo*** im Spanischen **ohne <u>que</u>** zu verwenden, besteht in der Kombination mit ***Ojalá***. Dieses Wort ist arabischen Ursprungs und hat die Bedeutung:

so <u>Gott</u> <u>will</u> oder *<u>was</u> <u>Gott</u> <u>möchte</u>.*

Daher folgt nach ***Ojalá*** immer der <u>*subjuntivo*</u>.

Ojalá + presente de subjuntivo

Beispiel: ¡Ojalá se cumplan tus sueños!   *(Hoffentlich erfüllen sich deine Träume!)*

Ojalá + que + presente de subjuntivo

Beispiel: Ojalá que se cumplan tus sueños ...   *(Hoffentlich erfüllen sich deine Träume ...)*

Es gibt auch einen Ausdruck, dass man hofft, dass Gott möchte, dass etwas eintritt.

Beispiel:
Dios quiere que tu hermana sea feliz.   *(Hoffentlich hat deine Schwester Glück, so Gott will.)*

Verben im *presente de subjuntivo*:

	Verben auf -**ar** **habl** - **ar**	Verben auf -**er**/-**ir** **viv** - **ir**
(yo)	habl - **e**	viv - **a**
(tú)	habl - **es**	viv - **as**
(él/ella/usted)	habl - **e**	viv - **a**
(nosotros/-as)	habl - **emos**	viv - **amos**
(vosotros/-as)	habl - **éis**	viv - **áis**
(ellos/ellas/ustedes)	habl - **en**	viv - **an**

Im Folgenden sind einige Beispiele aufgeführt, für die die vorliegende *presente de subjuntivo Wortstamm-Formel* zutrifft.

Presente de subjuntivo Wortstamm = yo-Form von Präsens Indikativ minus **o**-Endung.

Sobald man den Wortstamm hat, werden die dem Subjekt entsprechenden Endungen des *presente de subjuntivo* hinzugefügt.

Verben wie ***traducir***, ***conocer*** und ***conducir*** werden im *presente de subjuntivo* wie unten gezeigt konjugiert.

Traducir ist unregelmäßig und wird in der 1. Person Singular Präsens zu *yo traduzco*, und lautet dementsprechend in der 1. Person Singular des *presente de subjuntivo*: *que yo traduzca*, ...

Das Gleiche gilt für ***conocer***. Dieses Verb wird in der 1. Person Singular Präsens zu *yo conozco* und ist dementsprechend in der 1. Person Singular des *presente de subjuntivo*: *que yo conozca*, ...

Ein anderes Beispiel ist ***conducir***. Die Formen des *presente de subjuntivo que yo conduzca*, ... leiten sich von der 1. Person Singular Präsens (*yo conduzco*) ab.

	conocer *(kennen)*	**traducir** *(übersetzen)*	**conducir** *(fahren, leiten)*
que (yo)	conozca	traduzca	conduzca
que (tú)	conozcas	traduzcas	conduzcas
que (él/ella/usted)	conozca	traduzca	conduzca
que (nosotros/-as)	conozcamos	traduzcamos	conduzcamos
que (vosotros/-as)	conozcáis	traduzcáis	conduzcáis
que (ellos/ellas/ ustedes)	conozcan	traduzcan	conduzcan

Dieses Prinzip gilt auch für die anderen Verben, die in der **1. Person Singular Präsens** unregelmäßig sind. Die jeweilige Änderung bleibt im *presente de subjuntivo* für alle Formen erhalten.

	Tener - Tengo (haben)	Decir - Digo (sagen)	Hacer - Hago (machen)	Huir - Huyo (fliehen)	Construir - construyo (bauen)
que (yo)	tenga	diga	haga	huya	construya
que (tú)	tengas	digas	hagas	huyas	construyas
que (él/ella/usted)	tenga	diga	haga	huya	construya
que (nosotros/-as)	tengamos	digamos	hagamos	huyamos	construyamos
que (vosotros/-as)	tengáis	digáis	hagáis	huyáis	construyáis
que (ellos/ellas/ ustedes)	tengan	digan	hagan	huyan	construyan

	Oír - oigo (hören)	Poner - pongo (setzen)	exigir - exijo (verlangen)	salir - salgo (weggehen)	venir - vengo (kommen)
que (yo)	oiga	ponga	exija	salga	venga
que (tú)	oigas	pongas	exijas	salgas	vengas
que (él/ella/usted)	oiga	ponga	exija	salga	venga
que (nosotros/-as)	oigamos	pongamos	exijamos	salgamos	vengamos
que (vosotros/-as)	oigáis	pongáis	exijáis	salgáis	vengáis
que (ellos/ellas/ ustedes)	oigan	pongan	exijan	salgan	vengan

Verben, die in Bezug auf den **Vokalwechsel** unregelmäßig sind, wie von *e* zu *ie* oder von *o* zu *ue* sind im *subjuntivo* in der 1., 2., 3. Person Singular und in der 3. Person Plural unregelmäßig.

Beispiel:

	Poder - Puedo (können)	Dormir - Duermo (schlafen)	Acostarse - se acuesto (zu Bett gehen)
que (yo)	pueda	duerma	me acueste
que (tú)	puedas	duermas	te acuestes
que (él/ella/usted)	pueda	duerma	se acueste
que (nosotros/-as)	podamos	durmamos	nos acostemos
que (vosotros/-as)	podáis	durmáis	os acostéis
que (ellos/ellas/ ustedes)	puedan	duerman	se acuesten

	despertarse - se despierto *(aufwachen)*	sentarse - me siento *(sich setzen)*	sentir - siento *(fühlen)*
que (yo)	me despierte	me siente	sienta
que (tú)	te despiertes	te sientes	sientas
que (él/ella/usted)	se despierte	se siente	sienta
que (nosotros/-as)	nos despertemos	nos sentemos	sintamos
que (vosotros/-as)	os despertéis	os sentéis	sintáis
que (ellos/ellas/ustedes)	se despierten	se sienten	sientan

	seguir - sigo *(folgen)*	reír - río *(lachen)*	pedir - pido *(fragen)*	vestirse - me visto *(sich anziehen)*
que (yo)	siga	ría	pida	me vista
que (tú)	sigas	rías	pidas	te vistas
que (él/ella/usted)	siga	ría	pida	se vista
que (nosotros/-as)	sigamos	riamos	pidamos	nos vistamos
que (vosotros/-as)	sigáis	riáis	pidáis	os vistáis
que (ellos/ellas/ustedes)	sigan	rían	pidan	se vistan

Die folgende Verben sind im *presente de subjuntivo* **stark unregelmäßig**.

	ser *(sein)*	estar *(sein)*	ir *(gehen)*	haber *(haben)*
que (yo)	sea	esté	vaya	haya
que (tú)	seas	estés	vayas	hayas
que (él/ella/usted)	sea	esté	vaya	haya
que (nosotros/-as)	seamos	estemos	vayamos	hayamos
que (vosotros/-as)	seáis	estéis	vayáis	hayáis
que (ellos/ellas/ustedes)	sean	estén	vayan	hayan

	saber (wissen)	dar (geben)	caber (passen)
que (yo)	sepa	dé	quepa
que (tú)	sepas	des	quepas
que (él/ella/usted)	sepa	dé	quepa
que (nosotros/-as)	sepamos	demos	quepamos
que (vosotros/-as)	sepáis	deis	quepáis
que (ellos/ellas/ustedes)	sepan	den	quepan

Übung 99

Escribe las oraciones con *ojalá* para que concuerden con los siguientes deseos.
Schreiben Sie die folgenden Sätze in Sätze mit *subjuntivo* und *ojalá* um.

1. Haber una buena noticia en cuanto a la convalecencia de Pedro.
   Ojalá haya una buena noticia en cuanto a la convalecencia de Pedro.
2. Tener (nosotros) una excursión bonita.
   ....
3. (Pablo) pasar el examen.
   ....
4. No haber un accidente en la vía.
   ....
5. No terminar el desarme en todos los países.
   ....
6. (Carmen) enamorarse de mí.
   ....
7. (Paul) proteger al gato.
   ....
8. Haber una buena ópera en el teatro.
   ....
9. Conseguir (ustedes) entradas para el cine.
   ....
10. No ladrar (el perro) muchas veces hoy.
    ....
11. Acordarse un salario mínimo en ese país.
    ....
12. Cocinar (yo) una buena paella esta tarde.
    ....
13. Vender (vosotros) muchos cuadros.
    ....

II.
Der *subjuntivo* wird auch für **Verben verwendet, die eine Meinung ausdrücken.**

Für die folgenden Verben wird der ***subjuntivo* nur in negativen Sätzen (No** creo que tengas razón) verwendet. **WICHTIG!** Die Verneinung steht am Satzanfang und bezieht sich auf *creer que*, *pensar que*, etc. Ist dies nicht der Fall, dann folgt kein *subjuntivo*, wie in dem Beispiel:

Creo que ***no tienes razón***; in diesem Fall wird der Indikativ verwendet.

Wenn der der **Satz mit *creer que*, *pensar que*, etc. positiv** ist, folgt auf *que* immer der Indikativ.

Beispiele für Verben, die eine Meinung ausdrücken

Verben des Verstandes	Verben der Wahrnehmung	Verben der Sprache
creer que (= persönliches Verb) (glauben, dass)	notar que (= persönliches Verb) (bemerken, dass)	decir (sagen)
pensar que (denken, dass)	parecer que (so aussehen, als) (= unpersönliches Verb wie gustar: me parece — es scheint mir)	asegurar (versichern, zusichern)
comprender que (= eine Meinung) (verstehen, dass)	oír que (hören, dass)	explicar (erklären)
opinar que (der Meinung sein, dass)	lucir que (sieht danach aus)	mencionar (erwähnen)
	ver que (sehen, dass)	repetir (wiederholen)

Wenn eine **Gewissheit** (*certeza*) **ausgedrückt** wird, gilt die gleiche Regel wie für Verben, die eine Meinung ausdrücken. In diesem Fall tritt der *subjuntivo* **nur im negativen** Satz auf, während der Indikativ im positiven Satz verwendet wird.

Beispiele mit dem Verb **es**

Es un hecho que …	(Es ist eine Tatsache, dass …)
Es verdad que …	(Es ist wahr, dass …)
Es evidente que …	(Es ist offenkundig, dass …)
Es cierto que …	(Es ist sicher, dass …)
Es obvio que …	(Es ist offensichtlich, dass …)

Beispiele mit dem Verb **estar**

Está claro que …	(Es ist klar, dass …)
Está demostrado que …	(Es ist bewiesen, dass …)
Está comprobado que …	(Es ist bestätigt, dass …)

Wenn eine **Bewertung** stattfindet *(wenn eine **subjektive Wichtigkeit** in dem Satz ausgedrückt wird)*, folgt **immer der *subjuntivo***.

Die folgenden Wendungen können eine solche Bewertung ausdrücken:

	necesario (notwendig)		
Es (Es ist)	importante (wichtig)	que	+ subjuntivo
Parece (Es scheint)	conveniente (passend)		
	urgente (dringend)		
	increíble (unglaublich)		
	horrible (schrecklich)		

Auf diese Bewertungen folgt zwangsläufig auch der **subjuntivo**.

Está mal *que + subjuntivo.* und **Está bien** *que + subjuntivo.*

Eine andere Wendung, welcher immer der **subjuntivo** folgt, und die den Zweck/Ziel *(Finalidad)* ausdrückt, ist:

Para que *+ subjuntivo.*

Die folgenden Beispiele sollen die Unterscheidung verdeutlichen

a) Creemos que es necesario …   *(Wir glauben, dass es notwendig ist …)*
(Creer que + indicativo)

Aufgrund von <u>es</u> drückt dieser Satz eine <u>Gewissheit</u> aus und somit folgt der *indicativo*, da es sich um eine bejahte Aussage handelt. Aber wenn der Satz wäre:

No creemos que sea necesario …   *(Wir glauben nicht, dass es notwendig ist …)*
(No creer que + subjuntivo)

Es wäre ein negativer Satz gefolgt vom *subjuntivo*.

b) Me parece que + indicativo.   *(Mir scheint, dass …)*

Hier wird eine <u>Meinung</u> (= Percepción) ausgedrückt und der Indikativ folgt, da es ein bejahender Satz ist. Andererseits, wäre dieser Satz

No me parece que + subjuntivo.   *(Mir scheint nicht, dass …)*

Dann wäre es ein negativer Satz und der *subjuntivo* wäre obligatorisch.

<u>Beispieltext:</u>
En todo caso, <u>creemos que es necesario que</u>, entre todos, **reactivemos** la rentabilidad de las sociedades del bienestar del norte. De todas formas, <u>nos parece urgente que</u> se **disminuya** el excesivo uso del cultivo de cereales genéticamente manipulado. Además, <u>es importante que</u> se **reduzca** el consumo de energía; <u>creemos que</u> **hay** que tomar las respectivas medidas ecológicas.

En cuanto a la caza de ballenas ilegal, <u>es conveniente que</u> se **hagan** muchos controles. Aparte de eso, <u>nos parece muy negativo que</u> **existan** estados que todavía **estén** inmersos en guerras.

<u>Bei welchen Ausdrücken</u> folgt der *indicativo*, bei welchen der *subjuntivo*?

Con indicativo	Con subjuntivo
creemos que *(hier wird eine Meinung ausgedrückt und es ist ein bejahter Aussagesatz)*	creemos que es necesario *(hier wird eine Bewertung formuliert)*
es verdad *(ist eine Gewissheit + bejahter Satz)*	para que *(ist Zweck/Finalidad, immer subjuntivo)*
es evidente *(ist eine Gewissheit + bejahter Satz)*	parece urgente *(ist eine Bewertung)*
está claro *(ist eine Gewissheit + bejahter Satz)*	es importante *(ist eine Bewertung)*
pensamos *(ist eine Meinung + bejahter Satz)*	es conveniente *(ist eine Bewertung)*
	parece muy negativo *(ist eine Bewertung)*
	es urgente *(ist eine Bewertung)*

Übung 100

Completa las oraciones con indicativo o subjuntivo, eligiendo el verbo adecuado.

Vervollständigen Sie die Sätze mit dem *indicativo* oder *subjuntivo* und wählen Sie das richtige Verb aus.

haber	ser	ponerse	seguir	tirar	ir(se)	empezar

1. Es increíble que (nosotros) .... pálidos. Nadie más sale de casa. El internet tiene la culpa.
2. Me parece mal que .... manipulación genética. Es muy grave para la salud.
3. ¿Es cierto que Angela Merkel .... la canciller de Alemania?
4. Nos parece increíble que .... produciendo bombas atómicas. Son muy peligrosas.
5. Es urgente que .... a repartir ayuda humanitaria para las últimas víctimas del terremoto.
6. Es mejor que no .... a matar en una fiesta popular.
7. Es verdad que el arte .... muy importante en una sociedad.
8. Está claro que con una fuerte irrupción del invierno .... a haber muchas más heladas este año.
9. Es necesario que el gobierno .... a proteger el medio ambiente.
10. No es lógico que .... destruyendo el medio ambiente.

Übung 101

Enlaza las partes de una forma lógica.

Verbinden Sie die Satzstücke, sodass sie einen logischen Satz ergeben.

a) Les parece fantástico

b) Es horrible

c) Es verdad

d) Me parece interesante

e) Creo que es urgente

f) Está claro

g) Me parece increíble

h) Nos parece fatal

1) que haya una polución increíble en Hong Kong y que no se haga nada para reducirla.
2) que hagan caza de ballenas ilegal.
3) que haya sitios antiguos famosos como, por ejemplo, la Acrópolis.
4) que una sexualidad oprimida es el fondo de muchos síndromes psíquicos.
5) que el hecho de que los gastos de alquileres están demasiado caros en las ciudades comienza a ser un asunto importante.
6) que en muchas empresas se usen sobres reciclados.
7) que se tomen en serio en numerosos congresos muy importantes el asunto de la protección de los animales.
8) que todavía haya muchos estados en guerra.

la polución *(die Verschmutzung)*; **oprimido/-a** *(unterdrückt)*; **una caza** *(die Jagd)*; **el fondo** *(der Kern)*; **el síndrome** *(das Syndrom)*; **psíquicos/-as** *(psychischen)*; **el sobre reciclado** *(der recycelte Briefumschlag)*; **la protección** *(der Schutz)*; **los animales** *(die Tiere)*; **muchos estados** *(viele Staaten)*

Presente de subjuntivo mit Verben, die eine Forderung ausdrücken

pedir	*(erfordern/bitten)*	que	+ subjuntivo (bei 2 verschiedenen Subjekten)
exigir	*(fordern)*	que	+ subjuntivo (bei 2 verschiedenen Subjekten)
reclamar	*(einfordern)*	que	+ subjuntivo (bei 2 verschiedenen Subjekten)
reivindicar	*(beanspruchen)*	que	+ subjuntivo (bei 2 verschiedenen Subjekten)

Bei dieser Satzstellung folgt immer der *subjuntivo*, ungeachtet ob es sich um einen bejahten oder einen verneinten Satz handelt.

Presente de subjuntivo mit dem Verb *necesitar (Ausdruck einer Notwendigkeit)*

Necesito que mi bebé duerma.   *(Es ist notwendig für mich, dass mein Baby schläft.)*

Wenn diese Satzkonstruktion im Haupt- und Nebensatz zwei verschiedene Subjekte enthält, folgt auf **que** immer der **subjuntivo**, unabhängig davon ob es sich um einen positiven oder einen negativen Satz handelt.

Presente de subjuntivo mit *Cuando* + *Idee der Zukunft*

Wird mit **cuando** eine Aussage über die Zukunft getroffen, so ist mit dem **subjuntivo** nur die folgende Satzkonstruktion möglich:

<u>Cuando</u> + <u>subjuntivo</u> + <u>futuro</u> <u>simple</u>.

Beispiel: Cuando vaya a Suiza, te visitaré.   *(Sobald ich in die Schweiz komme, besuche ich dich.)*
          Si voy a Suiza, te visitaré.   *(Wenn ich in die Schweiz komme, besuche ich dich.)*

Si voy a Suiza, te visitaré ist grammatisch ebenso korrekt wie *Cuando vaya a Suiza, te visitaré.*

Cuando + **subjuntivo** führt immer eine **zukünftige Aktion** in den Satz ein.

Hier folgt in diesem Fall immer der *subjuntivo*, sowohl in bejahenden als auch in negativen Sätzen.

Eine Hypothese ausdrücken

<u>Es ist möglich, eine Hypothese unter Verwendung des</u> **Indikativ Präsens** <u>wie folgt zu bilden.</u>

Estoy seguro/-a de que *(Ich bin sicher, dass)*
Seguro que *(Sicher, dass)*   está bien.
Seguramente *(Sicherlich)*   se han casado.
Supongo que *(Ich nehme an, dass/ich vermute)*   fueron de vacaciones a París.
A lo mejor *(Vielleicht, wahrscheinlich)*   estaban muy cansados.
Igual *(Gerade so)*

<u>Eine Hypothese über die Gegenwart kann auch mit dem</u> **futuro simple** <u>ausgedrückt werden.</u>

<u>Beispiel:</u> Seguramente estará en un hospital.   *(Sicherlich ist er in einem Krankenhaus.)*

Wird eine Hypothese im Präsens Indikativ mit den obigen Formulierungen ausgedrückt, ist man sich sehr sicher, dass das Gesagte passieren wird. Wird dagegen das **futuro simple** verwendet, geht der Sprecher davon aus, dass die Spekulation wahrscheinlich nicht Realität werden wird.

Wenn man zum Beispiel sagt:
A lo mejor mi marido está con otra mujer.   = presente
A lo mejor mi marido estará con otra mujer.   = futuro simple

Grundsätzlich drücken beide Sätze dasselbe aus:
(Wahrscheinlich ist mein Mann mit einer anderen Frau zusammen.)

Wenn die Dame das **futuro simple** verwendet, geht sie davon aus, dass die Spekulation sehr unwahrscheinlich ist. Im Gegensatz dazu zeigt der Ausdruck mit dem **presente**, dass sie dieses Szenario für relativ wahrscheinlich hält.

Das **futuro perfecto (futuro compuesto)** kann verwendet werden, um eine Hypothese über ein Ereignis in der Vergangenheit auszudrücken. Es kann auch verwendet werden, um zu erraten, ob eine Aktion zu einem bestimmten Zeitpunkt in der Zukunft beendet sein wird. Dafür muss es immer eine bestimmte Zeit geben, denn es ist wichtig zu wissen, dass jemand über die Zukunft spricht.

Beispiel einer Annahme über die Vergangenheit:
Habrá perdido el autobús.   *(Er wird wohl den Bus verpasst haben.)*

Beispiel einer Spekulation über die Zukunft mit einer abgeschlossenen Aktion:
Para entonces ya habrá comido.   *(Zu dem Zeitpunkt wird er wohl schon gegessen haben.)*

BILDUNG DES *FUTURO PERFECTO/FUTURO COMPUESTO* (FUTUR II)

	Futur des Hilfsverbs haber	+	**Partizip**	
(yo)	habré	+	comido	*(ich werde gegessen haben)*
(tú)	habrás	+	ido	*(du wirst gegangen sein)*
(él/ella/	habrá	+	dicho	*(er/sie wird gesagt haben/*
usted)	habrá	+	dicho	*Sie werden gesagt haben)*
(nosotros/-as)	habremos	+	venido	*(wir werden gekommen sein)*
(vosotros/-as)	habréis	+	dado	*(ihr werdet gegeben haben)*
(ellos/ellas/ustedes)	habrán	+	traído	*(sie/Sie werden gebracht haben)*

Das Hilfsverb und das Partizip sind niemals getrennt. Um einen negativen Satz zu bilden, muss das Wort _no_ vor die konjugierte Form von _haber_ gesetzt werden.

Die folgende Satzkonstruktion wird verwendet, um eine Wahrscheinlichkeit mit dem **subjuntivo** auszudrücken.

Lo más seguro es que …	+ subjuntivo	*(Das wahrscheinlichste ist, dass …)*
Es posible que …	+ subjuntivo	*(Es ist möglich, dass …)*
Es probable que …	+ subjuntivo	*(Es ist wahrscheinlich, dass …)*
Puede que …	+ subjuntivo	*(Es könnte sein, dass …)*

Es ist auch möglich, eine Wahrscheinlichkeit mit dem *indicativo* und *subjuntivo* auszudrücken, wie unten gezeigt.

Tal vez	*(Vielleicht)*	
Quizás	*(Vielleicht)*	está/esté enfermo.
Probablemente	*(Wahrscheinlich)*	viene/venga más tarde.
Posiblemente	*(Möglicherweise)*	

Quizás und **tal vez** sind abhängig von der Sicherheit, mit der das vorhergesagte Ereignis eintreten wird, und von der diesbezüglichen Sichtweise des Sprechers.
Wird der **subjuntivo** verwendet, um eine Wahrscheinlichkeit vorherzusagen, ist der Grad an Sicherheit, mit dem das vorhergesagte Ereignis eintreten wird, sehr gering.
Wird der **Indikativ** verwendet, ist die Wahrscheinlichkeit, dass das Ereignis eintritt, sehr hoch und der Sprecher geht davon aus, dass das, was postuliert wird, eintreten wird.

Beispiel: Quizás venga el próximo año.   *(Vielleicht kommt er nächstes Jahr.)*
          Quizás vendrá el próximo año.   *(Vielleicht wird er nächstes Jahr kommen.)*

Da der **Indikativ** im Satz **Quizás vendrá el próximo año** verwendet wird, ist die Wahrscheinlichkeit, dass die Person nächstes Jahr kommt, viel größer als bei Verwendung des **subjuntivo**.

Quizás voy a la playa.	*(Vielleicht gehe ich zum Strand.)*
Quizás vaya a la playa.	*(Vielleicht gehe ich zum Strand.)*

Beide Sätze haben die gleiche grammatikalische Korrektheit, aber **Quizás voy a la playa** ist eher eine direkte Aussage als **Quizás vaya a la playa**.

Quizás kann mit dem *subjuntivo* sowohl in positiven als auch in negativen Sätzen verwendet werden.

BEURTEILUNG VON FAKTEN UND SITUATIONEN MIT DEM *PRESENTE DE SUBJUNTIVO*

Hier wird die folgende Satzkonstruktion verwendet:

Me parece … que + subjuntivo presente.
(Mir scheint es …, dass …)

Obligatorisch			*Beurteilung*		
(a mí)	me	parece	horrible	*(schrecklich)*	que + subjuntivo
(a ti)	te	parece	horroroso	*(entsetzlich)*	que + subjuntivo
(a él/ella/usted)	le	parece	genial	*(genial)*	que + subjuntivo
(a nosotros/-as)	nos	parece	triste	*(traurig)*	que + subjuntivo
(a vosotros/-as)	os	parece	maravilloso	*(wunderbar)*	que + subjuntivo
(a ellos/ellas/ustedes)	les	parece	grave	*(gravierend)*	que + subjuntivo

Weitere Beurteilungen, die in dieser Satzkonstruktion formuliert werden können:

(i)lógico *((un)logisch)*; **necesario** *(notwendig)*; **suficiente** *(ausreichend)*; **(in)justo** *((un)fair)*; **normal** *(normal)*; **increíble** *(unglaublich)*; **importante** *(wichtig)*; **estupendo** *(großartig)*; **terrible** *(schrecklich)*.

Diese Art von Satz kann jedoch auch mit einem <u>Substantiv</u> abgeschlossen werden.

A mí me parece un horror/una vergüenza/una tontería … que …

(A mí) me parece <u>un horror</u> que en las playas de Gran Canaria haya medusas grandes.
(Es scheint mir ein Schrecken, dass es an den Stränden von Gran Canaria große Quallen gibt.)

Lateinamerikanischer Sprachgebrauch
Die Formen des *presente de subjuntivo* für **vos**, die anstelle von **tú** im Rio de la Plata Gebiet verwendet werden, sind leicht unterschiedlich, wobei die Betonung auf die letzte Silbe fällt: **vos comás**, **vos llamés**, **vos vivás**. Stammänderungen gelten in diesem Fall nicht: **vos volvás**, **vos empecés** für **tú vuelvas**, **tú empieces**, während unregelmässige Verben von mehr als einer Silbe einfach eine Verschiebung in der Betonung bekommen, zum Beispiel, **vos vayás**, **vos vengás**.

CREER/CREERSE

Mit ***Creer*** <u>kann</u> <u>man</u> <u>seinen</u> <u>Grad</u> <u>der</u> <u>Sicherheit</u> <u>oder</u> <u>seine</u> <u>Meinung</u> <u>ausdrücken</u>.

Um eine **Meinung** auszudrücken, kann man die Konstruktion ***creer que*** + ***Indikativ*** benutzen.

Yo **creo que** el tiempo está mejorando.　　　**(Ich glaube, dass das Wetter besser wird.)**

Um eine **Hypothese** oder eine vorherige Bestätigung abzulehnen, kann die folgende Konstruktion verwendet werden:　　***no creer que*** + *subjuntivo*

Dies ist ein negativer Satz mit <u>Creer</u>, weshalb der **subjuntivo** folgen muss.

No creo que existan los fantasmas. *(Ich glaube nicht, dass Gespenster existieren.)*

Die Struktur *creer en* + **Substantiv** kann verwendet werden, um einen **Glauben** auszudrücken.
Los cristianos **creen en** el infierno, ¿no? *(Die Christen glauben an die Hölle, oder?)*

Um eine **Bestätigung** oder eine **Meinung** darüber auszudrücken, ob man etwas für eine **Lüge** oder die **Wahrheit** hält, kann man die Struktur *(no) creerse (algo)* verwenden.

Der Ausdruck *creerse* wertet die Information aus. Es zeigt an, ob man glaubt, dass es wahr oder falsch ist.

> - Te afirmo que pasado mañana habré acabado la renovación.
>   *(Ich versichere dir, dass ich übermorgen mit der Renovierung fertig bin.)*

> - Lo siento, pero **no me lo creo**.
>   *(Tut mir leid, aber **daran glaube ich nicht**.)*

VERWENDUNG DES *PRETÉRITO PERFECTO DE SUBJUNTIVO*

Presente de indicativo
Yo viajo a Córdoba en verano.
(Ich reise im Sommer nach Cordoba.)

Presente de subjuntivo
Quiero que mi hija viaje a Tenerife en verano.
(Ich möchte, dass meine Tochter im Sommer nach Teneriffa fährt).

Pretérito perfecto de indicativo
Este año he viajado a Málaga en verano.
(Dieses Jahr bin ich im Sommer nach Malaga gereist.)

Pretérito perfecto de subjuntivo
No creo que mi amiga haya viajado **nunca** a Valencia.
(Ich glaube nicht, dass meine Freundin nie nach Valencia gereist ist.)

Haya viajado ist das *pretérito perfecto de subjuntivo*, indem **nunca** das Signalwort für das *pretérito perfecto* ist. Hier gelten die gleichen Signalwörter wie für den Indikativ. Für den Gebrauch des *pretérito perfecto de subjuntivo* gelten die gleichen Bedingungen und Auslöser wir für das *presente de subjuntivo*. Beispielsweise wird bei Meinungen das *pretérito perfecto de subjuntivo* nur in negativen Sätzen verwendet (siehe obiges Beispiel).

1. Das **pretérito perfecto de subjuntivo** spricht über abgeschlossene Aktionen, die noch immer mit der Gegenwart verbunden sind. Es wird jedoch nur in Fällen verwendet, in denen die Verwendung des *subjuntivo* obligatorisch ist.

   Beispiel: ¡Ojalá **haya dado de comer** al gato!
             (Hoffentlich ist die Katze gefüttert worden.)

2. Das **pretérito perfecto de subjuntivo** spricht über Aktionen, die zu einem späteren Zeitpunkt abgeschlossen sein werden.

   Pretérito perfecto de subjuntivo mit **Cuando** + **Idee der Zukunft**.

   Beispiel: **Cuando hayas hecho** todos los ejercicios, te los corregiré.
             (Wenn du alle Übungen gemacht hast, korrigiere ich sie dir.)

3. Sätze, in denen Meinungen und Gefühle ausgedrückt werden, wie **Es una pena/Qué pena/ Es raro/Qué raro**, erfordern ein untergeordnetes Verb im **subjuntivo**.

Wenn man sich dabei auf eine vergangene Aktion bezieht, ist das entsprechende Verb im *pretérito perfecto de subjuntivo*.

> *Qué pena ..*, *Es una pena que* …, und *Me parece una pena que* … *(Wie schade, dass …)*

> *Qué raro* …, *Es raro que* …, und *Me parece raro que* … *(Es ist seltsam, dass …)*

Der Erzähler, der die Gedanken ausdrückt, erscheint im Nebensatz nicht mehr als Subjekt. Aus diesem Grund ist der *subjuntivo* im Nebensatz verpflichtend.

> Beispiel: **Es una pena que no hayáis venido** al concierto. Ha sido estupendo.
> *(Es ist schade, dass ihr nicht zum Konzert gekommen seit. Es war toll.)*

> **No es raro que no haya habido** ninguna llamada. El teléfono no funciona.
> *(Es ist nicht merkwürdig, dass niemand angerufen hat. Das Telefon funktioniert nicht.)*

Diese Ausdrucksform existiert zudem im *presente de subjuntivo*.

> ¡Qué pena que Portugal pierda el partido! *(= presente de subjuntivo)*
> *(Wie schade, dass Portugal das Spiel verliert.)* Es ist gerade in diesem Moment.

> ¡Qué pena que Portugal **haya perdido** el partido esta tarde!
> *(Wie schade, dass Portugal heute Nachmittag das Spiel verloren hat.)*

Wie in Lección 12 gezeigt, auf das Signalwort esta tarde folgt das **pretérito perfecto**. Hier jedoch aufgrund der Formulierung qué pena im **pretérito perfecto de subjuntivo**.

Für die Bildung des *subjuntivo* im *pretérito perfecto* gilt die folgende Regel:

Presente de subjuntivo	+	Participio (-ado/-ido)
des Hilfsverbs *haber*		cant-ado/beb-ido/ven-ido

(yo)	haya	comido	*(ich habe gegessen)*
(tú)	hayas	dicho	*(du hast gesagt)*
(él/ella/	haya	dado	*(er/sie hat gegeben/*
usted)	haya	dado	*Sie haben gegeben)*
(nosotros/-as)	hayamos	traído	*(wir haben gebracht)*
(vosotros/-as)	hayáis	escrito	*(ihr habt geschrieben)*
(ellos/ellas/ustedes)	hayan	ido	*(sie/Sie sind gegangen)*

Übung 102
Reescribe las siguientes oraciones con los términos *Qué pena* y *Qué raro*.
Schreiben Sie folgende Sätze mit den Ausdrücken *Qué pena* und *Qué raro* um.

Beispiel: Él viene a visitarme a la empresa continuamente, pero hoy no ha venido.
　　　　　Qué raro que no haya venido a verme.

1. Ellos hacen una excursión una vez al mes, pero este mes no la han hecho.
　　…………………………………………………………………………………………

2. Ellos estaban en armonía siempre, pero se han separado.
　　…………………………………………………………………………………………

3. Los compañeros de piso eran amables, pero han destrozado las habitaciones.
　　…………………………………………………………………………………………

4. Las vacaciones se nos han acabado tan rápido.

   ....

5. La dependienta se ha ido sin mirar atrás.

   ....

6. Pablo ha terminado de estudiar física.

   ....

7. Los gastos de alquiler no han subido.

   ....

a verme *(zu mir, mich besuchen)*; **en armonía** *(in Harmonie)*; **destrozar** *(zerstören, kaputt machen)*; **la habitación** *(das Zimmer)*; **tan rápido** *(so schnell)*; **subir** *(steigen)*; **sin mirar atrás** *(ohne zurückzuschauen)*; **los gastos de alquiler** *(die Mietkosten)*

Übung 103

Conjuga el verbo en presente de subjuntivo o pretérito perfecto de subjuntivo, según convenga.

Setzen Sie die richtige Verbform im *presente de subjuntivo* oder *pretérito perfecto de subjuntivo* ein.

1. Es raro que Ana no .... al curso de primeros auxilios. (venir)
2. ¡Qué raro que no .... aún el torneo de tenis! Son las siete y treinta. (empezar)
3. Es una pena que tu nieta no .... ir a la escuela. (querer)
4. Es raro que ellos no .... a Carmen; vive en el mismo barrio. (conocer)
5. Es raro que ellos no .... nada de su amiga. (saber)
6. Es una pena que los adolescentes .... mucho alcohol. (tomar)
7. ¡Es raro que él no .... aún; normalmente es puntual! (llegar)
8. ¡Qué pena que no .... mi cuadro! Es muy hermoso. (ver, vosotros)
9. ¡Qué raro que él .... alcohólico! Tiene carácter. (ser)
10. No es raro que .... el carné de conducir, es una alcohólica. (perder)

el curso de primeros auxilios *(der Erste-Hilfe-Kurs)*; **el torneo de tenis** *(das Tennisturnier)*; **el alcohólico** *(der Alkoholiker)*; **el carácter** *(der Charakter)*; **el carné de conducir** *(der Führerschein)*

PRETÉRITO IMPERFECTO DE SUBJUNTIVO

Das *pretérito imperfecto de subjuntivo* kommt im **Bedingungssatz mit _si_** vor. Im Hauptsatz ist das Verb dann im *condicional simple* (Einfacher Konditional).

Das *pretérito imperfecto de subjuntivo* ist die einzige Form im *subjuntivo*, das keine zwei verschiedenen Subjekte in Haupt- und Nebensatz erfordert, um seine Verwendung auszulösen. Haupt- und Nebensatz können aus der Perspektive derselben Person formuliert werden *(zum Beispiel: Wenn ich im Lotto gewänne, würde ich …)*.

Das *pretérito imperfecto de subjuntivo* wird zudem in einer komplett irrealen, hypothetischen Situation verwendet, zum Beispiel:

Was würde jemand tun, wenn ihm etwas Bestimmtes passieren würde?

Die Situation ist definitiv unwirklich, weil sie noch nicht eingetreten ist und wahrscheinlich auch niemals eintreten wird. Es kann jedoch hypothetisch darüber diskutiert werden.
Daher wird das **pretérito imperfecto de subjuntivo** immer verwendet, wenn beschrieben wird, was in dieser hypothetischen Situation getan werden würde.

Beispiel: ¿Qué harías si te **robaran** la ropa?
    (Was würdest du tun, wenn deine Kleidung gestohlen würde?)

Harías ist das *condicional simple*. *Robaran* ist das **pretérito imperfecto de subjuntivo**.

    Si me **robaran** la ropa, preguntaría a un policía.
    (Wenn meine Kleidung gestohlen würde, würde ich einen Polizisten fragen.)

    Si yo **fuera** rico/-a, (yo) me compraría una casa.
    (Wenn ich reich wäre, würde ich mir ein Haus kaufen.)

Hier ist deutlich zu sehen, dass der ganze Satz nur ein Subjekt enthält, **Yo** *(Ich)*.

DIE BILDUNG DES *PRETÉRITO IMPERFECTO DE SUBJUNTIVO*

Das **pretérito imperfecto de subjuntivo** wird aus dem Stamm der 3. Person Plural des *pretérito indefinido* gebildet. Die unregelmäßigen Verben des **pretérito imperfecto de subjuntivo** sind die gleichen wie die des *pretérito indefinido*. Die Endungen sind wie folgt:

(yo)	-ra/-se	(tú)	-ras/-ses
(él/ella/usted)	-ra/-se	(nosotros/-as)	-ramos/-semos
(vosotros/-as)	-rais/-seis	(ellos/ellas/ustedes)	-ran/-sen

	-ar cantar **canta(ron)** **= 3. Person** **Plural indefinido**	**-er tener** **tuvie(ron)** **= 3. Person** **Plural indefinido**	**-ir decir** **dije(ron)** **= 3. Person** **Plural indefinido**
(yo)	cant**ara**	tuvi**era**	dij**era**
(tú)	cant**aras**	tuvi**eras**	dij**eras**
(él/ella/usted)	cant**ara**	tuvi**era**	dij**era**
(nosotros/nosotras)	cant**áramos**	tuvi**éramos**	dij**éramos**
(vosotros/vosotras)	cant**arais**	tuvi**erais**	dij**erais**
(ellos/ellas/ustedes)	cant**aran**	tuvi**eran**	dij**eran**

Wenn der Stamm auf *-j-* endet, kann danach ein *-i-* nicht mehr folgen. Daher lautet die Endung dieser Verben *-era/-ese*, wie beispielsweise oben beim Verb **decir** *(sagen)*: dij**era**/dij**ese**.

Die Endungen *-se/-ses/-se/-semos/-seis/-sen* haben die gleiche Bedeutung wie die Endungen *-ra/-ras/-ra/-ramos/-rais/-ran*.

SI FUERA/SI FUERAS, etc. = wenn ich ... wäre/wenn du ... wärst

Si fueras un animal, ¿qué animal serías?
                    (Wenn du ein Tier wärst, welches Tier würdest du sein?)
Si fuera un animal, sería un gato. *(Wenn ich ein Tier wäre, würde ich eine Katze sein.)*
Si fuera una flor, sería un girasol. *(Wenn ich eine Blume wäre, würde ich eine Sonnenblume sein.)*

LÖSUNGEN

Übung 1
Escribe estas cantidades en letras.
Schreiben Sie diese Mengenangaben in Wörtern aus.

1. 1/4 kg = un cuarto de kilo
2. 1/2 l   = medio litro
3. 28 cl   = veintiocho centilitros
4. 420 g   = cuatrocientos veinte gramos
5. 5 l   = cinco litros
6. 900 g   = novecientos gramos
7. 125 ml = ciento veinticinco mililitros
8. 52 kg   = cincuenta y dos kilos

Übung 2
Fíjate en estas palabras. ¿Son nacionalidades o profesiones, masculino o femenino?
Clasifícalas como en los ejemplos.
Entscheiden Sie bei diesen Wörtern, sind diese Nationalitäten oder Berufe,
maskulin oder feminin?

mecánico	mecánica	doctor	doctora	italiano	italiana
ruso	rusa	estudiante	chino	china	finlandés
finlandesa	argentino	argentina	griego	griega	cartero
cartera	peluquero	peluquera	periodista	panadero	panadera
belga	japonés	japonesa	estadounidense	futbolista	dependiente
dependienta	docente	dentista	cantante	israelita	

PROFESIONES (BERUFE)

MASCULINO	FEMENINO	MASCULINO Y FEMENINO
panadero	panadera	estudiante
mecánico	mecánica	periodista
doctor	doctora	futbolista
cartero	cartera	docente
peluquero	peluquera	dentista
dependiente	dependienta	cantante

NACIONALIDADES (NATIONALITIÄTEN)

MASCULINO	FEMENINO	MASCULINO Y FEMENINO
finlandés	finlandesa	estadounidense
italiano	italiana	belga
ruso	rusa	israelita
chino	china	
argentino	argentina	
griego	griega	
japonés	japonesa	

Übung 3

¿De dónde proceden/vienen estas cosas?
Woher kommt was?

Brasil	**Italia**	**Hungría**	**Rusia**
Argentina	**Francia**		**Suiza**
la India		**España**	**Estados Unidos**

1. El bistec: Argentina
2. La Torre Eiffel: Francia
3. La pizza: Italia
4. El curry: la India
5. El vodka: Rusia
6. La hamburguesa: Estados Unidos
7. El carnaval: Brasil
8. El gulasch: Hungría
9. La fondue de queso: Suiza
10. Ir de tapas: España

Übung 4

Completa las frases.
Vervollständigen Sie die Sätze.

isla *(Insel)*   **montaña** *(Berg)*   **río** *(Fluss)*   **bebida** *(Getränk)*
          ciudad *(Stadt)*   **capital** *(Hauptstadt)*   **cordillera** *(Gebirgskette)*

1. El Nilo es el <u>río</u> más largo de África.
2. Menorca es una <u>isla</u> de España.
3. El Teide es la <u>montaña</u> más alta de España.
4. Santander es una <u>ciudad</u> del norte de España.
5. La <u>cordillera</u> de los Andes está en Sudamérica.
6. Madrid es la <u>capital</u> de España.
7. El tinto verano es una <u>bebida</u> típica de Andalucía.

Übung 5

Completa las preguntas.
Vervollständigen Sie die Fragen.

1. ¿A qué te dedicas?
   Soy panadero.
2. ¿Cómo te llamas?
   Jérôme
3. ¿Cuántos años tienes?
   24.
4. ¿De dónde (tú) eres?
   Soy de Madrid.

5. ¿Eres mexicano?
   No, soy español.
6. ¿Qué significa *gracias*?
   Danke.
7. ¿Cómo se escribe *banco*? ¿Con *b* o con *v*?
   Con *b*.

Übung 6
¿Cuáles son las preguntas? Pregunta primero con tú y luego con usted.
Wie heißen die Fragen? Fragen Sie zuerst mit du und dann mit Sie.

TÚ	USTED
* **¿Cómo te llamas?**	* **¿Cómo se llama?**
* Markus, Markus L. Maurer	* Markus, Markus L. Maurer
* ¿De dónde (tú) **eres**?	* ¿De dónde **es**?
* Soy austríaco, de Viena.	* Soy austríaco, de Viena.
* ¿Cuántos años **tienes**?	* ¿Cuántos años **tiene**?
* 32 años.	* 32 años.
* ¿En qué **trabajas**? o ¿Qué **haces**?	* ¿En qué **trabaja**? o ¿Qué **es**?
* Soy cartero.	* Soy cartero.
* ¿Cuál es **tu** correo electrónico?	* ¿Cuál es **su** correo electrónico?
* Es markus123@yahoo.es.	* Es markus123@yahoo.es.
* ¿Cuál es **tu** número de teléfono?	* ¿Cuál es **su** número de teléfono?
* Es el 727442866.	* Es el 727442866.

Übung 7
Clasifica estos verbos según sus terminaciones y ponlas en la columna correspondiente.
Klassifizieren Sie diese Verben aufgrund ihrer Endungen und setzen Sie sie in die jeweils zugehörige Spalte der Tabelle.

tirar *(werfen)*
buscar *(suchen)*
preguntar *(fragen)*
leer *(lesen)*
mirar *(betrachten)*
bailar *(tanzen)*
escribir *(schreiben)*
escuchar *(anhören)*
comprender *(verstehen)*

beber *(trinken)*
abrir *(öffnen)*
ir *(gehen)*
vivir *(wohnen)*
tener *(besitzen)*
esquiar *(Ski laufen)*
aprender *(lernen)*
ser *(sein)*
meter en *(hineintun)*

borrar *(auswischen, putzen, löschen)*
completar *(ergänzen)*
responder *(antworten)*
entrar *(eintreten)*
salir *(ausgehen)*
trabajar *(arbeiten)*
estudiar *(studieren)*
preferir *(bevorzugen)*

-AR	-ER	-IR
preguntar	leer	escribir
mirar	tener	ir
bailar	aprender	vivir
escuchar	ser	salir
esquiar	responder	preferir
entrar	beber	abrir
trabajar	meter en	
estudiar	comprender	
tirar		
borrar		
buscar		
completar		

Übung 8
Clasifica las palabras en la tabla con el artículo.
Ordnen Sie jedes Wort in der Tabelle richtig zu, mit dem Artikel.

casa	plátano	página	pizarra	premio
puerta	hincha	cuadro	fresco	arte
entrada	ventana	sello	exposición	saco

MASCULINO		FEMENINO	
SINGULAR	**PLURAL**	**SINGULAR**	**PLURAL**
el plátano	los plátanos	la casa	las casas
el premio	los premios	la página	las páginas
el hincha	los hinchas	la pizarra	las pizarras
el fresco	los frescos	la puerta	las puertas
el arte	los artes	la exposición	las exposiciones
el sello	los sellos	la entrada	las entradas
el saco	los sacos	la ventana	las ventanas
el cuadro	los cuadros		

Übung 9
¿Qué artículos acompañan a las siguientes palabras?
Welcher Artikel begleitet die folgenden Wörter?

el   **la**   **los**   **las**

1. la documentación
2. los pasaportes
3. la verdura
4. el oeste
5. la luna
6. la escala
7. el experimento
8. la tierra
9. la gente
10. las bicicletas
11. la tienda
12. la curva
13. la crisis
14. la cifra
15. la mesa
16. los muebles
17. el coche
18. la ópera

Übung 10
Relaciona los elementos de la izquierda con los de la derecha para construir frases lógicas con *para* o *porque*.
Verbinden Sie die Elemente der linken und rechten Seite, um logische Sätze mit *para* oder *porque* zu konstruieren.

Quiero estudiar español **para** comprender español.

Quiero vivir en España **para** trabajar en una empresa española.

Quiero viajar a Fuerteventura **porque** quiero nadar en el Atlántico.

Quiero ir de tapas **para** hablar con mis amigos españoles.

Quiero ir a Sevilla **para** visitar a mi familia.

Quiero ir a una fiesta de paella **porque** creo que esta comida es muy rica.

Übung 11
Completa con las formas que faltan.
Vervollständigen Sie mit den fehlenden Formen.

	HABLAR	TRABAJAR	ESTUDIAR
(yo)	hablo *(ich spreche)*	trabajo *(ich arbeite)*	estudio *(ich studiere)*
(tú)	hablas *(du sprichst)*	trabajas *(du arbeitest)*	estudias *(du studierst)*
(él/ella/ usted)	habla *(er/sie spricht, Sie sprechen)*	trabaja *(er/sie arbeitet, Sie arbeiten)*	estudia *(er/sie studiert, Sie studieren)*
(nosotros/ nosotras)	hablamos *(wir sprechen)*	trabajamos *(wir arbeiten)*	estudiamos *(wir studieren)*
(vosotros/ vosotras)	habláis *(ihr sprecht)*	trabajáis *(ihr arbeitet)*	estudiáis *(ihr studiert)*
(ellos/ellas/ ustedes)	hablan *(sie/Sie sprechen)*	trabajan *(sie/Sie arbeiten)*	estudian *(sie/Sie studieren)*

Übung 12
Completa con las formas de los verbos *comer* (essen) y *comprender* (verstehen).
Vervollständigen Sie mit den richtigen Verbformen von *comer* (essen) und *comprender* (verstehen).

	BEBER	COMER	COMPRENDER
(yo)	bebo	como *(ich esse)*	comprendo *(ich verstehe)*
(tú)	bebes	comes *(du isst)*	comprendes *(du verstehst)*
(él/ella/ usted)	bebe	come *(er/sie isst, Sie essen)*	comprende *(er/sie versteht, Sie verstehen)*
(nosotros/ nosotras)	bebemos	comemos *(wir essen)*	comprendemos *(wir verstehen)*
(vosotros/ vosotras)	bebéis	coméis *(ihr esst)*	comprendéis *(ihr versteht)*
(ellos/ellas/ ustedes)	beben	comen *(sie/Sie essen)*	comprenden *(sie/Sie verstehen)*

Übung 13
Coloca las formas verbales de *vivir* (leben) en los huecos correspondientes.
Setzen Sie die jeweiligen Verbformen von *vivir* (leben) in die entsprechenden Lücken.

vivís	**vive**	**vivimos**	**vive**
viven	**vivo**	**vives**	**viven**

Yo <u>vivo</u>.
Tú <u>vives</u>.
Carmen <u>vive</u>.
Pedro <u>vive</u>.
José y yo <u>vivimos</u>.
Pablo y tú <u>vivís</u>.
Philippe y Xavier <u>viven</u>.
María y Mónica <u>viven</u>.

Übung 14

Reformula las opiniones del maorí y de jefe blanco (= nombre del hombre blanco) transformando el verbo en infinitivo en una forma conjugada del presente.

Umformulieren Sie die Meinungen des Maori und von Jefe blanco (= Name von weißem Mann), indem Sie die Verben im Infinitiv in eine konjugierte Form der Gegenwart umwandeln.

Erklärung: Die ersten beiden Zeilen in jedem Text sind immer grammatisch falsch, da die Maori keine Verben konjugieren. Die korrekt konjugierten Verbformen müssen in die verbleibenden zwei Zeilen eingefügt werden. Es sind einige Vokabeln vorgegeben, um die Übung ein wenig zu vereinfachen.

comer *(essen)*; **tatuar** *(tätowieren)*; **conservar** *(behalten)*; **andar** *(gehen)*; **mirar** *(schauen)*; **hacer** *(machen)*; **llevar** *(tragen, anhaben)*; **necesitar** *(brauchen)*; **hacer la vista gorda** *(über etwas hinwegsehen)*; **mirar a alguien por encima del hombro** *(auf jemanden herabblicken)*

Beispiel:
Jefe blanco no **comer** humanos.
Nosotros comer humanos muchas veces.
Je blanco no **come** humanos.
Nosotros **comemos** humanos muchas veces.

1. Jefe blanco no tatuar el cuerpo.
    Nosotros tatuar el cuerpo. Nosotros orgullosos.
    Jefe blanco no **tatúa** el cuerpo.
    Nosotros **tatuamos** el cuerpo.

2. Jefe blanco no conservar las tradiciones.
    Nosotros conservar nuestras costumbres.
    Jefe blanco no **conserva** las tradiciones.
    Nosotros **conservamos** nuestras costumbres.

3. Los jefes blancos no andar mucho.
    Nosotros andar en la naturaleza. Nosotros persistentes y hábiles.
    Los jefes blancos no **andan** mucho.
    Nosotros **andamos** mucho.

4. Jefe blanco nos mirar por encima del hombro.
    Nosotros no mirar a jefe blanco por encima del hombro. Nosotros amables y divertidos.
    Jefe blanco nos **mira** a nos por encima del hombro.
    Nosotros no **miramos** a jefe blanco por encima del hombro.

5. Los jefes blancos no hacer la vista gorda con pequeños errores.
    Nosotros hacer la vista gorda con pequeños errores. Nosotros sensibles y delicados.
    Los jefes blancos no **hacen** la vista gorda con pequeños errores.
    Nosotros **hacemos** la vista gorda con pequeños errores.

6. Jefe blanco llevar mucha ropa.
    Nosotros llevar solo taparrabos. Nosotros desnudos.
    Jefe blanco **lleva** mucha ropa.
    Nosotros **llevamos** taparrabos.

7. Los jefes blancos necesitar muchas cosas superfluas.
    Nosotros necesitar solo unas pocas cosas. Nosotros simples.
    Los jefes blancos **necesitan** muchas cosas superfluas.
    Nosotros **necesitamos** solo unas pocas cosas.

Übung 15

¿Cambia la vocal? Rellena los siguientes huecos.

Wechselt der Vokal oder nicht? Füllen Sie folgende Lücken aus.

<u>Von -*e* zu -*ie*</u>
¿Quieres el cuadro?
Cerramos la ventana.
Quiero comer una paella.
Mi amigo entiende belga.
Hoy empezamos a buscar.
¿Qué piensas tú?
Sienten la arena.
Repetimos los verbos irregulares.

<u>Von -*o* und -*u* zu -*ue*</u>
Me duele la espalda.
¿Podéis reflexionar?
No encuentro mi gato.
Cuesta un montón.
Sin alimento, las vacas se mueren.
¿Volvéis a España?
¿Recuerdas mi nombre?
Volamos a África.

Übung 16

Escribe el pronombre personal que corresponde a cada forma verbal dada.

Schreiben Sie das Personalpronomen zu dem vorgegebenen Verb entsprechend der Verbform.

Beispiel: quiero: yo
ríes: tú
entienden: ellos/ellas/ustedes
queremos: nosotros/-as
construyo: yo
jugáis: vosotros/-as
cierras: tú
duermes: tú

duelo: yo
miden: ellos/ellas/ustedes
vuelan: ellos/ellas/ustedes
hablamos: nosotros/-as
pueden: ellos/ellas/ustedes
vivo: yo
vives: tú
queréis: vosotros/-as

Übung 17

Une los verbos con el texto de la derecha. Hay más de una posibilidad.

Verknüpfen Sie die Verben mit dem Text auf der rechten Seite.

Es kann mehr als jeweils eine Möglichkeit geben.

(hago) hacer	1	A	24 años
(veo) ver	2	B	un libro
(tengo) tener	3	C	español
(vivo) vivir	4	D	todo el mundo
(leo) leer	5	E	una carta
(hablo) hablar	6	F	una película
(escribo) escribir	7	G	estudiar idiomas
(conozco) conocer	8	H	en España
(quiero) querer	9	I	deporte

LÖSUNG: 1I, 2F, 3A, 4H, 5B, 6C, 7E, 8D, 9G

Übung 18

Identifica y corrige los errores.

Identifizieren und verbessern Sie die Fehler.

Beispiel: Yo quero/**quiero** hablar español bastante bien.

1.   ¿Tú podes/**puedes** ir a casa de Juan?
2.   Yo sé mucho, pero no hablas/**hablo** mucho.
3.   María traduzco/**traduce** mis cartas.
4.   Nosotros **conducimos** a Madrid y tengo/**tenemos** un bueno tiempo.

Übung 19
Completa las oraciones con la forma correcta del verbo.
Vervollständigen Sie die Sätze mit der richtigen Verbform.

Beispiel: Tú **te pareces** a Julia Roberts. Yo **me parezco** a mi abuela.

1. ¿Tú **ves** el gato aquel? Yo **veo** muchos gatos en la calle.
2. ¿Tú **das** una conferencia sobre los daños ecológicos? Yo siempre **doy** a entender lo importante que es la protección del medio ambiente.
3. Tú siempre **desapareces** después de la hora de la comida. Yo no **desaparezco**. No me fío de tí.
4. Tú siempre le **agradeces** a la persona que te presta ayuda. Igual que yo. Yo se le **agradezco** también.
5. Tú **conduces** demasiado rápido constantemente. Yo **conduzco** siempre de forma prudente.
6. ¿Tú no **conoces** a mis padres? Pues yo **conozco** a los tuyos.
7. ¿Carmen está muerta? ¿Cómo lo **sabes**? Yo no **sé** nada.

Übung 20
Completa este anuncio de una página web de intercambios con la forma correcta del verbo.
Vervollständigen Sie die unten angeführte Internetanzeige für Sprachaustausch mit den Verben in ihrer jeweils korrekten Form.

tener	conversar	ver	ser	estudiar
hablar	llamarse		querer	comprender

Hola, **me llamo** Nikos y **soy** de Grecia. En mi país hay muchos problemas y, por ello, **estudio** derecho en España.
Yo **hablo** español y **quiero** trabajar en un bufete. **Tengo** 19 años y **comprendo** español muy bien porque **veo** muchas películas en español y **converso** todo el tiempo con los españoles.

Übung 21
Completa las oraciones con los siguientes verbos y ponlos en la forma correcta.
Vervollständigen Sie die Sätze mit folgenden Verben in ihrer richtigen Form.

viajar *(reisen)*   **desayunar** *(frühstücken)*   **tomar** *(trinken gehen/etwas zu sich nehmen)*
poder *(können)*   **ir** *(gehen)*   **ser** *(sein)*   **visitar** *(besuchen)*
trabajar *(arbeiten)*   **acostar(se)** *(schlafen gehen)*   **salir** *(weggehen)*   **tener** *(haben)*

Übersetzung Nr. 3

Mis amigos españoles **desayunan** ligero. Normalmente se **toman** té negro con limón y un pequeño bocadillo. Mis compañeros de clase **viajan** por todo el mundo y **van** de excursión. Los profesores de la escuela de idiomas **tienen** una buena educación, por eso mismo **trabajan** en la escuela. Todos **son** muy educados, amables y serviciales. Todas las tardes hay una pregunta en el tablón de anuncios de la escuela: ¿Qué programa tenemos para hoy? Por ejemplo, los estudiantes **pueden** conocer la ciudad, **visitan** un museo o unas catacumbas, y también **salen** por la noche. En Andalucía hace sol hasta muy tarde; en consecuencia, la gente se **acuesta** muy tarde.

ir a pie *(zu Fuß gehen)*

Übung 22

Pregunta le a tu compañero por sus costumbres.

Fragen Sie Ihren Freund nach seinen Angewohnheiten.

A) ¿A qué hora ...?
B) ¿Cómo ...?
C) ¿Cuándo ...?
D) ¿Con quién ...?
E) ¿Qué haces ...?
F) ¿Qué ...?
G) ¿Dónde ...?

1) el fin de semana
2) deportes que practicas
3) lugar de la cena
4) hora de salida
5) hora de despertarse
6) de máxima audiencia
7) celebrar la Nochevieja

8) ir a casa
9) lunes por la tarde

Lösung:
A) 4, 5, 6, 8   B) 7, 8   C) 4, 5, 8   D) 2 ,7, 8   E) 1, 9   F) 2   G) 3

Übung 23

¿Qué adjetivos se pueden combinar con estas palabras?

Welche Adjektive kann man mit diesen Wörtern verbinden?

hermoso/-a, caluroso/-a, soleado/-a, excepcional, rico/-a, apetitoso/-a, sabroso/-a, ventoso/-a, importante, gigantesco/-a, famoso/-a, desierto/-a, nublado/-a, peligroso/-a, impresionante

CLIMA	MONTAÑA	PAÍS	COMIDA
caluroso/-a	gigantesco/-a	impresionante	rico/-a
soleado/-a	famoso/-a	excepcional	famoso/-a
nublado/-a	peligroso/-a	hermoso/-a	apetitoso/-a
ventoso/-a	impresionante	importante	sabroso/-a
	hermoso/-a	desierto/-a	

Übung 24

¿Verdadero (V) o falso (F)?

Wahr (W) oder Falsch (F)? Was steht in dem Text?

		(W)	(F)
1.	Los españoles son reservados.		X
2.	Los españoles salen mucho.	X	
3.	Los españoles aman el clima de España.	X	
4.	Las playas y el sol son importantes para los españoles.	X	
5.	Los españoles son simpáticos.	X	

Übung 25

Une estas frases según la información del texto anterior.

Verbinden Sie, was zusammengehört, aufgrund der Information des vorstehenden Textes.

1.d); 2.c); 3.b); 4.a)

Übung 26
Completa el siguiente texto sobre el clima con *muy*, *mucho*, *muchos*, *muchas*.
Ergänzen Sie den folgenden Text über das Klima mit *muy*, *mucho*, *muchos*, *muchas*.

Los Estados Unidos son un país con **muchos** climas distintos. En Arizona los veranos son **muy** secos; no llueve **mucho** y no hace frío. En el norte llueve **mucho** y casi siempre hace un poco de frío. Las temperaturas son extremas en el interior: los veranos son **muy** calurosos y los inviernos **muy** fríos. En **muchas** zonas del sur llueve **muy** poco y en verano hace **mucho** calor.

Übung 27
Elige la opción correcta.
Wählen Sie die richtige Option.

1. Mónica y Diana tienen el pelo <u>rubio</u>.
a. rubio   b. rubia   c. rubios   d. rubias

<u>rubio</u> = männlich (maskulin) Singular, da sich das Adjektiv auf <u>el pelo</u> (= das Haar) bezieht und nicht auf Monika und Diana. (rubio = blond)

2. Mónica y Diana son <u>rubias</u>.
a. rubio   b. rubia   c. rubios   d. rubias

<u>rubias</u> = weiblich (feminin) Plural, da sich das Adjektiv auf <u>Monika</u> und <u>Diana</u> bezieht.

3. Sabine tiene los ojos muy <u>negros</u>.
a. negro   b. negra   c. negros   d. negras

<u>negros</u>, da sich das Adjektiv auf <u>los ojos</u> (die Augen = maskulin, Plural) bezieht und nicht auf Sabine.

4. Silvia tiene el pelo <u>negro</u>.
a. negro   b. negra   c. negros   d. negras

<u>negro</u>, da sich das Adjektiv auf <u>el pelo</u> (das Haar = maskulin, Singular) bezieht und nicht auf Silvia.

5. Pablo tiene la piel muy <u>blanca</u>.
a. blanco   b. blanca   c. blancos   d. blancas

<u>blanca</u>, da sich das Adjektiv auf <u>la piel</u> (die Haut = feminin, Singular) bezieht und nicht auf Pablo.

6. Pablo es muy <u>blanco</u>, ¿no?
a. blanco   b. blanca   c. blancos   d. blancas

<u>blanco</u> = maskulin Singular, da sich das Adjektiv auf <u>Pablo</u> bezieht.

Übung 28
Completa las frases con los nombres de las relaciones de parentesco correctos.
Vervollständigen Sie die Sätze mit den richtigen Verwandtschaftsbezeichnungen.

1.   El hijo de mi hermana es mi **sobrino**.
2.   El marido de mi hermana es mi **cuñado**.
3.   La madre de mi marido es mi **suegra**.
4.   El marido de mi hija es mi **yerno**.
5.   El padre de mi abuela es mi **bisabuelo**.
6.   El hermano de mi madre es mi **tío**.

Übung 29

Completa las siguientes frases con *mi/mis/tu/tus/su/sus*.

Vervollständigen Sie die folgenden Sätze mit *mi/mis/tu/tus/su/sus*.

1. Le presento a Diana, **mi** mujer.
   Hola, ¿cómo estás?
2. ¿Cuándo es **tu** cumpleaños?
   El 9 de abril.
3. ¿Qué planes tienes para esta noche?
   Una fiesta de cumpleaños con **mis** amigos.
4. ¿José no quiere salir esta noche?
   No, es que **su** novia tiene una crisis nerviosa.
5. ¿Cuáles son **tus** tres libros favoritos?
   Uf, *Don Quijote*, *El Principito*, *El Chico Que Nunca Existió*.
6. Me tienes que contar lo que pasó el otro día con **tus** padres.

Übung 30

Lee el diálogo y complétalo con los posesivos adecuados.

Lesen Sie den Dialog und vervollständigen Sie mit den richtigen Possessivbegleitern.

Tea   ¡Hola Pablo! Quiero recoger **mis** libros, **mis** cuadros y **mis** películas.

Pablo   ¡Qué bien que hayas venido! Tengo **tus** libros, **tus** cuadros y **tus** películas.
           ¿Quieres **tu** paraguas?

Tea   Sí, he olvidado **mi** paraguas.

Pablo   Pero un cuadro es mío, y una película también.

Tea   Exactamente. **Tu** cuadro y **tu** película están aquí.

Pablo   Aquí están una película de suspenso de **tu** prima Sofía y un valioso cuadro de **tu** madre.

Übung 31

Corrige el texto siguiente con el adjetivo posesivo correcto en vez de la construcción con *de* + ...

Berichtigen Sie den folgenden Text mit dem richtigen Possessivadjektiv anstelle der Konstruktion mit *de* + ...

Beispiel: ¡Qué feliz estoy! He vendido un coche ~~de nosotros~~ **nuestro**.

1. ¿Ése es un caballo ~~de vosotros~~ **vuestro**? Maravilloso.
2. He olvidado una camiseta ~~de ti~~ **tuya** en mi casa.
3. Quiero tomar el perro ~~de ti~~ **tuyo**.
4. El gato ~~de mi~~ **mío** es muy amable.

Übung 32

Completa las siguientes oraciones con la forma correcta de uno de los verbos mencionados abajo.

Vervollständigen Sie die folgenden Sätze mit den u. g. Verben in der jeweils richtigen Form.

traer	tener	venir	salir	tener	llevar

1. ¡Qué día más bonito tenemos hoy! **Tenemos** un queso, una barra de pan y una botella de vino. Si quieres, nos vamos a hacer un picnic.
2. ¡Hola, Leticia! ¿Estás completamente sola? ¿No está aquí Pablo? Sí, sí, **vengo** sola. Pablo jamás es puntual.
3. ¿Me **trae** el vaso, por favor? Sí, enseguida.

4. ¿Vamos de tapas, Juan?
   Yo hoy no **salgo**, no **tengo** dinero. Estoy en paro.
5. Bueno, ¿te **llevo** una limonada?
   Sí, gracias.

Übung 33
Abajo están las respuestas de clientes y camareros en un restaurante. ¿Cuáles pueden ser las preguntas correspondientes? Formula las preguntas en la forma de *tú* y *usted*.
Unten stehen die Antworten von Kunden und Kellnern in einem Restaurant. Wie könnten die dazugehörigen Fragen lauten? Formulieren Sie die Fragen in der Du-Form und der Sie-Form.

tú	¿Qué te debo?	**tú**	Para beber, ¿qué deseas?	**tú**	¿Qué tienes?
usted	¿Qué le debo?	**usted**	Para beber, ¿qué desea?	**usted**	¿Qué tiene?
	* Son 25 euros.		* Una limonada, por favor.		* Flan o tiramisú.

Übung 34
¿Quién habla, el camarero o el cliente?
Wer spricht: die Bedienung oder der Gast?

1.a), 2.b), 3.b), 4.a), 5.b), 6.a)

Übung 35
Completa el diálogo usando las siguientes palabras y expresiones.
Vervollständigen Sie den Dialog mit folgenden Wörtern und Ausdrücken.

¿Y de segundo?	**sin gas**	**¡La cuenta, por favor!**
de primero	**lleva**	**a la plancha**
una limonada	**les traigo**	**para beber**
un poco de	**helado**	

* ¿Qué van a tomar?
* Yo, **de primero**, quiero arroz con sepia.
* ¿Qué **lleva** el arroz a la cubana?
* Arroz con salsa de tomate, huevo frito, cebolla, plátano frito y **un poco de** perejil.
* Para mí, un arroz a la cubana, por favor.
* Muy bien. **¿Y de segundo?**
* Para mí sardinas **a la plancha**, por favor.
* Yo tomaré tortilla de gambas.
* Y, **para beber**, ¿que desean?
* **Una limonada** para mí.
* Yo quiero agua **con gas**.
* Muy bien.
* **¿Les traigo** postre?
* ¿Tienen flan?
* No, lo siento. Hoy tenemos **helado**, yogur y fruta.
* Yo quiero un yogur.
* Yo, fruta.
* **¡La cuenta, por favor!**
* Enseguida.

Übung 36
Completa las dos columnas.
Vervollständigen Sie die beiden Spalten.

SUSTANTIVOS	ADJETIVOS
la fealdad *(die Hässlichkeit)*	feo/-a *(hässlich)*
la modernidad *(die Modernität)*	moderno/-a *(modern)*
el centro *(das Zentrum)*	céntrico/-a *(zentral)*
la historia *(die Geschichte)*	histórico/-a *(historisch)*
la tranquilidad *(die Ruhe)*	tranquilo/-a *(ruhig)*
la antigüedad *(das Alter, das Altertum)*	antiguo/-a *(alt)*

Übung 37
El barrio ideal – ¿qué número corresponde a qué letra?
Das perfekte Stadtviertel – Welche Nummer gehört zu welchem Buchstaben?

1E, 2D, 3F, 4H, 5I, 6B, 7A, 8G, 9C,

Übung 38
Completa esta conversación con la preposición adecuada:
a(l), *hasta*, *de(l)*, *por*, *en*.
Vervollständige diese Konversation mit der richtigen Präposition:
a(l), *hasta*, *de(l)*, *por*, *en*.

1. ¿Perdón, sabes si una iglesia está **por** aquí cerca?
   Sí, hay una **a** la derecha, al final **de la** carretera del litoral.

2. Mañana vamos a ver a mis abuelos.
   ¿No viven **en** la avenida?
   Sí, **a** la derecha de la plaza. Son 10 minutos **a** pie.

3. ¿Dónde hay un cajero automático, por favor?
   Creo que **en** la plaza hay uno.

4. ¿Vamos **en** coche?
   No, vamos **en** bicicleta, está **a** ocho minutos.

5. ¿Está muy lejos **de** aquí la farmacia?
   Sí, hay una **en** la avenida, pero debe seguir **hasta** el final.

Immer **wenn man sich mit etwas fortbewegt**, z. B., dem Auto, Motorrad etc., **kommt** die Präposition **en**, außer bei: ir **a pie** *(zu Fuß gehen)*, ir **a caballo** *(reiten)*, ir **andando** *(gehen)*

Übung 39
Completa las oraciones. Elige la respuesta correcta entre las 3 opciones dadas.
Vervollständigen Sie die Sätze. Finden Sie von den jeweils 3 vorgegebenen Optionen die richtige.

1.c) 2.a) 3.b) 4.a) 5.a) 6.c) 7.a) 8.a) 9.c) 10.a) 11.b) 12.c)

Übung 40
Completa las frases con las formas correctas de los verbos *ser/estar*.
Vervollständigen Sie die Sätze mit den korrekten Formen der Verben *ser/estar*.

1. Hola Carmen, ¿cómo **está** Pablo?
   No **está** curado, **está** hospitalizado.
2. ¿De dónde **son** estas mandarinas? **Son** de Málaga.
3. Aquella chica **es** quien me ayudó con mis deberes.
4. Tu sobrino **está** muy gordo.
   Lógico, **es** súper fuerte, como su madre.
5. ¿Has visto mis bolígrafos? No sé dónde **están.**
6. Markus y Mónica **son** alemanes.
7. ¿No **eres** demasiado mayor para ir en coche? No, tengo 60 años y **estoy** en plena forma.
8. ¿Y Juan? **Está** trabajando en el restaurante, ahora sale.
9. ¿A cuánto **están** hoy las patatas?
10. ¿Dónde trabaja Pedro Sánchez?
    En un bufete; **es** abogado.
11. Tomamos una botella de vino y dos hamburguesas.
    Pues, entonces, **son** 9 Euros.
12. Hoy Teresa **está** muy elegante.
13. ¿Dónde **es** la exposición? En el edificio que **está** a la izquierda de la iglesia.
14. La mesa **es** de plástico.
15. Ahora mismo **estamos** practicando español.
16. La casa **está** en mal estado.
17. **Soy** una persona con un buen carácter.
18. Mi jefe **está** dispuesto a subirme el sueldo.

Übung 41
Completa las frases con las formas correctas de los verbos *ser/estar*.
Vervollständigen Sie die Sätze mit den korrekten Formen der Verben *ser/estar*.

1. ¿Tú ya **estás** listo para ir a caballo?
   No. Me he peleado con mi mujer. **Estoy** negro con esta.
2. Roberto **es** muy orgulloso. Cree que es siempre el centro de atención.
3. Ana **es** muy cerrada. Con frecuencia se queda en casa.
4. Hoy me siento mal. No **estoy** católica.
5. Mi sobrino **es** muy listo, calcula muy rápidamente.
6. Ana **es** muy atenta; **es** muy amable con todos.
7. Pablo **está** muy cerrado; él no comprende nada.
8. ¿Has comido esta paella? **Está** malísima.
   ¿Ah, sí? Yo también la he comido y **está** muy rica.
9. Felipe siempre va presumiendo de que **es** verde, pero yo creo que aún **está** verde en el tema del papel ecológico.
10. Carmen y Paolo **están** muy orgullosos de las recientes negociaciones del convenio.
    Han tenido éxito.
11. Ana no **está** muy católica, tiene gripe.
12. Este hombre **es** malo. No tiene respeto a las mujeres.
13. Pablo **es** muy majo, pero desde hace dos semanas **está** muy antipático.
14. Ayer sufrí un accidente y mis padres **estuvieron** muy preocupados.
15. La paella de España **es** buenísima.
16. El niño de María **está** malo, tiene fiebre.
17. José **es** un hombre muy despierto. Tiene un premio Nobel.

Übung 42
Completa las frases siguientes con el presente de los verbos *ser* o *estar*.
Vervollständigen Sie folgende Sätze mit *ser* oder *estar* im Präsens.

1.   Mi caballo <u>es</u> muy rápido.
2.   No quiero estudiar hoy. <u>Estoy</u> vago.
3.   Sevilla <u>está</u> en el sur de España.
4.   ¿Dónde <u>están</u> mis gatos?
5.   Mi padre <u>es</u> abogado.
6.   ¿Quién <u>es</u> la mujer que <u>está</u> allí de pie?
7.   La habitación <u>está</u> muy sucia; mi nieta <u>es</u> una catástrofe.
8.   Pedro <u>es</u> español y hoy <u>está</u> muy guapo.
9.   Este <u>es</u> mi piso, pero <u>está</u> a 50 km de mi trabajo.

Übung 43
¿Qué número corresponde a qué letra?
Welche Nummer gehört zu welchem Buchstaben?

1d), 2b), 3a), 4c), 5e)

Übung 44
Completa usando *puedes* o *sabes*.
Vervollständigen Sie mit *puedes* oder *sabes*.

1. ¿**Sabes** esquiar?
   Sí, estas Navidades iremos todos a esquiar.
2. ¿**Puedes** esquiar?
   No, me he roto la pierna.
3. ¿No **puedes** cocinar una paella?
   No, lo siento. Estoy enfermo.
4. ¿**Sabes** cocinar una paella?
   Sí, ya he cocinado paella muchas veces.

Übung 45
Comenta con tu compañero: ¿Qué dirías en cada una de estas situaciones?
Besprechen Sie mit Ihrem Sitznachbarn: Was würden Sie jeweils in diesen Situationen
antworten?

1.   **Hace ocho días, le contaste a un amigo tuyo que quieres comprar una camiseta en una**
     tienda. Hoy tu amigo te llamo por teléfono:
     ¿Ya has comprado la camiseta?

2.   **No te gusta el musical "Cats". Te preguntan: ¿Ya has visto "Cats"? Si tú no tienes**
     pensado ir, ¿qué replicas?
     No, no lo he visto.

3.   **Esta tarde quieres visitar a tus padres y quieres hacer un pastel. Tu marido se ofrece**
     para ayudarte, pero no es necesario. ¿Qué le replicas?
     No, gracias. Ya lo he hecho.

4.   **Te gusta mucho la exposición "Van Gogh". En Amsterdam quieren saber de ti:**
     ¿Ya has visitado la exposición?
     Si quieres ir, ¿qué replicas?
     No, todavía no.

Übung 46
Completa las casillas con lo que Pedro ya ha hecho y con lo que todavía tiene pensado hacer.
Vervollständigen Sie die Tabelle mit den Aktivitäten, die Pedro schon gemacht hat, und damit, was er noch tun will.

Experiencias (Was wurde schon getan?)	Planes (Was wird noch getan?)
Ha llegado a Fuerteventura.	Va a ir a muchas excursiones.
Ha tomado mucho sol.	Va a ir al sur de la isla con jeeps.
Ha nadado en el Atlántico.	Va a ir a la "villa Winter" y a un faro.
	Va a ir en avión a Granada.

Übung 47
Completa la tabla con lo que Pedro ya ha hecho y con lo que tiene pensado hacer.
Vervollständigen Sie die Tabelle mit dem, was Pedro schon getan hat, und mit dem, was er noch tun will.

Experiencias (Was wurde schon getan?)	Planes (Was wird noch getan?)
Ha llegado a la Alhambra.	Va a comer en un restaurante.
Ha visto muchos árboles …	Va a ir a un bar muy famoso.
Ha gustado mucho los ornamentos árabes.	Va a ir en autobús a Sevilla.
Ha tenido una visita guiada.	Va a quedarse dos días más.
Ha bebido un cafe árabe.	Va a ver un espectáculo de flamenco.
Ha ido en coche de caballos por Sevilla	Va a ir a pie por Sevilla.
Ha visto muchos barrios de Sevilla.	Va a ir de tapas.

Übung 48
Completa estas frases con las terminaciones que faltan.
Ergänzen Sie die Sätze mit den fehlenden Endungen.

1. Mi falda es del año pasado. Tengo que comprar una nueva falda. ¿Qué te parece?
   ¿Ésta o ésta ?
   ¿La naranja? ¿En serio?
   Sí, me gusta mucho.
2. Todavía me pongo las sandalias del verano pasado. ¿Cuáles prefieres?
   ¿Éstas o éstas? No sé.
3. Para este invierno me voy a comprar un abrigo nuevo.
   ¿Qué abrigo prefieres? ¿Éste o éste?   Pues, no sé.
4. Los pantalones van bien con botas altas. ¿Cuáles prefieres? ¿Éstos o éstos?
5. ¿Qué es esto?
   Son unas gafas de sol.

- 263 -

Übung 49

Subraya la opción más adecuada. Unterstreichen Sie die angemessenste Option.

1. ¿Qué es **animal/<u>aquello</u>**?
   Creo que es un delfín.
2. Carmen dice que no te quiere.
   <u>Esa</u>/eso no me interesa para nada.
3. ¿Por qué no compraste **<u>esa</u> <u>flor</u>/ese**?
   Prefiero el girasol.
4. ¿Quieres naranjas?
   Sí, pero solo una; dame **<u>esa</u>/eso**.

5. ¿En su tiempo libre **ese <u>señor</u>/eso** se dedica a
   fotografiar pájaros?
   ¿Es verdad?
6. ¿En qué piensas?
   En **<u>aquella</u> <u>mujer</u>/aquello** que me visitó ayer.
7. ¿En qué piensas?
   En **aquella mujer/<u>aquello</u>** qué ocurrió ayer.
8. ¿**Ese/<u>Eso</u>** de la calva es Pablo?
   Sí, últimamente Pablo tiene un aspecto descuidado.

Bei Nr. 1 weiß nicht was es ist, deshalb aquello.
Bei Nr. 4 weiß ich, dass es eine Orange ist — *la naranja* ist feminin; daher geht nur **esa**.
Bei 6. und 7. ist es gestern (ayer) geschehen, somit *pretérito indefinido* (visitó, ocurrió),
siehe Lección 18.

Übung 50

Completa las frases con los pronombres o adjetivos demostrativos.
Vervollständigen Sie die Sätze mit den Demonstrativpronomen und -adjektiven.

Están AQUÍ (es ist nah)

<u>Wenn</u> <u>man</u> <u>weiß</u> <u>was</u> <u>es</u> <u>ist</u>.
1.a. ¿Qué es **esto**?
   Un girasol.
   ¿Y **esto**? ¡Qué raro!
   Una bellota.

<u>Wenn</u> <u>man</u> <u>nicht</u> <u>weiß</u> <u>was</u> <u>es</u> <u>ist</u>.
1.b. ¡Qué rico está **este** salmón y
   qué buenas están **estas** merluzas!
   ¡Estos langostinos están deliciosos
   y **este** vino es afrutado!

Están AHÍ (etwas weiter weg)

2. a. ¿Qué es **eso** que hay allí?
   Es una alfombra.
   ¿Qué es **eso** sobre la mesa?
   Es un libro.

2.b. Quiero comprar **ese** filete,
   esa chuleta, **esas** salchichas y
   esos salchichones.

Están ALLÍ (sehr weit weg)

3.a. Pues, ¿y **aquello**? No tengo ni idea
   de qué es lo que se ve al fondo de la calle.
   Es un llavero.
   ¿Y **aquello** al final del calle?
   Es una gallina.

3.b. Al fondo de la tienda me gustan
   aquella ropa, **aquellos** jerseys,
   aquellas faldas, y **aquel** abrigo.

Übung 51

En las siguientes oraciones, subraya la opción correcta de las palabras en negrita.
Wählen Sie die korrekte Option von den angeschwärzten Wörtern in folgenden Sätzen aus.

1. A nosotros nos **cuesta**/**cuestan** estudiar alemán.
2. Me **cuesta**/**cuestan** comprender las películas en español.
3. Para curar una inflamación de los ojos **va**/**van** muy bien las gotas para los ojos.
4. A Carmen le **cuesta**/**cuestan** las clases.
5. Para tener buena memoria **va**/**van** muy bien los crucigramas.
6. Para descansar **va**/**van** muy bien escuchar música.
7. Me **cuesta**/**cuestan** los tratamientos médicos.

Folgt nach **cuesta** oder **va** ein Verb im Infinitiv (Sätze 1, 2, 6), dann heißt es immer *cuesta* oder *va* im Singular, auch wenn nach dem Verb ein Substantiv im Plural folgt. Deswegen heißt es beim 2. Beispiel auch *me **cuesta***, denn danach folgt **comprender** (= Verb im Infinitiv) und anschließend steht erst das Substantiv im Plural *(las películas)*. Bei Satz 3, 4, 5 und 7 folgt auf **cuesta** und **va** kein Verb, sondern das Substantiv im Plural, daher lautet hier die korrekte Form *van* und *cuestan*.

Übung 52

Completa la conversación con la forma correcta de los verbos *parecer* y *parecerse*.
Vervollständigen Sie die Konversation mit den jeweils richtigen Formen der Verben *parecer* und *parecerse*.

1.   ¿Tú **te pareces** más a tu padre o a tu madre?
2.   Elvira y yo **nos parecemos** mucho.
3.   José **parece** un chico muy explosivo.
4.   Carmen **parece** muy simpática y amable.

Übung 53

Completa las casillas. ¿Cómo es cada persona descrita en el ejercicio anterior?
Füllen Sie folgende Tabelle aus. Wie ist jede Person in der vorherigen Übung beschrieben?

Beschreibung des Aussehens mit *soy, tengo, llevo*	Beschreibung des Charakters	Was mögen sie? z. B.: Hobbys?	Was möchten sie haben?
1) tiene 41 años, es rubio, lleva bigote, tiene los ojos marrones	1) comprensivo, sincero	1) hacer viajes	1) conocer a una mujer amable, pelirroja, delgada entre 30 y 38 años para una relación seria
2) una mujer algo mayor, tiene 55 años, es delgada, es morena, es muy deportista, tiene los ojos verdes, tiene el pelo largo	2) cariñosa, inteligente	2) hacer deporte	2) un hombre abierto, activo, guapo, con los ojos claros.
3) tiene 25 años, mide 1,90 y pesa 84 kilos, es moreno, tiene los ojos verdes	3) vanidoso	3) el culturismo, el boxeo	3) una chica delgada, rubia, deportista y guapa.
4) tiene 48 años, es morena, tiene los ojos azules	4) amante de los animales	4) los animales, cocinar paella	4) un hombre delgado, activo, divertido y con un buen carácter para una relación seria

Beschreibung des Aussehens mit soy, tengo, llevo	Beschreibung des Charakters	Was mögen sie? z. B.: Hobbys?	Was möchten sie haben?
5) tiene 40 años, es calvo, lleva perilla, lleva gafas	5) muy inteligente, amar a los animales	5) la jardinería, la naturaleza, los animales	5) una mujer de más de 35 años, simpática, inteligente, guapa

delgado/-a *(schlank)*; **el bigote** *(der Schnurrbart)*; **pelirrojo/-a** *(rotes Haar)*; **calvo/-a** *(kahlköpfig)*; **la perilla** *(der Spitzbart)*; **ojos claros** *(blaue und grüne Augen)*; **ojos marrones** *(braune Augen)*

Übung 54
Coloca en el cuadro las siguientes palabras y expresiones.
Übertragen Sie in die Tabelle folgenden Wörter und Ausdrücke.

SER	TENER	LLEVAR
gordo/-a	los ojos oscuros	una barba
simpático/-a	el bigote	una falda
calvo/-a	una barba	una camisa azul
pelirrojo/-a	el pelo liso	el bigote

Übung 55
¿Llevar o llevarse? Completa las frases.
¿Llevar oder llevarse? Vervollständigen Sie die Sätze.

1.a) 2.b) 3.a) 4.b) 5.a)

Übung 56
Forma conexiones posibles con los elementos de las dos columnas.
Puede haber varias posibilidades.
Bilden Sie mögliche Verbindungen mit den Elementen der beiden Spalten;
es kann mehrere Verbindungen geben.

1. a, b, e, f, g, h   2. a, g   3. e, h   4. l   5. c, m   6. j, k   7. d, i

Übung 57
Relaciona lo que forma una unidad de sentido.
Verbinden Sie was zusammengehört.

1.e)   un paquete de azúcar
2.a)   una caja del pralines
3.i)   una barra de pan
4.b)   un trozo de Camembert
5.c)   un cartón de zumo (**LatAm** jugo) de naranja
6.d)   una bolsa de compras
7.f)   una lata de espárragos
8.g)   una docena de huevos
9.h)   una botella de leche

Übung 58
Relaciona las preguntas con las repuestas. Verbinden Sie die Fragen mit den Antworten.

1.e) 2.f) 3.g) 4.h) 5.c) 6.b) 7.d) 8.a)

Übung 59
Completa las frases con las siguientes preposiciones: *a*, *con* y *de*.
Vervollständigen Sie die Sätze mit den folgenden Präpositionen: *a*, *con* und *de*.

1. De postre quiero yogur griego **con** miel.
2. Me encanta la merluza **a** la plancha.
3. Me gusta mucho el pollo asado **con** patatas.
4. ¿Te gusta el té **con** leche o **con** limón?
5. ¿Me puede traer agua **con** gas fría?
6. ¿El salmón va **con** tallarines?
7. ¿Tenéis un zumo (*LatAm* jugo) **de** limón?

Übung 60
Relaciona estas comidas con un adjetivo. Verbinden Sie diese Gerichte mit einem Adjektiv.

El flan — dulce; el estofado a la húngara — picante; el asado de cerdo — pesado; la sopa de verduras — ligera; la sepia cocida sin sal — sosa; el jamón serrano — salado.

Übung 61
Completa los diálogos. Vervollständigen Sie die Dialoge.

soso/-a   dulce   picante   salado/-a

1. Quiero comer dos tabletas de chocolate con leche.
   Pues, para mí, el chocolate con leche es demasiado **dulce**.

2. ¿Quieres un trozo de jamón serrano?
   Hm, solo si no está demasiado **salado**.

3. ¿Me gusta mucho la comida húngara.
   ¿De verdad? Creo que es un poco **picante**, ¿no?

4. Lo siento, creo que la merluza está un poco **sosa**.
   No pasa nada; me gusta sólo con un poco de sal.

Übung 62
Completa estas oraciones con un pronombre de objeto directo (lo, la, los, las).
Vervollständigen Sie diese Sätze mit einem direkten Objektpronomen (lo, la, los, las).

1. He comprado 1 kg de zanahorias.
   Perfecto, **las** metes en el cajón de la verdura ahora mismo.

2. ¿Has pelado los pepinos?
   Sí, y **los** he cortado en rodajas también.

3. Para mi gusto el flan está muy dulce.
   Pues, **lo** he comprado en el supermercado.

4. Esta crema catalana sabe muy bien.
   Gracias, **la** he preparado por primera vez.

Übung 63
Completa estas conversaciones con las siguientes expresiones.
Vervollständigen Sie diese Konversationen mit folgenden Ausdrücken.

1. **el de**   **el que**   **el**

* ¿Cuál es el perro de su padre?
• No lo sé. ¿**El de** piel blanca?
• No, creo que es **el que** ladra siempre.
• Ah, sí, me acuerdo, **el** agitado. Ese es un perro de caza.

2. **los de**   **los que**   **los**

• ¿Quiénes son esos? ¿Esos son los nietos de Pedro?
• No, esos son **los de** mis abuelos. Los nietos de Pedro son **los que** están cerca de mi tía.
• ¿Ah, **los** pelirrojos?
• Sí.

3. **la que**   **la del**   **la**

• Esa chica alta de rojo, ¿es tu hija?
• ¿**La que** está detrás de Miguel?
• No, esa es una colega.
• ¿**La** casada? ¿**La del** abrigo blanco?
  Sí, es guapísima

Übung 64
¿Con qué palabras puedes relacionar cada uno de estos tres verbos?
Anota el número delante de las expresiones siguientes.
Mit welchen Wörtern können Sie jedes dieser drei Verben in Verbindung bringen?
Notieren Sie die Nummer vor den folgenden Ausdrücken.

1 tener	2 ir	3 tener que
2 a caballo	3 tomar mucha agua sin gas durante todo el día	
3 pagar las tasas académicas	2 en tren	
1 un novio	1 hambre	
2 en avión	1 miedo a un perro negro	
3 terminar la carrera	2 de viaje	

Übung 65
Completa los siguientes diálogos con las formas adecuadas de *tener* o *tener que*.
Vervollständigen Sie die nachfolgenden Dialoge mit der richtigen Form von *tener* oder *tener que*.

Hace buen tiempo, pero llévate el paraguas por si acaso.
Pero no (yo) **tengo** un paraguas.

Estoy bajo el dominio de mi suegra. Es una persona muy autoritaria. Yo creo que **tengo que** hablar con mi marido respecto a su madre.

(Nos) **Tenemos** suerte, allí hay un sitio para aparcar.
¡Menos mal! (Yo) **Tengo que** irme de prisa.

He suspendido una reunión en mi empresa. No (yo) **tengo** ganas de hacer negocios con una gran empresa multinacional.

(Vosotros) **Tenéis que** competir con la industria química.

Me lo pensaré.

Übung 66
¿Cómo le pedirías estas cosas a un compañero de clase?
Clasifícalas en la columna correspondiente.
Wie werden Sie einen Klassenkameraden um diese Dinge bitten?
Klassifizieren Sie diese in die richtige Kolumne.

¿ME DEJAS ...?	¿ME DAS ...?
las tijeras	un osito de goma
el cepillo de pelo	tu correo eletrónico
un libro	un vaso de zumo (*LatAm* jugo) de naranja
el coche	el papel higiénico
la bicicleta	el pañal

Übung 67
Completa con *por* o *para*.
Vervollständigen Sie mit *por* oder *para*.

Beispiel: Voy a Madrid para ver a mi pareja.

1. Nos perdimos ...... un bosque y tardamos cuatro horas en encontrar el sendero.
2. Bueno, aquí están las galletas. Nos tocan cuatro .... persona.
3. Encontrar este piso fue una suerte. Lo compramos .... la mitad de lo que vale ahora.
4. Pedro afirmó rotundamente que ha dejado el trabajo .... su pareja, pero yo creo que lo ha hecho ..... él, solo ...... él.
5. ¿......... quién son estos regalos?
6. Queremos hablar con la directora .... ver qué nos dice.
7. Oye, no iremos a la playa .... aquella carretera que tiene tantas curvas, ¿verdad?
8. Vale, perfecto, ¿por qué no me lo envías ...... fax?
9. ¿Puedes firmar tú .... mí? Es que me duele muchísimo el dedo y no puedo escribir.
10. El documento va a tardar un poquito, pero llegará a tiempo .... la tarde.
11. Señoras y señores, les estoy muy agradecida .... este homenaje.

1. *Por*, weil wir uns irgendwo im Wald verlaufen hatten.
2. *Por*, weil es eine Verteilung ist, jeder einzelne bekommt vier Kekse.
3. *Por*, weil es ein Kauf ist.
4. *Por*, weil es wegen seiner Freundin macht — die Ursache.
5. *Para*, bei der Frage (quién) geht es darum, ob etwas für eine Person bestimmt ist.
6. *Para*, weil es um eine **Finalidad** geht.
7. *Por*, weil es sich um eine ungefähre Richtungsangabe handelt.
8. *Por*, weil es sich um ein Medium der Kommunikation handelt (= Fax).
9. *Por*, weil es darum geht, dass jemand etwas für eine andere Person tut — Ursache.
10. *Por*, weil kein exakter Zeitpunkt angegeben ist.
11. *Por*, weil nach gracias immer por kommt (= agradecida).

el bosque *(der Wald)*; **tardar** *(brauchen, dauern)*; **encontrar** *(finden)*; **el sendero** *(der Pfad)*; **las galletas** *(die Kekse)*; **nos tocan** *(wir bekommen)*; **encontrar** *(finden)*; **la mitad** *(die Hälfte)*; **afirmar rotundamente** *(ganz klar sagen)*; **un regalo** *(ein Geschenk)*; **la carretera** *(die Landstraße, die Schnellstraße)*; **la curva** *(die Kurve)*; **firmar** *(unterzeichnen)*; **el dedo** *(der Finger)*; **va a tardar un poquito** *(es wird noch eine Weile dauern)*; **llegará a tiempo** *(wird rechtzeitig hier sein)*; **agradecida** *(dankbar)*

Übung 68
Relaciona con la interpretación más adecuada.
Verbinden Sie mit der angemessensten Erklärung.

1.   Hemos visto el cuadro para la puerta de cristal …
a)   Han visto el cuadro hecho como decoración para una puerta.
1.a) Lokalisation.

2.   Hemos visto el cuadro por la puerta de cristal …
b)   Han visto el cuadro detrás de la puerta de cristal.
2. b) Man hat das Gemälde <u>durch</u> die Glastüre gesehen.

3.   Vamos a caballo por el bosque …
d)   Estamos cabalgando dentro del bosque.
3.d) Sie reiten <u>durch</u> den Wald.

4.   Vamos a caballo para el bosque …
c)   El bosque es el destino final adónde quieren llegar.
4.c) <u>Das Ziel</u> ist der Wald.

5.   He pintado un cuadro para mis padres …
f)   El cuadro es un regalo.
5.f) Das Gemälde <u>ist ein Geschenk</u> für die Eltern.

6.   He pintado un cuadro por mis padres …
e)   Porque ellos me lo han pedido.
6.e) Die Eltern sind <u>der Grund</u> für das Bild, sie haben ihn darum gebeten.

7.   Han recogido el girasol para la ventana …
g)   Quieren poner el girasol en el alféizar.
7.g) Die Blume ist <u>auf der Fensterbank</u>.

8.   Han recogido el girasol por la ventana …
h)   El girasol ha entrado a través de la ventana.
8.h) Die Blume wurde <u>durch</u> das Fenster hindurchgereicht.

9. Escuchamos las noticias para el móvil …
j.)   Tenemos que comprar un móvil.
9.j) Das Handy ist das Ziel, sie müssen eines kaufen.

10.   Escuchamos las noticias por el móvil …
i.)   Para entenderlas bien ponemos el móvil un poco alto.
10.i) Sie hören die Nachrichten <u>durch</u> das Handy.

Übung 69
Este texto ha sido completado con *por* y *para*. Revísalo y descubre los errores.
Dieser Text wurde mit *por* oder *para* abgeschlossen. Überprüfen Sie ihn und finden Sie die Fehler.

1.

Soy Mustafa. Yo vine a Marruecos **para** estudiar en una universidad. Vine para (1) ...... pasar los exámenes, pero por (2) .... problemas con un estudiante, no pude aprender bien. Vivo en una pensión que está por (3) .... la salida del Esmeraldo. Anteayer, quería visitar a mi tío en Sevilla, pero por (4) .... mis deberes me he quedado aquí. En breve, no creo que sea posible ir a Sevilla para (5) .... visitar a mi familia.

2.

Llegué a esta ciudad para (6) .... mi tío. Mi tío quiso ampliar su taller para (7) .... mí. Vivo en su piso. Mi tío compró su taller para (8) .... 200.000 euros. Mi familia es muy importante por (9) .... mí. Por (10) .... la mañana escuché las noticias por (11) .... la radio y para (12) .... la tarde fui a comer. Mi tío compraba el periódico todos los días y se enteró de la visita de la cantante peruana por (13) .... este espectáculo; por ello, mi tío me mandó esta noticia por (14)....... fax.

3.

No sé por (15) ...... qué estás furioso con mi hijo Pedro. Es un niño muy amable. Ayer dieron un paseo por (16) .... el bosque y, de improviso, me enteré para (17) .... mi marido de tus problemas con Pedro. Fuimos por (18) .... casa y cenamos con mi madre para (19) .... discutir a fondo el asunto. Le he dicho sin rodeos lo que pienso de ti y que no sé por (20) .... qué tratas así a mi hijo. ¿Qué significa esto? No quiero que esto acabe en una riña; en el fondo, ¿para (21) .... qué sirve? Para (22) ....este inútil enfrentamiento, el otro día tu pareja incluso me empezó a insultar.

4.

Anteayer por (23) .... la mañana estuve por (24) .... la galería comercial, compré un pañuelo por (25) ...... mi hija. Un pañuelo hermoso, lo compré para (26) .... 10 euros. Cuando salí de la galería comercial para (27) .... llevar el pañuelo a mi casa, me encontré a mis vecinos y charlamos de la contaminación del medio ambiente. Después, para (28) .... la tarde, limpié mi casa. Mi hija tenía que guardar cama para (29) .... la gripe. Salí para (30) .... comprar medicamentos porque nuestro médico no tiene consulta hoy.

1.

(1) para pasar; vor pasar kommt immer para = *um zu bestehen*; hier geht es um den Zweck.
(2) por problemas con un estudiante = *aufgrund von Probleme mit einem Studenten*
                                     = hier geht es um die Ursache.
(3) por la salida = *por* weil er *durch den Eingang* geht.
(4) por mis deberes = *wegen meiner Hausaufgaben* = der Grund, die Ursache.
(5) para visitar = *um zu besuchen* = der Zweck.

2.

(6) por mi tío = *wegen meines Onkels* = der Grund, die Ursache.
(7) para mí = etwas ist *für mich* bestimmt.
(8) por 200.000 Euro = Austausch (intercambio).
(9) para mí = das Ziel.
(10) por la mañana = immer *por*.
(11) por la radio = *im Radio*: Medium — Kommunikationsmittel.
(12) por la tarde = immer *por*.
(13) por este espectáculo = *diese Veranstaltung* ist der Grund.

(14) por fax = Medium — Kommunikationsmittel.

3.

(15) por qué estas furioso = *warum du wütend bist* = der Grund, die Ursache.
(16) por el bosque = man weiß nur die Gegend, nicht das genaue Ziel.
(17) por mi marido = Medium — *durch ihren Mann* hat sie das erfahren.
(18) Fuimos para casa = die Richtung; man hätte ebenso **Fuimos a casa** sagen können.
(19) para discutir = das Ziel hier ist *die Diskussion*.
(20) por qué = *warum?* = der Grund, die Ursache.
(21) para qué sirve = *wozu dient es?* = der Zweck, die Funktion.
(22) por este inútil enfrentamiento = *aufgrund dieser unnötigen Auseinandersetzung*
= der Grund, die Ursache.

4.

(23) por la mañana = immer *por*.
(24) por la galería comercial = Einkaufspassage, im Allgemeinen, kein genauer Bestimmungspunkt
(25) para mi hija = es ist etwas *für meine Tochter* bestimmt.
(26) por 10 euros = ein Austausch *(intercambio)*; immer, wenn man was kauft.
(27) para llevar el pañuelo a mi casa = der Zweck = *den Schal nach Hause bringen.*
(28) por la tarde = immer *por*.
(29) por la gripe = *die Grippe* ist der Grund, die Ursache.
(30) salí para comprar medicamentos = *ich ging raus, um Medikamente zu kaufen.*
= der Zweck, *(finalidad)*.

Übung 70
Completa el siguiente texto con los verbos conjugados en pretérito indefinido.
Vervollständige den folgenden Text mit den konjugierten Verben im *pretérito indefinido*.

(1) recibí; (2) fui; (3) fue; (4) continué; (5) ayudaron; (6) Viví; (7) habité; (8) acostumbré;
(9) estuvieron; (10) tuve; (11) salimos; (12) visitamos; (13) estuvimos; (14) salieron;
(15) aplaudieron; (16) me gustaron; (17) vimos; (18) me encantó.

Übung 71
Completa conjugando en pretérito indefinido con los verbos que se presentan.
Vervollständigen Sie mit den vorgegebenen Verben im *pretérito indefinido*.

nacer	empezar	aprender
(geboren werden)	*(anfangen)*	*(lernen)*

irse	sentirse
(weggehen)	*(sich fühlen)*

Nació en Inglaterra en 1921, pero poco después **se fue** a vivir a España con su tía. Desde muy pronto **se sintió** atraída por la cultura española **aprendió** sus comidas y el flamenco, su lenguaje, y **empezó** a parecerse a los españoles.

empezar	hacerse	apartarse
(anfangen)	*(werden)*	*(sich zurückziehen)*

mantener	tener
(halten)	*(haben)*

Empezó a hacer comedia en los años 30, pero **se hizo** célebre sólo entre los años 40 y 60. En estos años **mantuvo** una relación amistosa con el actor José López. En los años 65, la actriz **tuvo** dificultades de salud y por ese motivo **se apartó** de mundo del espectáculo.

colaborar	hacer	publicarse	morir	regresar
(mitarbeiten)	*(tun)*	*(veröffentlichen)*	*(sterben)*	*(zurückkehren)*

Carmen **regresó** en un espectáculo mediático gracias a su amistad con Bigas Luna, director de cine español. **Colaboró** en las direcciones de las películas *Bilbao* y *Lola* trémula e **hizo** una breve actuación en *Bambola*. En 2012 **se publicó** su biografía y **murió** en abril de 2013.

Übung 72
Completa las frases conjugando en pretérito indefinido con los verbos que se presentan.
Vervollständigen Sie die Sätze mit den vorgegebenen Verben im *pretérito indefinido*.

I.
(1)(Nacer) **Nació** en Sevilla, España, en 1876 y (2)(viajar) **viajó** a Francia, donde (3)(aprender) **aprendió** la técnica vocal. A los 21 años (4)(casarse) **se casó** con Paula Blanca. (5)(Ingresar) **Ingresó** en la banda "Mosquito," con la que (6)(producir) **produjo** muchas canciones. A partir de 1920 (7)(sufrir) **sufrió** varias dificultades que (8)(influir) **influyeron** en su música. Entonces (9)(comenzar) **comenzó** a hacer deporte. (10)(morir) **Murió** en 1940, en Málaga.

II.
(1)(Nacer) **Nació** en Argentina, en 1917. Su madre (2)(ser) **fue** escritora y su tía (3)(ser) **fue** escritora y también (4)(tocar) **tocó** el violín. En 1940 (5)(casarse) **se casó** y, después, (6)(tener) **tuvo** tres niños. En 1995, (7)(abandonar) **abandonó** Argentina a causa del golpe militar y (8)(exiliarse) **se exilió** en España. En 1992 (9)(morir) **murió** su tía Carmen, lo que le (10)(llevar) **llevó** a escribir un guión sobre ella. En 1984 (11)(recibir) **recibió** el premio Nobel y en 1985 ya era la autora de muchos súper ventas. En 1981 (12)(publicarse) **se publicó** su libro más famoso: Mis gatos.

III.
(1)(Nacer) **Nació** en Cádiz en 1900. En 1918 (2)(trasladarse) **se trasladó** a Sevilla, donde (3)(ingresar) **ingresó** en una universidad. En 1922 (4)(ir) **fue** a Montpellier, donde (5)(organizar) **organizó** un espectáculo. Tres años después (6)(volver) **volvió** a vivir en Montpellier, donde (7)(conocer) **conoció** a Paulina. Después, (8)(pintar) **pintó** su primer cuadro. En 1956 (9)(empezar) **empezó** a viajar, pero (10)(volver) **volvió** de nuevo a Montpellier, donde (11)(pintar) **pintó** otro cuadro famoso. (12)(Casarse) **Se casó** tres veces y (13)(tener) **tuvo** dos hijas. En 1965 (14)(instalarse) **se instaló** en París y, poco después, (15)(pintar) **pintó** el tercer cuadro. (16)(Morir) **Murió** en 1983 en París.

IV.
(1)(Nacer) **Nació** en Málaga en 1930. (2)(Estudiar) **Estudió** el oficio de actor y (3)(licenciarse) **se licenció** en una escuela de arte dramático. En 1950 (4)(comenzar) **comenzó** a trabajar en un teatro. Su éxito como actriz (5)(llegar) **llegó** en 1976 con la película *El cuadro de mis amigos*, que (6)(obtener) **obtuvo** el Premio Cinematográfico y (7)(convertirse) **se convirtió** en un éxito mundial. En 1986 ya (8)(ser) **fue** una actriz famosa. En 1982 (9)(conseguir) **consiguió** un premio por la película *La Cetrería*. En 1996 *Las Armas* (10)(obtener) **obtuvo** un premio también. (11)(Morir) **Murió** en 1987 en Barcelona.

Übung 73
Completa las frases con la forma del pretérito indefinido que corresponda.
Vervollständigen Sie die Sätze mit der richtigen Form des *pretérito indefinido*.

1. En su época, la emperatriz Sisi (ella, ser) **fue** famosa por su belleza.
2. Los inmigrantes (ellos, poblar) **poblaron** primero las costas.
3. La Segunda Guerra Mundial (ella, empezar) **empezó** en 1939 y (ella, acabar) **acabó** en 1945.
4. España (ella, vivir) **vivió** una guerra civil.
5. En la Guerra Civil de España, muchos (ellos, luchar) **lucharon** contra el fascismo.
6. Los colonos blancos (ellos, torturar) **torturaron** a muchos indios.
7. Mis abuelos (ellos, meter) **metieron** un montón de dinero en su empresa.
8. Podías montar a caballo muy bien, pero nunca (tú, poder) **pudiste** más después del accidente.
9. Me (ella, salvar) **salvó** la vida.
10. En 1980 (yo, encontrar) **encontré** esas muñecas y me acostaba con ellas en la cama temprano, pero (yo, dormir) **dormí** siempre profundamente.
11. El sábado pasado, después del veterinario, mi gato (él, vomitar) **vomitó.**
12. En 2002 (vosotros, interpretar) **interpretasteis** la obra de teatro *Hamlet*.
13. Hace seis meses (vosotros, superar) **superasteis** una crisis.
14. Carmen (ella, saber) **supo** de todo, incluido la gramática.
15. Después de la reunión no (ellos, decir) **dijeron** nada más.
16. Después de haber hecho una cura, no (ellos, poder) **pudieron** trabajar nunca más.
17. Mi marido me (él, mentir) **mintió** y (yo, sentirse) **me sentí** fatal.
18. Mis padres (ellos, morir) **murieron** como consecuencia del accidente.
19. Ayer en la fiesta, (tú, mentir) **mentiste** en varios momentos.
20. Los maestros (distribuir) **distribuyeron** a los alumnos en grupos.
21. La opinión pública no (ella, influir) **influyó** para nada en la decisión del gobierno.
22. Los griegos (ellos, tener) **tuvieron** la primera democracia y esa nación (él, construir) **construyó** la Acrópolis.
23. Juan y yo (nosotros, elegir) **elegimos** el perro con la piel blanco, porque (nosotros, preferir) **preferimos** colores claros.
24. Pedro y yo (nosotros, fantasear) **fantaseamos** sobre un mundo sin guerras.
25. Ayer, (yo, llorar) **lloré** de tanto reírme de tus tonterías.

Übung 74
Subraya la opción correcta.
Unterstreichen Sie die richtige Option.

- Lo que **ha hecho**/hizo este jugador últimamente no **ha sido**/fue juego limpio.
- Pero hace un año este jugador ha sido/**fue** la estrella del equipo de fútbol.

- Nunca **he jugado**/jugué al golf.
- ¿Es verdad? A mi hija le encanta el golf. Le **he regalado**/regalé palos de golf este mes por su cumpleaños.

- Me **han llamado**/llamaron para una entrevista de trabajo.
- Para esa posición vacante se **han presentado**/presentaron 50 personas.

- Hace 15 años Carmen ha estudiado/**estudió** mucho sobre su especialidad.
- Carmen ha tenido/**tuvo** diez años de experiencia profesional.

Übung 75
Busca el error.
Finden Sie den Fehler.

1.
- Ayer mi madre se ~~ha vuelto~~ volvió loca. Tengo miedo.
  (Falsch, <u>ayer</u> = *pretérito indefinido* = volvió.)

- ¿Hasta ahora no has llamado al médico? (Richtig, <u>Hasta</u> <u>ahora</u> = *pretérito perfecto*.)

2.
- Nunca ~~estuve~~ he estado en el desierto de Arizona.
  (Falsch, <u>nunca</u> = *pretérito perfecto* = he estado.)

- Hace un año ~~he viajado~~ viajé al desierto de Arizona. Fue maravilloso.
  (Falsch, <u>hace un año</u> = *pretérito indefinido* = viajé; <u>Fue</u> = richtig = *pretérito indefinido*.)

3.
- ¡Hola Jose! ~~Monté~~ He montado a caballo. Me encanta. (Hier steht keine genaue Zeitangabe; der Moment, in dem dieses Ereignis in der Vergangenheit stattfand, ist nicht wichtig, somit *pretérito perfecto* = He montado.)

- ¿Es verdad? Ayer ~~he montado~~ monté a caballo también.
  (Falsch, <u>ayer</u> = *pretérito indefinido* = monté.)

4.
- En 2008 España envió a 18 competidores y la victoria del nadador español fue una sorpresa.
  (Alles richtig; <u>en</u> <u>2008</u> ist eine genaue Zeitangabe, somit *pretérito indefinido*.)

5.
- Hemos hecho muchas veces excursiones maravillosas por esa montaña.
  (Alles richtig; es gibt keine Spezifikation der Zeit, <u>muchas</u> <u>veces</u> = oft = *pretérito perfecto*.)

- Pues nunca he estado ahí. (Richtig; <u>nunca</u> = *pretérito perfecto*.)

Übung 76
Completa las frases con los verbos en el tiempo del pasado apropiado
(pretérito perfecto o pretérito indefinido).
Vervollständigen Sie die Sätze mit den Verben in der jeweils richtigen Zeit
*(**pretérito perfecto** oder **pretérito indefinido**)*.

1. Ayer (yo, comer) **comí** una pera.
2. También (yo, comprar) **he comprado** un nuevo colchón; tu espalda te lo agradecerá.
3. Últimamente (nosotros, ir) **hemos ido** en avión a Madrid muchas veces.
4. Cristóbal Colón (él, cruzar) **cruzó** el Océano Atlántico con un barco.
5. En 1939 Franco (él, asumir) **asumió** el poder en España.
6. El invierno pasado se le (él, congelar) **congeló** un dedo.
7. Siempre (yo, tomar) **he tomado** la palabra en las reuniones del personal de la empresa.
8. Ayer (yo, descubrir) **descubrí** un secreto de mi marido.
9. La pieza de música la (nosotros, grabar) **hemos grabado** muchas veces.
10. Nunca (yo, romper) **he roto** una ventana.
11. La semana pasada (vosotros, cantar) **cantasteis** en la calle.
12. Los indios (ellos, luchar) **lucharon** encarnizadamente contra los blancos.
13. Muchos países (ellos, traficar) **han traficado** con armas.

14. Nunca (yo, forzar) **he forzado** un coche.

15. Esta vez (tú, comer) **has comido** con moderación.

16. En agosto (yo, echar) **eché** a mi marido de casa.

17. Ayer el jugador (él, meter) **metió** un gol.

18. A mí nadie me (él, regalar) **ha regalado** nada en esta vida.

19. Aún les (ellos, ayudar) **han ayudado** a los refugiados a atravesar ilegalmente la frontera.

20. Nunca (yo, tocar) **he tocado** la flauta.

Übung 77
¿De qué están hablando? Tome la opción más probable.
Von wem spricht man? Nehmen Sie die wahrscheinlichste Option.

1. Alguien ha encerrado a Maria Stuart. b) Maria Stuart es mi perra.
1 b) Da diese Aktion gerade im Moment/mit Bezug zur Gegenwart stattfindet.

2. Ese asunto mostró muy poco potencial. b) En 2005.
2 b) ist von der Zeit her weiter entfernt und abgeschlossen = *pretérito indefinido*;

3. Le ha tocado la lotería. b) Esta semana.
3 b) Da dieser Gewinn gerade im Moment/mit Bezug zur Gegenwart stattgefunden hat.

4. Fue una boda bonita. b) Hace dos años.
4 b) ist von der Zeit her weiter entfernt und abgeschlossen = *pretérito indefinido*;.

5. Ha sido terrible para África. a) Muchos niños mueren de hambre.
5 a) Es ist andauernd, deswegen *pretérito perfecto*.

6. Fue una transformación para todo del mundo. a) La invención del avión.
6 a) ist von der Zeit her weiter entfernt und abgeschlossen = *pretérito indefinido*;
    in b) wird eine Ära angegeben, die noch anhält, also Bezug zur Gegenwart hat.

Übung 78
Subraya la forma más adecuada en cada contexto.
Unterstreichen Sie die angemessene Form im jeweiligen Kontext.

1. Estos niños cantan como los ángeles. Hace tres años han empezado/**empezaron** a cantar.
   Pero últimamente uno de ellos **ha dejado**/dejó de cantar en el coro.

2. Dicen que *la Biblia* y *Don Quijote* son los dos libros más vendidos de la historia. Nunca
   he leído/leí *la Biblia*.
   Últimamente **he pensado**/pensé en comprar *Don Quijote*.

3. Cuando estoy en la fiesta de la empresa hay mucha palabrería durante toda la noche.
   Este año no fui/**he ido** a la fiesta.
   ¿Por qué no? Me encanta. Siempre **he bebido**/bebí mucho en la fiesta de la empresa.

4. ¿Qué tal si damos un paseo por el pinar? Últimamente **has tenido**/tuviste mucho estrés.
   Lo siento, no puedo. Ayer me he torcido/**torcí** el pie.

Übung 79

Completa estas frases conjugando los verbos en pretérito perfecto o en pretérito indefinido. Fíjate en los marcadores temporales.

Vervollständigen Sie die Sätze mit den Verben im *pretérito perfecto* oder *pretérito indefinido*. Achten Sie dabei auf die Signalwörter.

1.

Últimamente nuestro pueblo (cambiar) **ha cambiado** totalmente de aspecto.

¿Hace un mes (construirse) **se construyó** una nueva iglesia?

Sí, sí, la semana pasada (abrir) **abrieron** también un parque muy grande en el centro del pueblo.

2.

Los Vampiros es una película de siete horas de duración. Nunca (ver) **he visto** esa película. Siempre me (gustar) **han gustado** los vampiros, pero esta película es increíblemente espeluznante.

3.

Ayer (ver) **vi** volar un papagayo cerca de mi casa, pero mis hijos no lo (ver) **vieron**.

¿Es verdad? Me han dicho que todavía hoy por la mañana una bandada del papagayos (hacer) **ha hecho** un alto en el parque.

4.

Ayer, ¿a qué hora (comenzar) **comenzó** la comedia?

Pues creo que (ser) **fue** muy tarde. No me acuerdo.

5.

Mi marido siempre (beber) **ha bebido** tres cervezas todas las noches. No me gusta mucho.

Da igual. Nunca me (excitar) **he excitado** porque mi novio beba un poco de alcohol.

Lo peor es que la semana pasada mi marido (empezar) **empezó** a cantar mientras veía la televisión.

6.

Ayer (ser) **fui** despedido.

¿Qué (pasar) **ha pasado**?

Ayer ellos (afirmar) **afirmaron** rotundamente que desde hace tiempo (yo, hurtar) **he hurtado** dinero de la casa. Mentiras y engaños.

7.

¿Hace diez años tú (vivir) **viviste** en Sevilla durante algún tiempo? ¿Qué te (parecer) **pareció** la ciudad?

¡Me (encantar) **encantó**!

Übung 80

Subraya la mejor opción en cada caso. Heben Sie in jedem Fall die beste Lösung hervor.

1. Cada vez que veía a Pedro **estaba** muy gordo.
    Pretérito imperfecto, da eine Beschreibung der Person gegeben wird.
2. Cuando conocí a Carlos, **llevaba** bigote.
    Pretérito imperfecto, da ein Schnurrbart zur Beschreibung der Person gehört.
3. En el entierro de mi abuela me **sentí** fatal.
    Bei der Beerdigung — genauer Zeitpunkt ist *pretérito indefinido*.
4. Recibí una botella de champaña y el día de mi boda la **abrí** para tomarla con mi marido.
    Pretérito indefinido, da Bezug auf die Hochzeit = genaues Datum.
5. María tenía un chalet grande, pero **estaba** un poco deteriorado, así que lo **renovó**.
    Beschreibung des Hauses (es ist beschädigt) ist *pretérito imperfecto*, bis es eine Renovierung erhält — dann kommt *das pretérito indefinido*. Dies ist das Ende des schlechten Zustandes des Hauses.
6. De vez en cuando **iba** al restaurante "Dos Caballos". Me encanta la paella.
    Gewohnheitsmäßige Handlung ist *pretérito imperfecto*.

7. José **cantaba** muchos cánticos, pero un día **tuvo** un accidente y **tuvo** que dejar de cantar.
    Er hat immer gesungen ist *pretérito imperfecto*, aber dann passierte etwas, das ist das Ende.

Übung 81
Corrige los errores en los tiempos verbales del pasado si es necesario.
Verbessern Sie die Fehler in den Vergangenheitszeiten, wenn es nötig ist.

1. El día anterior no cantamos porque no teníamos ganas de cantar.
    Alles richtig, da nach <u>porque</u> *ein Grund angegeben wird = pretérito imperfecto.*
2. Este día no he comido porque no tenía tiempo.
    <u>Tenía</u> *= pretérito imperfecto (anstelle von* <u>tuve</u>*), da nach* <u>porque</u> *ein Grund angegeben wird.*
3. Mi tía conoció un nuevo compañero de trabajo que era de Chile, y tres meses después, se casaron.
    <u>Era</u> *= pretérito imperfecto (anstelle von* <u>fue</u>*), da hier eine Beschreibung der Nationalität gegeben wird.*
4. Hace tres años los extremistas cometieron un atentado con bombas en Barcelona.
    Los reportajes de televisión eran horribles.
    Hier ist alles richtig, da <u>los</u> <u>reportajes</u> <u>de</u> <u>televisión</u> <u>eran</u> <u>horribles</u> *eine Beschreibung wiedergibt.*
5. Nunca lo he visto.
    Hier ist alles richtig, <u>nunca</u> *ist ein Signalwort für das pretérito perfecto.*
6. Mi padre tuvo un ataque cardíaco mientras montaba a caballo.
    (Mein Vater bekam einen Herzanfall, während er ausritt.)
    Hier wird das Reiten (= eine andauernde Aktion) durch den Herzanfall unterbrochen und somit wird <u>tenía</u>*, das im pretérito imperfecto steht, durch das pretérito indefinido korrigiert.*
7. Fui en coche con mi marido; tenía una forma de conducir agresiva.
    Hier ist alles richtig, es ist eine Beschreibung wie gefahren wurde = pretérito imperfecto.
8. Como estaba enfermo, no canté en el coro.
    (Da ich krank war, sang ich nicht im Chor.)
    <u>Estaba</u> *anstelle von estuve. Die Krankheit ist hier der Grund, der den Hintergrund der Aktion darstellt, deshalb pretérito imperfecto.*
9. La semana pasada visité una exposición y la sala estaba pintada con frescos.
    Hier ist alles richtig, <u>la</u> <u>sala</u> <u>estaba</u> <u>pintada</u> <u>con</u> <u>frescos</u> *ist eine Beschreibung und somit im pretérito imperfecto.*
10. Solo he escrito un libro en mi vida.
    Hier steht das pretérito perfecto anstelle von pretérito indefinido (escribí) , da das Leben zeitlich noch nicht abgeschlossen ist. Ich bin noch am Leben und rede über mich.

Übung 82
Completa las oraciones con pretérito indefinido, pretérito imperfecto o pretérito perfecto.
Vervollständigen Sie die Sätze mit *pretérito indefinido*, *pretérito imperfecto* oder *pretérito perfecto*.

1. La semana pasada mi nieto (comprar, él) **compró** un perro que (ser) **era** muy grande y (tener) **tenía** manchas negras.
    *(Mein Enkel **kaufte** <u>letzte</u> <u>Woche</u> einen Hund*
    *(= **pretérito indefinido** — <u>la</u> <u>semana</u> <u>pasada</u> ist das Signalwort dafür);*
    der sehr groß war und schwarze Flecken hatte.)
    Die Beschreibung des Hundes steht im *pretérito imperfecto*.

2. Últimamente (dormir, yo) **he dormido** muy poco. Ayer (ir, yo) **fui** al médico y (darme, él) **me dio** unas pastillas para dormir.

(In letzter Zeit habe ich kaum geschlafen. Gestern ging ich zum Arzt und er gab mir Schlaftabletten.)   *Últimamente* = pretérito perfecto; *Ayer* = pretérito indefinido.

3. ¡Qué día más terrible! Esta mañana me (ducharse, yo) **he duchado** con agua fría y (tener, yo) **he tenido** los pies fríos. (Irse, yo) **Me he ido** de compras y al salir del supermercado llovía tanto que (mojarme, yo) **me he mojado** los pies.

(Was für ein schrecklicher Tag! Diesen Morgen habe ich kalt geduscht und kalte Füße gehabt. Ich bin zum Einkaufen weggegangen und beim Verlassen des Supermarktes regnete es so stark, dass ich nasse Füße gehabt habe.)   *Esta mañana* ist das pretérito perfecto.

4 El domingo (irse, nosotros) **nos fuimos** de excursión a un bosque. El terreno allí (ser) **era** irregular, los senderos (ser) **eran** muy difíciles para caminar, y (hacer) **hacía** mucho calor. Al final (alegrarse, nosotros) nos **alegramos** muy contentos de ir a casa.

(Am Sonntag machten wir einen Ausflug in einem Wald. Der Boden dort war sehr uneben, die Pfade waren sehr schwer zu wandern und es war sehr heiß. Am Ende waren wir sehr glücklich nach Hause zu fahren.)

El domingo ist eine genaue Zeitangabe, somit *pretérito indefinido*.
Danach kommt eine Beschreibung im *pretérito imperfecto*.

5. El viernes (estar, yo) **estuve** tan enfermo que no (ir, yo) **fui** al trabajo, aunque (querer, yo) **quería** hacer el balance final y (estar, yo) **estaba** muy preocupado. Sin embargo, (quedarse, yo) **me quedé** en casa el viernes y (tomar, yo) **tomé** un poco de té.

(Am Freitag war ich so krank, dass ich nicht zur Arbeit ging, obwohl ich die Abschlußbilanz machen wollte und deswegen sehr beunruhigt war. Trotzdem blieb ich am Freitag daheim und trank ein wenig Tee.)

El viernes ist das Signalwort für *das pretérito indefinido*, der Grund warum sie zur Arbeit gehen wollte ist im *pretérito imperfecto*.

6. Cuando (ser, él) **era** un niño pequeño (estar, él) **estaba** muy loco, pero cuando (empezar, él) **empezó** el colegio (transformarse, él) **se transformó** en un niño muy amable.

(Als Kind war er sehr verrückt, aber nachdem er eingeschult wurde, veränderte er sich in ein überaus freundliches Kind.)

Die Beschreibung wie er als Kind war (verrückt) steht im *pretérito imperfecto*.
Die Unterbrechung der Verrücktheit mit der Einschulung steht im *pretérito indefinido*.

7. Hace un año, Carmen (trasladarse, ella) **se trasladó** a una casa porque el piso anterior (ser) **era** muy pequeño.

(Vor einem Jahr zog Carmen in ein Haus um, weil die vorige Wohnung sehr klein war.)

Hace un año ist das Signalwort für *das pretérito indefinido*.
Weil die Wohnung klein war ist der Grund — somit *pretérito imperfecto*.

8. Hace seis meses (encontrarse, yo) **me encontré** con muchas dificultades porque no (querer, yo) **quería** ir a trabajar, (beber, yo) **bebía** mucha cerveza, (recibir, yo) **recibía** una paliza, y (robar, yo) **robaba** en muchas casas.

(Vor sechs Monaten bin ich in Schwierigkeiten geraten, weil ich nicht zur Arbeit gehen wollte, viel Bier getrunken habe, eine Tracht Prügel bekommen habe und in viele Häuser eingebrochen bin.)

Hace seis meses = pretérito indefinido; danach kommt die Beschreibung der Schwierigkeiten im *pretérito imperfecto*.

9. (Vosotros, saber) ¿**Sabíais** que Pedro quiere vender su bicicleta?

Sí, hoy (enterarse, nosotros) **nos hemos enterado** por Juan, pero Pedro (vender, él) **vendió** la bicicleta ayer y (estar) **estaba** casi nueva.

(Wisst ihr, dass Pedro sein Fahrrad verkaufen möchte?

Ja, wir haben es heute von Juan erfahren, aber Pedro verkaufte es gestern und das Fahrrad war fast neu).

Die Frage ob sie wissen, daß Pedro sein Fahrrad verkaufen möchte ist im *pretérito imperfecto*, da es um eine Handlung geht, die wahrscheinlich noch im Verlauf ist; über das Endresultat dieser Handlung hat der Frager in diesem Moment keine Ahnung.

Hoy ist das Signalwort für das *pretérito perfecto*, _ayer_ für das *pretérito indefinido* und, daß das Fahrrad fast neu war ist eine Beschreibung dessen — somit *pretérito imperfecto*.

Übung 83
Subraya la opción correcta en cada una de las siguientes oraciones.
Unterstreichen Sie die richtige Option in den folgenden Sätzen.

1. Soy un traductor muy competente. Hasta ahora no **he cambiado**/cambiaba de profesión.
   Hasta ahora ist das Signalwort für das pretérito perfecto.

2. ¿Has hablado con María últimamente?
   Sí, nos **reunimos**/reuníamos la semana pasada.
   La semana pasada ist das Signalwort für das pretérito indefinido.

3. Esta semana **hemos tenido**/teníamos tres reuniones.
   Esta semana ist das Signalwort für das pretérito perfecto.

4. La semana pasada **tomé**/tomaba la iniciativa. **Invité**/Invitaba a Pedro a un café y **nos divertimos**/divertíamos mucho.
   ¿Sí? Es un buen amigo mío.
   La semana pasada ist ein komplett abgeschlossener Zeitraum in der Vergangenheit, deswegen steht hier alles im pretérito indefinido.

5. Siempre **he tenido**/tenía la impresión de que me engaña.
   Siempre ist das Signalwort für das pretérito perfecto.

6. Jugué tenis, pero **estaba**/estuve muy cansado.
   Pretérito imperfecto, weil es sich um eine Beschreibung des Zusammenhangs mit der Hauptaktion handelt.

7. Fui a la cantina y comí. La comida **tenía**/tuvo un sabor amargo.
   Pretérito imperfecto, weil die Beschreibung im Zusammenhang mit der Hauptaktion ist.

8. Llegas antes de tiempo, Carmen.
   Es que hoy **he ido**/iba en taxi.
   Hoy ist das Signalwort für das pretérito perfecto.

9. Antes **vivíamos**/vivimos en un pueblo muy hermoso.
   Pues a mí nunca me **ha gustado**/gustó vivir en el campo.
   Antes ist das Signalwort für das pretérito imperfecto und _nunca_ für das pretérito perfecto.

10. Muchas de las personas que tuvieron un accidente de motocicleta **estaban**/estuvieron en la flor de la vida.
    Pretérito imperfecto, weil es eine Beschreibung des Zusammenhangs mit der Hauptaktion ist.

Übung 84
¿Puedes completar la tabla con palabras de la misma familia de palabras?
Éste es un ejercicio muy importante para ampliar el vocabulario.
Können Sie die Tabelle mit Wörtern aus derselben Wortfamilie vervollständigen?
Dies ist eine sehr wichtige Übung zur Erweiterung des Wortschatzes.

SUSTANTIVO	VERBO	ADJETIVO
la motivación (die Motivation)	motivar (motivieren)	motivador, motivadora (motivierend)
el entusiasmo (die Begeisterung)	entusiasmar (begeistern)	entusiasmado/-a (begeistert)
el daño (die Beschädigung)	dañar (schaden)	dañado/-a (beschädigt)
la ocupación (die Beschäftigung)	ocupar (einnehmen)	ocupado/-a (besetzt, beschäftigt)
el movimiento (die Bewegung)	mover (bewegen)	movido/-a (bewegt)
la demostración (der Beweis)	demostrar (beweisen)	demostrable (nachweislich)
la característica (die Charakteristik)	caracterizar (charakterisieren)	característico/-a (charakteristisch)
el vuelo (der Flug)	volar (fliegen)	volante (fliegend)
la educación (die Erziehung)	educar (ausbilden, erziehen)	educativo/-a (lehrreich)
la fantasía (die Fantasie)	fantasear (fantasieren)	fantástico/-a (fantastisch, fabelhaft)

Übung 85
Completa las frases con la forma del futuro correcto.
Vervollständigen Sie die Sätze mit der richtigen Zukunftsform.

recibir   poder   haber   llegar   hacer   ir
tener   ser   subir   acostarse   terminar

1. Si nos toca la lotería este mes, **podremos** vivir en México.
   Hier wird ein möglicher Zustand ausgedrückt.
2. Se dice que en nuestro pueblo **habrá** una nueva iglesia.
3. He suspendido el examen. Quizás **tendré** que hablar con mi profesor.
4. Pues … Pedro sólo **hará** la carrera si trabaja mucho.
5. Esta noche supongo que **me acostaré** temprano. Estoy muerto.
6. Muy probablemente, la oposición **subirá** al poder.
7. ¿Supongo que tú **terminarás** tus estudios? ¿Posiblemente **recibirás** un montón de dinero de regalo?
8. Estoy seguro que no **llegaré** al autobús. No me encuentro bien.
9. Posiblemente **iré** a Hungría. Me encanta el estofado a la húngara.
10. Si el equipo juega muy mal, **será** vencido.

Übung 86
Cada uno tiene su deseo. ¿Quién quiere algo?
Jeder einzelne hat seinen Wunsch. Wer wünscht sich was?

un gato (eine Katze) **un mendigo** (ein Bettler) **un rabino** (ein Rabbiner)
un hippie (ein Hippie) **un Don Juan** (ein Don Juan) **una flor** (eine Blume)
una bruja (eine Hexe) **un médico** (ein Arzt) **una feminista** (eine Feministin)

1. Me gustaría comer un ratón muy grande. **Un gato.**
2. Desearía tener más fieles en mi sinagoga. **Un rabino.**
3. Me encantaría vivir en una pradera. **Una flor.**
4. Me gustaría descubrir un remedio contra el SIDA. **Un médico.**
5. Me gustaría hacer el amor con muchas mujeres. **Un Don Juan.**
6. Desearía comer pequeños niños. **Una bruja.**
7. Me encantaría tener una comida rica y poder dormir en una cama. **Un mendigo.**
8. Desearía acabar con la brecha salarial de género. **Una feminista.**
9. Desearía fumar hachís todo el santo día. **Un hippie.**

Übung 87
Completa los espacios con los verbos conjugados en condicional.
Después, clasifica cada consejo con el problema correspondiente.
Vervollständigen Sie die Leerräume mit den konjugierten Verben im Konditional.
Ordnen Sie nachher jeden Ratschlag zum jeweils passenden Problem zu.

A. <u>Deberías</u> ir al médico.
B. Yo que tú lo <u>dejaría</u> en seguida.
C. Yo en tu lugar me <u>confesaría</u> pronto.
D. Yo <u>golpearía</u> el techo o <u>tocaría</u> música ruidosa toda la noche.
E. Yo que tú <u>me</u> <u>divorciaría</u> inmediatamente.
F. Yo que tú <u>me</u> <u>afeitaría</u> la barba.
G. Yo me <u>cambiaría</u> de sección.
H. <u>Tendríais</u> que hablar sobre vuestras opiniones diferentes.
I. Yo que tú <u>reuniría</u> a tus padres y les <u>diría</u> la verdad.

A.1) B.5) C.3) D.7) E.2) F.8) G.4) H.6) I.9)

Übung 88
Completa las frases con la forma correcta del condicional simple e identifica la función que tiene el condicional en cada frase (cortesía, consejo, deseo o probabilidad):
Vervollständigen Sie die Sätze in der richtigen Form des Konditional I und identifizieren Sie die Funktion des Konditionals in jedem Satz (Höflichkeit, Ratschlag, Vermutung, Wunsch oder Wahrscheinlichkeit):

1. Yo que tú (irse) <u>me</u> <u>iría</u> a una isla desierta y (desconectar) <u>desconectaría</u> de todo durante algún tiempo.
    Ratschlag
    Alles ist in der 1. Person Singular wegen **Yo.**
2. ¿A qué hora llegasteis a Madrid?
    No sé, (ser) <u>serían</u> las ocho menos cuarto o nueve, no estoy seguro.
    Wahrscheinlichkeit
    serían weil es danach heißt las ocho = Plural
3. ¿Me (acercar, tú) <u>acercarías</u> las galletas? Es que no llego.
    Höflichkeit

4. Yo (venir) <u>vendría</u> todas las semanas a practicar vela, pero es terriblemente caro.
   Wunsch
5. No sé cuantos éramos en la huelga, pero (ser) <u>seríamos</u> unas trescientas personas, no me acuerdo bien.
   Vermutung
6. (Poder, usted) ¿<u>Podría</u> traernos la carta de vinos?
   Möglichkeit
7. ¡Qué guapa estaba en ese cuadro! Pero … ¿quién era ése?
   (Ser) <u>Sería</u> su pareja, pero quizás se separaron ya.
   Vermutung
8. (Deber, tú) <u>Deberías</u> calmarte y no darle la menor importancia. Ten en cuenta que José es así.
   Ratschlag
9. Yo que tú (hablar) <u>hablaría</u> con él y (arreglar) <u>arreglaría</u> los asuntos para siempre.
   Ratschlag
10. ¿Cuánto te costó ese abrigo? Es muy bonito.
    No sé, (valer) <u>valdría</u> unos 120 euros; era muy caro.
    Vermutung

Übung 89
Completa los diálogos con las siguientes perífrasis.
Vervollständigen Sie die Dialoge mit den folgenden Umschreibungen.

acabo de recibir *(hat gerade was bekommen)*   **sigues trabajando** *(arbeitet weiter dort)*
ha vuelto a estudiar *(hat wieder begonnen zu studieren)*   **sigo leyendo** *(liest weiter)*
sigues viviendo *(wohnt weiter dort)*
dejó de fumar *(weil <u>dejó</u> im pretérito indefinido steht, hat er in der Vergangenheit aufgehört zu rauchen.)*
acabo de montar *(Ich bin gerade mit dem Reiten fertig)*
dejó de estudiar *(<u>dejó</u> steht im pretérito indefinido, er hörte in der Vergangenheit auf zu studieren.)*

1.
Carmen: ¿**Sigues trabajando** en la empresa?
Pepe: Sí, y tengo un buen sueldo.

2.
José: **Acabo de recibir** un regalo de Navidad; es un bonos de viaje.
Pablo: Yo he estado en Chile. Te aconsejo ir a Chile.

3.
María: Dicen que Pablo es un fuerte fumador. ¿Es verdad?
Carmen: Ya no. En 2008 Pablo **dejó de fumar**.
María: ¡Increíble!

4.
Elvira: ¿Sabes? Pablo **ha vuelto a estudiar** francés otra vez.
¿Es verdad? ¿Por qué Pablo **dejó de estudiar** este idioma en 2009?
No sé, creo que Pablo está un poco loco.

5.
Carmen: ¿Haces deporte aún?
María: Sí, figúrate que **acabo de montar** a caballo.
Carmen: ¡Estupendo!

6.
Philippe: ¿Me dejas tu libro *Don Quijote*?
Pedro: Lo siento, pero todavía **sigo leyendo** este libro yo.

7.
Carmen: **¿Sigues viviendo** en Granada?
Pepe: Sí, me fui a vivir a Granada.

Übung 90
Completa con las perífrasis adecuadas: **acabar de/empezar a** + infinitivo,
llevar/seguir + gerundio.
Vervollständige mit den richtigen Umschreibungen: **acabar de/empezar a** + infinitivo,
llevar/seguir + gerundio.

En Francia Pepe ha estudiado derecho y ha trabajado de escritor. Su francés es muy bueno.
Tiene compañeros franceses y está prometido.

"Fui en avión a Francia en 1998. Vine solo a visitar mi tía que lleva ya más o menos 20 años aquí.
*No me gusta el idioma francés porque la pronunciación es muy difícil. Por supuesto **sigo***
*estudiándolo para mi carrera y hablo solo francés. En noviembre **empezaré a** abrir un bufete*
*porque no quiero vivir en otro país. También **acabo de** cocinar muchos platos típico de Francia".*

Pepe erzählt selber über sich = kursive Schrift; über Pepe wird berichtet = normale Schrift.

Übung 91
¿Con qué verbos puedes relacionar los sustantivos?
En algunos casos necesita una preposición.
Mit welchen Verben stehen welche Substantive in Verbindung?
In manchen Fällen braucht man eine Präposition.

casarse (*heiraten*) <u>**con**</u> **alguien**; **acabar** (*aufhören*) **la carrera**; **mudarse** (*umziehen*) <u>**de**</u> **casa/de**
piso, mudarse <u>**a**</u> **las afueras**; **competir** (*konkurrieren*) <u>**con**</u> **alguien**; **cambiar** (*wechseln*) <u>**de**</u> **casa**;
divorciarse (*scheiden lassen*) <u>**de**</u> **alguien**; **conseguir** (*bekommen*) **un trabajo**; **terminar** (*been-*
den) **el paro**; **quedarse** (*bleiben*) <u>**en**</u> **casa**.

Übung 92
Completa las frases con estas expresiones.
Vervollständigen Sie die Sätze mit diesen Ausdrücken.

desde	desde hace	desde que	hace

1.   **Desde que** he comprado un abrigo nuevo, no tengo frío.
2.   ¿Trabajas en la escuela **desde** 2007?
3.   Mi tío suele ir a ver un partido de fútbol todos los sábados **desde hace** dos años.
4.   Estudio español **desde** 2010.
5.   **Desde hace** poco ha empezado a montar a caballo. (*poco ist keine genaue Zeitangabe.*)
6.   Le puso la mano en el hombro **desde que** están enamorados.
7.   Mi hermana Carmen terminó la carrera **hace** tres años.

Übung 93
Completa las frases con *hace, desde, hasta, de, a, después* y *durante*.
Vervollständigen Sie die Texte mit:

hace *(vor)*	**desde** *(seit)*	**hasta** *(bis zu)*	**de** *(von)*
a *(bis)*	**después** *(später)*		**durante** *(während)*

1. La casa está en mal estado **desde** abril.
2. Rompí la foto de mi marido **hace** dos años.
3. Tengo que trabajar **hasta** las ocho.
4. Visité a mis abuelos en Francia **de** abril **a** junio del 2015.
5. Me has estado engañando **durante** todo este tiempo.
6. ¿No puedes hacer esto **después**? Ahora no tengo tiempo.
7. 30 trabajadores de la empresa han sido despedidos **durante** el mes pasado.
8. Pablo trabaja por libre de homeópata **desde** 2012.
9. Comenzaron a eliminar muchos puestos de trabajo **hace** dos meses.

Übung 94
Completa estos eslóganes con la forma adecuada del imperativo de los verbos que aparecen entre paréntesis.
Vervollständigen Sie diese Slogans mit der richtigen Imperativform der Verben in Klammern.

1. Esta tarde (hacer, tú) **haz** física.
2. (Descubrir, usted) **Descubra** la naturaleza. *La Laguna*, una cerveza para descubrir.
3. (Renovarse, tú) **Renuévate** con Telepunto y (conseguir, tú) **consigue** un celular increíble.
4. No (perder, tú) **te lo pierdas**: París desde 57 euros.
5. (Creérselo, tú) **Créetelo**: París desde 57 euros.
6. No (dudarlo, usted) **lo dude** — (volar, usted) **vuele** con Airwings.

Übung 95
Completa la siguiente receta con los pronombres que faltan.
¿Van delante o detrás del verbo?
Vervollständigen Sie das folgende Rezept mit den dazugehörigen Pronomen.
Kommen diese vor oder nach dem Verb?

Requesón con patatas (para cuatro personas)

1. Compra 1 kg de patatas, péla**las** y córta**las** en trozos medianos.
2. Calienta tres cucharadas de aceite en una sartén y poco después añade las patatas.
3. Acto seguido, añade una cebolla grande cortada en trozos pequeños.
4. Déja**las** hasta que estén bien crujientes, quizás unos 10 minutos.
5. Añade una pizca de sal, pimienta negra, y un poco de perejil.
6. Separa seis huevos.
7. Haz una masa con las yemas con 500 g de requesón y remuéve**la**.
8. Bate las claras de huevo y mézcla**las** con el resto.
9. Añade las patatas y mézcla**las** con el requesón, las claras, y las yemas.
10. Rellena dos moldes con todo y deja el guisado a fuego medio durante 20 minutos.

Übung 96
¿A qué categoría corresponde cada oración? Decide si es obligación o prohibición.
Welche Sätze gehören in welche Kategorie? Sind sie *Obligación* oder *Prohibición*?

1. **Es obligatorio** el uso de las botas de montar en la clase de equitación. (= Obligación)
2. **No está permitido** alimentar las ovejas. (= Prohibición)
3. **Prohibido** fumar. (= Prohibición)
4. **Se ruega** escuchar. (= Obligación)
5. **Está prohibido** beber alcohol. (= Prohibición)
6. **Está prohibido** hacer fotografías. (= Prohibición)
7. **No se permiten** las bebidas alcohólicas. (= Prohibición)
8. **Está prohibida** la entrada a los jóvenes. (= Prohibición)
9. Recordamos a todos los estudiantes en del curso de idiomas
   que **es obligatorio** hablar alemán. (= Obligación)
10. **Se debe** trabajar mucho. trabajar mucho. (= Obligación)
11. **No se admiten** gatos. (= Prohibición)
12. **Prohibida** la venta de cigarrillos a niños. (= Prohibición)
13. **No se permiten** molestar a los perros. (= Prohibición)

se + 3rd person	Es/son + adjetivo	Está/Están + adjetivo	Prohibido
4, 7, 10, 11, 13	1, 9	2, 5, 6, 8	3, 12

Übung 97
Encuentra la conexión correcta. Finde die richtige Satzverbindung.

1. Pablo llega a Sevilla, donde toda la familia se ha reunido **porque** la tía se ha puesto gravemente enferma. Un día Pablo pierde los nervios con su tía porque ella quiere escapar del hospital. **Aunque** la tía tiene previsto ocultar lo que está sintiendo, Pablo descubre su misterio.

2. María, una joven de 17 años tiene que vivir con su nuevo novio. **Como** se siente muy triste, se refugia en su mundo imaginario. Un buen día, va de paseo por un bosque y se encuentra con un enano que le dice que ella es la reina de todos los enanos y que debe volver a su pueblo. **Sin embargo**, la tarea no será fácil. Así es la vida, un poco extraordinaria.

Übung 98
Formula la segunda frase empleando una acción involuntaria.
La primera frase describe la acción intencional.
Formulieren Sie den zweiten Satz in eine *unfreiwillige* Form um.
Der vorgegebene Satz beschreibt die beabsichtigte Handlung.

1. Pablo ha perdido los libros.
   A Pablo se le han perdido los libros.
2. He roto la ventana.
   (A mí) se me ha roto la ventana.
3. José ha olvidado los dibujos.
   A José se le han olvidado los dibujos.
4. He perdido los papeles.
   (A mí) se me han perdido los papeles.
5. Hemos olvidado tu documento.
   Se nos ha olvidado tu documento.

Übung 99
Escribe las oraciones con *ojalá* para que concuerden con los siguientes deseos.
Schreiben Sie die folgenden Sätze in Sätze mit *subjuntivo* und *ojalá* um.

1. Haber una buena noticia en cuanto a la convalecencia de Pedro.
    Ojalá haya una buena noticia en cuanto a la convalecencia de Pedro.
2. Tener (nosotros) una excursión bonita.
    Ojalá tengamos una excursión bonita.
3. (Pablo) pasar el examen.
    Ojalá pase el examen.
4. No haber un accidente en la vía.
    Ojalá no haya un accidente en la vía.
5. No terminar el desarme en todos los países.
    Ojalá no termine el desarme en todos los países.
6. (Carmen) enamorarse de mí.
    Ojalá se enamore de mí.
7. (Paul) proteger al gato.
    Ojalá proteja al gato.
8. Haber una buena ópera en el teatro.
    Ojalá haya una buena ópera en el teatro.
9. Conseguir (ustedes) entradas para el cine.
    Ojalá consigan entradas para el cine.
10. No ladrar (el perro) muchas veces hoy.
    Ojalá no ladre muchas veces hoy.
11. Acordarse un salario mínimo en ese país.
    Ojalá se acuerde un salario mínimo en ese país.
12. Cocinar (yo) una buena paella esta tarde.
    Ojalá cocine una buena paella esta tarde.
13. Vender (vosotros) muchos cuadros
    Ojalá vendáis muchos cuadros.

Übung 100
Completa las oraciones con indicativo o subjuntivo, eligiendo el verbo adecuado.
Vervollständigen Sie die Sätze mit dem *indicativo* oder *subjuntivo* und wählen
Sie das richtige Verb aus.

haber   ser   ponerse   seguir   tirar   ir(se)   empezar

1. Es increíble que (nosotros) <u>nos pongamos</u> pálidos. Nadie más sale de casa. El internet tiene la culpa. (= Bewertung)

2. Me parece mal que <u>haya</u> manipulación genética. Es muy grave para la salud. (= Bewertung)

3. ¿Es cierto que Angela Merkel <u>es</u> la canciller de Alemania? (= Gewissheit)

4. Nos parece increíble que <u>sigan</u> produciendo bombas atómicas. Son muy peligrosas. (= Bewertung)

5. Es urgente que <u>empiecen</u> a repartir ayuda humanitaria para las últimas víctimas del terremoto. (= Bewertung)

6. Es mejor que no <u>tiren</u> a matar en una fiesta popular.
   (= Bewertung)

7. Es verdad que el arte <u>es</u> muy importante en una sociedad.
   (= Gewissheit)

8. Está claro que con una fuerte irrupción del invierno <u>va a</u> haber muchas más heladas este año.
   (= Gewissheit, gefolgt von *futuro próximo*)

9. Es necesario que el gobierno <u>empiece</u> a proteger el medio ambiente.
   (= Bewertung)

10. No es lógico que <u>sigan</u> destruyendo el medio ambiente.
    (= Gewissheit im <u>negativen</u> Satz)

Übung 101
Enlaza las partes de una forma lógica.
Verbinden Sie die Satzstücke, sodass sie einen logischen Satz ergeben.

a) Les parece fantástico

b) Es horrible

c) Es verdad

d) Me parece interesante

e) Creo que es urgente

f) Está claro

g) Me parece increíble

h) Nos parece fatal

1) que haya una polución increíble en Hong Kong y que no se haga nada para reducirla.
2) que hagan caza de ballenas ilegal.
3) que haya sitios antiguos famosos como, por ejemplo, la Acrópolis.
4) que una sexualidad oprimida es el fondo de muchos síndromes psíquicos.
5) que el hecho de que los gastos de alquileres están demasiado caros en las ciudades comienza a ser un asunto importante.
6) que en muchas empresas se usen sobres reciclados.
7) que se tomen en serio en numerosos congresos muy importantes el asunto de la protección de los animales.
8) que todavía haya muchos estados en guerra.

a) **Les parece fantástico** ist eine Bewertung, darauf folgt immer der *subjuntivo*.
   a. 3,7)

b) **Es horrible** ist eine Bewertung, darauf folgt immer *subjuntivo*.
   b. 1, 2, 8)

c) **Es verdad** ist eine Gewissheit und zieht nur im verneinten Satz den *subjuntivo* nach sich.
   c. 4, 5)

d) **Me parece interesante** ist eine Bewertung, darauf folgt immer der *subjuntivo*.
   d. 6)

e) **Creo que es urgente** ist eine Bewertung; hierauf folgt immer der *subjuntivo*.
   e. 7)

f) **Está claro** ist eine Gewissheit und zieht nur im verneinten Satz den *subjuntivo* nach sich.
   f. 5)

g) **Me parece increíble** ist eine Bewertung — immer *subjuntivo*.
   g. 1, 2, 8)

h) **Nos parece fatal** ist eine Bewertung — immer *subjuntivo*.

h. 8)

Übung 102

Reescribe las siguientes oraciones con los términos *Qué pena* y *Qué raro*.

Schreiben Sie folgende Sätze mit den Ausdrücken *Qué pena* und *Qué raro* um.

Beispiel: Él viene a visitarme a la empresa continuamente, pero hoy no ha venido.
Qué raro que no haya venido a verme.

1. Ellos hacen una excursión una vez al mes, pero este mes no la han hecho.
    Qué raro que no hayan hecho una excursión este mes.

2. Ellos estaban en armonía siempre, pero se han separado.
    Qué pena que se hayan separado.

3. Los compañeros de piso eran amables, pero han destrozado las habitaciones.
    Qué pena que hayan destrozado las habitaciones.

4. Las vacaciones se nos han acabado tan rápido.
    Qué pena que las vacaciones se nos hayan acabado tan rápido.

5. La dependienta se ha ido sin mirar atrás.
    Qué raro que la dependienta se haya ido sin mirar atrás.

6. Pablo ha terminado de estudiar física.
    Qué pena que Pablo haya terminado de estudiar.

7. Los gastos de alquiler no han subido.
    Qué raro que los gastos de alquiler no hayan subido.

Übung 103

Conjuga el verbo en presente de subjuntivo o pretérito perfecto de subjuntivo, según convenga.

Setzen Sie die richtige Verbform im *presente de subjuntivo* oder *pretérito perfecto de subjuntivo* ein.

1. Es raro que Ana no <u>haya venido</u> al curso de primeros auxilios. (venir)
2. ¡Qué raro que no <u>haya empezado</u> aún el torneo de tenis! Son las siete y treinta. (empezar)
3. Es una pena que tu nieta no <u>haya querido</u> ir a la escuela. (querer)
4. Es raro que ellos no <u>conozcan</u> a Carmen; vive en el mismo barrio. (conocer)
5. Es raro que ellos no <u>hayan sabido</u> nada de su amiga. (saber)
6. Es una pena que los adolescentes <u>tomen</u> mucho alcohol. (tomar)
7. ¡Es raro que él no <u>haya llegado</u> aún; normalmente es puntual! (llegar)
8. ¡Qué pena que no <u>hayáis visto</u> mi cuadro! Es muy hermoso. (ver, vosotros)
9. ¡Qué raro que él <u>sea</u> alcohólico! Tiene carácter. (ser)
10. No es raro que <u>haya perdido</u> el carné de conducir, es una alcohólica. (despedir)

TEST 1 — A Lösungen

1.a) 2.c) 3.b) 4.d) 5.d) 6.d) 7.a) 8.a) 9.a) 10.b) 11.a) 12.a) 13.d)

TEST 1 — B Lösungen

1.d) 2.a) 3.b) 4.c) 5.b) 6.c) 7.b) 8.a) 9.c) 10.d) 11.a) 12.d) 13.a) 14.d) 15.b) 16.b) 17.a) 18.d)

TEST 2 — Lösungen

1.c) 2.a) 3.d) 4.b) 5.a) 6.d) 7.d) 8.c) 9.d) 10.c) 11.d) 12.b) 13.c) 14.a) 15.c)

TEST 3 — Lösungen

1. c) 2.a) 3.d) 4.d) 5.b) 6.c) 7.d) 8.b) 9.b) 10.b) 11.d) 12.b) 13.b) 14.d) 15.a) 16.a)

DEUTSCHE ÜBERSETZUNGEN

Hallo Freunde,

mein Name ist Frida, ich bin Spanierin und ich bin 21 Jahre alt. Ich komme aus Sevilla, eine sehr gemütliche Stadt. Ich bin eine Studentin an der Universität. Ich studiere um Rechtsanwältin zu werden, weil ich denke, dass es ein sehr anspruchsvoller Beruf ist. Ich lerne auch Englisch und Französisch um mit meinen Freunden reden zu können. Ich habe zwei französische Freunde: Jérôme und Philippe. Sie sind aus Paris. Ich habe auch eine gute englische Freundin namens Nancy. Sie kommt aus dem Süden von England. Meine drei Freunde sind 20 Jahre alt und studieren Jura und Spanisch.

Essen

In Spanien frühstückt man sehr wenig bevor man zur Arbeit geht. Normalerweise nimmt man z.B. einen Kaffee oder ein Glas Milch mit Keksen zu sich. Aber nach 11:00 Uhr mittags macht man für gewöhnlich eine Pause um ein Sandwich zu essen und einen Kaffee zu trinken. Viele Spanier nehmen das Mittagessen zwischen 13:00 Uhr und 15:00 Uhr nachmittags zu sich. Zu Abend essen sie ab 21:00 Uhr, und im Sommer auch später.

Geschäfte und Ämter

In Spanien schließen die meisten Geschäfte zwischen 13:30 Uhr und 16:30 Uhr, ausser den Supermärkten.

Freizeit

Nach der Arbeit nehmen viele Spanier noch ein kleines Glas Bier oder ein Glas Wein und eine Tapa zu sich. Im Allgemeinen gehen die Spanier sehr spät ins Bett, besonders am Wochenende. Im Fernsehen gibt es Nacht-Shows, die erst um Mitternacht beginnen.

Arbeit

Die meisten Spanier haben Arbeitszeiten mit einer Mittagspause von zwei oder drei Stunden. Viele bevorzugen jedoch eine Intensivzeit von 8:00 Uhr bis 15:00 Uhr.

Kinder und Schulen

Die Kinder gehen um 9:00 Uhr in die Schule. Viele Schüler essen in der Schule und haben einige außerschulische Aktivitäten. Da das Abendessen sehr spät ist und danach für gewöhnlich ein wenig ferngesehen wird, sind viele Schüler morgens sehr müde.

Meine spanischen Freunde frühstücken leicht. Normalerweise nehmen sie einen schwarzen Tee mit Zitrone und ein kleines belegtes Brötchen zu sich. Meine Klassenkameraden reisen um die ganze Welt und machen Ausflüge. Die Lehrer der Sprachschule haben eine sehr gute Ausbildung, deshalb arbeiten sie an der Schule. Sie sind alle sehr gebildet, freundlich und hilfsbereit. Jeden Nachmittag gibt es eine Frage am schwarzen Brett der Schule: „Welches Programm haben wir für heute?". Zum Beispiel können die Studenten die Stadt kennenlernen, ein Museum oder einige Katakomben besuchen und auch nachts ausgehen. In Andalusien ist es bis sehr spät sonnig; folglich gehen die Leute sehr spät ins Bett.

Die Spanier sind freundlich und gesprächig. Die Spanier speisen außer Haus und gehen nachts aus. Die Spanier, die in Spanien leben sind glücklich. In Spanien ist das Klima perfekt, denn es ist ein mediterranes Land und die Sonne macht die Leute zufriedener und geselliger. Die Strände sind insbesondere wichtig für die Spanier. In Spanien ist jede Region unterschiedlich.

Mallorca

Ich bin sehr glücklich hier. Heute bin ich am Strand, sonne mich, schwimme und tauche. Die Strände sind wunderschön, aber es gibt viele Touristen hier und deshalb sind die Strände sehr voll. Viele Länder leben vom Tourismus und auf Mallorca ist alles auf Touristen ausgerichtet. Es ist sehr heiß und das Klima ist sehr trocken. Ich muss viel Wasser trinken, dann ich fühle mich sehr wohl. Ich rate dir eine Reise nach Mallorca zu machen; es ist eine reizende Insel. Die Insel ist sehr schön. Es gefällt mir sehr. Gehab dich wohl!

<u>Anna</u> <u>chattet</u> <u>mit</u> <u>einer</u> <u>Freundin.</u> <u>Von</u> <u>welchen</u> <u>Personen</u> <u>der</u> <u>Familie</u> <u>wird</u> <u>gesprochen</u>?

Maria Ich wünsche dir einen schönen Urlaub! ¿Wohin fährst du?

Anna Nach Mallorca mit meinen Neffen.
Und du? In den Urlaub mit deinem Freund und deinen Eltern?

Maria Diesen Sommer fahre ich nach Tarifa, aber nur mit meinem Lebensgefährten und meiner Mutter. Mein Vater ist mit seinen Kumpels in Barcelona. Diana wird mit euch nach Mallorca fahren, oder?

Anna Ja, es ist das Kind meiner Nachbarn. Ihre Eltern sind schwer krank und ihr Bruder hat ernsthafte körperliche Probleme.

Maria Auch du meine Güte!

Anna So ist es. Hab du eine schöne Zeit mit deiner Familie!

Maria Ebenso. Bis später!

Anna Tschau!

Dialog zwischen einem Kellner (camarero) und einem Gast (cliente)

Camarero Was wünschen Sie?

Cliente Entschuldigen Sie, haben Sie Linsen?

Camarero Nein, tut mir leid. Heute haben wir griechischen Salat, überbackene Makkaroni und Suppe.

Cliente Sind die überbackenen Makkaroni mit Hackfleisch oder nur mit Tomatensoße?

Camarero Mit Hackfleisch.

Cliente Gut, als Vorspeise/ersten Gang möchte ich die überbackenen Makkaroni.

Camarero Und als Hauptgang/zweiten Gang, was wünschen Sie?

Cliente Als zweiten Gang, Steak mit Kartoffeln, bitte.

Camarero Etwas zu trinken?

Cliente Eine Limonade.

Camarero Die Limonade bringe ich sofort.

Cliente Danke. Und, Entschuldigen Sie, können Sie mir auch etwas Salz bringen?

Camarero Ja, sofort.

Cliente Danke.

Cliente Die Rechnung, bitte!

Camarero Ja, sofort.

Stadtviertel von Sevilla

Sevilla ist die Wiege des Flamencos

Triana liegt westlich des Flusses Guadalquivir außerhalb der Altstadt. Es ist ein sehr historisches Stadtviertel. Dieses alte Viertel der Töpfer, Seefahrer und Arbeiter ist berühmt für seine Flamenco-Sänger sowie für seine Stierkämpfer. Es gibt auch Flamenco-Shows und viele Bars und Restaurants, welche die köstlichen Tapas der Stadt anbieten.

Macarena ist eines der am dichtesten besiedelten Viertel und liegt in der Nähe der Altstadt. Dieser Bereich diente als Tor zur Stadt und die Architektur wurde offensichtlich vom arabischen Stil beeinflusst. Einige interessante Monumente sind z.B. der „Arco de la Macarena"; einige Teile der antiken Stadtmauer; die Basilika von Macarena und die Kirche „Omnium Sanctorum", welche eine schöne Illustration des gotischen Mudejarstils ist. Ebenso gibt es viele Tapas-Bars und traditionelle Geschäfte.

Santa Cruz ist ein sehr monumentales Viertel mit vielen Sehenswürdigkeiten. Die UNESCO hat dieses zum Weltkulturerbe erklärt. Zu den interessantesten Denkmälern gehören z.B. die Kathedrale mit ihrer „Giralda" und das „Archivo de Indias". Es gibt viele Gässchen, kleine Plätze, orientalische Designs, Gebäude, elegante Innenhöfe und viele Bars und Restaurants.

Lesen Sie folgendes Forum

Carmen

Hallo, ich ziehe von Madrid nach Strassburg. Ich bin Rechtsanwältin. Ich möchte ein Haus kaufen oder eine Wohnung mieten. Weiss jemand etwas?

Antwort

Juan

Hallo Carmen. Also, ich glaube die Häuser in Straßburg sind so teuer wie in Madrid, aber meiner Meinung nach sind die Häuser älter als in Madrid. Die Häuser sind weniger modern als in Madrid und es gibt weniger warme Monate hier.
Vorsicht! Viele Häuser sind feuchter als sonst üblich. Vielleicht wäre es besser ein Appartement zu mieten. Wenn du Probleme mit dem Appartement hast kann dir das eigentlich egal sein. Du teilst es dem Eigentümer mit und er ist verantwortlich für die Reparatur. Bedauerlicherweise sind die Mieten so teuer wie in Madrid aber die Nebenkosten sind niedriger als in Spanien. Das Nachtleben ist so aufregend wie in Spanien.

Carmen ruft ihre Freundin an:

Hallo, wie geht es dir? Ich bin sehr traurig. Heute habe ich meinen Mann mit einer anderen Frau vor der Kirche gesehen. Zufällig habe ich gesehen, wie sie sich unterhalten haben, sich umarmt und geküßt haben.
Ich habe immer gedacht, dass es besser wäre, nichts über die andere Frau zu wissen. Heute hat mein Mann mich verrückt gemacht und ich bin sehr wütend geworden. Ich habe auch den ganzen Tag geweint. Bis jetzt habe ich nichts von seiner Liebschaft gewußt und in letzter Zeit habe ich viel Stress in meiner Arbeit gehabt. Ich habe meinen Mann nie betrogen. Ich glaube, da gibt es nichts zu tun. Was für ein Unglück!.

Un hombre español de vacaciones en Fuerteventura les envía una postal a sus hijas.
(Ein spanischer Mann im Urlaub auf Fuerteventura schickt eine Postkarte an seine Töchter.)

Hallo*!*

Ich bin auf Fuerteventura angekommen. Ich bin froh, weil ich Flugangst habe. Wie glücklich ich bin! Es war eine ruhige Reise. Die Strände sind wunderschön. Ich habe mich viel gesonnt und ich bin viele Male im Atlantik geschwommen. Ich werde viele Ausflüge machen. Bei einem Ausflug werden wir mit Jeeps in den Süden der Insel fahren. Wir werden die „Villa Winter" und einen Leuchtturm besichtigen. In drei Wochen werde ich nach Granada fliegen um die Alhambra zu besichtigen. Ein Kuss, Pedro.

Juni 2016, Alhambra

Heute sind wir an der Alhambra um 9:00 Uhr angekommen und ich liebe es. Die Alhambra ist in der Tat wunderbar und sehr groß. Wir haben viele Bäume, Palmen und Blumen gesehen. Uns haben die arabischen Ornamente an den alten Mauern sehr gefallen. Wir hatten eine Besucherführung und in einer Pause haben wir einen arabischen Kaffee getrunken. Ist gar nicht mal schlecht dieser Kaffee! Diesen Abend werden wir in einem Restaurant in Granada essen gehen. Dann gehen wir zu einer sehr berühmten Bar. Morgen werden wir mit dem Bus nach Sevilla fahren.

Juni 2016, Sevilla

Wir sind schon hier! Die Stadt ist sehr schön. Wir sind mit der Kutsche durch Sevilla gefahren und haben viele Viertel in der Stadt gesehen.

Diese ist so wunderschön, dass wir noch zwei Tage länger bleiben werden. Heute Abend werden wir eine Flamenco-Show in einer sehr großen Bar sehen, danach werden wir zu Fuß durch Sevilla gehen und eine Tapas-Tour machen. In Sevilla gibt es viele Bars und Restaurants. Was für ein Glück!

Text für positive Ausdrücke bei Lehrfächern: Was ist dein Lieblingsfach?

Monika	Französisch. Es gefällt mir Dinge über die französische Revolution zu lernen. Es macht viel Spaß französisch zu sprechen. Wir singen Dienstags und Freitags französische Lieder und ich bin sehr glücklich in diesen Tagen.
Maria	Ich liebe Mathematik. Ich habe eine tolle Zeit wenn ich eine komplizierte Gleichung löse.
Pedro	Latein. Ich habe viel Spaß beim Lesen der lateinischen Texte. Ich liebe auch Medizin, also ist es nützlich Latein zu lernen.
Pablo	Die Physik. Es scheint mir sehr einfach zu sein, denn ich bin leidenschaftlich dabei schwierige Probleme zu lösen, und wenn ich sie beende fühle ich mich fantastisch.

Text für negative Ausdrücke bei Lehrfächern: Welches Fach gefällt dir überhaupt nicht?

Monika	Die Physik! Ich verstehe das nicht und deshalb bin ich sehr frustriert. Ich mag es nicht am Unterricht teilzunehmen. Das Lehrfach macht mich sehr traurig; ich bin danach am Boden zerstört.
Maria	Latein. Es gefällt mir gar nicht. Es stört mich so viele Wörter lernen zu müssen. Im Allgemeinen ist mein Gehirn wie leer.
Pedro	Deutsch. Es finde es sehr schwer. Ich fühle mich lächerlich wen ich deutsch spreche. Ich weiß nicht, es ist mir peinlich es zuzugeben.
Pablo	Mathematik. Die Prüfungen fallen mir sehr schwer. Es macht mir Angst und ich werde ziemlich nervös.

Una página web de contactos = Webseite für Kontaktanzeigen

1) Arzt, ledig, sucht …

Mein Name ist Pedro. Ich bin 41 Jahre alt und ich bin Single. Ich bin blond, habe einen Schnurrbart und braune Augen. Ich bin eine aufrichtige und verständnisvolle Person. Ich mag es sehr zu
reisen. Ich möchte eine liebenswürdige, rothaarige, schlanke Frau kennenlernen, zwischen 30 und
38 Jahren, für eine ernsthafte Beziehung.

2) Monika

Ich bin eine etwas ältere Frau. Ich bin 55 Jahre alt, aber ich bin schlank, dunkelhaarig und sehr
sportlich. Ich habe grüne Augen und lange Haare. Ich bin Spanischlehrerin. Ich bin zärtlich und
intelligent. Ich suche einen toleranten, aktiven und gutaussehenden Mann mit hellen Augen.

3) Miguel

Hallo, mein Name ist Miguel und ich bin 25 Jahre alt, 1,90 m groß und wiege 84 kg. Ich bin
dunkelhaarig und habe grüne Augen. Ich sehe ein bisschen aus wie Arnold Schwarzenegger. Ich
arbeite in einem Fitnesscenter; ich liebe Bodybuilding und Boxen. Ich möchte eine schlanke,
blonde, sportliche und hübsche Frau kennenlernen.

4) Elvira

Ich bin 48 Jahre alt und Ernährungsberaterin. Ich bin dunkelhaarig und habe blaue Augen. Ich
lebe mit meinen zwei Katzen in einer Wohnung. Ich liebe es Paella zu kochen. Ich suche einen
schlanken, aktiven, lustigen Mann mit einem guten Charakter für eine ernsthafte Beziehung.

5) Josef

Hallo, ich bin Josef. Ich bin 40 Jahre alt. Ich bin Ingenieur und sehr intelligent. Ich habe eine
Glatze, trage einen Spitzbart und eine Brille. Ich liebe die Gartenarbeit und die Natur. Ich habe
zwei Hunde und drei Katzen. Ich wohne in einem großen Haus und habe genug Platz. Ich möchte
eine Frau in einem Alter von über 35 Jahre kennenlernen, sympathisch, intelligent und hübsch.

Gemüsepfanne

Zutaten für 5 Personen:
Vier Kartoffeln; vier Karotten; zwei Zucchini; drei Knoblauchzehen; zwei Zwiebeln; vier Tomaten;
1/4 l Gemüsebrühe; Olivenöl; Salz und schwarzer Pfeffer.
Zubereitung:
Die Kartoffeln, die Karotten, die Zwiebeln, die Knoblauchzehen werden geschält.
Die Zucchini wird gewaschen und das ganze Gemüse wird in kleine Stücke geschnitten.
Das Öl wird in einer Pfanne erhitzt und das ganze Gemüse angebraten.
Es wird mit Salz und schwarzen Pfeffer gewürzt und alles wird umgerührt.
Danach wird die Gemüsebrühe hinzugefügt und alles wird für 10 Minuten geschmort.
Inzwischen werden die Tomaten geschält, in große Stücke geschnitten und mit dem Gemüse in
der Pfanne vermischt. Fünf Minuten ziehen lassen.

Wenn man eine Katze hat

Wenn Sie eine Katze erwerben möchten haben Sie auch Verpflichtungen. Man muß eine Katzen-
toilette und drei Näpfchen kaufen. Jeden Tag sollte in ein Näpfchen frisches Wasser und in das
zweite Trockenfutter gefüllt werden. Im dritten Näpfchen muß man jeden Morgen und Abend ein
kleines Packet Nassfutter geben. Man muß auch ab und zu das Fell bürsten, besonders im Sommer.

Wenn du abnehmen möchtest

Du musst viele leichte Mahlzeiten essen. Du musst jeden Tag mindestens 30 Minuten Sport treiben und versuchen viele Muskeln zu bekommen. Es ist nicht gut Alkohol zu trinken. Es ist das Beste nur Wasser und Tee zu trinken. Es ist gut viel Yoga zu machen und du solltest jeden Tag mindestens 8 Stunden täglich schlafen.

Übersetzung Nr. 17

In der Abbildung kannst du meine neuen Freunde sehen. Elvira ist die mit der Brille, die Blondine mit dem schwarzen Hemd. Sie ist sehr liebenswürdig. Die daneben ist Maria; sie ist die erste Person, die ich an der Fakultät kennenlernte. Der mit dem weißen Pullover heißt Pedro und kommt aus Sevilla. Der andere Junge, der mit dem Saxofon, ist Pablo und die Blondine daneben ist seine Lebensgefährtin, Silvia. Mal sehen ob du eines Tages zu Besuch kommst und sie persönlich kennenlernst, ok?

Übersetzung Nr. 18

Josef   1994 zog ich nach Paris und lebte dort einige Jahre. Ich studierte Naturwissenschaften an einer Universität. Es waren die glücklichsten Jahre meines Lebens.

Alberto   Das letzte Jahr fuhr ich nach London und kaufte viel Kleidung. Ich fühlte mich fantastisch.

Maria   Vor ein paar Monaten heiratete ich in einer Kirche.

Rosa   Vor ein paar Jahren machte ich mit meinen Freunden einen Segeltörn nach Griechenland. In der Ägäis schwammen und tauchten wir viel. Es war eine herrliche Zeit!

Übersetzung Nr. 19

Carlos Saura

Er wurde 1932 in Huesca Aragón geboren. Während des spanischen Bürgerkriegs zogen seine Eltern von Madrid nach Valencia und später nach Barcelona.

Zuerst begann er, Ingenieurwissenschaft zu studieren. 1952 war er Student am „Instituto de Investigaciones y Experiencias Cinematograficas". 1957 führte er seinen ersten Spielfilm auf, *La Tarde del Domingo*.

In den Jahren 1965 — 1983 gewann er verschiedene Preise in Berlin und Cannes mit vielen Filmen: *La Caza (1965), Peppermint Frappé (1967), La Prima Angélica (1973), Cría Cuervos (1975)* und *Carmen (1983)*.

Sein bekanntester Film, *Cría Cuervos*, kam 1975 heraus und war ein großer Erfolg.

Übersetzung Nr. 20

Es war einmal eine Prinzessin namens Maria, die in einer sehr großen und wunderschönen Burg lebte. Sie war sehr hübsch und immer zufrieden. Sie liebte es zu singen, aber sie tanzte auch sehr gerne. Jeden Morgen ging sie zum Spanischunterricht, aber sie war traurig weil ihre Lehrerin böse war. Sie hieß Lady Baba. Maria wollte weglaufen und einen anderen Spanischlehrer finden, aber eines Tages, die böse Lady Baba …

* Was für ein kleiner Wald! Du könntest einen Baum pflanzen.
* Ja, Pablo sollte aufhören zu arbeiten.
* Ich würde öfter reiten, wenn es möglich wäre. Es würde mir sehr gefallen, aber ich habe keine Zeit.
* Ja, ich würde es lieben auf Fuerteventura zu wohnen. Es ist eine sehr ruhige Insel mit wunderschönen Stränden.
* Ich würde niemals nach Kanada ziehen. Ich würde mich sehr langweilen.
* Du solltest die Gesetze respektieren.
* Ich würde gerne in einem sehr großen See zu schwimmen, aber ich würde den Atlantik bevorzugen.

Carmen

Sie hat gerade mit der Gärtnerei angefangen. Seitdem hat sie viele Kilos abgenommen und hat wieder angefangen Sport zu treiben. Von großer Wichtigkeit war es damit aufzuhören drei Mahlzeiten täglich zu essen.

„Gärtnerin zu sein ist eine außergewöhnliche Arbeit. Es gibt mir wirklich etwas in meinem Leben. Ich arbeite seit 30 Jahren, seit 1989, in einer Firma. Ich habe 2001 zu rauchen angefangen und jetzt rauche ich immer noch."

Maria

„Ich pflegte oft mit meinem Pferd auszureiten. Als ich vor drei Jahren aufhören musste zu reiten fiel ich in einer Krise. 2018 hatte ich einen Unfall und verlor einen Fuß. Ich begann 2010 Bücher zu schreiben und schreibe nun in meinem Haus."

Jetzt hat sie viele Freunde unter den französischen Schriftstellern und hat angefangen Französisch zu lernen. Außerdem hat sie aufgehört zu rauchen.

Carmen:
* Seit 4 Jahren unterrichtet sie Spanisch und Französisch.
* Vor kurzem hat sie ein Fernstudium beendet.
* Seit sie die Direktorin der Schule ist, hat sie viele Überstunden gemacht.
* Sie arbeitet viel, seitdem sie Direktorin wurde.
* Seit zwei Jahren treibt sie Sport und reist viel.
* Sie lebt in Sevilla seit 2010.

Pablo:
* Seit 3 Jahren arbeitet er in einer Rechtsabteilung.
* Vor 4 Jahren hat er sein Jurastudium beendet.
* Seitdem er mit der Gegenpartei verhandelte, haben sich die Ergebnisse verbessert.
* Seit 8 Jahren treibt er Sport.
* Er wurde Rechtsanwalt nachdem er sein Jurastudium beendete.
* Seit 2009 lebt er in Madrid.

Es stellt sich heraus, dass eine Segelregatta zwischen dem Granada-Team und dem Cádiz-Team stattfindet. Nach einer Weile scheint das Granada-Team mit einem Segelboot zu gewinnen. Plötzlich kentert dieses Segelboot in einer engen Kurve. Letztendlich gewinnt die Mannschaft von Cádiz. Was ist mit dem Kapitän auf dem Segelbott passiert? Die Wahrheit ist, dass ... was er getan hat, war leichtsinnig!

La gente con habilidades ….. Menschen mit Fähigkeiten

1. Sprachlich-linguistischen
Haben die Fähigkeit zu kommunizieren, informieren und überzeugen … Diese Leute sind gut darin Sprachen zu lernen und zu schreiben, und es fällt ihnen leicht sich Dinge zu merken. Sie sind gute Gesprächspartner.

2. Logisch-mathematischen
Haben die Fähigkeit logisch zu denken und Kausalzusammenhänge herzustellen. Sie sind gut darin logische Probleme zu lösen.

3. Räumlichen
Diesen Menschen fällt es leicht die Beziehung zwischen den Formen und den Größen der Objekte zu verstehen. Aus diesem Grund sind sie gut in der Herstellung von Modellen, Karten lesen und Fachrichtungen wie Bildhauerkunst oder Zeichnen. Außerdem fällt es ihnen leicht Technologien anzuwenden.

4. Musischen
Haben die Fähigkeit verschiedene Töne wahrzunehmen und Melodien zu komponieren. Diese Leute können singen oder ein Instrument spielen; auch fällt es ihnen leicht Akzente zu imitieren.

5. Synästhetischen
Diese Menschen bewegen sich mit Leichtigkeit und sind in der Regel gut im Erstellen von manuellen Objekten. Haben eine ausgeprägte Fähigkeit Ideen und Empfindungen mit dem Körper auszudrücken. Deswegen sind sie gut im Sport, Tanz oder dem Kunsthandwerk.

6. Zwischenmenschlichen
Haben eine große Fähigkeit sich selbst zu analysieren und ihre Fehler und Fähigkeiten zu kennen. Diesen Leuten fällt es nicht schwer sich zu konzentrieren; sie können sehr diszipliniert sein und sie sind gut darin persönliche Tagebücher oder Autobiografien zu schreiben.

TEST 1 — A

1. * ¿Cómo te llamas?
   Pablo Blanco.
   ¿Blanco es ………….. ?
   Sí.
   a. el apellido   b. el nombre
   c. la casa   d. el padre

2. * ¿A qué os dedicáis?

   _____
   a. Es abogado.
   b. Son de Madrid.
   c. Yo soy mecánico y ella es maestra.
   d. Soy dentista.

3. * _____ 32 años.
   a. Soy   b. Tengo
   c. Hoy   d. Estoy

4. * _____
   Bolígrafo.
   a. ¿Puedes leer en alto, por favor?
   b. ¿Cómo se dice casa en alemán?
   c. ¿Cómo tú te llamas?
   d. ¿Cómo se llama esto en español?

5. * _____ interesan las tradiciones
   y los bailes españoles.
   a. A Carlos les   b. Carlos le
   c. Carlos y Ana les   d. A Carlos le

6. * Quiero _____
   a. salir por tomar.   b. ir a coche.
   c. hacer rota esta cosa.   d. conocer el pueblo.

7. * Yo quiero ir al concierto y conocer el pueblo. ¿Y tú?

   _____
   a. Yo también. Y además quiero ir de compras.
   b. Pues yo quiero ir al concierto y conocer el pueblo.
   c. Yo también. Y además quiero ir al concierto.
   d. Yo sí.

8. * ¿_____ los flamencos?
   Pájaros muy grandes y de color rosa.
   a. Qué son   b. Cuáles son
   b. Qué es   d. Cuál es

9. * _____ prefieres: ¿la blanca o la verde?
   La blanca.
   a. Cuál   b. Por qué
   c. Cuántas   d. Qué

10. * ¿Cuáles son tus bailes _____?
    Tango y salsa.
    a. preferidas   b. preferidos
    c. favorito   d. favoritas

11. * Pablo es el nombre de ...., el hijo de mi hermana.
    a. mi sobrino   b. su tío
    c. su padre   d. mi abuelo

12. * _____
    Ochenta millones, aproximadamente.
    a. ¿Cuántos habitantes tiene tu país?
    b. ¿Cuántos hijos tienes?
    c. ¿Cuántos regalos recibes?
    d. ¿Cuántos amigos tienes?

13. * ¿Qué blusa te gusta más? ¿Esta o esta?
    _____
    a. El verde.   b. Los tres.
    c. Nada.   d. La blanca.

1. * ¿A qué _____?
   Soy médico.
   a. curar   b. cansar
   c. trabajas   d. te dedicas

2. * ¿Cómo _____ llamáis?
   Yo Carmen y ella María.
   a. os   b. nos
   c. se   d. te

3. * ¿_____ son tus abuelos?
   Los que bajan del taxi ahora mismo.
   a. Qué   b. Quiénes
   c. Quién   d. Cuáles

4. * Tengo que ir al supermercado. No _____ ni pan ni fruta.
   a. estás   b. ser
   c. hay   d. soy

5. * ¿_____ tocar el piano?
   Sí, pero ahora _____ porque tengo el dedo roto.
   a. Sé/no sé   b. Sabes/no puedo
   c. Puedes/no puedo   d. Puedes/sabe

6. * ¿La iglesia está muy cerca de aquí?
   Sí, _____
   a. Está a 20 minutos en coche.
   b. Está un poco lejos.
   c. Está aquí al lado, a trescientos metros.
   d. Está lejos de la iglesia.

7. * ¿Qué falda es más cara?
   _____.
   a. El roja   b. La verde   c. El amarilla   d. La blanco

8. *A mi tío no _____ nada las gambas.
   a. le gustan   b. les encantan
   c. te gusta   d. se encanta

9. * ¿A qué hora vamos de tapas?
   _____.
   a. Con las ocho   b. Por las ocho
   c. A las ocho   d. Son las ocho

10. * Usualmente, _____ a dar clase de español
    a las 9.00 y _____ a las 16.00.
    a. comenzar/terminar   c. he terminado/he comenzado
    b. termino/comienzo   d. comienzo/termino

11. * Yo no me despierto temprano los sábados.
    _____.
    a. Yo tampoco   b. A mí tampoco
    c. Yo también   d. Tú también

12. * El tsatsiki _____ yogur, pepino, diente de ajo, sal y pimienta blanca.
    a. incluir   b. hacer
    c. tiene   d. lleva

13. * ¿_____?
    Sí, de primero sopa y de segundo pollo al ajillo.
    a. ¿Ya lo sabe? ¿Le tomo nota?   c. ¿Y de segundo?
    b. ¿Algún café?   d. ¿Qué van a tomar?

14. * ¿A qué hora _____?
    Usualmente a las ocho, por la tarde.
    Pero no siempre _____.
    a. desayuno/meriendas   b. como/cenas
    c. meriendo/comas   d. cenas/ceno

15. * _____ de mi casa es la terraza-invernadero.
    a. Quiero   c. Me encantan
    b. Lo que más me gusta   d. El que gustan mucho

16 * Pablo conoce a mucha gente porque es un chico muy _____.
    Muy bien. Es importante que los menores sean _____.
    a. modesto/orgullosos   b. abierto/sociables
    c. paciente/caseros   d. vago/tímidos

17. * ¿Sabes si hay _____ mercado por aquí cerca?
    Sí, hay _____ la primera a la derecha.
    a. un/uno   b. una/uno
    c. un/un   d. uno/una

18. * ¿Qué has _____ este fin de semana?
    He _____ a mis padres y he _____ una paella.
    Fantástico.
    a. invitado/hecho/ido   c. hecho/visto/ido
    b. comido/visto/invitado   d. hecho/invitado/comido

1. * ¿Desde cuándo trabajas en la empresa?
   _____.
      a. Desde dos años   b. Dos años
      c. Desde hace dos años   c. En abril

2. * ¿Tienes una cerveza?
   No, lo siento. Es que _____.
      a. he dejado de beber alcohol   b. yo siempre tengo alcohol
      c. me encanta el alcohol   d. he empezado a beber alcohol

3. * En España _____ comer muy tarde.
      a. se tienen   b. usual
      b. todos los días   d. la gente tiene la costumbre de

4. * En este museo _____.
      a. perro ladrador no están permitidos   b. los perros no están permitidos
      c. no dejan los perros   d. se prohiben traer de perros

5. * Yo, _____, _____ con mis padres.
      a. cuando pequeño/vivía   b. pequeño/he vivido
      c. de pequeño/vivía   d. de pequeño/viví

6. * Tú _____ la basura y yo _____ la casa.
      a. pones/ordeno   b. limpia/separo
      c. secas/friego   d. separas/limpio

7. * Si os interesa este CD, _____.
      a. no lo compréis   b. comprarlo
      c. comproslo   d. comprároslo

8. * _____, ¿por favor?
   Un momento, _____
   Hola, Señora Blanca al aparato.
   a. Señora Blanca/nadie contesta.   b. ¿La señora Blanca/qué tal?
   c. La señora Blanca/ahora se pone.   d. Hablo con señora Blanca/ahórrame eso.

9. * Pedro: ¿Sabes qué? Acabo de dejar la asignatura.
   a. Pedro me ha preguntado que acaba de dejar la asignatura.
   b. Pedro me ha habido que acaba de dejar la asignatura.
   c. Pedro me ha agradecido si acaba de dejar la asignatura.
   d. Pedro me ha comentado que acaba de dejar la asignatura.

10. * Esta semana no _____ a mis padres.
    Es que estaba ocupado.
    a. estoy viendo   b. veo
    c. he visto   d. vi

11. * En mi familia _____ bebe alcohol. ¿Y en el tuyo?
    a. nada   b. no había nadie
    c. ninguna otra cosa   d. nadie

12. * En los museos _____ cantar.
    a. no se admite   b. no está permitido
    c. Prohibida   d. no dejan de

13. * Yo todavía voy a la iglesia los domingos. ¿Y tú?
    _____. Es que no tengo ganas.
    a. Aún voy   b. Yo también voy
    c. Yo ya no voy   d. Yo ya sí voy

14. * ¿Dónde dejo las servilletas?
    a. Si ya no las necesitas, déjalas sobre la mesa.
    b. No sé, ¿me podrías dar las servilletas?
    c. Deja que te ayude.
    d. Por favor, déjame las servilletas.

15. * ¿En tu país _____ mucha cerveza?
    a. se reparte   b. se coge
    c. se bebe   d. se admiten

TEST 3

1. * Anoche cuando volviste a casa _____.
   a. estuviste llamado por teléfono a mi padre
   b. llamaste por teléfono a mi padre
   c. estabas llamando por teléfono a mi padre
   d. has estado llamado por teléfono a mi padre

2. * ¿Qué pasa? _____ me pasé por tu casa. Quise hablar con tu madre.
   a. La semana pasada
   b. Últimamente
   c. Esta semana
   d. Enseguida

3. * Los niños _____ la flauta en la escuela de música y la canción _____ sonaba genial.
   a. tocan/tuvo
   b. tocaban/esta
   c. tocan/tiene
   d. tocaron/tenía

4. * ¿Qué _____ después de la ópera?
   Nos quedamos en casa. _____ vagos y _____- la tele.
   a. hacíais/Estamos/veíamos
   b. hicisteis/Éramos/hemos hecho
   c. hicisteis/Estábamos/vimos
   d. hicisteis/Estábamos/veíamos

5. * Luego podríamos vernos, de momento no.
   _____ tengo que trabajar. Lo siento.
   a. Quizás
   b. Es que
   c. Varias veces
   d. También

6. * ¿_____ el ordenador portátil?
   Sí.
   a. Sabemos
   b. Podes
   c. Puedo usar
   d. Pones

7. * ¿_____ abrir la puerta?
   No, no. Ábrela tú.
   a. Prestas
   b. Puede
   c. Podrías
   d. Te importa si

8. * ¿Sales de viaje conmigo este verano?
   _____ dinero.
   a. Depende de tengo
   b. Depende de si tengo
   c. Depende de tener
   d. Depende de si tener

9. * ¿Dónde crees que trabajarás _____?
   a. tres años en el futuro
   b. dentro de tres años
   c. tres años que viene
   d. tres años próximos

10. * Si mi marido tiene dos entradas para el partido, _____.
    a. quieren hacer un poco deporte
    b. allí hay un espectáculo y música en vivo
    c. me apetece ir a tomar algo al centro
    d. creo que nos divertiremos

11. * _____ mis llaves, dámelas, por favor.
    Es muy importante.

a. Depende de si encontrarás	b. Si encuentras
c. Si encontrarás	d. Depende de si encuentras

12. * ¿Vienes del cine?
    Sí. He visto una película _____. _____ una pareja que …

a. de actualidad/Resulta	b. de aventuras/Va de
c. famoso/Como	d. típico francés/Porque

13. * ¿Qué pasa con la gallina en el relato corto?
    Pues, _____.
    a. la gallina la llevan a otra granja y es feliz allí
    b. a la gallina llevan a otra granja y es feliz allí
    c. la gallina le llevan a otra granja y es feliz allí
    d. a la gallina la llevan a otra granja y es feliz allí

14. * ¿Estás heredando?
    Sí, pero no _____. Tenemos que fijar una cita con el notario.

a. lo sabe nadie	b. sabe nadie
c. sé	d. se lo nadie sabe

15. * _____.
    Se lo ha dicho esta tarde. No lo han comprendido bien.
    a. Carmen dice que deja el trabajo. A ver qué dicen sus abuelos
    b. Carmen dice que deja el trabajo. A ver qué dice su abuelo
    c. Los hermanos dicen que dejan el trabajo. A ver qué dicen sus abuelos
    d. Los hermanos dicen que dejan el trabajo. A ver qué dice su abuelo

16. * ¿Carlos sabe que Carmen se casa?
    Pues no lo sé. Yo no _____ he contado.

a. sé	b. se lo
c. se le	c. sé la

Parts of body (Spanish)

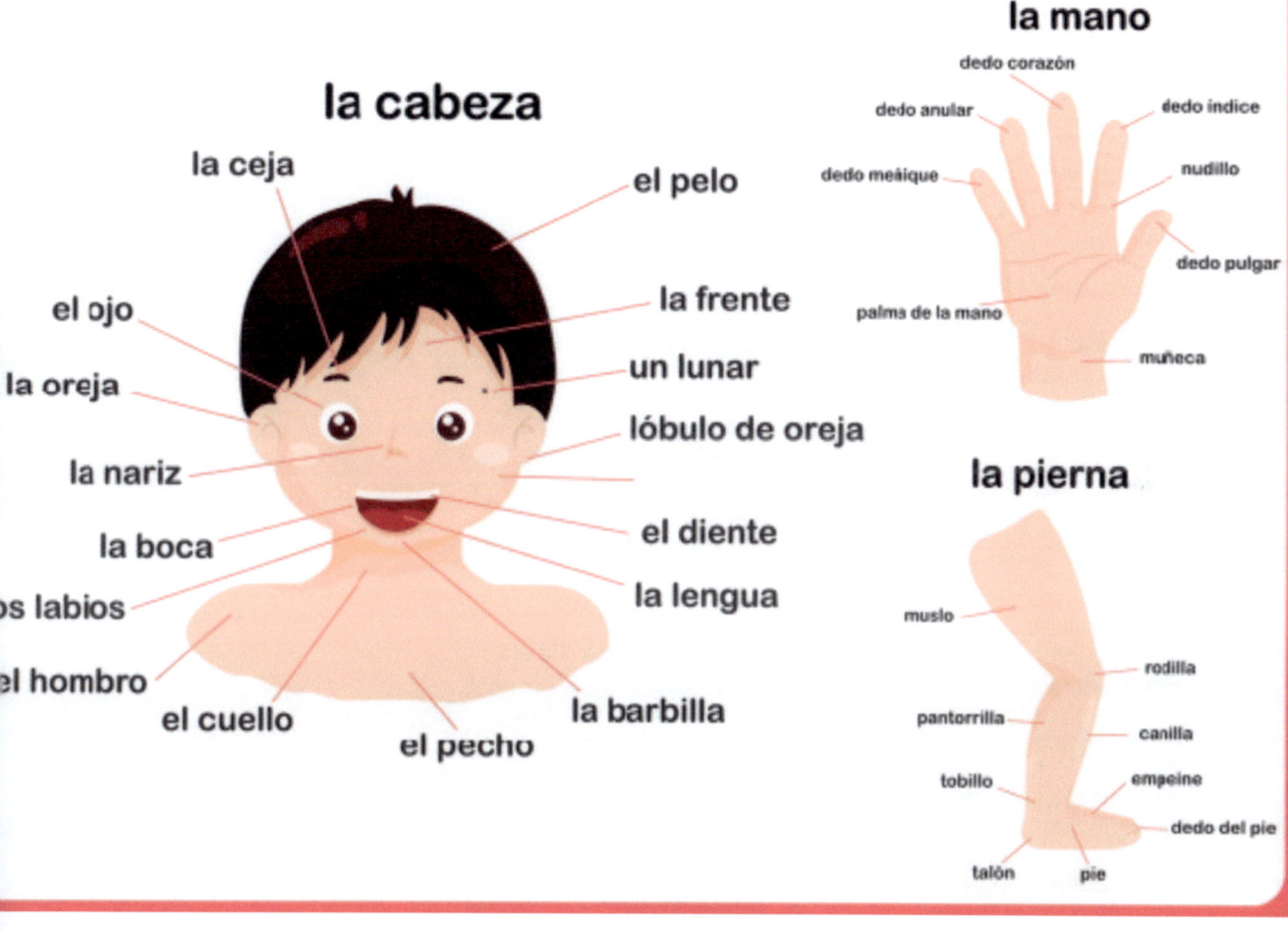

la cabeza

- la ceja
- el pelo
- el ojo
- la frente
- la oreja
- un lunar
- la nariz
- lóbulo de oreja
- la boca
- el diente
- os labios
- la lengua
- el hombro
- el cuello
- la barbilla
- el pecho

la mano

- dedo corazón
- dedo anular
- dedo índice
- dedo meñique
- nudillo
- palma de la mano
- dedo pulgar
- muñeca

la pierna

- muslo
- rodilla
- pantorrilla
- canilla
- tobillo
- empeine
- dedo del pie
- talón
- pie

A

a	in, an, nach
a las	um
a medida de	gemäß
a medida que	je nachdem
al final	am Ende, zum Schluss
al fondo	im Hintergrund, hinten
al fondo de	hinten in, an, auf
a la vez	gleichzeitig
a partir de	ab
A qué hora …	Um wieviel Uhr …..
a veces	manchmal
abajo	unten
abandonar	verlassen, aufgeben
abierto, abierta	aufgeschlossen, offen
abrazar	umarmen
el abrazo	die Umarmung
el abrelatas	der Dosenöffner
el abrigo	der Mantel

el abril	April
abrir	öffnen
abrirse	sich öffnen, aufgehen, aufblühen
aburrido, aburrida	langweilig
aburrir a alguien	j-n langweilen, j-n belästigen
el aburrimiento	die Langeweile
aburrirse	sich langweilen
acabar	Schluss machen, enden
acabar de	zu Ende machen, gerade getan haben
acampar	zelten
el accidente	der Unfall
la acción	die Tat, die Aktie
el aceite de oliva	das Olivenöl
la aceituna	die Olive
el acento	der Akzent
aceptar	zustimmen, akzeptieren, annehmen
la acera	der Gehweg
el acercamiento	das Nahen, die Annäherung
acercar	näherbringen, (näher)heranbringen
acercarse	sich nähern, vorbeischauen
ácido, ácida	sauer
acompañar	begleiten
aconsejar	raten
acordar	vereinbaren
acordarse de	sich erinnern an
acostar	(zu) Bett bringen
acostarse	sich hinlegen, ins Bett gehen
acostumbrar (a)	gewöhnen (an)
acostumbrarse (a)	sich gewöhnen (an)
la acrópolis	die Akropolis
la actividad	die Tätigkeit, die Aktivität
activo, activa	aktiv
el acto	die Handlung, der Akt, die Veranstaltung
acto seguido	anschließend, gleich danach
el actor	der Schauspieler
la actriz; pl. actrices	die Schauspielerin
la actuación	die Tätigkeit, das Wirken
actual	gegenwärtig, aktuell
la actualidad	die Gegenwart
actualizar	aktualisieren
actualmente	zurzeit, derzeit
actuar	spielen (in einer Komödie)
el acuerdo	die Einigung, die Übereinstimmung, die Vereinbarung
acudir	herbeieilen, sich begeben zu
el acusado, la acusada	der Angeklagte, die Angeklagte
acusar	anklagen
adelante	vorwärts
¡Adelante!	Herein!
adelgazar	abnehmen
además	außerdem, ferner
además de	außer, neben
adentro	hinein
adicional	zusätzlich, Zusatz-
adiós	Auf Wiedersehen, Tschüss
el adjetivo	das Adjektiv
la admiración	die Bewunderung
admirar	bewundern
la admisión	die Zulassung, die Annahme
admitir	zulassen, gestatten, annehmen
adolescente	halbwüchsig, Jugend…

el/la adolescente	der/die Jugendliche(r)
adónde	wohin
la aduana	der Zoll
el adverbio	das Adverb
el aeropuerto	der Flughafen
afeitar	rasieren, abstumpfen
la afición	das Hobby
ser aficionado/-a	sich begeistern (für)
afirmar	behaupten, versichern
la África	Afrika
afuera	draußen, hinaus
las afueras	der Stadtrand, die Außenbezirke
agarrar	halten
la agencia	die Agentur
la agencia de viajes	das Reisebüro
el agosto	August
agradable	angenehm
agradecer	danken für
agradecido, agradecida	dankbar
agresivo, agresiva	aggressiv
el agua	das Wasser
agudo, aguda	hoch
ahí	da
ahora	jetzt
ahora mismo	gerade jetzt
el aire	die Luft
el ajo	der Knoblauch
la alarma	der Alarm
el alcohol	der Alkohol
el alcohólico, la alcohólica	der Alkoholiker, die Alkoholikerin
alegre	fröhlich
la alegría	die Freude, die Fröhlichkeit
alegrarse de	sich freuen über
la alergia	die Allergie
el alfabeto	das Alphabet
el alfarero, la alfarera	der Töpfer, die Töpferin
el alféizar	das Fensterbrett, die Türlaibung
la alfombra	der Teppich
algo	etwas
alguien	jemand
algún, alguna	(irgend)eine; (irgend)welche(r,-s)
algunos, algunas	einige, ein paar
la alimentación	die Ernährung
alimentar	ernähren
alimentarse (de)	sich ernähren (von)
el alimento	das Nahrungsmittel, das Lebensmittel
los alimentos	die Nahrung
allí	dort
el alma	die Seele
el almeja	die Herzmuschel
la almendra	die Mandel
la almohada	das Kopfkissen
almorzar	zu Mittag essen
el almuerzo	das Mittagessen
la alojamiento	die Unterkunft
el alpinismo	das Bergsteigen
el alquiler	die Miete
alquilar	mieten
alternativo, alternativa	alternativ
el alumno, la alumna	der Schüler, die Schülerin

alto, alta	groß, laut
alterarse	sich aufregen
altísimo, altísima	höchst
la altura	die Höhe
amable	liebenswürdig
amar	lieben
amargo, amarga	bitter
amarillo, amarilla	gelb
la ambulancia	der Krankenwagen
el amigo, la amiga	der Freund, die Freundin
ser amigo/-a de	befreundet sein mit
la amistad	die Freundschaft
el amor	die Liebe
ampliar	ausdehnen, erweitern, ausbauen
amueblado, amueblada	möbliert
añadir	hinzufügen
analizar	untersuchen, analysieren
ancho, ancha	weit
¡Anda!	Na so was!
andar	(zu Fuß) gehen
el ángel	der Engel
el animal	das Tier
el aniversario	der Jahrestag
el año	das Jahr
anoche	gestern Abend
anterior	vorübergehend, früher
antes	bevor, vorher
antes de	vor
antes de ayer, anteayer	vorgestern
antiguo, antigua	antik
la Antigüedad	die Antike
antipático, antipática	unfreundlich, unsympathisch
anual	jährlich
anular	stornieren
apagar	ausschalten
el aparcamiento	der Parkplatz
el apartamento	das Appartement
aparte	beiseite, für sich, gesondert
aparte de	außer
aparte de eso	überdies, ferner
el apellido	der Nachnahme
apenas	kaum
el apetito	der Appetit
apetitoso/-a	schmackhaft, appetitlich
aplaudir	klatschen
el aplauso	der Applaus, der Beifall
aprender	lernen
aprobar	billigen, gutheißen, verabschieden, bestehen
aprobar un examen	eine Prüfung bestehen
aproximadamente	ungefähr
árabe	arabisch
el árbol	der Baum
el área	die Fläche
la arena	der Sand
el argumento	die Handlung, das Argument
el arma	die Waffe
el armario	der Schrank
la armonía	die Harmonie, der Wohlklang
la arquitectura	die Architektur
arreglar	reparieren

arriba	oben
el arroz	der Reis
el arroz con leche	der Milchreis
el arte	die Kunst
artesanal	handwerklich, Handwerks…
la artesanía	das (Kunst)Handwerk
el artículo	der Artikel
el/la artista	der Künstler, die Künstlerin
el asado	der Braten
la asamblea	die Versammlung
asar	braten
asar la parrilla	grillen
ascender	aufsteigen in der Arbeit, befördert werden
el ascenso	die Beförderung
el ascensor	der Aufzug
el asco	der Ekel
asegurar	versichern
así	so
el asiento	der Sitzplatz
la asignatura	das Fach
la asignatura obligatoria	das Hauptfach
la asignatura optativa	das Nebenfach
asistir a	teilnehmen an
asistir a alguien	jemandem helfen, jemanden unterstützen, pflegen
asistir en	beiwohnen
la asociación	der Verein
el aspecto	der Anblick, das Aussehen
asumir	übernehmen, akzeptieren
el asunto	die Angelegenheit
el ataque cardíaco	der Herzanfall
¡Atención!	Achtung! Vorsicht!
la atención	die Aufmerksamkeit
atender	beachten, berücksichtigen
atenerse (a)	sich halten (an)
el atentado	der Anschlag, das Attentat
Atentamente	Mit freundlichen Grüßen
atentar	einen Anschlag verüben
atento, atenta	aufmerksam
aterrizar	landen
el Atlántico	der Atlantik
atómico, atómica	atomar, Atom…
la atracción turística	die Sehenswürdigkeit
atractivo, atractiva	anziehend, attraktiv
el atractivo	die Anziehungskraft, der Charme
atraer	anlocken, anziehen
atraerse	für sich gewinnen
atrás	hinten, zurück
atravesar	durch etwas (hindurch)gehen
el atún	der Thunfisch
la audiencia	der Empfang, die Audienz
el aula	das Klassenzimmer
aumentar	steigern, erhöhen
aún	noch
aunque	obwohl, selbst wenn
la ausencia	die Abwesenheit, der Mangel, das Fehlen
austriaco/-a	Österreicher/-in
la autobiografía	die Autobiografie
el autobús	der Bus
la autopista	die Autobahn
la autorización	die Genehmigung, die Ermächtigung

autorizado, autorizada	genehmigt, befugt
autorizar	genehmigen, bevollmächtigen
la autovía	die Schnellstraße
el auxilio	die Hilfe, der Beistand
la avenida	der Boulevard, die Allee
la aventura	das Abenteuer
el avión	das Flugzeug
el aviso	die Mitteilung
ayer	gestern
la ayuda	die Hilfe
ayudar	helfen
el ayuntamiento	das Rathaus
el azúcar	der Zucker
azul	blau

B

bailar	tanzen
el bailarín, la bailarina	der Tänzer, die Tänzerin
el baile	der Tanz, die Tanzveranstaltung
bajo, baja	klein, leise, niedrig
bajar	sinken, hinuntergehen, hinuntertragen
el balance	die Bilanz
el balcón	der Balkon
el balón	der Ball
la ballena	der Wal
el ballet	das Ballett
bañarse	sich baden
el banco	die Bank
la banda	die Binde, der Streifen, das Band
la bandada	die Schar, der Schwarm
el bar	die Kneipe
barato, barata	billig
la barba	der Bart
la barca	das Boot
el barco	das Schiff
la barra de pan	die Stange Brot, das Baguette
barrer	kehren, fegen
el barrio	das Stadtviertel
la báscula	die Waage
la basílica	die Basilika
bastante	genug, ziemlich
la basura	der Abfall, der Müll
batear	schlagen
bautizar	taufen, verwässern, bespritzen
el bebé	das Baby
beber	trinken
la bebida	das Getränk
la belleza	die Schönheit
el beso	der Kuss
besar	küssen
besarse	sich küssen
la Biblia	die Bibel
la biblioteca	die Bücherei, die Bibliothek
la bicicleta	das Fahrrad
bien	gut
Bien, gracias	Danke, gut
el bienestar	das Wohlbefinden, der Wohlstand
Bienvenido, Bienvenida	Willkommen
el bigote	der Schnurrbart

el billete, el boleto	die Fahrkarte
el billete de avión	das Flugticket
el billete de ida	die Fahrkarte für einfache Fahrt
el billete de ida y vuelta	die Rückfahrkarte
la biografía	die Biografie
el biquini	der Bikini
el bistec	das (Beef-)Steak
blanco, blanca	weiß
blando, blanda	weich
la blusa	die Bluse
la boca	der Mund
el bocadillo	das belegte Brötchen
la boda	die Hochzeit
la bodega	das Kellerlokal
el bolígrafo	der Kugelschreiber
la bolsa	die Tüte, die Tasche
la bolsa de la compra	die Einkaufstasche
la bolsa (de viaje)	die Reisetasche
el bolsillo	die Tasche
el bolso	die Handtasche
bonito, bonita	schön, hübsch
la bomba	die Bombe
la bomba atómica	die Atombombe
los bomberos	die Feuerwehr
el bombón	die Praline
un bonus de viaje	ein Reisegutschein
borracho, borracha	betrunken
borrar	löschen
el bosque	der Wald
la bota	der Stiefel
la bota de montar	der Reitstiefel
la botella	die Flasche
el botón	der Knopf
la boutique	die Boutique
el boxeo	der Boxkampf
el brazo	der Arm
la brecha	die Bresche, der Mauerdurchbruch
breve	kurz
brillar	leuchten, scheinen
de broma	zum Spaß
la broma	der Scherz
bromear	scherzen
bucear	tauchen
el buceo	das Tauchen
budista	buddhistisch
Buen viaje	Gute Reise, Gute Fahrt
Buenas (phrase)	Hallo
Buenos días	Guten Morgen, Guten Tag
Buenas tardes	Guten Tag, Guten Abend
Buenas noches	Guten Abend, Gute Nacht
bueno, buena	gut, lieb, brav
la bufanda	der Schal
el bufete	die Anwaltskanzlei
el buque	das Schiff
el buque de vela	das Segelschiff
el burro, la burra	der Esel, die Eselin
el buscador	die Suchmaschine
el buscador, la buscadora	der Sucher, die Sucherin
buscar	suchen

C

cabalgar	reiten
el caballo	das Pferd
la cabeza	der Kopf
la cabra	die Ziege
el cacahuete	die Erdnuss
el cacao	der Kakao
cada	jeder
cada uno	jeder (einzelne)
caducar	ablaufen
caer bien	sympathisch sein
caerse	stürzen, umfallen
el café	der Kaffee, das Café
el café con leche	der Milchkaffee
la cafetera	die Kaffeekanne
la cafetera (eléctrica)	die Kaffeemaschine
la caja	die Kiste, die Schachtel
el cajero automático	der Geldautomat
el cajón	die Schublade
el calabacín	die Zucchini
la calculadora de bolsillo	der Taschenrechner
calcular	rechnen, berechnen
el caldo	die Brühe
la calefacción	die Heizung
el calendario	der Kalender
calentar	warm machen, erhitzen
caliente	warm, heiß
calificar	bezeichnen, beurteilen, kennzeichnen, benoten
la calma	die Windstille
calmar	beruhigen, lindern, abflauen
la calle	die Straße
la calleja	das Gässchen
el calor	die Hitze, die Wärme
caluroso, calurosa	heiß
la calva	die Glatze
calvo, calva	kahlköpfig, kahl
la cama	das Bett
la cámara	die Kamera
el camarero, la camarera	der Kellner, die Kellnerin
cambiar	wechseln, ändern, umtauschen
caminar	(zu Fuß) gehen
la caminata	Wanderung, Fußmarsch
el camino	der Weg
el camión	der Lastwagen
la camisa	das Hemd, die Bluse
la camiseta	das T-Shirt
el campo	das Spielfeld, das Land, das Feld
la caña	der Halm, das Schilfrohr
una caña	das kleine Glas Bier (vom Fass)
el Canadá	Kanada
cancelar	entwerten, absagen
el cáncer	der Krebs
el/la canciller	der Kanzler, die Kanzlerin
la canción	das Lied
la canela	der Zimt
canoso, canosa	grau-, weißhaarig
cansado, cansada	müde
el/la cantante	der Sänger, die Sängerin
cantar	singen

el cántico	der Lobgesang, das Kirchenlied
la cantina	die Kantine
la capacidad	die Fähigkeit
capaz (de, para)	fähig (zu), tüchtig (zu)
la capital	die Hauptstadt
el/la capitán	der Kapitän, die Anführerin
la cara	das Gesicht, die Miene
el carácter	der Charakter
el caramelo	das Bonbon
la caravana	der Wohnwagen
la cárcel	das Gefängnis
el carné de conducir	der Führerschein
caro, cara	teuer
cariñoso, cariñosa	herzlich, zärtlich
el cariño	die Zuneigung, der Liebling
la carne	das Fleisch
la carne picada	das Hackfleisch
la carnicería	die Metzgerei
el carnicero, la carnicera	der Metzger, die Metzgerin
la carrera	das Studium, die Karriere, das Rennen
la carretera	die Landstraße
la carta	die Speisekarte, die Postkarte
la cartera	die Brieftasche
el cartero	der Postbote
la casa	das Haus
casado, casada	verheiratet
casarse	heiraten
el casco antiguo	die Altstadt
casero, casera	häuslich
casi	fast
la castaña	die Kastanie
el castillo	die Burg
las catacumbas	die Katakomben
la catástrofe	die Katastrophe
la catedral	der Dom, das Münster, die Kathedrale
católico, católica	katholisch
causa - efecto	Ursache - Wirkung
la causa	die Ursache, der Grund
a causa de	wegen
la cava	der Sekt
la caza	die Jagd
cazar	jagen, ergattern
la cazuela	der Kochtopf
la cebolla	die Zwiebel
la celebración	die Feier
celebrar	feiern
celebrarse	stattfinden, gefeiert werden
celoso, celosa	eifersüchtig
el celular	das Handy
el cementerio	der Friedhof
la cena	das Abendessen
cenar	zu Abend essen
el cenicero	der Aschenbecher
la central nuclear	das Atomkraftwerk
céntrico, céntrica	zentral
el centro comercial	das Einkaufszentrum
cepillar	bürsten
el cepillo	die Bürste, der Schrubber
el cepillo de dientes	die Zahnbürste
cerca	nahe

cereal	Getreide…
los cereales	Getreide, Korn
el cerdo, la cerda	das Schwein
cerrado, cerrada	geschlossen
la cerradura	das Schloß
cerrar	schließen
la cerveza	das Bier
el chalé, el chalet	das Einfamilienhaus
la champaña	der Champagner
charlar	plaudern, sich unterhalten
la chaqueta	die Jacke
el cheque	der Scheck
el cheque de viaje	der Reisescheck
la chica	das Mädchen
el chico	der Junge
el Chile	Chile
el chimenea	der Kamin
el chiringuito	die Strandbar
el chiste	der Witz
chocar	zusammenstoßen
el chocolate	die Schokolade
el choque	der Zusammenstoß
el chorizo	die Paprikawurst
la chuleta	das Kotelett
los churros	das Spritzgebäck
el cielo	der Himmel
la ciencia	die Wissenschaft
las ciencias naturales	die Naturwissenschaften
el científico, la científica	der Wissenschaftler, die Wissenschaftlerin
ser cierto	stimmen, zutreffen
la cifra	die Ziffer
el cigarillo	die Zigarette
el cine	das Kino
la cinematografía	die Filmkunst
cinematográfica	Film…
la circunstancia	der Umstand, die Lage
la ciruela	die Pflaume
la cita	der Termin
la ciudad	die Stadt
¡Cuidado!	Vorsicht!
la clara e huevo	das Eiweiß
claro, clara	hell, klar, rein, dünn
la clase	der Unterricht, die Vorlesung, die Klasse
dar clases	unterrichten
clásico, clásica	klassisch
la clavel	die Nelke
el cliente, la clienta	der Kunde, die Kundin
el clima	das Klima
la clínica	die Klinik
cobrar	kassieren
cocer	kochen, backen
el coche	das Auto, der Wagen
el coche de caballos	die Kutsche
la cocina	die Küche, der Herd
cocinar	kochen
el cocinero, la cocinera	der Koch, die Köchin
el cóctel	der Cocktail
el codo	der Ellenbogen
coger	nehmen, fangen, pflücken
la colaboración	die Mitarbeit

la colcha	die Tagesdecke
el colchón	die Matratze
el colegio	die Schule
el cojín *pl.* cojines	das Kissen
colgar	aufhängen
el colono	der Ansiedler, der Kolonist
el color	die Farbe
la coma	das Komma
el comedor	das Esszimmer
comenzar	anfangen, beginnen
comer	essen, zu Mittag essen
comer con moderación	sich beim Essen mäßigen
cometer	begehen, verüben
el cometido	der Auftrag, die Aufgabe, die Pflicht
la comezón	der Juckreiz, das Gelüst, die Unruhe
la comida	die Mahlzeit, das Essen, das Mittagessen
la comida casera	die Hausmannskost
cómo	wie
como	(so) wie, da
¿Cómo está (usted)?	Wie geht es (Ihnen)?
¿Cómo estás? *(phrase)*	Wie geht's dir?
las comodidades	der Komfort
cómodo, cómoda	bequem
el compañero (sentimental)	der Lebensgefährte
la compañera (sentimental)	die Lebensgefährtin
el compañero de clase	der Mitschüler
la compañera de clase	die Mitschülerin
la competencia	die Kompetenz
competente	fähig
competer	obliegen, zukommen
la competición	der Wettstreit
competidor, competidora	mitbewerbend, konkurrierend
competir (con)	wetteifern (mit), konkurrieren (mit)
completamente	völlig
completo, completa	vollständig, ausgebucht
complicado, complicada	schwierig, kompliziert
componer	zusammenstellen, komponieren, bilden
la compra	der Kauf
comprar	kaufen
comprender	verstehen, begreifen
comprensible	verständlich
comprensivo, comprensiva	verständnisvoll, einschließend
comprobar	bestätigen, feststellen, nachweisen
común	gemeinsam
la comunicación	die Mitteilung, die Kommunikation
comunicar	mitteilen
comunicativo, comunicativa	mitteilsam, gesprächig
la comunidad	die Gemeinschaft
con	mit
la concentración	die Konzentration
concentrar	konzentrieren, sich zusammenziehen
concentrarse	sich sammeln, sich konzentrieren
la conciencia	das Bewusstsein
con frecuencia	oft, häufig
con gas	mit Kohlensäure
el concierto	das Konzert
condenar	bestrafen
conducir	(Auto) fahren
la conferencia	die Besprechung
confesar	gestehen

la confirmación	die Bestätigung
confirmar	bestätigen
la congelación	die Erfrierung, das Einfrieren
el congelador	der Gefrierschrank
congelado, congelada	tiefgekühlt
congelar	tiefkühlen, einfrieren
congelarse	gefrieren, erfrieren, zufrieren
el congreso	der Kongress, die Tagung
conmigo	mit mir
conocer	wissen, kennen, kennenlernen
el conocido, la conocida	der Bekannte, die Bekannte
conocido, conocida	bekannt
el conocimiento	die Kenntnis
la consecuencia	die Folge
consecuente	konsequent, folgerichtig
consecuentemente	folglich, entsprechend
conseguir	erreichen, bekommen, erlangen
el consejo	der Rat(schlag)
considerar	erwägen, bedenken
considerar (como)	halten für
consigo	mit sich
construir	bauen, errichten
construirse	entstehen (Gebäude)
la consulta, el consultorio	die Praxis
consultar	befragen, um Rat fragen
consumir	verbrauchen
el consumo	der Verbrauch, der Konsum
el consumo de energía	der Energieverbrauch
la contaminación	die Verschmutzung, die Verunreinigung
contaminado, contaminada	belastet, verunreinigt
contaminar	verschmutzen, verseuchen
contar	erzählen, zählen, berechnen
contar con	rechnen mit
contentísimo, contentísima	heilfroh
contento, contenta	froh
contestar	antworten, sich melden
contigo	mit dir
continuar	fortsetzen
contra	gegen
la contraparte	die Gegenpartei
contrario, contraria	entgegengesetzt, feindlich, schädlich
el contrato	der Vertrag
el control	die Kontrolle, die Überwachung
controlar	kontrollieren, überprüfen
la convalecencia	die Genesung
convencer	überzeugen, überreden
estar convencido/-a de	überzeugt sein von
conveniente	zweckmäßig, passend, angebracht
la conversación	das Gespräch
conversador	gesprächig
el conversador	der Plauderer
conversar	sich unterhalten
el convenio	die Übereinkunft, die Vereinbarung
convocar	einberufen
la copa	der Drink, der Pokal
una copa de vino	ein Glas Wein
la copia	der Abzug
copiar	kopieren
cordial	herzlich
la cordillera	die Gebirgskette

el coro	der Chor
la corrección	die Verbesserung
corregir	korrigieren
el correo	die Post
correr	laufen, rennen
el corte	der Schnitt, der Einschnitt
el corte de pelo	der Haarschnitt
corto, corta	kurz
cortar	schneiden
la cortina	der Vorhang
la cosa	die Sache, das Ding
las cosas	das Zeug
la costa	die Küste
costar	kosten
los costes	die Kosten
los costes adicionales	die Nebenkosten
la costumbre	die Sitte, der Brauch
crear	schaffen
crecer	wachsen
creer	glauben
creerse	sich halten für
la crema	die Creme
el crimen	das Verbrechen
criminal	kriminell
la crisis	die Krise
el cristal	das Glas, das Kristall
cristiano, cristiana	christlich
el cristiano, la cristiana	der Christ, die Christin
Cristóbal Colón	Christoph Columbos
la crítica	die Kritik
criticar	kritisieren
el cruasán	das Croissant
el cruce	die Kreuzung
el crucigrama	das Kreuzworträtsel
crudo, cruda	roh
crujiente	knusprig, kross
crujir	knistern, knirschen
cruzar	überqueren
el cuadro	das Bild, das Gemälde
de cuadros	kariert
lo cual	was
cual; *pl.* los/las cuales	welcher(r, -s)
cuál; *pl.* cuáles	welcher(r, -s)
cuando	als, wenn, sobald
cuándo	wann
cuánto, cuánta	wie viel, wie viel(e)
¿Cuánto vale … ?	Was kostet … ?
el cuarto	das Zimmer, das Viertel
el cuarto de hora	die Viertelstunde
el cubierto	das Gedeck, das Besteck
el cubito de hielo	der Eiswürfel
la cuchara	der Löffel
la cucharada	der Esslöffel
la cucharilla	der Teelöffel, der Kaffeelöffel
la cuenta	die Rechnung
el cuero	das Leder
el cuerpo	der Körper
la culpa	die Schuld
culpable	schuldig
el cultivo	der Anbau, die Zucht

el cultivo de cereales	der Getreideanbau
culto, culta	gebildet
la cultura	die Kultur
el culturismo	das Bodybuilding
el cumpleaños	der Geburtstag
cumplimentar	begrüßen, beglückwünschen, ausführen
cumplir	erfüllen, ausführen, verbüßen, absitzen
el cuñado, la cuñada	der Schwager, die Schwägerin
curado, curada	genesen
curar	behandeln, heilen
curarse	gesund werden, verheilen
el currículum vitae	der Lebenslauf
el curso	der Kurs
el curso de idiomas	der Sprachkurs
la curva	die Kurve

D

¡Da igual!	Egal
de gran importancia	von großer Wichtigkeit
dañar	schaden, verderben
el daño	der Schaden
los daños ecológicos	die Umweltschäden
dar	geben
dar de comer	füttern
dar marcha atrás	rückwärtsfahren
darse	vorkommen
darse a	sich widmen, sich hingeben
dar(se) la vuelta	umkehren
de	aus, von, mit, vor
¡De acuerdo!	In Ordnung!
de manera que	so dass, also
¡De nada!	Keine Ursache!
de ningún modo	auf keinen Fall
de pronto	plötzlich, auf einmal
de repente	plötzlich, unerwartet, schlagartig
de todas formas	auf jeden Fall
debajo de	unter
el debate	die Diskussion
deber	müssen, schulden
el deber	die Pflicht
los deberes	die Hausaufgaben
débil	schwach
la decepción	die Enttäuschung
decepcionar	enttäuschen
el deceso	das Ableben, der Tod
la decisión	die Entscheidung
decidir	entscheiden
decidirse a	sich entscheiden
décimo, décima	zehnte(r, -s)
es decir	das heißt
decir	sagen
la declaración	die Aussage
declarar	erklären, aussagen
la decoración	die Einrichtung
decorar	einrichten
dedicarse	sich widmen
el dedo	der Finger
el defecto	der Fehler, der Mangel, das Fehlen

dejar	erlauben, lassen, verlassen, leihen, überlassen
dejar caer	fallen lassen
dejar de	aufhören zu
delante de	vor
el delfín	der Delfin
delgado, delgada	schlank, dünn
delicioso, deliciosa	köstlich
demasiado, demasiada	zu viel(e)
la democracia	die Demokratie
demostrar	beweisen, zeigen
denso, densa	dicht
el/la dentista	der Zahnarzt, die Zahnärztin
dentro	darin, drinnen
dentro de	von innen
dentro por	innen
el departamento	die Abteilung
el dependiente, la dependienta	der Verkäufer, die Verkäuferin
el deporte	der Sport
el deporte de invierno	der Wintersport
el/la deportista	der Sportler, die Sportlerin
deportista	sportlich
a la derecha	rechts
derecho, derecha	rechte(r, -s)
el derecho	das Recht, Jura
desaparecer	verschwinden
desarmar	abrüsten, entwaffnen, demontieren
el desarme	die Abrüstung
desarrollar	entwickeln
el desarrollo	die Entwicklung
desayunar	frühstücken
el desayuno	das Frühstück
descansar	ausruhen
el descanso	die Ruhepause, die Erholung
descargar	herunterladen
el desconcierto	die Verwirrung, das Durcheinander
desconectar	abschalten, ausschalten
desconectarse	abgeschaltet
describir	beschreiben
el descubrimiento	die Entdeckung
descubrir	entdecken
desde	von … aus
desde *(best. Zeitpunkt)*	seit
desde entonces	inzwischen, seitdem, seither
desde hace *(Zeitraum)*	seit
desde … hasta	von … bis
desde que	seit *(seitdem ich etwas mache z.B. arbeiten gehe)*
desear	wünschen
el deseo	der Wunsch
la desesperación	die Verzweiflung
desesperado, desesperada	hoffnungslos, verzweifelt
desgraciadamente	leider
desierto, desierta	wüst, verlassen, ausgestorben
el desierto	die Wüste
la desnuclearización	der Atomausstieg
desnudo, desnuda	nackt
el despacho	das Büro
despedir	entlassen
despedirse	kündigen
despegar	starten
el despertador	der Wecker

despertar	wecken
despertarse	aufwachen
el despido	die Kündigung
después	danach, nachher
después de	nach
el destino	das Schicksal
la destrucción	die Zerstörung
destruir	zerstören
el desván, *pl.* desvanes	der Dachboden
el detergente	das Waschmittel, das Spülmittel
el detonador	die Sprengkapsel, der Zünder
detonar	zünden, explodieren
detrás de	hinter
devastar	verwüsten, verheeren
devolver	zurückgeben
de día	tagsüber, am Tag
el día	der Tag
el día festivo	der Feiertag
el día laborable	der Werktag
el Día de Navidad	der erste Weihnachtstag
el Día de Reyes	der Dreikönigstag
el Día de San Esteban	der zweite Weihnachtstag
el diablo	der Teufel
diario, diaria	täglich
el diario	die Tageszeitung, das Tagebuch
dibujar	zeichnen
el dibujo	das Muster, die Zeichnung
el diccionario	das Wörterbuch
el diciembre	Dezember
la dictadura	die Diktatur
la dieta	die Diät
la difamación	die Verleumdung
difamar	verleugnen
la diferencia	der Unterschied
diferente	unterschiedlich, anders
difícil	schwer, schwierig
difícilmente	schwerlich, kaum
la dificultad	die Schwierigkeit
el dinero	das Geld
el dios	der Gott
¡Dios Mío!	Mein Gott!
la dirección	die Adresse, die Leitung, die Führung
la dirección de correo electrónico	die E-Mail-Adresse
directo, directa	direkt, offen, unverblümt, unmittelbar
el director, la directora	der/die Regisseur(in); der/die Direktor(in)
el/la director/-a de cine	der/die Filmregisseur(in)
dirigir	führen, leiten, Regie führen bei
la disciplina	die Disziplin
disciplinado, disciplinada	diszipliniert
la discoteca	die Diskothek
discrepar de	nicht einverstanden sein mit
disculparse	sich entschuldigen
las disculpas	die Entschuldigung
¡Disculpe!	Entschuldigung!
la discusión	der Streit
discutir	diskutieren, streiten
diseño	der Entwurf, das Design, die Zeichnung
disfrutar	genießen
disminuir	verringern, verkleinern, vermindern
disponible	vorrätig

dispuesto, dispuesta	bereit
la distancia	die Entfernung
distinto, distinta	unterschiedlich
la distribución	die Verteilung, die Versorgung
distribuir	zuteilen, verteilen
distribuirse	sich verteilen
divertido, divertida	lustig, angeheitert
divertirse	sich amüsieren
divorciado, divorciada	geschieden
divorciarse	sich scheiden lassen
el divorcio	die Scheidung
el/la docente	der Dozent, die Dozentin
el doctor, la doctora	der Doktor
doctorarse	promovieren
la documentación	die Unterlagen, die Papiere
el documento	die Urkunde
doler	schmerzen, wehtun
el dolor	das Leid, der Schmerz
el dolor de cabeza	die Kopfschmerzen
el domicilio	der Wohnsitz
el domingo	Sonntag
el don	die Gabe, die Begabung
el don de lenguas	die Sprachbegabung
donde	wo
dormir	schlafen
dormirse	einschlafen
el dormitorio	das Schlafzimmer
el drama	das Drama
dramático, dramática	dramatisch
la droguería	die Drogerie
la ducha	die Dusche
ducharse	sich duschen
la duda	der Zweifel
dudar (de)	zweifeln (an)
dulce	süß
duodécimo, duodécima	zwölfte(r, -s)
durante	während, für
duro, dura	hart

E

es que	nämlich, weil
echar	einwerfen
la ecología	die Ökologie
ecológico, ecológica	ökologisch
la economía	die Wirtschaft
la ecuación	die Gleichung
la edad	das Alter
la Edad Media	das Mittelalter
el edificio	das Gebäude
la editorial	der Verlag
educado, educada	höflich
educar	erziehen
efectivamente	tatsächlich
el efecto	die Wirkung, der Eindruck
eficiente	wirkungsvoll
el Egeo	die Ägäis
el ejemplo	das Beispiel
ejercer	ausüben

el ejercicio	die Übung
el/la electricista	der Elektriker, die Elektrikerin
el electrodoméstico	das Elektrogerät
elegante	schick
elegir una profesión	einen Beruf ergreifen
eliminar	löschen
embarcar	an Bord gehen
el embarque	der Einstieg
la emoción	das Gefühl
emocional	emotional
emocionante	ergreifend, rührend
emocionar	ergreifen, bewegen
empeñarse en	beharren auf
la emperatriz	die Kaiserin
empezar	anfangen, beginnen
empezar a	anfangen zu
el empleado, la empleada	der Arbeitnehmer, die Arbeitnehmerin
el empleador, la empleadora	der Arbeitgeber, die Arbeitgeberin
emplear	anstellen, beschäftigen
el empleo	die Anstellung, die Beschäftigung
la empresa	die Firma
en	in, auf, an, mit
en aquel momento	damals
en consecuencia	folglich
en defecto de	in Ermangelung
en la foto	auf dem Foto
en plena forma	in Top-Form
en principio	grundsätzlich, prinzipiell
en un principio	anfangs
en vano	umsonst
enamorado, enamorada	verliebt
enamorarse de	sich verlieben in
el enano, la enana	der Zwerg, die Zwergin
¡Encantado!, ¡Encantada!	Sehr erfreut!
encargar	beauftragen, raten
encargarse	übernehmen, sich kümmern
encarnizado, encarnizada	erbittert, entzündet, blutig
el encarnizamiento	die Grausamkeit, die Verbissenheit
el encendedor	das Feuerzeug
encerrar	einsperren
el enchufe	die Steckdose
encima de	auf, über
encontrar	finden, wiederfinden
encontrarse	sich befinden, sich treffen
encontrarse con	sich treffen mit
el encuentro	das Treffen, die Begegnung
el eneldo	der Dill
el enemigo, la enemiga	der Gegner, die Gegnerin
la energía	die Energie
la energía atómica	die Atomenergie
el, la	der, die, das: den, die das
el enero	Januar
enfadado, enfadada	sauer, verärgert
enfadar	ärgern
enfadarse	sich ärgern, böse werden
el enfado	der Ärger
el enfermero, la enfermera	der Krankenpfleger, die Krankenpflegerin
enfrente de	gegenüber
el enfrentamiento	die Auseinandersetzung, die Konfrontation
engañar	betrügen, hintergehen, täuschen

el engaño	der Betrug, die List, der Irrtum
engordar	zunehmen
la ensalada	der Salat
enseguida	sofort
enseñanza	der Unterricht
enseñar	unterrichten
entender	verstehen
entender de	sich auskennen in
entenderse	sich verstehen
enterar	informieren
enterarse	sich über etwas informieren
la entidad	das Wesen, die Wesenheit, der Verein
el entierro	das Begräbnis, die Beerdigung
(por) entonces	damals
entonces	also, dann
el entorno	das Umfeld
la entrada	der Eingang, der Flur, die Einreise
entrar	hereinkommen, hereingehen
entre	zwischen, unter
entregar	überreichen, übergeben
el entrenamiento	das Training, die Ausbildung
la entrevista	die Zusammenkunft, die Besprechung
la entrevista de trabajo	das Vorstellungsgespräch
entrevistar	interviewen, ausfragen
entusiasmado, entusiasmada	begeistert
entusiasmar	begeistern
el entusiasmo	die Begeisterung
enviar	schicken, senden
envidiar	beneiden
la época	die Zeit
el equipaje	das Gepäck
el equipo	das Team, die Mannschaft
la equitación	der Reitsport, das Reiten
equivocarse	sich irren
el error	der Fehler
la escala	die Skala, der Maßstab, die Zwischenlandung
la escalada	der Aufstieg, das Erklimmen, das Bergsteigen
la escalera	die Treppe
escapar	entkommen, entwischen
escaparse	sich davonmachen, ausreißen
el escaparate	das Schaufenster
la escena	die Szene
el escenario	die Bühne
escoger	aussuchen
escolar	Schul...., schulisch
escribir	schreiben, verfassen
el escrito	das Anschreiben
el escritor, la escritora	der Schriftsteller, die Schriftstellerin
el escritorio	der Schreibtisch
escuchar	hören
la escuela	die Schule
la escuela infantil	die Vorschule
la escuela primaria	die Grundschule
la escuela secundaria	die Gesamtschule
la escuela nocturna	die Abendschule
la escultura	die Skulptur
esforzarse	sich bemühen
el esfuerzo	die Anstrengung, die Mühe
el esmero	die Sorgfalt
el espacio	der Raum

la espalda	der Rücken
especial	besonders
la especialidad	die Spezialität
especialmente	besonders
las especias	die Gewürze
el espectáculo	die Vorstellung
el espectáculo mediático	das Medienspektakel
el espectador, la espectadora	der Zuschauer, die Zuschauerin
espeluznante	haarsträubend, grauenhaft
espeluznar(se)	(sich) entsetzen
el espeluzno	der Schauder
la esperanza	die Hoffnung
esperar	hoffen, warten
esperar(se)	erwarten
¡Espero que si!	Ich hoffe (es)!
¡Espero que no!	Ich hoffe nicht!
el esposo, la esposa	der Gatte, die Gattin
esquiar	Ski laufen
establecer	(be)gründen, errichten
establecerse	sich niederlassen
la estación (del año)	die Jahreszeit
la estación (de trenes)	der Bahnhof
la estación	die Station
el estado	der Zustand, der Staat
estallar	ausbrechen
el estanco	der Tabakladen
estar con gente	unter Leuten sein
estar contentísimo/-a	heilfroh sein
estar enfermo	krank sein
estar en paro	arbeitslos sein
estar pasar de moda	aus der Mode sein
estar tumbado	liegen
el estatus	der Status
el estilo	der Stil
estimado, estimada	sehr geehrter, sehr geehrte
el estofado	das Gulasch
el estofado a la húngara	das ungarische Gulasch
estrecho, estrecha	eng
la estrella	der Star, der Stern
estrenar	zum ersten Mal gebrauchen
estrenarse	antreten, sein Debüt geben
el estreno	die Einweihung, die Premiere
el estrés	der Stress
estresado, estresada	gestresst
estropear	beschädigen, zerschlagen
estropearse	verderben, scheitern, kaputtgehen
el/la estudiante	der Schüler, die Schülerin, der Student, die Studentin
estudiar	lernen, studieren
el estudio	das Atelier
el estudio a distancia	das Fernstudium
los estudios	das Studium
la estufa	der Ofen
estupendo	großartig, prima, toll, super
la estupidez	die Dummheit
estúpido, estúpida	dumm
evidente	klar, offensichtlich
evidentemente	offenbar, natürlich
el ex marido	der Ex-Mann
exactamente	genau
la exageración	die Übertreibung

exagerar	übertreiben
el examen	die Prüfung
examinar	untersuchen
excelente	ausgezeichnet, hervorragend
la excepción	die Ausnahme
excepcional	außerordentlich, außergewöhnlich
excepto	außer
excesivo, excesiva,	übermäßig, übertrieben
excitado, excitada	aufgeregt
excitante	aufregend
excitar	anregen, aufregen, reizen
la excursión	der Ausflug
la excusa	die Ausrede
exigente	anspruchsvoll
la exigencia	die Forderung
exigir	verlangen, fordern
exiliado, exiliada	im Exil lebend
el exiliado, la exiliada	der Verbannte, die Verbannte
exiliarse	ins Exil gehen
el exilio	das Exil
la existencia	die Existenz
existir	existieren
el éxito	der Erfolg
la experiencia	die Erfahrung
el experimento	das Experiment
la explicación	die Erklärung
explicar	erklären
explosivo, explosiva	explosiv
el explosivo	der Sprengstoff
la exposición	die Ausstellung
expresar	ausdrücken
la expresión	der Ausdruck
exterior	äußere(r, -s)
el extranjero	das Ausland
el extranjero, la extranjera	der Ausländer, die Ausländerin
extraño, extraña	seltsam
extraordinario/-a	außergewöhnlich
extremista	extremistisch
el/la extremista	der/die Extremist(in)
extremo, extrema	äußerst, extrem

F

fácil	leicht
la facilidad	die Begabung
factible	machbar
la facultad	die Fakultät
la falda	der Rock
fallar	verfehlen
falso, falsa	falsch
faltar	fehlen
la familia	die Familie
el/la familiar	der Verwandte, die Verwandte
la familia numerosa	kinderreiche Familie
famoso, famosa	berühmt
fantasear	fantasieren
la fantasía	die Fantasie
fantástico, fantástica	fantastisch
el fantasma	das Trugbild, das Gespenst

el faro	der Scheinwerfer, der Leuchtturm
la farmacia	die Apotheke
el farmacéutico, la farmacéutica	der Apotheker, die Apothekerin
fascismo	der Faschismus
fatal	verhängnisvoll, unselig
el favor	der Gefallen
favorito, favorita	Lieblings-
el fax	das Fax
la fe	der Glaube
el febrero	Februar
la fecha	das Datum
la felicidad	das Glück
¡Felicidades!	Glückwunsch!
felicitar	gratulieren, beglückwünschen
feliz	glücklich
¡Feliz cumpleaños!	Herzlichen Glückwunsch zum Geburtstag!
¡Feliz Navidad!	Frohe Weihnachten!
femenino, femenina	weiblich
feo, fea	hässlich
el ferrocarril	die Eisenbahn
el festival	das Festival
la ficción	die Fiktion
el fiebre	das Fieber
fiel	treu
la fiesta	das Fest, die Party
fijarse en	bemerken
el filete	das Steak
la filosofía	die Philosophie
el fin de semana	das Wochenende
el final	der Schluss, das Ende, das Finale, das Endspiel
la finalidad	der Zweck, das Ziel
la finca	das Landhaus, das Grundstück, das Anwesen
fino, fina	dünn
firmar	unterschreiben
la física	die Physik
físico, física	körperlich
el flan	der Karamellpudding
la flauta	die Flöte
la flor	die Blume
la floristería	der Blumenladen
el fondo	der Boden, der Grund, die Grundlage
en forma	fit
la forma	die Art (und Weise), die Form, die Gestalt
forma lógica	logische Art und Weise
la formación	die Bildung, die Ausbildung
formar	ausbilden
forzar	zwingen, vergewaltigen
la foto	das Foto
la fotocopia	die Fotokopie
fotografiar, hacer fotos	fotografieren
la fractura	der Bruch
fracturar	auf-, zerbrechen, brechen
frágil	zerbrechlich
franquear	frankieren
el franqueo	das Porto
la frase	der Satz, die Phrase, die Ausdrucksweise
frecuente	häufig
fregar	putzen, spülen
fregar (los platos)	abwaschen
freír	frittieren, braten

frenar	bremsen
el freno	die Bremse
la fresa	die Erdbeere
fresco, fresca	frisch
el fresco	das Fresko
el frigorífico	der Kühlschrank
el frío	die Kälte
frío, fría	kalt
la frontera	die Grenze
frustrado, frustrada	frustriert, vergeblich
la fruta	das Obst
el fuego	das Feuer
la fuente	die Schüssel, die Quelle, der Brunnen
¡Fuera!	Raus!
fuera	(dr)außen
fuera de	außerhalb (von)
fuerte	kräftig
la fuerza	die Kraft
fugarse	fliehen
fumar	rauchen
el fumador, la fumadora	der Raucher, die Raucherin
la función	die Funktion, die Aufführung
funcionar	funktionieren
el funeral	die Trauerfeier
la furia	die Wut, die Raserei
furioso, furiosa	wütend
fútbol	Fußball
el futuro	die Zukunft

G

las gafas	die Brille
las gafas de sol	die Sonnenbrille
la galería (de arte)	die Galerie, die Kunstgalerie
la galleta	der Keks
la gallina	das Huhn
el gallo	der Hahn
la gamba	die Garnele
el ganado	das Vieh
el ganador, la ganadora	der Sieger, die Siegerin
la ganancia	der Gewinn
ganar	verdienen, gewinnen
ganarse	für sich gewinnen
ganarse la vida	seinen Lebensunterhalt verdienen
el gancho	der Haken
la ganga	das Schnäppchen
la garantía	die Garantie
garantizar	garantieren
el gas	das Gas
el gasóleo	der Diesel
la gasolina	das Benzin
la gasolinera	die Tankstelle
los gastos	die Ausgaben
los gastos de alquiler	die Mietkosten
el gato, la gata	der Kater, die Katze
gay	schwul
el gel (de ducha)	das Duschgel
el gemelo, la gemela	der Zwilling
la generación	die Generation

general	allgemein
en general, por lo general	im Allgemeinen
el general	der General
generoso, generosa	großzügig
genial	genial, toll
la gente	die Leute
la geografía	die Geografie, die Erdkunde
gigantesco, gigantesca	riesenhaft, gigantisch
el gimnasio	das Fitness-Studio
el girasol	die Sonnenblume
girar	drehen, abbiegen
el glaciar	der Gletscher
gobernar	herrschen, regieren
el gobierno	die Regierung
el gol	das Tor, der Treffer
el golf	Golf
el golpe	der Schlag, der Hieb
el golpe militar	der Militärputsch
golpear	schlagen, klopfen, heimsuchen
la goma	der Gummi
la goma de borrar	der Radiergummi
gordo, gorda	dick
la gorra	die Kappe
el gorro	die Mütze
la gota	der Tropfen
gótico, gótica	gotisch
grabar	aufnehmen, filmen, brennen
¡Gracias!	Danke (schön)
gracias por ….	danke für ….
gracioso, graciosa	witzig
el grado	der Grad, das Grad
la gramática	die Grammatik
gran *(Kurzform v. grande)*	groß, großartig
grande	groß
el granizo	der Hagel
la granja	der Bauernhof, die Farm
la gratificación	der Bonus
gratinar	überbacken
gratuito, gratuita	kostenlos
grave	tief, schwer, schlimm, ernst, streng
gravemente	ernst, schwer
gravemente enfermo	schwer krank
griego, griega	griechisch
el grifo	der Wasserhahn
la gripe	die Grippe
gris	grau
gritar	schreien
el grupo (de música)	die Band, die Gruppe
guapo, guapa	hübsch, schön, gut aussehend
guardar	speichern, bewahren, behalten
la guardería	die Kinderkrippe
la guarnición	die Beilage
la guerra	der Krieg
la guerra civil	der Bürgerkrieg
el guía turístico	der Reiseführer, die Reiseführerin
guiar	führen
el guión	die Standarte, das Drehbuch
el gusano	der Wurm
el guiso	das Gericht (Essen), der Schmortopf, der Eintopf
gustar	mögen, gefallen, schmecken, gern essen

hábil	geschickt
la habilidad	die Geschicklichkeit
la habitación	das Zimmer, der Raum
la habitación individual	das Einzelzimmer
el/la habitante	der Einwohner, die Einwohnerin
habituarse a	sich gewöhnen an
hablar	sprechen, reden
hablar por teléfono	telefonieren
hace poco	neulich, vor kurzem
hacer	tun, machen, bringen zu
hacer autostop	trampen, per Anhalter fahren
hacer (el) balance	die Bilanz ziehen
hacer una barbacoa	grillen
hacer caso	hören auf
hacer clic	klicken (z. B., auf den Link klicken)
hacer comedia	Komödie spielen
hacer cosquillas	kitzeln
hacer deporte	Sport treiben
hacer falta	benötigen
hacer footing	joggen
hacer las maletas	die Koffer packen
hacer la vista gorda	ein Auge zudrücken
hacer reír	zum Lachen bringen
hacer transbordo	umsteigen
hacer un esfuerzo	sich Mühe geben, sich anstrengen
hacer un favor	einen Gefallen tun
hacer vela hacía	segeln nach
el hachís	das Haschisch
hacia	nach
hacia arriba	hinauf
el hall; *pl.* halls	die Diele
el hambre	der Hunger
tener hambre	hungrig sein
la hamburguesa	der Hamburger
el hardware	die Hardware
la harina	das Mehl
hasta	bis
hasta que	bis
¡Hasta luego!	Bis dann!; Bis später!
¡Hasta mañana!	Bis morgen!
¡Hasta pronto!	Bis bald!
hay	es gibt, es ist, es sind, es befindet sich
hay mucha marcha	es ist viel los
hay que	man muss
hecho, hecha	gar
el hecho	die Tatsache
la helada	der Frost
el helado	das Eis
helarse	gefrieren
el helicóptero	der Hubschrauber
heredar	erben
la herida	die Wunde
herirse	sich verletzen
el hermano, la hermana	der Bruder, die Schwester
los hermanos	die Geschwister
hermoso, hermosa	schön
la herramienta	das Werkzeug
hervir	kochen

el hielo	das Eis
la hierba	das Gras
las hierbas aromáticas	die Kräuter
el hierro	das Eisen
higiénico, higiénica	hygienisch
el hijo, la hija	der Sohn, die Tochter
los hijos	die Kinder
el hincha	der Fan
hincharse	anschwellen, schwellen
hindú	hinduistisch
la historia	die Geschichte
las historias	die Geschichten
el hockey sobre hielo	das Eishockey
el hockey sobre hierba	das Feldhockey
la hoja	das Blatt
¡Hola!	Hallo!
¡Hombre!	Na so was!
el hombre	der Mann, der Mensch
el hombre de negocios	der Geschäftsmann
el hombro	die Schulter
el homenaje	die Ehrerbietung, die Ehrung
el/la homeópata	der Homöopath, die Homöopathin
el honor	die Ehre
la hora	die Uhr, die Stunde
la hora extra	die Überstunde
la hora punta	die Hauptverkehrszeit
el horario	der Stundenplan, der Fahrplan
el horario de vuelos	der Flugplan
el hormigón	der Beton
el horno	der Backofen
horrible	schrecklich, scheußlich
horroroso, horrorosa	entsetzlich, furchtbar
el hospital	das Krankenhaus
hospitalizar	in ein Krankenhaus einweisen
la hospitalización	die Einweisung in ein Krankenhaus
el hotel	das Hotel
hoy	heute
la huelga	der Streik
estar en huelga	streiken
el hueso	der Knochen
el huevo	das Ei
el huevo cocido	das hart gekochte Ei
el huevo pasado por agua	das weich gekochte Ei
la huida	die Flucht
huir	fliehen, (ver)meiden
humano, humana	menschlich
la humedad	die Feuchtigkeit
húmedo, húmeda	feucht
el humor	die Laune
hurtar	stehlen, verbergen
hurtar el cuerpo	ausweichen
hurtarse	sich drücken, kneifen

I

la ida	die Hinfahrt
la idea	die Idee
la ideología	die Ideologie
el idioma	die Sprache
la iglesia	die Kirche
ilegal	illegal, (gesetzlich) verboten
la ilustración	die Abbildung, die Illustration
la imaginación	die Vorstellungskraft
imaginar	ausdenken
imaginario, imaginaria	eingebildet, erdacht, erfunden
imaginarse	sich vorstellen
la imitación	die Nachahmung, die Imitation
imitar	nachahmen, nachmachen
importar	einführen, importieren
imposible	unmöglich
la impresión	der Abdruck, der Eindruck
impresionante	beeindruckend
el impreso	das Formular, das Druckerzeugnis
imprudente	unvorsichtig, unklug
el incendio	der Brand
incluido, incluida	inbegriffen
incluso, inclusa	eingeschlossen, sogar, selbst
incomprensible	unverständlich
el inconveniente	der Nachteil
increíble	unglaublich
incurable	unheilbar
la independencia	die Unabhängigkeit
independiente	unabhängig
indio, india	indisch, indianisch
el indio, la india	der/die Inder(in), der/die Indianer(in)
la industria	die Industrie
industrial	industriell
el INEM	Agentur für Arbeit
la infancia	die Kindheit
el infarto	der Infarkt
la infección	die Infektion
infeliz; *pl.* infelices	unglücklich
infiel	untreu
el infierno	die Hölle
la inflamación	die Entzündung
influenciar	beeinflussen
influenciarse	sich gegenseitig beeinflussen
influir	beeinflussen, einwirken auf
la información	die Auskunft, die Information
informar	informieren, berichten
la informática	die Informatik
el informe	der Bericht
la ingeniería	die Technik, die Ingenieurwissenschaft
ingresar	einzahlen
la iniciativa	die Initiative, die Anregung
inmediatamente	sofort, unverzüglich
el/la inmigrante	der Einwanderer, die Einwanderin
inmigrar	einwandern
inmoral	unmoralisch
inmueble	unbeweglich
el inmueble	das Grundstück, das Anwesen
inscribirse	sich anmelden, sich einschreiben
la inscripción	die Anmeldung

inseguro, insegura	unsicher
inservible	unbrauchbar
insistir en	bestehen auf
instalar	einrichten, aufstellen
instalarse	sich niederlassen
el instituto	das Institut
las instrucciones	die Gebrauchsanleitung
insultar	beschimpfen, beleidigen
la inteligencia	die Intelligenz
inteligente	intelligent
la intención	die Absicht
el intento	der Versuch
intercambiar	austauschen
el intercambio	der Austausch
el interés	das Interesse, der Zins
interesado, interesada	interessiert
interesante	interessant
interesarse por	sich interessieren für
interior	innere(r, -s)
la interpretación	die Auslegung, die Deutung
interpretar	auslegen, deuten
el/la intérprete	der Dolmetscher, die Dolmetscherin
interrumpir	unterbrechen
el interruptor	der Schalter
inútil	nutzlos
la invención	die Erfindung
inventar	erfinden
el invento	die Erfindung
invertir	investieren, anlegen
la investigación	die Untersuchung, die Forschung
el invierno	der Winter
invitar	einladen
ir	fahren, hinfahren, hinkommen
ir a	tun werden (Zukunftsform)
ir a caballo	reiten
ir a trabajar	zur Arbeit gehen
ir a ver	besuchen
ir con	passen zu
ir de compras	einkaufen gehen
ir de tapas	durch Tapa-Bars ziehen
ir de tiendas	einen Einkaufsbummel machen
ir en bicicleta	Fahrrad fahren
ir en tren	mit dem Zug fahren
ir en trineo	Schlitten fahren
ir hacia adelante	Vorwärtsfahren
ir (a) por	holen, abholen
irse	weggehen
irregular	unregelmäßig
la irrupción	das Eindringen, der Einfall, der Einbruch
la isla	die Insel
islámico, islámica	islamisch
izquierdo, izquierda	linke(r, -s)
a la izquierda	links

J

el jabón, *pl.* jabones	die Seife
el jaleo	der Krach
jamás	nie(mals)
el jamón cocido	der gekochte Schinken
el jamón serrano	der luftgetrocknete Schinken
el Japón	Japan
japonés, japonesa	japanisch
el jardín	der Garten
el jardín den infancia	der Kindergarten
los jardines	die Grünanlagen
el jardinero, la jardinera	der Gärtner, die Gärtnerin
la jardinería	die Gärtnerei, die Gartenarbeit
el jeep	der Jeep
el jefe, la jefa	der Chef, die Chefin
el jersey	der Pullover
la jornada completa	die Vollzeit
la jornada laboral	die Arbeitszeit
joven	jung
el/la joven	der Jugendliche, die Jugendliche
la joya	das Schmuckstück
la joyería	der Juwelier
la judía verde	die grüne Bohne
el juego	das Spiel
el juego limpio	Fairplay
el juego de ordenador	das Computerspiel
el jueves	Donnerstag
el juez, la jueza	der Richter, die Richterin
jugar	spielen, verspielen
la juguetería	das Spielwarengeschäft
el julio	Juli
el junio	Juni
la junta directiva	der Vorstand
junto, junta	zusammen
juntos	gemeinsam
jurado, jurada	geschworen, vereidigt
el jurado, la jurada	der Geschworene, die Geschworene
jurar	schwören
jurídico, jurídica	juristisch, rechtlich
la justicia	die Gerechtigkeit, die Justiz
justo, justa	gerecht
juzgar	beurteilen

K

el kayak	das Kajak
hacer kayak	Kajak fahren
el keroseno	das Kerosin
el kétchup	der Ket(s)chup
el kilo	das Kilo
el kilobyte	das Kilobyte
el kilométro	der Kilometer
el kilotón	die Kilotonne
el kiosco	der Kiosk
el kiwi	die Kiwi
el kleenex	das Papiertaschentuch

L

el labio	die Lippe
el lado	die Seite
la lágrima	die Träne
lamentablemente	leider, bedauerlicherweise
lamentar	bedauern
la lámpara	die Lampe
la lana	die Wolle
el langostino	die Riesengarnele
lanzar	werfen
el lápiz	der Stift
largo, larga	lang
el largometraje	der Spielfilm
a las	um
la lata	die Dose
el latín	das Latein
latino, latina	lateinisch
el lavabo	das Waschbecken
la lavadora	die Waschmaschine
el lavaplatos	die Geschirrspülmaschine
lavar	waschen
lavarse	sich waschen
lavarse los dientes	Zähne putzen
la leche	die Milch
la leche entera	die Vollmilch
la leche desnatada	die teilentrahmte Milch
el lector, la lectora	der Leser, die Leserin
el lector de DVD	der DVD-Player
leer	lesen
las legumbres	die Hülsenfrüchte, das Gemüse
lejos	weit (weg)
lejos de	weg (weg) von
la lengua	die Sprache, die Zunge
la lengua extranjera	die Fremdsprache
la lengua materna	die Muttersprache
la lenteja	die Linse
la lentilla	die Kontaktlinse
lento, lenta	langsam
el león, la leona	der Löwe, die Löwin
la letra	der Buchstabe
el letrero	das Schild
levantar	hochheben
levantarse	aufstehen
liberar	befreien
la libertad	die Freiheit
libre	frei
por libre	freiberuflich
la librería	die Buchhandlung
el libro	das Buch
licenciarse	ein Hochschulstudium abschließen
ligera, ligero	leicht
la limonada	die Limonade
limpiar	reinigen, putzen
la limpieza	die Sauberkeit
la línea	die Linie
en línea	online
lindo, linda	hübsch
el lío (amoroso)	die Affäre, die Liaison
el litro	der Liter

liso, lisa	glatt
la lista	die Liste
listo, lista	klug
literario, literaria	literarisch
litoral	Küsten ….
el litoral	das Küstengebiet, der Küstenstreifen
llagado, llagada	wund
la llamada	der Anruf
la llamada local	das Ortsgespräch
llamar	nennen, rufen
llamarse	heißen
llamar la atención a alg.	jemandem auffallen
llamar por teléfono	anrufen
el llano	die Ebene
la llanura	das Flachland
la llave	der Schlüssel
el llavero	der Schlüsselanhänger
la llegada	die Ankunft
llegar	ankommen, kommen
llegar a	ankommen in
llenar	füllen
lleno, llena	voll
llevar	tragen, anhaben, bringen, führen
para llevar	zum Mitnehmen
llevar la casa	den Haushalt machen
llevar al correo	aufgeben (z.B. Brief)
llevar puesto, llevar puesta	anhaben
llevarse	mitnehmen
llorar	weinen
llover	regnen
llueve	es regnet
el lobo, la loba	der Wolf, die Wölfin
lo (que) más a menudo	am öftesten
local	örtlich
loco, loca	verrückt
lógico, lógica	logisch, natürlich
la lombarda	das Rotkraut
el Londres	London
¡Lo siento!	Es tut mir leid!
la lotería	die Lotterie
la lucha	der Kampf
luchar	kämpfen
lucir	leuchten, glänzen
lucirse	prunken mit, sich hervortun
luego	danach, später
el lugar	der Ort, der Platz
el lugar de interés	die Sehenswürdigkeit
el lugar de residencia	der Wohnort
el lujo	der Luxus
la luna	der Mond
el lunes	Montag

M

los macarrones	die Makkaroni, die Maccaroni
la madera	das Holz
la madre	die Mutter
¡Madre mía!	Gottseidank!
de madrugada	frühmorgens

la madrugada	Zeitraum zwischen Mitternacht und Tagesanbruch
maduro, madura	reif
maestro, maestra	meisterhaft
el maestro, la maestra	der/die Meister(in), der/die Lehrer(in)
el maíz, pl. maíces	der Mais
majo, maja	nett
la mala racha	die Pechsträhne
¡Mala suerte!	Unglück! Pech!
la mala suerte	das Pech
maleducado, maleducada	unhöflich
la maleta	der Koffer
malísimo, malísima	grottenschlecht
malvado, malvada	böse, verrucht
mamá	Mama, Mutti
la mañana	der Morgen, der Vormittag
mañana	morgen
por la mañana	morgens
la mancha	der Fleck
mandar	befehlen, anordnen, schicken
la mandarina	die Mandarine
manejar	handhaben, umgehen mit
la manera	die Art (und Weise)
la manga	der Ärmel
manifestarse	demonstrieren
la manipulación genética	die Genmanipulation
manipulado genéticamente	gentechnisch verändert
la mano	die Hand
la manta	die Decke
el mantel	die Tischdecke
la mantequilla	die Butter
manual	manuell
la manzana	der Apfel
la mapa	die Landkarte
la maqueta	das Modell, das Layout
el maquillaje	die Schminke
maquillarse	sich schminken
la maquinilla de afeitar	der Rasierapparat
el mar	das Meer
maravilloso, maravillosa	herrlich
marcar	wählen
marcar un punto	einen Punkt erzielen
marchar	marschieren, funktionieren
marcharse	weggehen
la marea	die Gezeiten
el mareo	der Schwindel, die Seekrankheit
la margarina	die Margarine
el marido	der Ehemann, der Mann
la mariposa	der Schmetterling
los mariscos	die Meeresfrüchte
el mármol	der Marmor
marrón	braun
el Marruecos	das Marokko
el Marte	der Mars
el martes	Dienstag
el marzo	März
más	mehr
más a menudo	häufiger
el masaje	die Massage
masculino, masculina	männlich
la mascota	das Haustier

matar	töten
las matemáticas	die Mathematik
la materia	der Stoff, das Thema, die Materie
el material	das Material
la matrícula	das Autokennzeichen
el matrimonio	das Ehepaar, die Ehe
el mayo	Mai
mayor de edad	volljährig
la mayoría	die Mehrheit
Me da lo mismo.	Das ist mir gleich.
Me da igual.	Das ist mir gleich.
Me quedo en blanco.	Ich habe das Nachsehen.
mecánico, mecánica	mechanisch
la medalla	die Medaille
la media	der Kniestrumpf
la media pensión	die Halbpension
la mediación	die Vermittlung, die Schlichtung, die Mediation
la media hora	die halbe Stunde
la medianoche	die Mitternacht
las medias	die Feinstrümpfe
el medicamento	das Medikament
la Medicina	die Medizin
médico, médica	medizinisch
el/la médico	der Arzt, die Ärztin
la medida	das Maß
medio, media	halbe(r, -s)
el medio ambiente	die Umwelt
el mediodía	der Mittag
medir	messen
mediterráneo	mediterran
el Mediterráneo	das Mittelmeer
la medusa	die Qualle
la mejilla	die Wange, die Backe
el mejillón	die Miesmuschel
mejorar	(sich) verbessern
el melocotón	der Pfirsich
la melodía	die Melodie
el melón, pl. melones	die Honigmelone, die Melone
la memoria	das Gedächtnis
memorizar	auswendig lernen, speichern
mencionar	erwähnen
el mendigo, la mendiga	der Bettler, die Bettlerin
menor de edad	minderjährig
menos	weniger
¡Menos mal!	Gottseidank!
el mensaje de texto	die SMS
mensual	monatlich
mentir	lügen
mentir a alguien	jemanden anlügen
la mentira	die Lüge
mentiras y engaños	Lug und Trug
el mentiroso, la mentirosa	der Lügner, die Lügnerin
el menú	das Menü
el menú del día	das Tagesgericht
menudo, menuda	zierlich
a menudo	oft
el mercado	der Markt
merendar	vespern
la merienda	die Vesper, kleiner Imbiss
la merluza	der Seehecht

la mermelada	die Marmelade
el mes	der Monat
la mesa	der Tisch
meter	stellen, legen, stecken
meter gol	ein Tor schießen
el método	die Methode
el metro	die U-Bahn, der Meter
mezclar	(ver)mischen
la mezquita	die Moschee
el microondas	die Mikrowelle
el miedo	die Angst
tener miedo	sich fürchten vor
la miel	der Honig
el miembro	das Mitglied
miente más que habla	er/sie lügt wie gedruckt
¡Miento!	Irrtum! Ich muss mich berichtigen!
mientras	während, solange
el miércoles	Mittwoch
mínimo, mínima	minimal, Mindest…
la minoría	die Minderheit
el minuto	die Minute
la mirada	der Blick
el mirador	der Aussichtspunkt
mirar	schauen
mirar atrás	zurücksehen
mirar a alg. por encima del hombro	auf jemanden herabblicken
la miseria	das Elend
mismo, misma	selbst, gleich, ähnlich
lo mismo	dasselbe
el misterio	das Geheimnis, das Mysterium
la mitad	die Hälfte
la mochila	der Rucksack
a la moda	modisch
modelar	formen
el modelo	das Modell
la moderación	die Mäßigung
moderno, moderna	modern
modesto, modesta	bescheiden
el modo	die Art (und Weise)
mojado, mojada	nass
el molde	die Form
molestar	stören, belästigen
el momento	der Moment
un momento	einen Augenblick
el monasterio	das Kloster
la moneda	die Münze
el mono, la mona	der Affe, die Äffin
el monólogo	der Monolog
la montaña	der Berg
las montañas	das Gebirge
montar	aufsteigen, aufsitzen
montar a caballo	reiten
el montón	der Haufen
monumental	enorm, gewaltig
el monumento	das Denkmal
el monumento emblemático	das Wahrzeichen
la moqueta	der Teppichboden
moral	moralisch
moreno, morena	dunkel(häutig), dunkelhaarig
morir	sterben

morir de hambre	verhungern
morirse	sterben, absterben
mortal	tödlich
la mostaza	der Senf
el mosto	der Traubensaft
mostrar	zeigen
mostrarse dispuesto/-a	sich bereit erklären
el motivo	das Motiv
la motocicleta	das Motorrad
mover	bewegen, antreiben
moverse	sich bewegen, sich rühren
la movida	lebhaftes Treiben
movido, movida	bewegt, lebhaft, verwackelt
móvil	beweglich
muchísimo	sehr viel, unerhört viel
mucho, mucha	viel(e)
muchas veces	oft
mucho *(adv.)*	sehr
mucho, mucha *(adj.)*	viel(e)
mudarse	umziehen
el mueble	das Möbel
la muerte	der Tod
muerto, muerta	tot
el muesli	das Müsli
la mujer	die Frau, die Ehefrau
la multa	die Strafe, der Strafzettel
el mundo	die Welt
la muñeca	das Handgelenk
la muralla	die Stadtmauer, die Mauer
el muro	die Mauer
el museo	das Museum
la música	die Musik
la música folclórica	die Volksmusik
la música pop	die Popmusik
musical	musikalisch
el musical	das Musical
el músico	der Musiker, die Musikerin
el muslo	die Keule
muy	sehr

N

nacer	geboren werden
el nacimiento	die Geburt
la nación	die Nation
nacional	national
la nacionalidad	die Staatsangehörigkeit, die Nationalität
el nacionalismo	der Nationalismus
las Naciones Unidas	die Vereinten Nationen
nada	nichts
Nada más.	Das wär's.
nadar	schwimmen
naranja	orange
la naranja	die Orange
la nariz	die Nase
el narrador, la narradora	der Erzähler
la nata	die Sahne
la naturaleza	die Natur
la naturalidad	die Natürlichkeit

las náuseas	die Übelkeit
la navaja	das Taschenmesser
navegante	seefahrend
el/la navegante	der Seefahrer, die Seefahrerin
navegar	segeln, zur See fahren
navegar por internet	im Internet surfen
la Navidad	Weihnachten
las Navidades	Weihnachtsfeiertage
nebuloso, nebulosa	neblig
necesario, necesaria	notwendig, erforderlich
necesitar	brauchen
negar	bestreiten
negarse	sich weigern
negativo, negativa	negativ
la negociación	die Verhandlung
negociar	handeln, verhandeln
el negocio	das Geschäft
negro, negra	schwarz
el nervio	der Nerv
nervioso, nerviosa	nervös
neto	netto
el neumático	der Reifen
neutro, neutra	sächlich
nevar	schneien
ni … ni	weder … noch
el nieto, la nieta	der Enkel, die Enkelin
la nieve	der Schnee
la niña	das Kind, das Mädchen
de ningún modo	auf keinen Fall
el niño	das Kind, der Junge
el nivel	die Stufe, das Niveau
no … en absoluto	überhaupt nicht
¡No hay de qué!	Gern geschehen! Keine Ursache!
No importa.	(Das) macht nichts.
¡No te lo tomes a pecho!	Mach dir nichts draus!
la nobleza	der Adel
la noche	der Abend, die Nacht
esta noche	heute Abend
la Nochevieja	Silvester
nombrar	berufen, ernennen
el nombre	der Name
el nombre (de pila)	der Vorname
nonagésimo, nonagésima	neunzigste(r, -s)
normal	normal
el norte (de)	nördlich von
el norte	der Norden
notar	bemerken
la noticia	die Nachricht
la novela	der Roman
la novela policíaca	der Kriminalroman
noveno	neunte(r, -s)
la novia	die feste Freundin, die Braut
el noviembre	November
el novio	der feste Freund, der Bräutigam
la nube	die Wolke
nublado, nublada	bewölkt
nuevo, nueva	neu
de nuevo	noch einmal
la nuez	die Walnuss
el número (de la calle)	die Hausnummer

el número (de pie)	die Schuhgröße
el número de teléfono	die Telefonnummer
nunca	nie
el/la nutricionista	der/die Ernährungswissenschaftler(in)

O

obedecer	gehorchen
objetivo, objetiva	objektiv
el objetivo	das Objektiv
el objeto	der Gegenstand, das Ding
obligar a	zwingen zu
obligatorio, obligatoria	vorgeschrieben
la obra de teatro	das Theaterstück
la obra	das Werk
las obras	die Baustelle
el obrero, la obrera	der Arbeiter, die Arbeiterin
observar	beobachten
obtener	bekommen, erhalten
obvio	einleuchtend, offensichtlich
obvio es	es liegt auf der Hand
la ocasión	der Anlass
occidental	westlich
el océano	der Ozean
el Océano Atlántico	Atlantischer Ozean
el Océano Pacífico	Pazifischer Ozean
el ocio	die Freizeit
octavo, octava	achte(r, -s)
octogésimo, octogésima	achtzigste(r, -s)
el octubre	Oktober
ocultar	verbergen, verheimlichen
ocupado, ocupada	besetzt
ocupar	besetzen
ocurrir	sich ereignen, geschehen
odiar	hassen
el odio	der Hass
al oeste (de)	westlich von
el oeste	der Westen
ofender	beleidigen
la oferta	das Angebot
oficial	offiziell, amtlich
la oficina de correos	das Postamt
el oficio	der Beruf, das Handwerk
el oficio de actor	die Schauspielerei
ofrecer	anbieten
ofrecerse	sich anbieten
el oído	das Gehör
oír	hören
¡Ojalá!	Hoffentlich … !
el ojo	das Auge
la ola	die Welle
oler	riechen
oler a	riechen nach
oler mal	stinken
el olor	der Geruch
olvidar	vergessen
olvidarse de a/c	etwas vergessen
la ópera	die Oper

la operación	die Operation
operar	operieren
opinar	meinen, denken
la opinión	die Meinung, die Ansicht
las opiniones	die Einstellung
la oposición	der Widerspruch, der Widerstand
la opresión	die Unterdrückung, die Beklemmung
oral	mündlich
el orden	die Ordnung, die Reihenfolge
la orden	der Befehl
el ordenador	der Computer
ordenar	befehlen, anordnen, aufräumen
organizar	organisieren
el orgullo	der Stolz
orgulloso, orgullosa	stolz
oriental	östlich, orientalisch
el origen	die Herkunft
original	ursprünglich, original
la orilla	das Ufer
el ornamento	das Ornament
el oro	das Gold
la ortografía	die Rechtschreibung
la oscuridad	die Dunkelheit
oscuro, oscura	dunkel, dunkel-
un osito de goma	ein Gummibärchen
el oso, la osa	der Bär, die Bärin
el otoño	der Herbst
otro, otra	noch ein(e), andere(r, -s)
otra vez	noch einmal
el otro día	neulich
la oveja	das Schaf

P

la paciencia	die Geduld
el/la paciente	der Patient, die Patientin
paciente	geduldig
pacífico, pacífica	friedlich
el Pacífico	der Pazifik
el padre	der Vater
los padres	die Eltern
el paella	die Paella
pagar	(be)zahlen
la página	die Seite
el país	das Land
el paisaje	die Landschaft
el pájaro	der Vogel
la palabra	das Wort
la palabrería	das Gerede
el palacio	der Palast
pálido, pálida	bleich, blass
la paliza	die Tracht Prügel, die harte Arbeit
la palmera	die Palme
el palo de golf	der Golfschläger
el pan	das Brot
la panadería	die Bäckerei
el panadero, la panadera	der Bäcker, die Bäckerin
el pañal	die Windel
el panecillo	das Brötchen

la pantalla	die Leinwand, der Bildschirm
el pantalón	die Hose
el pantalón corto	die Shorts
las pantys	die Damenstrumpfhose
el pañuelo	das Taschentuch, das Halstuch
el pañuelo de papel	das Papiertaschentuch
el papá	Papa, Vati
el papagayo	der Papagei
el papel	das Papier
el papel (pintado)	die Tapete
el papel higiénico	das Toilettenpapier
la papelera	der Papierkorb
la papelería	das Schreibwarengeschäft
el paquete	die Packung, das Paket
el par	das Paar
para	nach, für, bis, um … zu
la parada	die Haltestelle
parado, parada	arbeitslos
el paraguas	der Regenschirm
el paraíso	das Paradies
pararse	stehen bleiben
el parasol	der Sonnenschirm
parecer	scheinen
el parecer	die Ansicht
parecerse	sich ähnlich sehen, ähneln
parecido, parecida	ähnlich
la pared	die Wand
la pareja	das Paar, der Partner, die Partnerin
el/la pariente	der Verwandte, die Verwandte
el parking	das Parkhaus
el parlamento	das Parlament
el paro	die Arbeitslosigkeit
el parque	der Park
participar en	teilnehmen an
particularmente	vor allem
la partida	die Spielrunde
el partido	das Spiel, die Partei
el partido de fútbol	das Fußballspiel
partir	aufschneiden
el parto	die Geburt
¡Pasadlo bien!	Viel Spaß!
pasado, pasada	vorig, vergangen
pasado/-a de moda	altmodisch
pasado mañana	übermorgen
el pasaje comercial	die Einkaufspassage, die Passage
el pasajero, la pasajera	der Fahrgast
el pasaporte	der Reisepass
pasar	reichen, herüberreichen, reinkommen
pasar el aspirador	Staub saugen
pasar la fregona	feucht aufwischen
pasar por	vorbeikommen bei
pasarse	vorbeikommen
pasar(se)lo bien	sich amüsieren
Pascua (de Resurrección)	Ostern
pasear	spazieren gehen
el paseo	der Spaziergang
el pasillo	der Flur
la pasión	die Leidenschaft
el paso	der Schritt
la pasta de dientes	die Zahnpasta

las pastas	die Plätzchen
el pastel	der Kuchen
la pastelería	die Konditorei
la pastilla	die Tablette, die Tafel
la patata	die Kartoffel
las patatas fritas	die Kartoffelchips, die Pommes frites
el patio	der (Innen-)Hof
el pato, la pata	der Erpel, die Ente
la patria	das Heimatland, die Heimat
el patrimonio cultural de la humanidad	das Weltkulturerbe
la pausa	die Pause, die Ruhe
el pavo	die Pute
el peatón	der Fußgänger, die Fußgängerin
el pecado	die Sünde
pecar	sündigen, fehlen
el pedido	der Auftrag, die Bestellung
pedir	bestellen, bitten, verlangen
pedir socorro	um Hilfe rufen
pedir(se)	sich wünschen
el pegamento	der Klebstoff
el peinado	die Frisur
peinar	frisieren, kämmen
peinarse	sich kämmen
el peine	der Kamm
pelar	schälen, kämpfen
la pelea	der Kampf, der Streit, die Rauferei
pelearse con	sich streiten mit
la película	der Film, der Spielfilm
la película de terror	der Horrorfilm
el peligro	die Gefahr
peligroso, peligrosa	gefährlich
pelirrojo, pelirroja	rothaarig
el pellejo	das Fell, die Haut
el pelo	das Haar
el pelo canoso	das graue Haar
el pelota	der Ball
la peluquería	der Friseursalon
el peluquero, la peluquera	der Friseur, die Friseurin
la pena	die Strafe, das Leid, die Schande, die Trauer
dar pena	leid tun
el penalti	der Elfmeter
el pendiente	der Ohrring
pensar	denken, vorhaben zu
la pensión	die Pension, die Rente
la pensión completa	die Vollpension
Pentecostés	Pfingsten
peor	schlechter, schlimmer
lo peor	das Schlimmste
el pepinillo	die saure Gurke
el pepino	die Gurke
pequeño, pequeña	klein
la pera	die Birne
la percha	der Kleiderbügel
el perchero	die Garderobe
percibir	wahrnehmen, bemerken
el perdedor, la perdedora	der Verlierer, die Verliererin
perder	verlieren, verlassen
perderse	sich verlaufen
el pérdida	der Verlust
¡Perdón!	Verzeihung!

perdonar	verzeihen
¡Perdone!	Entschuldigen Sie!
el perejil	die Petersilie
la pereza	die Faulheit
perfecto, perfecta	perfekt, vollkommen
el perfecto	der Perfekt
la perforadora (de papel)	der Locher
el perfume	der Duft, das Parfüm
la perilla	der Spitzbart
el periódico	die Zeitung
el/la periodista	der Journalist, die Journalistin
el período	der Zeit(raum)
el periodo de prueba	die Probezeit
permanecer	sich aufhalten
permanente	bleibend, dauernd
el permiso	die Erlaubnis, die Genehmigung
el permiso de conducir	der Führerschein
el permiso de residencia	die Aufenthaltsgenehmigung
el permiso de trabajo	die Arbeitserlaubnis
permitir	erlauben, gestatten, zulassen
permitirse	sich leisten
pero	aber
el perro, la perra	der Hund, die Hündin
la persona	die Person
el personal	das Personal
personal	persönlich
la personalidad	die Persönlichkeit
persuadir	überzeugen, überreden
peruano, peruana	peruanisch
el peruano, la peruana	der Peruaner, die Peruanerin
pesado, pesada	schwer
pesar	wiegen
a pesar de	trotz
la pesca	der Fischfang
la pescadería	der Fischladen
el pescado	der Fisch (gefangen)
el pescador, la pescadora	der Fischer, die Fischerin
pesimista	pessimistisch
el peso	das Gewicht
el petróleo	das Erdöl
el pez	der Fisch (lebend, im Wasser)
picante	scharf
el picnic	das Picknick
el pico	der Gipfel
la piel	die Schale, die Haut
la pierna	das Bein
la pieza	das Zimmer
la pieza de música	das Musikstück
la pila	die Batterie
la píldora	die Pille
el/la piloto	der Pilot, die Pilotin
el pimentón	das Paprikapulver
la pimienta negra	der schwarze Pfeffer
la pimienta de Cayena	der Cayennepfeffer
el pinar	der Kiefernwald
el pinchazo	der Stich, die Reifenpanne
pintar	malen, anmalen, streichen
el pintor, la pintora	der Maler, die Malerin
la pintura	die Farbe
la pipa	die Pfeife

la pirámide	die Pyramide
el piso	die Wohnung
la pizarra	die Tafel
la pizca	die Prise
la pizza	die Pizza
el placer	die Freude
el plan	der Plan
la plancha	das Bügeleisen
planchar	bügeln
planear	planen
la planta	der Stock, die Etage, die Pflanze
la planta baja	das Erdgeschoss, das Parterre
plantar	pflanzen
el plástico	der Kunststoff
la plata	das Silber
el plátano	die Banane
el platillo	die Untertasse
el plato	das Gericht, der Teller
la playa	der Strand
la plaza	der Platz
la plaza de aprendiz	der Ausbildungsplatz, die Lehrstelle
la plaza mayor	der Rathausplatz
la plaza vacante	die offene Stelle
la pluma	der Füller
la plural	die Mehrzahl, der Plural
la población	die Bevölkerung
poblado, poblada	bevölkert
poblar	bevölkern
pobre	arm
la pobreza	die Armut
pocas veces	selten
poco (adv.)	wenig
poco, poca (adj.)	wenig(e)
poco a poco	nach und nach
un poco	ein bisschen
poder	dürfen, können
el poder	die Macht
poderoso, poderosa	mächtig
el poema	das Gedicht
la poesía	die Lyrik, das Gedicht
el poeta, la poetisa	der Dichter, die Dichterin
la policía	die Polizei
la policía de tráfico	die Verkehrspolizei
la política	die Politik
político, política	angeheiratet, politisch
el político, la política	der Politiker, die Politikerin
el pollo	das Hühnchen
la polución	die Verschmutzung
el polvo	der Staub, das Pulver
la pomada	die Salbe
el pomelo	die Grapefruit
el ponencia	das Referat
poner	stellen, legen, setzen
poner al fuego (phrase)	aufsetzen (Milch)
poner la mesa	den Tisch decken
poner en escena	inszenieren
ponerse	anziehen, untergehen
ponerse de acuerdo sobre	sich einigen über
ponerse el cinturón	sich anschnallen
ponerse en contacto con	Kontakt aufnehmen mit

ponerse enfermo	krank werden
popular	populär, beliebt
poquito	wenig
por	für, entlang, durch, über, wegen, von
por aquí	hier (in der Nähe)
por casualidad	zufällig
¡Por Dios!	Um Gottes willen!
por ejemplo	zum Beispiel
por encima	darüber
por encima de	über … hinweg
por eso	deswegen
por favor	bitte
Por favor, ¿podría?	Würden Sie bitte?
¡Por fin!	Endlich!
por hora	pro Stunde
por lo menos	wenigstens
(por) mucho tiempo	lang
(por) poco tiempo	kurz
¿Por qué?	Warum?
porque	weil
por separado	getrennt
por si acaso	für alle Fälle
por supuesto	selbstverständlich
por (lo) tanto	deshalb
por último	zuletzt
el portal	der Hauseingang
la portería	das Tor
poseer	besitzen
la posesión	der Besitz
la posibilidad	die Möglichkeit
posible	möglich
posiblemente	möglicherweise, vielleicht
positivo, positiva	positiv
la postal	die Postkarte
el póster	das Poster
el postre	der Nachtisch
el potencial	das Potenzial
el pozo	der Brunnen
la práctica	die Praxis
practicar	üben
las prácticas	das Praktikum
la pradera	die Wiese, die Prärie
el prado	die Wiese
el precio	der Preis
preciso, precisa	präzise
predecir	vorhersagen
preferir	vorziehen, bevorzugen
la pregunta	die Frage
preguntar	fragen
preguntarse	sich fragen
el premio	der Preis
el premio Nobel	der Nobelpreis
prender	einschalten, anzünden
la prensa	die Presse
las preocupaciones	der Kummer
preocupar	beschäftigen, beunruhigen
preocuparse	sich Sorgen machen, sich kümmern
la preparación	die Vorbereitung
preparar	zubereiten
los preparativos	die Vorbereitungen

la presentación	die Präsentation
presentar	präsentieren
presentarse	auftauchen
presentarse a un puesto	sich bewerben
presente	anwesend
el presente	die Gegenwart
el presidente, la presidenta	der Präsident, die Präsidentin
la presión	der Druck
prestar	(aus)leihen, borgen
prestar primeros auxilios	Erste Hilfe leisten
presumir	annehmen, vermuten
prevenir	vorbeugen
preventivo, preventiva	vorbeugend
prever	vorhersehen
previsto, prevista	vorgesehen
la primavera	der Frühling
la primera	der/die Erste
el primer piso	der erste Stock
la Primera Guerra Mundial	der Erste Weltkrieg
el primo, la prima	der Cousin, die Cousine
la princesa	die Prinzessin
principal	Haupt-
el príncipe	der Prinz
el/la principiante	der Anfänger, die Anfängerin
el principio	der Anfang
la prisa	die Eile
privado, privada	privat, Privat-
probable	wahrscheinlich
probablemente	wahrscheinlich, vermutlich
probar	probieren, versuchen
probarse	anprobieren
el problema	das Problem
el proceso	der Prozess
la producción	die Herstellung
producir	herstellen, produzieren
el producto	das Erzeugnis, das Produkt
la profesión	der Beruf
el/la profesional	der Fachmann, die Fachfrau
profesional	beruflich, professionell
el profesor, la profesora	der Lehrer, die Lehrerin
profundamente	tief
el programa	die Sendung, das Programm
el programador, la programadora	der Programmierer, die Programmiererin
progresar	weiterkommen
el progreso	der Fortschritt
la prohibición	das Verbot
prohibir	verbieten, untersagen
la promesa	das Versprechen
prometer	versprechen
prometerse	sich verloben
promover	fördern
pronto	früh, bald
la pronunciación	die Aussprache
pronunciar	aussprechen
la propiedad	das Eigentum
el propietario, la propietaria	der Besitzer, die Besitzerin
propio, propia	eigen, eigene(r, -s)
proponer	vorschlagen
a propósito	absichtlich
el propósito	der Vorsatz

la propuesta	der Vorschlag
el prospecto	die Packungsbeilage
el/la protagonista	die Hauptfigur, die Hauptperson
protagonizar	die Hauptfigur spielen
la protección	der Schutz
proteger	beschützen
la protesta	der Prostest
protestar	protestieren
la provincia	die Provinz
provocar	auslösen
próximo, próxima	nächste(r, -s)
el proyecto	das Vorhaben
la prudencia	die Klugheit, die Vorsicht
prudencial	klug, angemessen
prudente	vorsichtig
la prueba	die Prüfung
la psicología	die Psychologie
publicar	veröffentlichen, herausgeben
publicarse	herauskommen, erscheinen
público, pública	öffentlich
el público	das Publikum, die Öffentlichkeit
el puchero	der Eintopf
pudiente	wohlhabend
el pueblo	das Dorf
¿Puedo ayudarle?	Kann ich Ihnen helfen?
¿Puedo ayudarle en algo?	Kann ich Ihnen irgendwie behilflich sein?
el puente	die Brücke
la puerta	die Tür
el puerto	der Hafen
pues	also, na, eigentlich
pues (entonces)	dann
¡(Pues) mejor!	Umso besser!
el (puesto de) peaje	die Mautstelle
puesto que	denn
el puesto de trabajo	die Arbeitsstelle, der Arbeitsplatz
el pulgar	der Daumen
la pulsera	das Armband, der Armreif
la punta	der Nagel, die Spitze
el punto	der Punkt
en punto	Punkt
el punto de vista	der Standpunkt
puntual	pünktlich
puntualmente	pünktlich
el puro	die Zigarre

Q

el quark	der Quark
¿A qué hora?	Um wie viel Uhr?
¡Qué aproveche!	Guten Appetit!
¿Qué cuesta … ?	Wieviel kostet … ?
¿Qué desea?	Sie wünschen?
¡Qué disgusto!	Wie ärgerlich!
¡Qué faena!	So ein Mist!
¿Qué hora es?	Wie spät ist es?
¡Qué lástima!	Wie schade!
¿Qué pasa?	Was ist los?
¡Qué pena!	Wie schade!
¿Qué querías?	Du wünscht?

¿Qué tal?	Wie geht's?
¡Qué tenga un buen día!	Schönen Tag (noch)!
¡Qué vergüenza!	Wie peinlich!
quedar	bleiben, übrig bleiben
quedar bien	gut stehen
quedar con	sich verabreden mit
quedarse	bleiben
quedarse con	etwas behalten
quedarse embarazada	schwanger werden
la queja	die Beschwerde
quejarse de	sich beschweren über
quemar	verbrennen, versengen
quemarse	sich verbrennen
querer	mögen, gern haben, wollen
querido, querida	lieber, liebe
Querría …	Ich hätte gern …
el queso	der Käse
¿Quiere … ?	Möchten Sie … ?
¿Quieres … ?	Möchtest du … ?
la Química	die Chemie
el químico, la química	der Chemiker, die Chemikerin
químico, química	chemisch
quinto, quinta	fünfte(r, -s)
el quiosco	der Kiosk
quitar	entfernen, wegnehmen
quizá(s)	vielleicht

R

la rabia	die Wut
la ración	die Portion
el racismo	der Rassismus
el radiador	der Heizkörper
la radio	das Radio
radioactivo, radioactiva	radioaktiv
rallado, rallada	gerieben
el ramo	die Branche
el rape	der Seeteufel
rápido, rápida	schnell
la raqueta	der Schläger
raro, rara	selten, rar
el ratón	die Maus
la raza	die Rasse
la razón	der Grund
de rayas	gestreift
razonable	vernünftig
reactivar	reaktivieren, wiederbeleben
la realidad	die Wirklichkeit
realizar	verwirklichen, erfüllen, ausführen, durchführen
la recepción	die Rezeption
la receta	das Rezept
recetar	verschreiben
rechazar	ablehnen, zurückweisen
el rechazo	die Ablehnung
recibir	bekommen, erhalten
reciclar	recyceln, wiederverwerten, aufbereiten
recién exprimido/-a	frisch gepresst
la reclamación	die Reklamation
reclamar	reklamieren

recobrar	wiedererlangen, zurückbekommen
recobrar las fuerzas	wieder zu Kräften kommen
recobrar el juicio	(wieder) zur Besinnung kommen
recobrarse (de)	sich erholen (von)
recoger	aufräumen, abholen
la recomendación	die Empfehlung
recomendar	empfehlen
reconocer	erkennen, wiedererkennen
el reconocimiento	die Untersuchung
el récord	der Rekord
recordar	sich erinnern, daran denken, sich merken
el recorrido	die Strecke
recto	geradeaus
el recuerdo	die Erinnerung
la redacción	der Aufsatz
reducir	reduzieren, vermindern, verkleinern
referirse a	betreffen
la reflexión	die Überlegung
reflexionar	überlegen, nachdenken
refrescar	abkühlen
el refresco	das Erfrischungsgetränk
refugiarse	sich flüchten, Zuflucht suchen
el refugiado, la refugiada	der Flüchtling
regalar	schenken
el regalo	das Geschenk
regar	gießen
la regata	die Regatta, die (Abfluss-)Rinne
la región	die Region
regional	regional
regular	einstellen, regulieren
regularmente	regelmäßig
reír	lachen
reírse de alg.	jemanden auslachen
registrarse	einchecken
la reina	die Königin
la relación	die Beziehung, die Verbindung
el relato	die Erzählung
la religión	die Religion
religioso, religiosa	religiös, Religions-
rellenar	ausfüllen
el reloj	die Uhr
el reloj de pulsera	die Armbanduhr
el remedio	die Abhilfe, das Heilmittel
la remisión	die Übersendung, die Vergebung
remover	umrühren, entfernen, beseitigen
renovar	renovieren
renovarse	sich erneuern, wieder aufleben
la renovación	die Erneuerung, die Verlängerung
la rentabilidad	die Wirtschaftlichkeit, die Rentabilität
renunciar a	verzichten auf
la reparación	die Ausbesserung, die Reparatur
reparar	reparieren
repartir	verteilen
repetir	wiederholen
el reportaje	die Reportage
representar	vertreten, spielen, aufführen
el requesón	der Quark, der Hüttenkäse
la reserva	die Reservierung
reservado, reservada	reserviert
reservar	reservieren, buchen

resfriado, resfriada	erkältet
el resfriado	die Erkältung
el residuo orgánico	der Biomüll
la resistencia	der Widerstand
resolver	lösen
respectivo, respectiva	betreffend, jeweilig
el respecto	die Beziehung, die Hinsicht
a respecto	diesbezüglich
respetar	respektieren, achten
el respeto	der Respekt
la respiración	der Atem
respirar	atmen
responsable	verantwortlich
la respuesta	die Antwort
el restaurante	das Restaurant
el resto	der Rest, der Überrest
el resultado	das Ergebnis
retirar	entfernen
el retraso	die Verspätung
la reunión	die Besprechung, das Meeting
reunir	sammeln, vereinigen, verbinden
reunirse	sich treffen
el revisor, la revisora	der Schaffner, die Schaffnerin
la revista	die Zeitschrift
la revolución	die Revolution
el rey	der König
rezar	beten
rico, rica	niedlich, lecker, reich
el riesgo	das Risiko
la riña	der Streit
el río	der Fluß
la risa	das Lachen
el ritmo	der Rhythmus
robar	stehlen
el robo	der Diebstahl, der Raub
la roca	der Fels(en)
rodar un película	einen Film drehen
rodear	um etwas (herum)gehen
la rodilla	das Knie
rogar	bitten
rojo, roja	rot
la romero	der Rosmarin
romper	zerreißen, zerbrechen
romperse algo	sich etwas brechen
el ropa	die Kleidung, die Kleider
rosa	rosa
rotundamente	ohne Umschweife, entschieden
rubio, rubia	blond
la rueda	das Rad
el ruido	das Geräusch, der Lärm
ruidosa, ruidosa	lärmend, geräuschvoll
las ruinas	die Ruine
la ruta	die Route

el sábado	Samstag
la sábana	das Bettlaken
saber	wissen, schmecken
el saber	das Wissen
sabroso, sabrosa	schmackhaft, würzig, salzig
el sacacorchos	der Korkenzieher
sacar	herausziehen, entnehmen, anfertigen
sacar una foto	ein Foto machen
sacar los muebles	ausräumen
el saco	das Jackett, der Sack
el saco (de dormir)	der Schlafsack
la sal	das Salz
la sala	der Saal
la sala de espera	das Wartezimmer
salado, salada	salzig
salarial de genero	geschlechtsspezifischer Lohn
el salario	das Gehalt
el salario mínimo	der Mindestlohn
la salchicha	das Würstchen
el salchichón	die Salami
la salida	der Start, der Ausgang, die Ausreise, die Abfahrt
la salida de emergencia	der Notausgang
la salida del sol	der Sonnenaufgang
salir	ausgehen, abreisen, abfahren, hinausgehen
salir bien	gelingen
el salmón	der Lachs
el salón	das Wohnzimmer
la salsa	die Soße
saltar	springen
saltar(se)	springen über
¡Salud!	Prost!
la salud	die Gesundheit
salvaje	wild
salvar	retten
la sandalia	die Sandale
la sandía	die Wassermelone
el sándwich	das Sandwich
la sangre	das Blut
la sangría	der Sangria
sano, sana	gesund
saquear	plündern
el saqueo	die Plünderung
la sardina	die Sardine
la sartén	die Pfanne
satisfecho, satisfecha	zufrieden
el saxofón	das Saxofon
el secador (de pelo)	der Föhn
la secadora	der Wäschetrockner
secar	trocknen
secarse	sich abtrocknen
secarse el pelo	sich (die Haare) föhnen
la sección	das Ressort
seco, seca	trocken
el secretario, la secretaria	der Sekretär, die Sekretärin
el secreto	das Geheimnis
la sed	der Durst
tener sed	durstig sein
la seda	die Seide

la sede	der Sitz
seguir	weiterhin tun, weitergehen
según	(der Ansicht) nach
la Segunda Guerra Mondial	der Zweite Weltkrieg
el segundo	die Sekunde
seguramente	sicherlich
la seguridad	die Sicherheit
el seguro	die Versicherung
seguro, segura	sicher
el seguro de enfermedad	die Krankenversicherung
el sello	die Briefmarke, der Stempel
el semáforo	die Ampel
semanal	wöchentlich
la semana	die Woche
la Semana Santa	die Karwoche
el semestre	das Semester, das Halbjahr
el seminario	das Seminar
el señal de tráfico	das Verkehrszeichen
el sendero	der Pfad
el señor	der Mann, der Herr
la señora	die Frau, die Dame
la señorita	das Fräulein
sensible	empfindlich, sensibel
sentarse	sich setzen, Platz nehmen
el sentido	der Sinn
el sentido común	die Vernunft
el sentido del humor	der Humor
el sentimiento	das Gefühl, das Bedauern
sentir	fühlen
sentirse	sich fühlen
la separación	die Trennung
separado, separada	getrennt
separar	trennen
separarse de	sich trennen von
el se(p)tiembre	September
septuagésimo/-a	siebzigste(r, -s)
ser	sein
ser amigo/-a de	befreundet sein (mit)
ser de	kommen aus
ser cierto	stimmen
serio, seria	ernst, ernsthaft
la serpiente	die Schlange
servicial	hilfsbereit
el servicio	die Bedienung, die Toilette
la servilleta	die Serviette
servir	geben, nützen
servirse	sich nehmen
la seta	der Pilz
sexagésimo/-a	sechzigste(r, -s)
el sexo	das Geschlecht
el shock	der Schock
si	wenn, ob
¡Sí, con mucho gusto!	Ja, gern!
si no	sonst, wenn nicht
el sida	AIDS
siempre	immer
siempre que	immer wenn
la sierra	die Säge, die Gebirgskette
el siglo	das Jahrhundert
el significado	die Bedeutung

significar	bedeuten, zu verstehen geben
el signo	das Zeichen
el silencio	die Ruhe, das Schweigen
la silla	der Stuhl
el sillón	der Sessel
simpático, simpática	nett
sin	ohne
sin alcohol	alkoholfrei
sin embargo	trotzdem
sin falta	bestimmt
sin madurar	unreif
sin que	ohne dass
sin rodeos	klipp und klar, direkt
la sinagoga	die Synagoge
la sinceridad	die Ehrlichkeit
sincero, sincera	ehrlich
el sindicato	die Gewerkschaft
el singular	der Singular, die Einzahl
siniestro, siniestra	unheimlich
¡Sírvase!	Bedienen Sie sich!
¡Sírvete!	Bedien dich! Nimm dir!
el sistema	das System
sistemático, sistemática	systematisch
el sitio	der Platz
el sitio para aparcar	die Parklücke
la situación	die Situation
el snowboard	das Snowboard
sobrar	übrig bleiben
sobre	auf, über
el sobre	der Umschlag
sobrevivir	überleben
el sobrino, la sobrina	der Neffe, die Nichte
sociable	kontaktfreudig
social	gesellschaftlich, sozial
el socialismo	der Sozialismus
la sociedad	die Gesellschaft
¡Socorro!	Hilfe!
el sofa	das Sofa
el sol	die Sonne
solamente	nur
solar	Sonnen-, Solar-
soleado, soleada	sonnig
soler	gewöhnlich tun
la solicitud	die Bewerbung
solo, sola	einsam
(tan) sólo (adv.)	nur
soltero, soltera	ledig
la solución	die Lösung
la sombra	der Schatten
el sombrero	der Hut
el soñar	träumen
sonar	klingen, klingeln
el sonido	der Klang
sonreír	lächeln
la sonrisa	das Lächeln
la sopa	die Suppe
soportable	erträglich
soportar	ertragen
no soportar	nicht leiden können
sorprender	überraschen, erstaunen, erwischen

la sorpresa	die Überraschung
el sótano	das Untergeschoss, der Keller
subir	hinaufgehen, hinauftragen
el subordinado, la subordinada	der Untergebene, die Untergebene
subrayar	hervorheben
sucio, sucia	schmutzig
la sudadera	das Sweatshirt
sudar	schwitzen
el sudor	der Schweiß
el suegro, la suegra	der Schwiegervater, die Schwiegermutter
el sueldo	das Gehalt, der Lohn
el suelo	der Fußboden
el sueño	der Traum, der Schlaf
tener sueño	müde sein
la suerte	das Schicksal, das Glück
suficiente	genügend, ausreichend
sufrir	leiden
la suma	die Summe
sumar	addieren
superdotado, superdotada	hochbegabt
superfluo	überflüssig, unnötig
el supermercado	der Supermarkt
suponer	voraussetzen, annehmen, vermuten
al sur de	südlich von
el sur	der Süden
el surf	Surfen
suspender	durchfallen
el susto	der Schreck

T

el tabaco	der Tabak
la taberna	die Taverne, die Kneipe
la tabla	die Tabelle
el tablón de anuncios	schwarzes Brett, Anschlagbrett
tacaño, tacaña	geizig
tal vez	vielleicht
el talento	das Talent, die Begabung
el talento de idioma	das Sprachtalent
la talla	die Kleidergröße
el taller	die Werkstatt
el tamaño	die Größe, das Format
tamaño, tamaña	so groß, derartig
también	auch
tampoco	auch nicht
tan	so
tan … que	so … dass
tanto, tanta	so viel
la tapa	die Tapa, der Deckel
tapar	zudecken
el taparrabo	der Lendenschurz
tardar	dauern
tarde	spät
la tarde	der Nachmittag
la tarea	die Aufgabe, die Arbeit
la tarjeta de crédito	die Kreditkarte
la tarjeta de cuenta	die Scheckkarte
la tarjeta de embarque	die Bordkarte
la tarjeta telefónica	die Telefonkarte

la tarta	der Kuchen, die Torte
la tasca	die Gaststätte
el taxi	das Taxi
la taza	die Tasse
¿Te puedo ayudar?	Kann ich dir helfen?
el teatro	das Theater
el techo	die Zimmerdecke
la tecla	die Taste
teclear	tippen
la técnica	die Technik
el técnico, la técnica	der Techniker, die Technikerin
técnico, técnica	technisch
la tecnología	die Technologie
el tejado	das Dach
la tela	der Stoff
el teléfono	das Telefon
el teléfono de emergencia	die Notruf(nummer)
la televisión	das Fernsehen
el televisor	der Fernseher
el tema	das Thema
la temperatura	die Temperatur
la tempestad	der Sturm
tempestuoso/-a	stürmisch
el templo	der Tempel
temprano	früh
¡Ten cuidado!	Pass auf!
el tenedor	die Gabel
tener	haben, bekommen
tener … años	… Jahre alt sein
tener aspecto de	aussehen wie
tener buen aspecto	gut aussehen
tener capacidad	die Fähigkeit haben
tener cuidado con	achten auf
tener dificultad	Schwierigkeiten haben
tener facilidad	etwas mit Leichtigkeit können
tener ganas de	Lust haben zu
tener habilidad	die Geschicklichkeit haben
tener lugar	stattfinden
tener el pelo canoso	grauhaarig sein
tener el pelo castaño	brünett sein
tener el pelo negro	schwarzhaarig sein
tener pensado	vorhaben
tener previsto	vorsehen, vorhaben
tener prisa	es eilig haben
tener puesta la calefacción	heizen
tener que	müssen
tener sueño	müde sein
tener un aspecto descuidado	ungepflegt aussehen
tener una avería	eine Panne haben
el tenis	Tennis
el tentempié	der Imbiss
la teología	die Theologie
la teoría	die Theorie
teórico, teórica	theoretisch
la terminal	das Terminal
terminar	beenden
terminar de	aufhören zu
el termómetro	das Thermometer
el ternero, la ternera	das Kalb
el terremoto	das Erdbeben

el terreno	der Boden
terrible	schrecklich, furchtbar
terriblemente	schrecklich, furchtbar
el terrorismo	der Terrorismus
el test	der Test
el/la testigo	der Zeuge, die Zeugin
la tetera	die Teekanne
el texto	der Text
el tiburón	der Hai
el tiempo	das Wetter, die Zeit
el tiempo libre	die Freizeit
la tienda	das Geschäft, der Laden
la tienda de alimentos	das Lebensmittelgeschäft
la tienda de deportes	das Sportgeschäft
la tienda de fotos	das Fotogeschäft
la tienda de ropa	das Bekleidungsgeschäft
la tienda de souvenirs	der Andenkenladen
la tierra	der Erdboden, die Erde
la Tierra	die Erde (Planet)
las tijeras	die Schere
tímido, tímida	schüchtern
típico, topica	typisch
el tipo	die Figur, die Sorte
tirar	schießen, werfen, wegwerfen
tirar (el dado)	würfeln
tirar de	ziehen
la tirita	das Pflaster
el tiro	der Schuss
el título	der Titel
la tiza	die Kreide
¡Tócala!	Schlag ein! Hand drauf!
tocar	berühren, spielen, an der Reihe sein
todavía no	noch nicht
todo, toda (adj.)	alle, jeder(r, -s), ganze(r, -s)
todo (Pron.)	alles
tolerar	tolerieren
tomar	nehmen
tomar a mal	übel nehmen
tomar drogas	Drogen nehmen
tomar el sol	sich sonnen
tomar la píldora	die Pille nehmen
tomar prestado/-a	(sich) (aus)leihen
tomarse	zu sich nehmen
el tomate	die Tomate
el tomillo	der Thymian
la tontería	der Unsinn
tonto, tonta	dumm
el toreo	der Stierkampf
la tormenta	das Unwetter, das Gewitter
el torneo de tenis	das Tennisturnier
torpe	ungeschickt
el toro	der Stier
la torre	der Turm
la torre de la iglesia	der Kirchturm
la tortilla	die Tortilla, das Omelett
la tortura	die Folter
torturar	foltern, quälen, peinigen
la tos	der Husten
toser	husten
la tostada	der Toast

la tostadora	der Toaster
total	gesamt
totalmente	völlig
el trabajo	die Arbeit, der Job
el trabajador, la trabajadora	der Arbeiter, die Arbeiterin
trabajar	arbeiten
la tradición	die Tradition
tradicional	traditionell
la traducción	die Übersetzung
traducir	übersetzen
el traductor, la traductora	der Übersetzer, die Übersetzerin
traer	holen, bringen, mitbringen
traficar	handeln, Handel treiben
el tráfico	der Handel, der Verkehr
tragar	schlucken
la tragedia	die Tragödie
trágico, trágica	tragisch
el traje de baño	der Badeanzug, die Badehose
la tranquilidad	die Ruhe
tranquillo, tranquilla	ruhig
el transbordador	die Fähre
la transferencia	die Übertragung
la transformación	die Umbildung, die Verwandlung
transformar	umbilden, umformen
transformarse (en)	sich verwandeln (in)
el transporte	der Transport
transportar	transportieren
el transporte público	die öffentlichen Verkehrsmittel
el tranvía	die Straßenbahn
el trapo	der Lappen
trasladar	verlegen, versetzen
trasladarse (a)	umziehen (nach), sich begeben (nach)
el tratamiento	die Behandlung, die Aufbereitung
tratar	besprechen, behandeln
tratar mal	gemein sein
la trayectoria profesional	die berufliche Laufbahn
el tren	der Zug
el tren regional	der Regionalzug
trescientos, trescientas	dreihundert
el tribunal	das Gericht
trigésimo, trigésima	dreißigste(r, -s)
el trimestre	das Quartal
triste	traurig
la tristeza	die Traurigkeit
la trompeta	die Trompete
el trozo	das Stück
el trozo de papel	der Zettel
la trucha	die Forelle
el tubo	das Rohr
el tulipán	die Tulpe
la tumba	das Grab
tumbarse	sich hinlegen
el turismo	der Tourismus
el turismo rural	der Urlaub auf dem Bauernhof
turístico, turística	touristisch, Touristen-
el turno	die Schicht

U

ulteriormente	später
última parada	die Endstation
últimamente	in letzter Zeit
último, última	letzte(r, -s)
un cordial saludo	Viele herzliche Grüße, Ein herzliches Hallo
una vez	einmal
undécimo, undécima	elfte(r, -s)
único, única	einzig
el uniforme	die Uniform
la unión	die Vereinigung, die Union
la Unión Europea	die Europäische Union
unir	vereinigen, bilden, verbinden
unirse a	sich anschließen
la universidad	die Universität
el universo	das Universum
¡Un momento!	Einen Augenblick!
unos, unas	ein paar, welche
un poco	ein bisschen
la urbanización	das (geschlossene) Wohnviertel
urbano, urbana	städtisch
las urgencias	die Notaufnahme
urgente	dringend
usado, usada	gebraucht, Gebraucht-
usar	benutzen, gebrauchen
el uso	der Gebrauch
útil	nützlich, brauchbar
utilizar	benutzen, verwenden
la uva	die Traube

V

la vaca	die Kuh
las vacaciones	der Urlaub, die Ferien
vacante	unbesetzt, frei
vacío, vacía	leer
vago, vaga	faul
el vagón restaurante	der Speisewagen
la vajilla	das Geschirr
¡Vale!	In Ordnung!
¡Vale, gracias!	Ja, gern!
valer	gelten, zutreffen
valer la pena	sich lohnen
valiente	mutig, tapfer
la valle	das Tal
el valor	der Mut, der Wert
el vampiro	der Vampir
vanidoso/-a	eitel, eingebildet, dünkelhaft
el vaquero	die Jeans
vario, varia	mehrere, einige
el vaso	das Trinkglas, der Becher
¡Vaya!	Na so was!
el vecino, la vecina	der Nachbar, die Nachbarin
vegetariano, vegetariana	vegetarisch
el vehículo	das Fahrzeug
la vejez	das Alter
la vela	Segeln
vencido, vencida	besiegt

la venda	die Binde
el vendaje	der Verband
vender	verkaufen
¡Venga!	Komm (schon)!
venir	kommen
venir(se)	mitkommen
la venta	der Verkauf
la ventaja	der Vorteil
la ventana	das Fenster
ventoso, ventosa	windig
ver	sehen
ver la televisión	fernsehen
el verano	der Sommer
el verbo	das Verb
la verdad	die Wahrheit
verdadero, verdadera	wahr
la verdura	das Gemüse
la vergüenza	der Scham, die Schande
vestido, vestida	angezogen
el vestido	das Kleid
vestirse	sich anziehen
el veterinario, la veterinaria	der Tierarzt, die Tierärztin
la vez	das Mal
la vía	das Gleis
viajar	verreisen, reisen
el viaje	die Reise, die Fahrt
el viajero, la viajera	der Reisende, die Reisende
la víctima	das Opfer
la victoria	der Sieg
la vid	die Weinrebe
la vida	das Leben
la vida nocturna	das Nachtleben
el vidrio	das Glas
viejo, vieja	alt
la Viena	Wien
el viento	der Wind
el viernes	Freitag
el Viernes Santo	der Karfreitag
vigésimo, vigésima	zwanzigste(r, -s)
el vinagre	der Essig
el vino	der Wein
la violencia	die Gewalt
violento, violenta	gewalttätig
el violín	die Geige, die Violine
violeta	violett
virtual	virtuell
la virtud	die Fähigkeit, die Kraft
el virus	der Virus
el visado	das Visum
la visita	die Besichtigung
la visita guiada	die Führung
la visita panorámica	die Rundfahrt
visitar	besichtigen, besuchen
la vista	das Sehvermögen, der Blick, die Aussicht
visual	visuell
la vitamina	das Vitamin
viudo, viuda	verwitwet
el viudo, la viuda	der Witwer, die Witwe
vivir	leben, wohnen
vivo, viva	temperamentvoll

el vocabulario	der Wortschatz
vocal	Stimm…, Gesang…, Vokal…,
la vocal música	die Volksmusik
volar	fliegen
el volcán	der Vulkan
el volumen	der Band
volver	zurückkommen
volver a	etwas wieder tun
volverse	werden
vomitar	erbrechen, ausspucken
votar	wählen
el voto	die Stimme
el vuelo directo	der Direktflug
la vuelta	das Rückgeld, die Rückfahrt

Y

y	und
ya	schon
Ya es suficiente, gracias.	Das ist genug, danke.
¡Ya está!	Das hätten wir!
¡Ya está bien!	Jetzt reicht's aber!
ya no	nicht mehr
ya que	denn
¡Ya quisiera yo!	Schön wär's!
el yate	die Yacht
yayo, yaya	Opa, Oma
la yema de huevo	das Eigelb
yo	ich
el yogur	der Joghurt

Z

la zanahoria	die Karotte
la zapatería	das Schuhgeschäft
la zapatilla de deporte	der Turnschuh
el zapato	der Schuh
la zozobra	das Kentern, der Kummer, die Angst
zozobrar	kentern, scheitern